普通高等教育"十一五"国家级规划教材
建设工程管理系列教材

建设工程合同管理与索赔

第3版

主　编　刘仁辉
副主编　冉立平　台双良
参　编　王　丹　叶　蔓　郭宏伟　满庆鹏
　　　　刘　洋　贾　旭　赵士德
主　审　何佰洲　齐锡晶

机械工业出版社

自加入世界贸易组织（WTO）以来，我国建设工程项目管理与国际工程项目管理的接轨越发紧密。按国际惯例进行建设工程项目管理包括三个核心内容，即按国际通用的程序进行招标投标、采用国际工程合同条件（如FIDIC《施工合同条件》）和进行严格的合同管理。建设工程合同管理是项目管理的核心，无论业主、承包商还是监理工程师都应熟悉、掌握工程合同的相关内容。本书正是站在这一角度，结合近几年最新的法律法规以及合同范本与规范构建了全书的内容体系。

全书共分11章，分别阐述了建设工程合同管理概述，建设工程法律基础，合同法律概述，建设工程合同体系，建设工程监理合同管理，建设工程勘察、设计合同管理，建设工程施工合同管理，建设工程物资采购合同及其他合同管理，工程索赔基本理论，索赔费用及索赔分析，索赔的规避等相关内容。其中列举了很多具有代表性的案例。

本书主要作为高等学校工程管理专业、土木工程专业及其他相关专业本科教材，同时可作为业务培训教材，供建筑工程项目管理和合同管理从业人员学习参考。

图书在版编目（CIP）数据

建设工程合同管理与索赔/刘仁辉主编. —3版. —北京：机械工业出版社，2017.9（2022.1重印）

普通高等教育"十一五"国家级规划教材　建设工程管理系列教材

ISBN 978-7-111-57879-6

Ⅰ.①建…　Ⅱ.①刘…　Ⅲ.①建筑工程－经济合同－管理－高等学校－教材②建筑工程－经济合同－索赔－中国－高等学校－教材　Ⅳ.①TU723.1②D923.6

中国版本图书馆CIP数据核字（2017）第213591号

机械工业出版社（北京市百万庄大街22号　邮政编码100037）
策划编辑：冷　彬　责任编辑：冷　彬　马碧娟
责任校对：郭明磊　封面设计：马精明
责任印制：常天培
固安县铭成印刷有限公司印刷
2022年1月第3版第3次印刷
184mm×260mm·16.75印张·402千字
标准书号：ISBN 978-7-111-57879-6
定价：43.80元

电话服务	网络服务
客服电话：010-88361066	机 工 官 网：www.cmpbook.com
010-88379833	机 工 官 博：weibo.com/cmp1952
010-68326294	金　书　网：www.golden-book.com
封底无防伪标均为盗版	机工教育服务网：www.cmpedu.com

第 3 版前言

加入世界贸易组织（WTO）以来，我国建筑业面临着重大的冲击和挑战。越来越多的国外工程设计咨询组织和承包商进入我国市场，这无疑对建筑企业造成很大的压力。因此，我国建设工程项目管理与国际工程项目管理接轨势在必行。按国际惯例进行项目管理包括三个核心内容，即按国际通用的程序进行招标投标、采用国际工程合同条件（如 FIDIC《施工合同条件》）和进行严格的合同管理。建设工程合同管理是项目管理的核心，无论业主、承包商还是监理工程师都应熟悉、掌握工程合同的相关内容。

随着建筑市场的发展，近几年合同范本与相关规章制度均进行了大量的修订与调整。住房和城乡建设部、国家工商行政管理总局对《建设工程施工合同（示范文本）》（GF—1999—0201）进行了修订，制定了《建设工程施工合同（示范文本）》（GF—2013—0201），对《建设工程委托监理合同（示范文本）》（GF—2000—2002）进行了修订，制定了《建设工程监理合同（示范文本）》（GF—2012—0202）；《最高人民法院关于适用〈中华人民共和国合同法〉若干问题的解释（二）》（以下简称《合同法司法解释（二）》）也于 2009 年 2 月 9 日由最高人民法院审判委员会公布。这一系列新范本和规定的颁布与实施，使得建设工程中对相关合同的履约要求发生了新变化。为适应新的要求与调整，尽可能反映当前建设工程合同管理的最新成果，我们对本书的内容进行了修订。

本书此次修订主要体现在以下几方面：考虑到本书主题的针对性，删减了第 2 章中《中华人民共和国建筑法》的相关内容；在第 3 章中增加了部分《合同法司法解释（二）》的内容；将第 4 章中的法律基础部分调整到了第 2 章中，使得第 4 章的内容更有逻辑性；第 5 章以修订后的《建设工程监理合同（示范文本）》为基础进行了大量的调整；第 7 章结合《建设工程施工合同（示范文本）》（GF—2013—0201）、《标准施工招标文件》和《简明标准施工招标文件》进行了整体调整；其他章节也进行了相应的修订。

本次修订由哈尔滨工业大学管理学院刘仁辉任主编，并进行总纂和最后定稿，冉立平（哈尔滨工业大学土木学院）与台双良（哈尔滨工业大学土木学院）任副主编。本书第 1 章、第 4 章由台双良和刘洋（中建一局集团建设发展有限公司）共同编写；第 2 章、第 7 章由郭宏伟（黑龙江建筑职业技术学院）和赵士德（黄山学院）共同编写；第 3 章、第 6 章由刘仁辉和叶蔓（哈尔滨工业大学管理学院）共同编写；第 5 章、第 8 章由王丹（哈尔滨工业大学土木学院）和满庆鹏（哈尔滨工业大学土木学院）共同编写；第 9 章、第 10 章、第 11 章由冉立平和贾旭（中建一局集团建设发展有限公司）共同编写。

本书编写过程中参考了近年出版的有关建设工程合同管理的书籍，在此，谨向这些著作的编著者致以诚挚的谢意。同时，向担任主审的何佰洲教授表示衷心的感谢。

本书虽经反复斟酌，仍难免百密一疏。况且，随着我国建筑业的改革与发展，工程建设合同法律、法规还在不断健全和完善之中，加之编者水平有限，书中难免有不妥之处，恳请读者及同行批评指正。

编　者

第 2 版前言

本书第 2 版是在原第 1 版的基础上,为更贴近目前高等院校工程管理专业的教学培养目标,并更加符合和接近工程实际应用对教学的要求而进行的修订。本书被教育部列为普通高等教育"十一五"国家级规划教材。

本书以系统的观点,全面阐述了建设工程合同管理的内容,从合同法律基础、建设工程合同体系、建设工程委托监理合同、勘察设计合同,到建设工程施工合同等全过程的合同管理工作。本书第 2 版针对第 1 版进行了以下修订:在第 2 章增加了保证在工程中的应用,并结合中国人民保险公司有关建筑工程一切险的内容,对保险制度的相关内容进行了相应的调整;对第 7 章的内容体系进行了调整,将建设工程施工合同通用条款的内容合并到《建设工程施工合同(示范文本)》的解读中。

本书由哈尔滨工业大学刘力、北京建筑工程学院钱雅丽任主编,哈尔滨工业大学冉立平、北京建筑工程学院张卓任副主编。本书第 1 章、第 4 章由哈尔滨工业大学刘力、王萍及东北林业大学赵士德编写;第 2 章、第 7 章由哈尔滨工业大学刘仁辉、哈尔滨自来水集团有限责任公司安哲民编写;第 3 章由张卓编写;第 5 章、第 8 章由哈尔滨工业大学王丹、黑龙江科技学院董国萍编写;第 6 章由钱雅丽编写;第 9 章、第 10 章由冉立平编写;第 11 章由哈尔滨电业局孙桂萍编写。全书由刘力统稿。

本书在编写过程中参考了大量近年出版的有关建设工程合同管理的书籍,吸收了工程合同管理的最新内容和科研成果。在此,谨向这些著作的编著者致以诚挚的谢意。同时,向担任主审的何佰洲教授和齐锡晶教授表示衷心的感谢。

由于本书编者的学术水平有限,书中难免存在缺点和不足,恳请广大读者批评指正。

编 者

第 1 版前言

建设工程合同管理与索赔是高等院校工程管理专业的主干课程。本书根据工程管理专业建设工程合同管理与索赔教学大纲的要求编写，其目的是培养工程管理专业的学生掌握一定的建设工程合同管理的理论和方法，具有从事工程项目合同管理的初步能力。

本书以系统的观点，全面阐述了建设工程合同管理的内容，从合同法律基础、建设工程合同体系、建设工程委托监理合同、勘察设计合同，到建设工程施工合同等全过程的合同管理工作。在编写过程中，力求做到理论联系实际，先进合同管理理论方法与我国工程合同管理实际相结合。

本书由哈尔滨工业大学刘力、北京建筑工程学院钱雅丽任主编，哈尔滨工业大学冉立平、北京建筑工程学院张卓任副主编。天津大学何伯森教授任主审。本书第1章、第4章由哈尔滨工业大学刘力、王萍及东北林业大学赵士德编写；第2章、第7章由哈尔滨工业大学刘仁辉、哈尔滨自来水集团有限责任公司安哲民编写；第3章由张卓编写；第5章、第8章由哈尔滨工业大学王丹、黑龙江科技学院董国萍编写；第6章由钱雅丽编写；第9章、第10章由冉立平编写；第11章由哈尔滨电业局孙桂萍编写。全书由刘力统稿。

本书在编写过程中参考了大量近年出版的有关建设工程合同管理的书籍，吸收了工程合同管理的最新内容和科研成果。在此，谨向这些著作的编著者致以诚挚的谢意。同时，向担任主审的何伯森教授表示衷心的感谢。

由于本书编者的学术水平有限，书中难免存在缺点和不足，恳请广大读者批评指正。

编　者

目　录

第 3 版前言

第 2 版前言

第 1 版前言

第 1 章　建设工程合同管理概述 ··········· 1
　本章概要 ··· 1
　1.1　建设工程合同管理的目的及任务 ······················ 1
　1.2　建设工程合同管理的目标与特点 ······················ 5
　1.3　建设工程合同管理的方法和手段 ······················ 8
　思考题 ·· 11

第 2 章　建设工程法律基础 ························ 12
　本章概要 ··· 12
　2.1　合同法律关系 ··· 12
　2.2　建设工程法律制度 ······································ 17
　2.3　合同担保 ·· 18
　2.4　建设工程保险制度 ······································ 21
　思考题 ·· 23

第 3 章　合同法律概述 ································ 24
　本章概要 ··· 24
　3.1　合同法概述 ··· 24
　3.2　合同的订立 ··· 27
　3.3　合同的效力 ··· 32
　3.4　合同的履行 ··· 34
　3.5　合同的变更与转让 ······································ 37
　3.6　合同权利义务的终止 ··································· 39
　3.7　违约责任 ·· 42
　3.8　合同争议的解决 ·· 43
　思考题 ·· 46

第 4 章　建设工程合同体系 ························ 47
　本章概要 ··· 47
　4.1　建设工程中的主要合同关系和合同体系的构成 ··· 47

4.2　现代建设工程合同 …………………………………………………… 51
　　4.3　FIDIC 合同条件 ……………………………………………………… 54
　　4.4　国际上其他常用的合同条件 ………………………………………… 62
　　思考题 ……………………………………………………………………… 78

第 5 章　建设工程监理合同管理 …………………………………………… 79
　　本章概要 …………………………………………………………………… 79
　　5.1　委托合同及建设工程监理合同概述 ………………………………… 79
　　5.2　建设工程监理合同的订立 …………………………………………… 83
　　5.3　建设工程监理合同的履行 …………………………………………… 87
　　思考题 ……………………………………………………………………… 94

第 6 章　建设工程勘察、设计合同管理 …………………………………… 95
　　本章概要 …………………………………………………………………… 95
　　6.1　建设工程勘察、设计合同概述 ……………………………………… 95
　　6.2　建设工程勘察、设计合同的订立和履行 …………………………… 98
　　6.3　建设工程勘察、设计合同的管理 …………………………………… 102
　　思考题 ……………………………………………………………………… 104

第 7 章　建设工程施工合同管理 …………………………………………… 105
　　本章概要 …………………………………………………………………… 105
　　7.1　建设工程施工合同概述 ……………………………………………… 105
　　7.2　业主及承包商对合同的总体策划 …………………………………… 107
　　7.3　标准施工合同的解读 ………………………………………………… 116
　　思考题 ……………………………………………………………………… 147

第 8 章　建设工程物资采购合同及其他合同管理 ………………………… 148
　　本章概要 …………………………………………………………………… 148
　　8.1　材料采购合同管理 …………………………………………………… 148
　　8.2　设备采购合同管理 …………………………………………………… 151
　　8.3　承揽合同管理 ………………………………………………………… 155
　　8.4　技术合同管理 ………………………………………………………… 157
　　思考题 ……………………………………………………………………… 161

第 9 章　工程索赔基本理论 ………………………………………………… 162
　　本章概要 …………………………………………………………………… 162
　　9.1　工程索赔的基本概念 ………………………………………………… 162
　　9.2　索赔的意识与培养 …………………………………………………… 166
　　9.3　索赔起因和索赔依据 ………………………………………………… 174
　　9.4　索赔程序和索赔文件的编写 ………………………………………… 181
　　9.5　业主的索赔 …………………………………………………………… 191
　　思考题 ……………………………………………………………………… 200

第 10 章　索赔费用及索赔分析 …………………………………………… 201
　　本章概要 …………………………………………………………………… 201

10.1　索赔费用的构成 ……………………………………………………………… 201
　10.2　索赔费用的计算 ……………………………………………………………… 204
　10.3　经济索赔分析 ………………………………………………………………… 209
　10.4　工期索赔分析 ………………………………………………………………… 227
　10.5　承包商的索赔策略与技巧 …………………………………………………… 233
　思考题 ………………………………………………………………………………… 243

第11章　索赔的规避 ………………………………………………………………… 244
　本章概要 ……………………………………………………………………………… 244
　11.1　概述 …………………………………………………………………………… 244
　11.2　索赔的预防 …………………………………………………………………… 245
　11.3　索赔的反驳 …………………………………………………………………… 248
　11.4　索赔谈判 ……………………………………………………………………… 252
　思考题 ………………………………………………………………………………… 256

参考文献 ……………………………………………………………………………… 257

第 1 章
建设工程合同管理概述

本章概要

考虑建设工程合同管理的要求，本章概括性地介绍了建设工程合同管理的目的及任务、建设工程合同管理的目标与特点，以及建设工程合同管理的方法和手段。

1.1 建设工程合同管理的目的及任务

在建立社会主义市场经济体制中，完善国民经济支柱产业之一的建筑市场体制，是一项十分重要的任务。《中华人民共和国宪法》（以下简称《宪法》）规定："中华人民共和国实行依法治国，建设社会主义法制国家。"《中华人民共和国建筑法》（以下简称《建筑法》）、《中华人民共和国合同法》（以下简称《合同法》）和《中华人民共和国招标投标法》（以下简称《招标投标法》）的颁布和实施，为推动和加快我国建设事业的发展指明了方向，并提出了法律保障。建设工程合同管理，已经成为依法治理国家建设事业，加强科学管理的重要环节，是保证工程建设质量、提高工程建设社会效益和经济效益的法律保障和重要工具。

1.1.1 建设工程合同管理的目的

1. 发展和完善社会主义建筑市场经济

我国《宪法》规定，"国家实行社会主义市场经济"，"国家加强经济立法，完善宏观调控"。因此，我国经济体制改革的目标是建立社会主义市场经济，以利于进一步解放和发展生产力，增强经济实力，参与国际大市场经济活动。建立社会主义市场经济体制，也是我国国民经济支柱产业之一的建筑业体制改革不断发展的要求和基本目标。因此，培育和发展建筑业市场，是我国建筑业建立社会主义市场经济体制的一项十分重要的工作。

在我国建立社会主义市场经济，就是要建立完善的社会主义法制经济。《建筑法》第一条规定了制定该法的立法目的，即为了加强对建筑活动的监督管理，维护建筑市场秩序，保证建筑工程的质量和安全，促进建筑业健康发展。上述规定也即建设工程合同管理的根本目的。在工程建设领域中，首先要加强建筑市场的法制建设，健全建筑市场法规体系，以保障建筑市场的繁荣和建筑业的发达。欲达到此目的，必须加强对工程建设合同的法律调整和管理，贯彻落实《合同法》《招标投标法》《建筑法》等有关法律、行政法规，以及推行《建设工程施工合同（示范文本）》等有关合同范本，以保证建设工程合同订立的合法性、全面性、准确性和完整性，依法严格地履行合同，并强化工程项目承发包双方及有关第三方的合同法律意识，认真做好建设工程合同管理工作。

2. 建立现代企业制度

建立现代企业制度，是发展社会化大生产和市场经济的必然要求，是公有制与市场经济相结合的有效途径，是国有企业改革的方向。我们要从我国国情出发，总结实践经验，全面理解和把握产权清晰、权责明确、政企分开、管理科学的要求，深化国有企业改革。现代企业制度的建立，对企业提出了新的要求，企业应当依据《中华人民共和国公司法》（以下简称《公司法》）的规定，遵循"自主经营、自负盈亏、自我发展、自我约束"的原则，这就促使建筑企业必须认真地、更多地考虑市场的需求变化，调整企业发展方向和工程承包经营方式，依据《招标投标法》的规定，通过工程招标投标签订建设工程合同，以求实现与其他企业、经济组织在工程项目建设活动中的协作与竞争。

建设工程合同是项目法人单位与建筑企业进行工程承发包的主要法律形式，是进行工程施工、监理和验收的主要法律依据，是建筑企业走上市场的桥梁和纽带。订立和履行建设工程合同，直接关系到建设单位和建筑企业的根本利益。因此，加强建设工程合同管理，已成为推行现代企业制度的重要内容。

3. 规范建筑市场主体、市场价格和市场交易

建立完善的建筑市场体系和有形的建筑市场，是一项经济法制建设工程。它要求对建筑市场主体、建筑产品市场价格和建筑市场交易等方面的经济关系加以法律调整。

（1）建筑市场主体

建筑市场主体进入建筑市场进行交易，其目的就是为了开展和实现工程项目承发包活动，即建立工程建设项目合同法律关系。欲达到此目的，有关各方主体必须具备和符合法定主体资格，即具有订立建设工程合同的权利能力和行为能力，方可订立建设工程承包合同。

（2）建筑产品市场价格

建筑产品市场价格是一种市场经济中的特殊商品价格。在我国正在逐步建立"政府宏观指导，企业自主报价，竞争形成价格，加强动态管理"的建筑市场价格机制。因此，建筑市场主体必须依据有关规定，通过招标投标竞争，运用合同形式，调整彼此之间的建筑产品价格关系。

（3）建筑市场交易

建筑市场交易是指建筑产品的交易通过工程建设项目招标投标的市场竞争活动，最后采用订立建设工程合同的法定形式确定，在此过程中，建筑市场主体应当依据《招标投标法》和《合同法》的规定行事，方能形成有效的建设工程合同法律关系。

4. 加强合同管理，提高建设工程合同履约率

牢固树立合同法制的观念，加强工程建设项目合同管理，必须从项目法人做起，从项目经理做起和从工程师做起，坚决执行《合同法》和建设工程合同行政法规以及合同示范文本制度。严格按照法定程序签订建设工程项目合同，防止论证不足、资金不足、"豆腐渣工程"合同和转包合同等违法违规现象的出现，建筑市场主体各方只要全面履行工程建设项目合同文本的各项条款，就可以大大提高工程建设项目合同的履约率。

在建设工程合同文本中，对当事人各方的权利、义务和责任做了明确、完善的规定和约定，可操作性强，从而防止当事人主观上的疏漏和外来因素的干扰，有利于合同的正常履行，预防违约现象的出现，防止纠纷的发生，保证工程建设项目的顺利建成。

5. 加强建设工程合同管理，努力开拓国际建筑市场

在21世纪的今天，国际工程市场日益扩大，建筑业得到蓬勃和迅猛发展，各承包商都在密切注视和分析跨国工程承包的动态和信息，从而形成了国际工程建设市场竞争十分激烈的局面。此外，随着我国国内市场逐步国际化，要求在合同管理上与国际接轨。这就为我国建筑业进入国际工程承包市场和开放国内工程发包市场提出了新的课题。

随着我国"一带一路"战略的制定和实施，建筑业和工程承包活动出现了新局面，但是，现代工程管理的科学知识和经验，我们尚不完全熟悉，特别是国际工程承包市场中的工程招标投标与合同管理知识和技能，有待于进一步掌握。根据世界银行的有关规则，引用国际通用合同文本，努力提高工程合同管理人员的素质，对"开拓和开放"工程建设市场，发展建筑业，为国家创汇和节省建设资金，全面提高工程管理水平具有重要意义。

工程合同管理的目的是为了加强建筑活动的监督管理，维护建筑市场秩序，保证建设工程质量和安全，促进建筑业的健康发展。《建筑法》为建筑业在各个环节上有法可依、有法必依、执法必严、违法必究提供了法律依据，是我国建筑行业法制化的重要里程碑，也为我国建筑业进一步向国际标准化迈进提供了保障。

1.1.2 建设工程合同管理的任务

1. 国民经济支柱产业发展的可靠保障

培育和发展建筑市场，振兴我国的建筑业，真正形成国民经济的支柱产业，就必须建立开发现代化的建筑市场。市场的模式应当是市场机制（即供求、价格、竞争）健全，市场要素完备，市场保障体系健全，市场法规完善，市场秩序良好。为了保证建筑市场模式的形成，必须培育合格的市场主体，建立市场价格机制，强化市场竞争意识，推行工程建设项目招标投标，确保工程质量，严格履行建设工程合同。

建设合同管理的范围主要体现在以下三个方面。

（1）建设活动中的行政管理关系

建设活动是社会经济发展中的重大活动，同社会发展息息相关。国家对此类活动必然实行严格的管理，包括对建设工程的立项、计划、资金筹集、设计、施工、监理、验收等方面进行严格的监督管理，进而形成建设活动中的行政管理关系。

（2）建设活动中的经济协作关系

在各项建设活动中，各种经济主体为了自身的生产和生活需要，或为了实现一定的经济利益、目的，必然寻求协作伙伴，随即发生相互间的建设协作经济关系，如投资主体（建设单位）同勘察设计单位、建筑安装施工单位等发生的勘察设计和施工关系。

(3) 建设活动中的民事关系

建设活动中的民事关系是指因从事建设活动而产生的国家、单位法人、公民之间的民事权利、义务关系，主要包括：①在建设活动中发生的有关自然人的损害、侵权、赔偿关系；②土地征用、房屋拆迁导致的拆迁安置关系等。

建设活动中的民事关系既涉及国家社会利益，又关系着个人的利益和自由，因此必须按照民法和建设法规中的民事法律规范予以调整。

应当指出的是，以上建设法规的三种具体调整对象，既彼此互相关联，又各具自身属性。它们都是因从事建设活动所形成的社会关系，都须以建设法规来加以规范和调整。不能或不应当撇开建设法规来处理建设活动中所发生的种种关系。这也是它们的共同点或相关联之处。同时这三种调整对象又不尽相同，它们各自的形成条件不同、处理关系的原则或调整手段不同、适用的范围不同、适用规范的法律后果也不完全相同。从这个意义上说，它们又是三种并行不悖的社会关系，既不能混同，也不能相互取代。在承认建设法规统一调整的前提下，应当侧重适用它们各自所属的调整规范。

2. 努力推行项目法人责任制、招标投标制、工程监理制和合同管理制

党的十四届五中全会提出的"实行两个具有全局意义的根本性转变，一是经济体制从传统的计划经济体制向社会主义市场经济体制转变，二是经济增长方式从粗放型向集约型转变"的决策，对于实现我国跨世纪的经济建设宏伟目标具有重大的战略意义。在实行"两个转变"过程中，欲振兴和发展我国建筑业，加强现代工程建设事业的科学管理，实行项目法人责任制、招标投标制、工程监理制和合同管理制，势在必行。

3. 全面提高工程建设管理水平

在我国社会主义市场经济中，建筑市场经济是其重要组成部分，培育和发展建筑市场经济，是一项艰巨和复杂的经济活动。建筑市场行政管理关系、建筑市场主体地位关系、建筑市场商品交易关系、建筑市场主体行为关系等都直接决定着建筑市场经济关系的健康发展和壮大。

建筑市场经济中最活跃的因素就是竞争机制。如何保护竞争、防止不正当竞争，需要做好全方位的法制工作。

从宏观角度来看，首先是转换政府职能，由直接管理企业变为直接管理市场，实行宏观调控，建筑市场的交易活动依靠合同约束主体之间的行为；其次是推行项目法人责任制，由项目法人对项目的策划、资金筹措、建设实施、生产经营、债务偿还和资产的保值增值，实行全过程负责。项目法人参与市场经济活动，必须以各种合同加以规范。再从微观角度来看，首先是工程建设项目，从可行性研究、勘察设计到招标投标、建筑施工、材料设备采购等各种经济关系，都要以合同形式加以确立；其次是为了促进建筑市场的繁荣和发展，建筑经济领域中的第三产业——工程咨询公司、工程监理公司、招标代理公司、估算公司、专业律师事务所等中介组织已经在工程建设大舞台上扮演着重要角色。建筑市场中介组织参与经济活动时，都是以签订委托合同的形式产生一定的法律关系。

综上所述，培育和发展建筑市场经济，是一项综合的系统工程，其中合同管理只是一项子工程。但是，建设工程合同管理是建筑业科学管理的重要组成部分和特定的法律形式。它贯穿于建筑市场交易活动全过程，众多的建设工程合同的全面履行是建立一个完善的建筑市场的基本条件和法定保护措施。因此,加强建设工程合同管理,全面提高工程建设管理水平,必将在建立统一的、开放的、现代化的、机制健全的社会主义建筑市场经济体制中,发挥重要的作用。

4. 建设工程合同管理是项目管理的核心,是控制工程质量、进度和造价的重要依据

建设工程合同管理是对工程建设项目有关的各类合同,从条件的拟定、协商到签署、履行情况的检查和分析等环节进行的科学管理工作,以期通过合同管理实现工程项目"三大控制"的任务要求,维护当事人双方的合法权益。

工程建设项目的"三大控制",强调由工程师依据合同实施管理。

(1) 合同管理中的质量控制

工程师运用科学管理方法和质量保证措施,严格约束承包人按照设计施工图和技术规范中写明的试验项目、材料性能、施工要求和允许精度等有关规定进行施工,消除隐患,防止事故发生,严格把好质量关,依据合同条款的有关规定对工程质量进行监督与控制。

(2) 合同管理中的进度控制

监理工程师接到承包人提交的工程施工进度计划后,将对进度计划进行认真的审核,检查承包人所制订的进度计划是否合理,审查承包人提交的工程施工总进度计划是否符合工程建设项目的合同工期规定。

(3) 合同管理中的投资控制

监理工程师作为工程费用的监控主体,处于工程计划与支付环节的关键位置,除了加强对合同中所规定的工程量、工程费用的计量与支付管理外,还将对合同中所规定的其他费用加强监督与管理。此外,还应根据合同条款,制定工程计量与支付程序,使工程费用监督与管理科学化、规范化。

工程费用的支付,必须严格按照合同规定的支付时间、支付范围、支付方法、支付程序等进行各种款项的支付。

建设工程合同的订立,确立了当事人双方的工程项目管理责任和经济法律关系,也是双方实施工程管理、享有权利和承担义务的法律依据。因此,工程项目建设单位和承建单位,在做好合同管理机构建设和规章建设之后,应当充分重视工程建设项目的招标、投标和合同签订与履行工作。

建设工程合同条款内容是工程建设项目当事人实施工程管理的法定依据。合同双方签订建设工程合同时,对工程合同的性质、工程范围和内容、工期、物资供应、付款和结算方式、工程质量标准和验收、安全生产、工程保修、奖罚条款、双方的责任等条款进行认真研究、推敲,力求条款完善、用词严密、内容合法、程序合法、权利和义务明确。合法、有效的合同,有利于当事人认真履行,可以预防纠纷的发生;即使发生纠纷,当事人也可以请求仲裁机构或人民法院依据合同保护其合法权益。

1.2 建设工程合同管理的目标与特点

1.2.1 建设工程合同管理的目标

建设工程合同管理直接为项目总目标和企业总目标服务,要保证它们的顺利实现。所以建设工程合同管理不仅是建设项目管理的一部分，也是企业管理的一部分。具体来说，合同管理目标包括：

1）保证项目三大目标的实现，使整个工程在预定的成本（投资）、预定的工期范围内完成，达到预定的质量和功能要求。由于合同中包括了进度要求、质量标准、工程价格，以及双方的责权利关系，所以它贯穿了项目的三大目标。在一个建筑工程项目中，有几份、十几份甚至几十份互相联系、互相影响的合同，一份合同至少涉及两个独立的项目参加者。通过合同管理可以保证各方都圆满地履行责任，进而保证项目的顺利实施。最终业主按计划获得一个合格的工程，实现投资目的，承包商获得合理的价格和利润。

2）一个成功的合同管理，还要在工程结束时使双方都感到满意，合同争执较少，合同各方面能互相协调。业主对工程、对承包商、对双方的合作感到满意；而承包商不但取得了利润，而且赢得了信誉，建立了双方友好的合作关系。工程问题的解决公平合理，符合惯例。这是企业经营管理和发展战略对合同管理的要求。

在工程中要能同时达到上述目标是十分困难的。在国际上，人们曾总结许多成功的案例，将项目成功的因素进行分析，其中最重要的因素是通过合同明确项目目标，合同各方在对合同统一认识、正确理解的基础上，就项目的总目标达成共识。

1.2.2 建设工程合同管理的特点

建设合同管理作为规范建设管理和建设协作关系的规范文件，除具备一般合同管理特征外，还具有以下不同于其他合同管理的特点。

1. 建设项目周期长

由于建筑工程项目是一个渐进的过程，工程持续时间长，这使得相关的合同，特别是工程承包合同周期长。它不仅包括施工期，而且包括招标投标和合同谈判以及保修期，所以一般至少2年，长的可达5年或更长时间。合同管理必须在这么长时间内连续地、不间断地进行，从领取标书直到合同完成并失效。

2. 工程价格高

由于工程价值量大，合同价格高，使合同管理对工程经济效益影响很大。合同管理得好，可使承包商避免亏本，并获取利润，否则承包商要蒙受较大的经济损失，这已为许多工程实践所证明。在现代工程中，由于竞争激烈，合同价格中包括的利润减少，合同管理中稍有失误就会导致工程亏本。

3. 合同变更频繁

常常一个稍大的工程，合同实施中的变更能有几百项。合同实施必须按变化了的情况不断地调整，这要求合同管理必须是动态的，必须加强合同控制和变更管理工作。

4. 合同管理工作复杂

合同管理是高度准确、严密和精细的管理工作。这是由如下几方面原因造成的：

1）现代工程体积庞大，结构复杂，技术标准、质量标准高，要求相应的合同实施的技术水平和管理水平高。

2）由于现代工程资金来源渠道多，有许多特殊的融资方式和承包方式，使工程项目合同关系越来越复杂。

3）现代工程合同条件越来越复杂，这不仅表现在合同条款多，所属的合同文件多，还表现在与主合同相关的其他合同多。例如，在工程承包合同范围内可能有很多分包、供应、劳务、租赁、保险合同，它们之间存在极为复杂的关系，形成一个严密的合同网络。复杂的合同条件和合同关系要求高水平的项目管理特别是合同管理相配套，否则合同条件没有实用性，项目不能顺利实施。

4）工程的参加单位和协作单位多，通常涉及业主、总包、分包、材料供应商、设备供应商、设计单位、监理单位、运输单位、保险公司等十几家甚至几十家。各方面责任界限的划分，合同的权利和义务的定义异常复杂，合同文件出错和矛盾的可能性加大。合同在时间上和空间上的衔接和协调极为重要，同时又极为复杂和困难。合同管理必须协调和处理各方面的关系，使相关的各合同和合同规定的各工程活动之间不相矛盾，在内容上、技术上、组织上、时间上协调一致，形成一个完整的、周密的、有序的体系，以保证工程有秩序、按计划地实施。

5）合同实施过程复杂，从购买标书到合同结束必须经历许多过程。签约前要完成许多手续和工作，签约后进行工程实施，要完整地履行一个承包合同，必须完成几百个甚至几千个相关的合同事件，从局部完成到全部完成。在整个过程中，稍有疏忽就会导致前功尽弃，导致经济损失。所以必须保证合同在工程的全过程和每个环节上都顺利实施。

6）在合同管理中，必须做好取得、处理、使用、保存合同相关文件和各种工程资料。

5. 合同实施风险大

由于合同实施时间长、涉及面广，项目在实施过程中受外界环境如经济条件、社会条件、法律和自然条件的影响，业主和承包商均有各自的风险。业主的风险主要来自于项目决策阶段和项目实施阶段，而承包商的风险则来自于政治风险、经济风险、技术风险、商务及公共关系风险和管理风险。这些风险都难以预测和有效的控制，有时会妨碍合同的正常实施，造成经济损失。

6. 合同管理职能的特殊性

在工程项目管理中，合同管理作为一项管理职能，有它自己的职责和任务。但它又有以下特殊性：

1）由于合同中包括了项目的整体目标，所以合同管理是工程项目管理的核心，对项目的进度控制、质量管理、成本管理有总控制和总协调作用，所以它又是综合性的全面的高层次的管理工作。

2）合同管理要处理好与业主及其他方面的经济关系，就必须服从企业经营管理、服从企业战略，特别在投标报价、合同谈判、制定合同执行战略和处理索赔时，更要注意这个问题。

从法律的角度来看，建设合同管理不同于其他合同管理，其特点如下：

1）行政隶属性。行政隶属性是建设合同管理的主要特征，也是区别于其他合同管理的主要特征。这一特征决定了建设合同管理必然要采用直接体现行政权力活动的调整方法，即以行政指令为主的方法调整建设业法律关系的过程。但随着我国从计划经济向市场经济不断过渡，政府的行政干预将越来越少。因甲、乙双方的合同行为是市场行为，只要遵守国家的法律和法规即可。

2）经济性。经济性是建设合同管理的一个重要特征。建设业的活动直接为社会创造财富，为国家增加积累。建设合同管理的经济性既包括财产性，也包括其与生产、分配、交换、消费的联系性。例如，房地产开发、住宅商品化、建设工程勘察设计、施工安装等都直接为社会创造财富，随着建设业的发展，其在国民经济中的地位日益突出。

3）政策性。建设合同管理体现着国家的建设政策。它一方面是实现国家建设政策的工具，另一方面也把国家建设政策规范化。国家建设形势总是处于不断发展变化之中，建设合同管理要随着政策的变化而变化，灵活而机敏地适应变化了的建设形势的客观需要。如国家人力、财力、物力紧张时，基建投资就要压缩，通过法律规范加以限制。国力储备充足时，就可以适当增加基建投资，同时以法律规范予以扶持、鼓励。

4）技术性。技术性是建设合同管理一个十分重要的特征。建设业的发展与人类的生存和进步息息相关。建设产品的质量与人民的生命财产紧紧连在一起。为保证建设产品的质量和人民生命财产的安全，大量的建设法规是以技术规范形式出现的，直接、具体、严密、系统，便于广大工程技术人员及管理机构遵守和执行，如各种设计规范、施工规范、验收规范、产品质量监测规范等。有些非技术规范的建设法律规范中也带有技术性的规定，如我国《城乡规划法》中就含有计量、质量、规划技术、规划编制内容等技术规范。

1.3 建设工程合同管理的方法和手段

1.3.1 建设工程合同管理的方法

1. 健全建设工程合同管理法规，依法管理

在培育和发展社会主义市场经济活动中，要根据"依法治国"的方针，充分发挥和运用法律手段调整和促进建筑市场正常运行的重要作用。在工程建设管理活动中，确保工程建设项目从可行性研究、工程项目报建、工程建设项目招标投标、工程建设项目承发包到工程建设项目施工和竣工验收等活动纳入法制轨道。增强发包方和承包方的法制观念，保证工程建设项目的全部活动依据法律和合同办事。

《建筑法》是我国经济法律的重要组成部分。它是我国国民经济支柱产业之一的建筑业基本法。制定和颁布《建筑法》，从而建立、健全我国工程建设法规体系，完善工程建设各项合同管理法规，是培育和发展我国建筑市场经济的客观要求和法律保障。

在建立、健全建设工程合同管理法律规范的过程中，各级建设行政主管机关应当在组织学习国家法律和行政法规的基础上，制定出各级地方建设工程合同管理规章配套工作，严格遵照"统一性、严肃性和法定程序的原则"行事。所谓统一性，是指各级建设工程合同管理规章，应与我国《合同法》、国务院颁布的有关条例等建设工程合同管理法规保持一致，而不得有悖。所谓严肃性，是指制定地方规章是一项带有"立法"性的工作。因此，法规中的基本概念、用词和文字表达，必须符合法律和行政法规。否则，必然造成执行中的混乱。所谓法定程序，是指制定地方行政规章时，必须符合全国人民代表大会及其常务委员会的有关决定和国务院的有关规定。否则，把严肃的地方行政法规制定工作，当成"长官意志"的"土政策"披上"合法外衣"的过程，其后果必然造成工程建设领域中合同管理的混乱，从而影响建设市场经济的良性发展。

2. 建立和发展有形建筑市场

建立完善的社会主义市场经济体制，发展我国建设工程承发包活动，必须建立和发展有形的建筑市场。通过有形建筑市场，及时收集、存储和公开发布各类工程信息，为工程交易活动，包括工程招标、投标、评标、定标和签订合同提供服务，以便于政府有关部门行使调控、监督的职能。

3. 推行合同管理目标制

合同管理目标制是各项合同管理活动应达到的预期结果和最终目的。建设工程合同管理的目的是项目法人通过自身在工程项目合同的订立和履行过程中所进行的计划、组织、指挥、监督和协调等工作，促使项目内部各部门、各环节互相衔接、密切配合，保证项目经营管理活动的顺利进行，提高工程管理水平，增强市场竞争能力，从而达到高质量、高效益，满足社会需要。

合同目标管理的过程是一个动态过程，是指工程项目合同管理机构和管理人员为实现预期的管理目标，运用管理职能和管理方法对工程合同的订立和履行行为实行管理活动的过程。

4. 合同管理机关严肃执法

建设工程合同法律、行政法规，是规范建筑市场主体的行为准则。在培育和发展我国建筑市场的初级阶段，具有法制观念的建筑市场参与者，能够学法、守法，依据法律、法规进入建筑市场，签订和履行工程建设合同，维护其合法权益。

由于我国社会主义市场经济尚处初创阶段，特别是建筑市场，因其领域宽、规模大、周期长、流动广、资源配置复杂等特点，依法治理的任务十分艰巨。在建设工程合同管理活动中，合同管理机关运用动态管理的科学手段，实行必要的"跟踪"监督，可以大大提高工程管理的水平。

工商行政管理机关和建设工程合同主管机关，应当依据《合同法》《建筑法》《招标投标法》《反不正当竞争法》《招标投标法实施条例》等法律、行政法规严肃执法，整顿建筑市场秩序，严厉打击工程承发包活动中的违法犯罪活动。

当前，建筑市场中，利用签订建设工程合同进行欺诈的违法活动时有发生，其主要表现形式有：①无合法承包资格的一方当事人与另一方当事人签订工程承发包合同，骗取预付款或材料费；②虚构建筑工程项目预付款；③本无履约能力，弄虚作假，蒙骗他人签订合同，或是约定难以完成的条款，当对方违约之后，向其追偿违约金等。对因上述违法行为引发的严重工程质量事故或造成其他严重经济损失的，应依法追究责任者的经济责任、行政责任，构成犯罪的，依法追究其刑事责任。

1.3.2 建设工程合同管理的手段

1. 普及合同法制教育，培训合同管理人才

《建筑法》《合同法》《招标投标法》已经相继颁布。《合同法》是调整自然人、法人、其他组织之间设立、变更、终止民事权利义务关系的基本法律。建设工程合同是《合同法》中15种列名合同之一，作为建筑市场主体的法定代表人或负责人及各级管理人员都应认真学习和熟悉必要的合同法律知识，以便合法地参与建筑市场经济活动；《建筑法》明确规定，建筑工程的发包单位与承包单位应当依法订立书面合同，明确双方的权利和义务。发包单位和承包单位应当全面履行合同约定的义务，不按照合同约定履行义务的，依法承担违约责任。

2. 设立专门合同管理机构和配备合同管理人员

加强工程合同管理工作，应当设立专门的合同管理机构。全国各地区根据本地区的具体情况和特点，经有关建设主管机关批准，设立地区性的建设工程合同管理机构，承担建设工程合同的登记、审查等监督工作任务。上述合同管理机构的职能具有服务性和监督性双重属性，能为建设工程合同主体订立、履行、协调合同有关事宜做出十分有益的工作。

为了做好建设工程合同监督管理工作，建立切实可行的建设工程合同审计工作制度，强化建设工程合同的审计监督，为维护建筑市场秩序，确保建设工程合同当事人的合法权益是十分必要的。

项目法人单位和建筑企业内部的合同管理工作，是工程建设项目全面管理的重要组成部分。因此，设立工程建设项目的合同管理机构或者配备合同管理专职人员，建立合同台账、统计、检查和报告制度，发挥合同管理的纽带作用，从而使得工程建设合同的订立、履行、变更和终止等活动的结果，成为法定代表人做出工程建设项目管理决策的科学依据。

3. 积极推行合同示范文本制度

推行合同示范文本制度，是贯彻执行《合同法》，加强建设工程合同监督，提高合同履约率，维护建筑市场秩序的一项重要措施。为了进一步贯彻治理整顿建筑业和开拓建筑市场的方针，完善建设工程合同制度，规范建设工程合同各方当事人行为，维护正常的经济秩序，国家工商行政管理总局与住房和城乡建设部颁布了《建设工程施工合同（示范文本）》（GF—2013—0201）和《建设工程监理合同（示范文本）》（GF—2012—0202），其他部委（如水利部、交通运输部等）也都有相应的合同示范文本，如《水利水电土建工程施工合同条件》（GF—2000—0208）等。推行合同示范文本制度，一方面有助于当事人了解、掌握有关法律、法规，使建设工程合同的签订符合规范，避免缺款少项和当事人意思表示不真实，防止出现显失公平和违法条款；另一方面有利于合同管理机关加强监督检查，也有利于仲裁机构或人民法院及时裁判纠纷，维护当事人的合法权益，保障国家和社会公共利益。

4. 积极开展"重合同，守信用"的评比活动

建筑企业应牢固地树立"重合同，守信用"的观念。在发展社会主义市场经济，开拓建筑市场的氛围中，为了提高竞争能力，建筑企业家应该认识到"企业的生命在于信誉，企业的信誉高于一切"原则的重要性。因此，企业各级管理者应该经常教育全体成员认真贯彻岗位责任制，使每一名员工都来关心工程项目的合同管理，认识到自己的每一项具体工作都是在履行合同中约定的义务，从而保证工程项目合同的全面履行。多年来，在国家各级工商行政管理机关组织各行各业开展的"重合同，守信用"的活动中，涌现出众多的建设工程合同管理先进单位，对提高我国建筑市场经济的管理水平做出了贡献。

5. 建立合同管理的计算机信息系统

合同管理在工程建设项目管理中具有十分重要的作用，随着工程建设项目规模扩大，合同标的日趋庞大，涉及合同的内容、条款日益复杂，国内采用的传统合同管理手段和方法，已经无法适应现代化大、中型工程项目动态管理的要求。因此，借助于计算机处理系统为合同管理人员提供支持，已经成为必然趋势，且颇有成效。

建立以计算机数据库系统为基础的合同管理。在数据收集、整理、存储、处理和分析等方面，建立工程项目管理中的合同管理系统，可以满足决策者在合同管理方面的信息需求，提高管理水平。

此外，在工程建设项目管理中，能运用计算机信息系统对合同管理组织机构及功能模块划分等提供科学管理的方案和数据。总之，合同管理计算机信息系统在现代合同管理中有其独特的优势，是应当广泛采用的科学管理手段。

6. 借鉴和采用国际通用规范和先进经验

现代工程建设活动，正处在日新月异的新时期，工程承发包活动的国际性是一项重要特征，国际工程市场吸引着各国的业主和承包商参与其流转活动。这就要求我国工程建设项目的当事人学习、熟悉国际工程市场的运行规范和操作惯例。例如，国际咨询工程师联合会（FIDIC）编制的《施工合同条件》（1999年第一版）（简称FIDIC新红皮书）和《FIDIC生产设备和设计建造合同条件》（1999年第一版）（简称FIDIC新黄皮书）、《设计采购施工和交钥匙工程合同条件》（1999年第一版）（简称FIDIC新银皮书）、《简明合同条件》（1999年第一版）（简称FIDIC新绿皮书）；美国建筑师学会（AIA）、英国土木工程师学会（ICE）等国际著名组织编写的有关合同条件文本，对于完善我国工程建设项目的合同管理制度和适应国际工程建设市场开发的需要，都会产生十分重要的作用。

思 考 题

1. 建设工程合同的种类有哪些？
2. 建设工程合同管理的特点有哪些？
3. 建设工程合同管理的方法有哪些？

第 2 章 建设工程法律基础

> **本章概要**
>
> 由于工程建设涉及面广，内容复杂，因此相应的法律法规也错综复杂，既有程序法，也有实体法；既有经济方面的，也有行政管理方面的。本章主要介绍建设工程合同基本知识及工程建设过程中所涉及的相关法律规定，包括合同法律关系、代理制度、担保制度、保险制度。

2.1 合同法律关系

2.1.1 合同法律关系的构成

1. 合同法律关系的概念

法律关系是一定的社会关系在相应的法律规范的调整下形成的权利义务关系。法律关系的实质是法律关系主体之间存在的特定权利义务关系。合同法律关系是一种重要的法律关系。

合同法律关系是指由合同法律规范所调整的、在民事流转过程中所产生的权利义务关系。合同法律关系包括合同法律关系的主体、合同法律关系的客体、合同法律关系的内容三个要素。这三个要素构成了合同法律关系，缺少其中任何一个要素都不能构成合同法律关系，改变其中的任何一个要素就改变了原来设定的法律关系。

2. 合同法律关系的主体

合同法律关系的主体是指参加合同法律关系，享有相应权利、承担相应义务的当事人。合同法律关系的主体可以是自然人、法人和其他组织。

(1) 自然人

自然人是指基于出生而成为民事法律关系主体的有生命的人。作为合同法律关系主体的自然人必须具备相应的民事权利能力和民事行为能力。民事权利能力是民事主体依法享有民事权利和承担民事义务的资格。自然人的民事权利能力始于出生，终于死亡。民事行为能力是民事主体通过自己的行为取得民事权利和履行民事义务的资格。根据自然人的年龄和精神健康状况，可以将自然人分为完全民事行为能力人、限制民事行为能力人和无民事行为能力人。《中华人民共和国民法通则》（以下简称《民法通则》）在民事主体中使用的是"公民"一词，公民是指取得一国国籍并根据该国法律规定享有权利和承担义务的自然人。自然人既包括公民，也包括外国人和无国籍人，他们都可以作为合同法律关系的主体。

(2) 法人

法人是指具有民事权利能力和民事行为能力，依法独立享有民事权利和承担民事义务的组织。法人是与自然人相对应的概念，是法律赋予社会组织具有人格的一项制度。这一制度为确立社会组织的权利、义务，便于社会组织独立承担责任提供了基础。

法人应当具备以下条件：

1）依法成立。法人不能自然产生，它的产生必须经过法定的程序。法人的设立目的和方式必须符合法律的规定，设立法人必须经过政府主管机关的批准或者核准登记。

2）有必要的财产或者经费。有必要的财产或者经费是法人进行民事活动的物质基础，它要求法人的财产或者经费必须与法人的经营范围或者设立目的相适应，否则不能被批准设立或者核准登记。

3）有自己的名称、组织机构和场所。法人的名称是法人相互区别的标志和法人进行活动时使用的代号。法人的组织机构是指对内管理法人事务、对外代表法人进行民事活动的机构。法人的场所则是法人进行业务活动的所在地，也是确定法律管辖的依据。

4）能够独立承担民事责任。法人必须能够以自己的财产或者经费承担在民事活动中的债务，在民事活动中给其他主体造成损失时能够承担赔偿责任。

法人的法定代表人是自然人，他依照法律或者法人组织章程的规定，代表法人行使职权。法人以它的主要办事机构所在地为住所。

法人可以分为企业法人和非企业法人两大类，非企业法人包括行政法人、事业法人、社团法人。企业法人依法经工商行政管理机关核准登记后取得法人资格。企业法人分立、合并或者有其他重要事项变更，应当向登记机关办理登记并公告。企业法人分立、合并，它的权利和义务由变更后的法人享有和承担。有独立经费的机关从成立之日起，具有法人资格。具有法人条件的事业单位、社会团体，依法不需要办理法人登记的，从成立之日起，具有法人资格；依法需要办理法人登记的，经核准登记，取得法人资格。

(3) 其他组织

法人以外的其他组织也可以成为合同法律关系的主体，主要包括法人的分支机构、不具备法人资格的联营体、合伙企业、个人独资企业等。这些组织应当是合法成立、有一定的组织机构和财产，但又不具备法人资格的组织。其他组织与法人相比，其复杂性在于民事责任的承担较为复杂。

3. 合同法律关系的客体

合同法律关系的客体是指参加合同法律关系的主体享有的权利和承担的义务所共同指向的对象。合同法律关系的客体主要包括物、行为和智力成果。

(1) 物

法律意义上的物是指可为人们控制并具有经济价值的生产资料和消费资料，可以分为动产与不动产、流通物与限制流通物、特定物与种类物等。如建筑材料、建筑设备、建筑物等都可能成为合同法律关系的客体。货币作为一般等价物也是法律意义上的物，可以作为合同法律关系的客体，如借款合同等。

（2）行为

法律意义上的行为是指人的有意识的活动。在合同法律关系中，行为多表现为完成一定的工作，如勘察设计、施工安装等，这些行为都可以成为合同法律关系的客体。

（3）智力成果

智力成果是通过人的智力活动所创造出的精神成果，包括知识产权、技术秘密及在特定情况下的公知技术。如专利权、计算机软件等，都有可能成为合同法律关系的客体。

4. 合同法律关系的内容

合同法律关系的内容是指合同约定和法律规定的权利和义务。合同法律关系的内容是合同的具体要求，决定了合同法律关系的性质，它是连接主体的纽带。

（1）权利

权利是指合同法律关系主体在法定范围内，按照合同的约定有权按照自己的意志做出某种行为。权利主体也可要求义务主体做出一定的行为或不做出一定的行为，以实现自己的有关权利，当权利受到侵害时，有权得到法律保护。

（2）义务

义务是指合同法律关系主体必须按法律规定或约定承担应负的责任。义务和权利是相互对应的，相应主体应自觉履行相对应的义务。否则，义务人应承担相应的法律责任。

2.1.2　合同法律关系的产生、变更与消灭

1. 法律事实的概念

合同法律关系并不是由合同法律规范本身产生的，合同法律关系只有在具有一定的条件下才能产生、变更和消灭。能够引起合同法律关系产生、变更和消灭的客观现象和事实，就是法律事实。法律事实包括行为和事件。

合同法律关系是不会自然而然地产生的，也不能仅凭法律规范规定就可在当事人之间发生具体的合同法律关系。只有一定的法律事实存在，才能在当事人之间发生一定的合同法律关系，或使原来的合同法律关系发生变更或消灭。

2. 法律事实的分类

（1）行为

行为是指法律关系主体有意识的、能够引起法律关系发生变更和消灭的活动，包括作为和不作为两种表现形式。

行为还可分为合法行为和违法行为。凡符合国家法律规定或为国家法律所认可的行为是合法行为，如在建设活动中，当事人订立合法有效的合同，产生建设工程合同关系；建设行政管理部门依法对建设活动进行的管理活动，产生建设行政管理关系。凡违反国家法律规定的行为都是违法行为，如建设工程合同当事人违约，导致建设工程合同关系的变更或者消灭。

此外，行政行为和发生法律效力的法院判决、裁定以及仲裁机构发生法律效力的裁决等，也是一种法律事实，也能引起法律关系的产生、变更和消灭。

（2）事件

事件是指不以合同法律关系主体的主观意志为转移而发生的，能够引起合同法律关系产生、变更和消灭的客观事实。这些客观事件的出现与否，是当事人无法预见和控制的。

事件可分为自然事件和社会事件两种。自然事件是指出于自然现象所引起的客观事实，如地震、台风等。社会事件是指由于社会上发生了不以个人意志为转移的、难以预料的重大事变所形成的客观事实，如战争、罢工、禁运等。无论自然事件还是社会事件，它们的发生都能引起一定的法律后果，即导致合同法律关系的产生或者迫使已经存在的合同法律关系发生变化。

2.1.3 代理关系

1. 代理的概念和特征

代理是代理人在代理权限内，以被代理人的名义实施的、其民事责任由被代理人承担的法律行为。代理具有以下特征：

（1）代理人必须在代理权限范围内实施代理行为

无论代理权的产生是基于何种法律事实，代理人都不得擅自变更或扩大代理权限，代理人超越代理权限的行为不属于代理行为，被代理人对此不承担责任。在代理关系中，委托代理中的代理人应根据被代理人的授权范围进行代理，法定代理和指定代理中的代理人也应在法律规定或指定的权限范围内实施代理行为。

（2）代理人以被代理人的名义实施代理行为

代理人只有以被代理人的名义实施代理行为，才能为被代理人取得权利和设定义务。如果代理人是以自己的名义为法律行为，则这种行为是代理人自己的行为而非代理行为。这种行为所设定的权利与义务只能由代理人自己承担。

（3）代理人在被代理人的授权范围内独立地表现自己的意志

在被代理人的授权范围内，代理人以自己的意志去积极地为实现被代理人的利益和意愿进行具有法律意义的活动。它具体表现为代理人有权自行解决他如何向第三人做出意思表示，或者是否接受第三人的意思表示。

（4）被代理人对代理行为承担民事责任

代理是代理人以被代理人的名义实施的法律行为，所以在代理关系中所设定的权利义务，当然应当直接归属被代理人享受和承担。被代理人对代理人的代理行为应承担的责任，既包括对代理人在执行代理任务时的合法行为承担民事责任，也包括对代理人的不当代理行为承担民事责任。

2. 代理的种类

以代理权产生的依据不同，可将代理分为委托代理、法定代理和指定代理。

（1）委托代理

委托代理是基于被代理人对代理人的委托授权行为而产生的代理。委托代理关系的产生，需要在代理人与被代理人之间存在基础法律关系，如委托合同关系、合伙合同关系、工作隶属关系等，但只有在被代理人对代理人进行授权后，这种委托代理关系才真正建立。授予代理权的形式可以用书面形式，也可以用口头形式。如果法律法规规定应当采用书面形式，则应当采用书面形式。

在委托代理中，被代理人所做出的授权行为属于单方的法律行为，仅凭被代理人一方的意思表示，即可以发生授权的法律效力。被代理人有权随时撤销其授权委托，代理人也有权随时辞去所受委托。但代理人辞去委托时，不能给被代理人和善意第三人造成损失，否则应负赔偿责任。

在建设工程中涉及的代理主要是委托代理，如项目经理作为施工企业的代理人、总监理工程师作为监理单位的代理人等。当然，授权行为是由单位的法定代表人代表单位完成的。项目经理、总监理工程师作为施工企业、监理单位的代理人，应当在授权范围内行使代理权，超出授权范围的行为则应当由行为人自己承担。如果授权范围不明确，则应当由被代理人（单位）向第三人承担民事责任，代理人负连带责任，但是代理人的连带责任是在被代理人无法承担责任的基础上承担的。如果考虑建设工程的实际情况，被代理人承担民事责任的能力远远高于代理人，在这种情况下实际往往由被代理人承担民事责任。

合同在市场经济条件下得到了广泛应用，但由于合同的种类繁多，当合同主体对欲签订的某一合同应约定的条款内容不熟悉时，往往委托代理人或代理机构帮助他形成合同。随着社会分工的不断细化，建设工程领域中的某些中介业务已经产生了专门的代理机构，甚至于成为一个行业，如招标代理机构。工程招标代理机构是接受被代理人的委托、为被代理人办理招标事宜的社会组织。工程招标代理的被代理人是发包人，一般是工程项目的所有人或者经营者，即项目法人或通常所称的建设单位。在委托人的授权范围内，招标代理机构从事的代理行为，其法律责任由发包人承担。如果招标代理机构在招标代理过程中有过错行为，招标人则有权根据招标代理合同的约定追究招标代理机构的违约责任。

（2）法定代理

法定代理是指根据法律的直接规定而产生的代理。法定代理主要是为维护无民事行为能力人或限制民事行为能力人的利益而设立的代理方式。

（3）指定代理

指定代理是根据人民法院和有关单位的指定而产生的代理。指定代理只在没有委托代理人和法定代理人的情况下适用。在指定代理中，被指定的人称为指定代理人，依法被指定为代理人的，如无特殊原因不得拒绝担任代理人。

3. 无权代理

无权代理是指行为人没有代理权而以他人名义进行民事、经济活动。无权代理包括以下几种情况：

1）没有代理权而为代理行为。
2）超越代理权限而为代理行为。
3）代理权终止而为代理行为。

对于无权代理行为，被代理人可以根据无权代理行为的后果对自己有利或不利的原则，行使"追认权"或"拒绝权"。行使追认权后，将无权代理行为转化为合法的代理行为。《民法通则》规定，无权代理行为"只有经过被代理人的追认，被代理人才承担民事责任。未经追认的行为，由行为人承担民事责任"，但"本人知道他人以自己的名义实施民事行为而不做否认表示的，视为同意"。

4. 代理关系的终止

（1）委托代理关系的终止

委托代理关系可因下列原因终止：

1）代理期间届满或者代理事项完成。
2）被代理人取消委托或代理人辞去委托。
3）代理人死亡或代理人丧失民事行为能力。
4）作为被代理人或者代理人的法人终止。
（2）指定代理或法定代理关系的终止
指定代理或法定代理关系可因下列原因终止：
1）被代理人取得或者恢复民事行为能力。
2）被代理人或代理人死亡。
3）指定代理的人民法院或指定单位撤销指定。
4）监护关系消灭。

2.2 建设工程法律制度

在市场经济中，财产的流转主要依靠合同。特别是工程项目，标的大、履行时间长、协调关系多，合同尤为重要。因此，建筑市场中的各方主体，包括建设单位、勘察设计单位、施工单位、咨询单位、监理单位、材料设备供应单位等都要依靠合同确立相互之间的关系。在市场经济条件下，工程建设的管理应当严格按照法律和合同进行。推行建设领域的合同管理制，有关部门做了大量的工作，从立法到实际操作都在不断完善之中。特别是1999年10月1日实施《合同法》后，建设部（现住房和城乡建设部）与国家工商行政管理局（现国家工商行政管理总局）及时联合颁布了《建设工程施工合同（示范文本）》（2013年进行了修订）和《建设工程委托监理合同（示范文本）》（2012年进行了修订，名称改为《建设工程监理合同（示范文本）》），虽然合同的示范文本不属于法律法规，是推荐使用的文本，但由于合同示范文本考虑到了建设工程合同在订立和履行中有可能涉及的各种问题，并给出了较为公正的解决方法，能够有效减少合同的争议，因此对完善建设工程合同管理制度起到了极大的推动作用。

规范建设工程合同，不但需要规范合同本身的法律法规的完善，也需要相关法律体系的完善。目前，我国这方面的立法体系也已基本完善。与建设工程合同有直接关系的是《民法通则》《合同法》《招标投标法》和《建筑法》。《民法通则》是调整平等主体的公民之间、法人之间、公民与法人之间的财产关系和人身关系的基本法律。合同关系也是一种财产（债）关系，因此，《民法通则》对规范合同关系做出了原则性的规定。《合同法》是规范我国市场经济财产流转关系的基本法，建设工程合同的订立和履行也要遵守其基本规定。在建设工程合同的履行过程中，由于会涉及大量的其他合同，如买卖合同等，所以也要遵守《合同法》的规定。招标投标是通过竞争择优确定承包人的主要方式，《招标投标法》是规范建筑市场竞争的主要法律，能够有效地实现建筑市场的公开、公平、公正的竞争。有些建设项目必须通过招标投标确定承包人，其他项目国家鼓励通过招标投标确定承包人。《建筑法》是规范建筑活动的基本法律，建设工程合同的订立和履行也是一种建筑活动，所以合同的内容也必须遵守《建筑法》的规定。另外，建设工程合同的订立和履行还涉及其他法律关系，因此需要遵守相应的法律规定。在建设工程合同的订立和履行中需要提供担保的，应当遵守《中华人民共和国担保法》的规定。在建设工程合同的订立和履行中需要投保的，应当遵守《中华人民共和国保险法》的规定。在建设工程合同的订立和履行中需要建立劳动关系的，应当遵守《中华人民共和国劳动法》的规定。如果合同在履行过程中发生了争议，双方订有仲裁协议（或者争议发生后双方达成了仲裁协议），则应按照《中华人民共和国仲裁法》（以下简称《仲裁法》）的规定进行仲裁；如果双方没有仲裁协议（或者争议发生后双方也没有达成仲裁协议），则应按照《中华人民共和国民事诉讼法》（以下简称《民事诉讼法》）的规定，以诉讼作为争议的最终解决方式。

2.3 合同担保

2.3.1 担保的概念

担保是指当事人根据法律规定或者双方约定，促使债务人履行债务实现债权人的权利的法律制度。担保通常由当事人双方订立担保合同。担保合同是被担保合同的从合同，被担保合同是主合同，主合同无效，从合同也无效，但担保合同另有约定的按其约定。

担保活动应当遵循平等、自愿、公平、诚实信用的原则。

担保法是指调整因担保关系而产生的债权债务关系的法律规范的总称。为促进资金融通和商品流通，保障债权的实现，发展社会主义市场经济，1995 年 6 月 30 日第八届全国人民代表大会常务委员会第十四次会议通过了《中华人民共和国担保法》（以下简称《担保法》）。

2.3.2 担保方式

《担保法》规定的担保方式为保证、抵押、质押、留置和定金。

1. 保证

（1）保证的概念和方式

保证是指保证人和债权人约定，当债务人不履行债务时，保证人按照约定履行债务或者承担责任的行为。保证法律关系至少有三方参加，即保证人、被保证人（债务人）和债权人。

保证的方式有两种，即一般保证和连带责任保证。在具体合同中，担保方式由当事人约定，如果当事人没有约定或者约定不明确，则按照连带责任保证承担保证责任。这是对债权人权利的有效保护。

1）一般保证。一般保证是指当事人在保证合同中约定，债务人不能履行债务时，由保证人承担责任的保证方式。一般保证的保证人在主合同纠纷未经审判或者仲裁，并就债务人财产依法强制执行仍不能履行债务前，对债权人可以拒绝承担担保责任。

2）连带责任保证。连带责任保证是指当事人在保证合同中约定保证人与债务人对债务承担连带责任的保证方式。连带责任保证的债务人在主合同规定的债务履行期届满没有履行债务的，债权人可以要求债务人履行债务，也可以要求保证人在其保证范围内承担保证责任。

（2）保证人的资格

具有代为清偿债务能力的法人、其他组织或者公民，可以作为保证人，但是，以下组织不能作为保证人：

1）企业法人的分支机构、职能部门。企业法人的分支机构有法人书面授权的，可以在授权范围内提供保证。

2）国家机关。经国务院批准为使用外国政府或者国际经济组织贷款进行转贷的除外。

3）学校、幼儿园、医院等以公益为目的的事业单位、社会团体。

(3) 保证合同的内容

保证合同应包括以下内容：

1）被保证的主债权种类、数额。

2）债务人履行债务的期限。

3）保证的方式。

4）保证担保的范围。

5）保证的期间。

6）双方认为需要约定的其他事项。

(4) 保证责任

保证合同生效后，保证人就应当在合同规定的保证范围和保证期间承担保证责任。

保证担保的范围包括主债权及利息、违约金、损害赔偿金及实现债权的费用。保证合同另有约定的，按照约定。当事人对保证担保的范围没有约定或者约定不明确的，保证人应当对全部债务承担责任。一般保证的保证人未约定保证期间的，保证期间为主债务履行期届满之日起6个月。

保证期间债权人与债务人协议变更主合同或者债权人许可债务人转让债务的，应当取得保证人的书面同意，否则保证人不再承担保证责任。保证合同另有约定的按照约定。

2. 抵押

(1) 抵押的概念

抵押是指债务人或者第三人向债权人以不转移占有的方式提供一定的财产作为抵押物，用以担保债务履行的担保方式。债务人不履行债务时，债权人有权依照法律规定以抵押物折价或者从变卖抵押物的价款中优先受偿。其中债务人或者第三人称为抵押人，债权人称为抵押权人，提供担保的财产为抵押物。

(2) 抵押物

债务人或者第三人提供担保的财产为抵押物。由于抵押物是不转移占有的，因此能够成为抵押物的财产必须具备一定的条件。这类财产轻易不会灭失，且其所有权的转移应当经过一定的程序。下列财产可以作为抵押物：

1）抵押人所有的房屋和其他地上定着物。

2）抵押人所有的机器、交通运输工具和其他财产。

3）抵押人依法有权处分的国有土地使用权、房屋和其他地上定着物。

4）抵押人依法有权处置的国有机器、交通运输工具和其他财产。

5）抵押人依法承包并经发包人同意抵押的荒山、荒沟、荒丘、荒滩等荒地的土地使用权。

6）依法可以抵押的其他财产。

下列财产不得抵押：

1）土地所有权。

2）耕地、宅基地、自留地、自留山等集体所有的土地使用权。

3）学校、幼儿园、医院等以公益为目的的事业单位、社会团体的教育设施、医疗卫生设施和其他社会公益设施。

4）所有权、使用权不明或者有争议的财产。

5）依法被查封、扣押、监管的财产。

6）依法不得抵押的其他财产。

当事人以土地使用权、城市房地产、林木、航空器、船舶、车辆等财产抵押的，应当办理抵押物登记，抵押合同自登记之日起生效；当事人以其他财产抵押的，可以自愿办理抵押物登记，抵押合同自签订之日起生效。当事人未办理抵押物登记的，不得对抗第三人。

办理抵押物登记，应当向登记部门提供主合同、抵押合同、抵押物的所有权或者使用权证书。

（3）抵押的效力

抵押担保的范围包括主债权及利息、违约金、损害赔偿金和实现抵押权的费用。当事人也可以约定抵押担保的范围。

抵押人有义务妥善保管抵押物并保证其价值。抵押期间，抵押人转让已办理登记的抵押物，应当通知抵押权人并告知受让人转让物已经抵押的情况。否则，该转让行为无效。抵押人转让抵押物的价款，应当向抵押权人提前清偿所担保的债权或者向与抵押权人约定的第三人提存；超过债权的部分归抵押人所有，不足部分由债务人清偿。转让抵押物的价款不得明显低于其价值。抵押人的行为足以使抵押物价值减少的，抵押权人有权要求抵押人停止其行为。

抵押权与其担保的债权同时存在，抵押权不得与债权分离而单独转让或者作为其他债权的担保。

（4）抵押权的实现

债务履行期届满抵押权人未受清偿的，可以与抵押人协议以抵押物折价或者以拍卖、变卖该抵押物所得的价款受偿；协议不成的，抵押权人可以向人民法院提起诉讼。抵押物折价或者拍卖、变卖后，其价款超过债权数额的部分归抵押人所有，不足部分由债务人清偿。

同一财产向两个以上债权人抵押的，拍卖、变卖抵押物所得的价款按照以下规定清偿：

1）抵押合同以登记生效的，按抵押物登记的先后顺序清偿；顺序相同的，按照债权比例清偿。

2）抵押合同自签订之日起生效的，如果抵押物未登记，则按照合同生效的先后顺序清偿，顺序相同的，则按照债权比例清偿。抵押物已登记的先于未登记的受偿。

3. 质押

（1）质押的概念

质押是指债务人或者第三人将其动产或权利移交债权人占有，用以担保债权履行的担保。质押后，当债务人不能履行债务时，债权人依法有权就该动产或权利优先得到清偿。债务人或者第三人为出质人，债权人为质权人，移交的动产或权利为质物。质权是一种约定的担保物权，以转移占有为特征。

(2) 质押的分类

质押可分为动产质押和权利质押。

动产质押是指债务人或者第三人将其动产移交债权人占有，将该动产作为债权的担保。能够用作质押的动产没有限制。

权利质押一般是将权利凭证交付质押人的担保。可以质押的权利包括：

1) 汇票、支票、本票、债券、存款单、仓单、提单。
2) 依法可以转让的股份、股票。
3) 依法可以转让的商标专用权、专利权、著作权中的财产权。
4) 依法可以质押的其他权利。

4. 留置

留置是指债权人按照合同约定占有对方（债务人）的财产，当债务人不能按照合同约定期限履行债务时，债权人有权依照法律规定留置该财产并享有处置该财产得到优先受偿的权利。留置权以债权人合法占有对方财产为前提，并且债务人的债务已经到了履行期。例如，在承揽合同中，定作方逾期不领取其定作物的，承揽方有权将该定作物折价、拍卖、变卖，并从中优先受偿。

由于留置是一种比较强烈的担保方式，必须依法行使，不能通过合同约定产生留置权。依《担保法》规定，能够留置的财产仅限于动产，且只有因保管合同、仓储合同、运输合同、加工承揽合同发生的债权，债权人才有可能实施留置。

5. 定金

定金是指当事人双方为了担保债务的履行，约定由当事人一方先行支付给对方一定数额的货币作为担保。定金的数额由当事人约定，但不得超过主合同标的额的20%。定金合同要采用书面形式，并在合同中约定交付定金的期限，定金合同从实际交付定金之日生效。债务人履行债务后，定金应当抵作价款或者收回。给付定金的一方不履行约定的债务的，无权要求返还定金；收受定金的一方不履行约定的债务的，应当双倍返还定金。

2.4 建设工程保险制度

2.4.1 保险概述

1. 保险的概念

保险是指投保人根据合同约定，向保险人支付保险费，保险人对于合同约定的可能发生的事故因其发生所造成的财产损失承担赔偿保险金责任，或者当被保险人死亡、伤残、疾病或者达到合同约定的年龄、期限时承担给付保险金责任的商业保险行为。保险是一种受法律保护的分散危险、消化损失的法律制度。保险的目的是为了分散危险，因此，危险的存在是保险产生的前提。保险制度上的危险是一种损失发生的不确定性，其表现为：①发生与否的不确定性；②发生时间的不确定性；③发生后果的不确定性。

2. 保险合同的概念

保险合同是指投保人与保险人约定保险权利义务关系的协议。投保人是指与保险人订立保险合同，并按照保险合同负有支付保险费义务的人。保险人是指与投保人订立保险合同，并承担赔偿或者给付保险金责任的保险公司。

保险合同在履行中还会涉及被保险人和受益人的概念。被保险人是指其财产或者人身受保险合同保障，享有保险金请求权的人，投保人可以为被保险人。受益人是指人身保险合同中由被保险人或者投保人指定的享有保险金请求权的人。投保人、被保险人可以为受益人。

保险合同一般是以保险单的形式订立的。

3. 保险合同的分类

（1）财产保险合同

财产保险合同是以财产及其有关利益为保险标的的保险合同。在财产保险合同中，保险合同的转让应当通知保险人，经保险人同意继续承保后，依法转让合同。在合同的有效期内，保险标的危险程度增加的，被保险人按照合同约定应当及时通知保险人，保险人有权要求增加保险费或者变更合同。

建筑工程一切险和安装工程一切险即为财产保险合同。

（2）人身保险合同

人身保险合同是以人的寿命和身体为保险标的的保险合同。投保人应向保险人如实申报被保险人的年龄、身体状况。投保人于合同成立后，可以向保险人一次支付全部保险费，也可以按照合同规定分期支付保险费。人身保险的受益人由被保险人或者投保人指定。保险人对人身保险的保险费，不得用诉讼方式要求投保人支付。

2.4.2 建设工程涉及的主要险种

建设工程由于涉及的法律关系较为复杂，风险也较为多样，因此，建设工程涉及的险种也较多，主要包括建筑工程一切险（及第三者责任险）、安装工程一切险（及第三者责任险）、机器损坏险、机动车辆险、人身意外伤害险、货物运输险等。但狭义的工程险则是针对工程的保险，只有建筑工程一切险（及第三者责任险）和安装工程一切险（及第三者责任险），其他险种并非专门针对工程的保险。由于工程安全事关国计民生，许多国家对工程险有强制性投保的规定。

1. 建筑工程一切险（及第三者责任险）

建筑工程一切险是承保各类民用、工业和公用事业建筑工程项目，包括道路、桥梁、水坝、港口等，在建造过程中因自然灾害或意外事故而引起的一切损失的险种。因在建工程抗灾能力差，危险程度高，一旦发生损失，不仅会对工程本身造成巨大的物质财富损失，甚至可能殃及邻近人员与财物。因此，建筑工程一切险作为转嫁工程风险，取得经济保障的有效手段，受到广大工程业主、承包人、分包人等工程有关人士的青睐。随着各种新建、扩建、改建工程项目日益增多，需要更多全方位、多层次、高水平的工程保险服务，许多保险公司已经开设了这一保险。

建筑工程一切险往往还加保第三者责任险。第三者责任险负责凡在工程期间的保险有效期内因在工地上发生意外事故造成在工地及邻近地区的第三者人身伤亡或财产损失，依法应由被保险人承担的经济赔偿责任。

2. 安装工程一切险（及第三者责任险）

安装工程一切险是承保安装机器、设备、储油罐、钢结构工程、起重机以及包含机械工程因素的各种建造工程的险种。由于科学技术日益进步，现代工业的机器设备已进入电子计算机控制的时代。工艺精密、构造复杂、技术高度密集、价格十分昂贵。在安装、调试机器设备的过程中遇到自然灾害和意外事故都会造成巨大的经济损失。传统的财产保险适应不了现代安装工程的需要。因此，在保险市场上逐渐发展成一种保障广泛、专业性强的综合性险种——安装工程一切险，以保障机器设备在安装、调试过程中，被保险人可能遭受的损失能够得到经济补偿。

安装工程一切险往往还加保第三者责任险。安装工程一切险的第三者责任险负责被保险人在保险期限内，因发生意外事故，造成在工地及邻近地区的第三者人身伤亡、疾病或财产损失，依法应由被保险人赔偿的经济损失，以及因此而支付的诉讼费用和经保险人书面同意支付的其他费用。

思 考 题

1. 合同法律关系由哪些要素构成？
2. 法人应当具备哪些条件？
3. 代理的特征有哪些？代理的种类有哪些？
4. 担保的方式有哪些？哪些主体可以作为保证人？
5. 简述一般担保与连带担保的区别。
6. 简述抵押与质押的区别。
7. 什么是保险？什么是保险合同？

第3章 合同法律概述

本章概要

工程建设是一项综合性技术经济活动，它涉及面广、工期长，加上新型材料不断出现，技术发展速度快，质量要求高，项目实施较为困难。同时，工程的参加单位和协作单位多，一个工程就涉及业主、承包商、设计单位、监理单位、材料供应商、设备供应商、银行等十几家甚至几十家单位，如果工程实施中有一家工作出现失误，就可能会对他方工作产生干扰。而合同正是各项目参加者的连接纽带，通过合同将参加工程建设的各方有机结合起来，合理确定各方的权利和义务关系，规范各方的行为，保证工程的顺利实施。本章主要论述合同法的相关知识，包括合同的概念、类别及主要条款，合同的订立，合同的履行，无效合同，合同变更与转让，合同解除，合同责任等。

3.1 合同法概述

3.1.1 合同的概念

合同是平等主体的自然人、法人、其他组织之间设立、变更、终止民事权利义务关系的协议。合同在人们的社会生活中是普遍存在的。在市场经济条件下，合同是用来维系社会各类经济组织或商品经营者之间的经济关系的重要纽带。如果没有合同，就无法维护当事人的合法权益，也就无法维护社会正常的经济秩序。

3.1.2 合同的种类

由于合同所调整的社会生活是多方面的，因此就形成多种多样的合同。从不同的角度可以对合同做出不同的分类。

1. 合同法的基本分类

1999 年 3 月 15 日第九届全国人民代表大会第三次全体会议通过了《合同法》（1999 年 10 月 1 日起施行）。《合同法》分则部分将合同分为 15 类：买卖合同，供用电、水、热力合同，赠与合同，借款合同，租赁合同，融资租赁合同，承揽合同，建设工程合同，运输合同，技术合同，保管合同，仓储合同，委托合同，行纪合同，居间合同。在《合同法》中对每一类合同都做了较为详细的规定。

2. 合同的其他分类

合同的其他分类是侧重学术理论分析的，合同的其他分类主要有以下几种：

（1）计划合同与非计划合同

计划合同是指依据国家有关部门下达的计划签订的合同；非计划合同则是当事人依据市场需求和自身的生产经营状况签订的合同。计划合同和非计划合同在合同的签订、履行、变更和解除等方面都存在很大差别：计划合同在以上各方面都要符合有关计划要求，而非计划合同则完全取决于当事人自愿。

（2）双务合同与单务合同

双务合同是指双方当事人互相享有权利并承担义务的合同，如买卖合同、租赁合同、承揽合同、施工合同等；单务合同是指一方当事人享有权利，另一方当事人承担义务的合同，如赠与合同。区分双务合同与单务合同的法律意义在于：①双务合同适用同时履行抗辩规则，即当事人在合同中未约定履行义务的先后顺序时，应推定为同时履行，双方当事人都享有同时履行抗辩权，而单务合同当事人则没有此项权利；②双务合同履行过程中发生不可抗力而导致当事人不能履行时，则存在风险负担问题，风险的负担按法律规定的不同，可能由债权人承担，也可能由债务人承担，而单务合同履行过程中发生的风险一律由债务人承担；③在双务合同中，当事人一方已按约定履行，而另一方违约时，履约方可以主张违约方继续履行或承担违约责任，必要时还可以解除合同，而单务合同不发生这种后果。

（3）诺成合同与实践合同

诺成合同是指仅由当事人意思表示一致即可订立的合同，如买卖合同等；实践合同是指在当事人意思表示一致的前提下，还需交付标的物或者其他给付的合同，如货物运输合同、保管合同等。区分诺成合同与实践合同的法律意义在于：首先，诺成合同仅以双方当事人意思表示一致为合同成立的要件，而实践合同以双方合意和标的物交付为合同成立的要件；其次，诺成合同中交付标的物是当事人的义务，若违反就产生违约责任，而实践合同中交付标的物不是当事人的义务，违反它不产生违约责任，但可构成缔约过失责任。

（4）主合同与从合同

主合同是指不依附于其他合同而独立存在的合同，如买卖合同、施工合同等；从合同是指不能独立存在，而以主合同存在为存在的前提条件，如担保合同。主合同有效，从合同就有效，主合同无效，从合同自然无效，但是，从合同是否有效不会影响主合同的效力。

（5）有偿合同与无偿合同

有偿合同是指合同当事人双方，任何一方均需给予另一方相应权益方能取得自己利益的合同。无偿合同是指当事人一方无须给与相应权益即可从另一方取得利益。在市场经济中，绝大部分合同都是有偿合同。区分有偿合同与无偿合同的法律意义在于：①承担责任轻重不同。在有偿合同中，债务人所负的注意义务程度较高；在无偿合同中，则较低。例如在保管合同中，因保管人的过失导致保管物毁损灭失时，如果是有偿保管，因保管人收取了保管费，就应负全部赔偿责任；如果是无偿保管，保管人的责任就应适当减轻。②合同主体要求不同。签订有偿合同的当事人原则上应是完全民事行为能力人，限制民事行为能力人签合同须经其法定代理人同意；而无偿合同的签订无须取得法定代理人的同意。③当事人可否行使撤销权不同。有偿合同的债务人将其财产无偿转让给第三人，损害到债权人利益时，债权人有权请求撤销此转让行为；而无偿合同则不发生此项权利。

(6) 要式合同与不要式合同

要式合同是指法律规定必须采用某种特定形式或具备特定手续订立的合同，如《合同法》规定，建设工程合同应当采用书面形式，又如，法律规定，当事人签订房屋买卖合同需办理房屋过户登记手续等。不要式合同是指法律对合同订立的形式和应具备的手续未做规定的合同，如买卖合同等。

3.1.3 合同法的基本原则

合同法是调整平等主体的自然人、法人、其他组织之间设立、变更、终止民事权利义务关系的法律规范的总称。《合同法》总则第一章对合同法的基本原则做了明确的规定。这既是合同当事人在合同的订立、履行、变更、解除、转让、承担违约责任时应遵守的基本原则，又是人民法院、仲裁机构在审理、仲裁合同纠纷时应当遵循的原则。

1. 合同当事人法律地位平等原则

《合同法》规定，"合同当事人的法律地位平等"，也就是说，无论当事人在事实上有什么身份上的不同，如大型国有企业和小型私营企业，但只要他们签订合同，则在合同关系中，他们的法律地位就是平等的、独立的，享有平等的主体资格，不能以大欺小，以强欺弱。

2. 自愿原则

这是合同法最重要的原则之一。合同当事人依法享有自愿订立合同的权利，任何一方不得将自己的意志强加给另一方。自愿原则通常也称意思自治原则，即作为合同当事人，在法律规定的范围之内，可以按照自己的意愿订立合同，自主地选择合同的另一当事人，自主地决定合同内容。自愿原则是市场经济的客观要求，随着市场经济的不断发展和日益完善，合同自愿原则的重要性将会更加突出。

3. 公平、诚实信用原则

《合同法》规定，"当事人应当遵循公平原则确定各方的权利和义务"，"当事人行使权利、履行义务应当遵循诚实信用原则"。公平、诚实信用原则是合同法的一项重要原则。公平、诚实信用原则，就是要求合同当事人在订立合同和履行合同，以至合同终止后的全过程中，都要讲诚实，重信用，相互协作，不滥用权利。首先，在合同订立时，应当遵循公平原则确定双方当事人的权利和义务，不得采取欺诈、胁迫手段订立合同，不得假借订立合同恶意进行磋商或有其他违背诚实信用原则的行为；其次，在履行合同时，当事人应当遵循诚实信用原则，根据合同约定、合同的性质、目的和交易习惯履行自己的义务；最后，在合同关系终止后，当事人也应当遵循诚实信用原则履行通知、协助和保密等义务。

3.2 合同的订立

3.2.1 合同的形式

合同的形式是指合同双方当事人对合同的内容、条款,经过协商,做出共同的意思表示的具体方式。《合同法》规定,合同的形式有口头形式、书面形式和其他形式。

1. 口头形式

口头形式是指当事人以对话方式所订立的合同,如当面交谈、电话联系等。其优点是简单、快捷,有益于商品流转,因而这种形式在民事活动中被大量采用。例如,集贸市场的现货交易、商店里的零售买卖都是采用口头形式进行的。但口头形式的缺点是发生争议后很难举证,不易分清当事人的责任。所以那些合同标的额较大的、履行期较长的、合同关系较复杂的合同不宜采用这种形式。

2. 书面形式

书面形式是指合同书、信件和数据电文(包括电报、电传、传真、电子数据交换和电子邮件)等可以有形地表现当事人之间所订合同内容的形式。书面形式的优点是当事人之间产生纠纷时举证方便,同时也便于法院或仲裁机构审判或裁决。因此对于价款或者酬金数额较大的合同,或者履行期间较长的合同,或者合同当事人关系比较复杂的合同,当事人应当采用书面形式合同。

书面形式有一般书面形式和特殊书面形式。一般书面形式即用文字表述合同内容的合同形式。特殊书面形式是指当事人除了用文字方式表现合同内容外,还必须按法律规定或当事人约定办理特定手续的合同,如进行公证、审批、登记等特殊程序。

当事人采用合同书形式订立合同的,应当签字或者盖章。当事人在合同书上摁手印的,人民法院应当认定其具有与签字或者盖章同等的法律效力。

法律、行政法规规定采用书面形式的,应当采用书面形式。当事人约定采用书面形式的,应当采用书面形式。对于那些法律、行政法规未做规定,当事人也未约定采用书面形式订立的合同,采用任何一种形式订立都是允许的。由于《合同法》对绝大多数合同的形式未做规定,因此可以认为,《合同法》在合同形式上的要求是以不要式为原则的。

3. 其他形式

其他形式是指用除书面形式、口头形式以外的方式来表现合同内容的形式,一般包括推定和默示进行意思表示。

当事人未以书面形式或者口头形式订立合同,但从双方从事的民事行为能够推定双方有订立合同意愿的,人民法院可以认定是以《合同法》规定的"其他形式"订立的合同。

推定是指当事人用语言以外的有目的、有法律意义的积极活动来表达他的意志。例如,供应合同期满后,供方依然按照原合同规定的数量供货,需方没表示异议且接受货物并付款,这就可以推定双方已经取得关于延长原有合同的协议,或者可以推定在当事人之间形成了一个不定期的供应合同。

默示是指当事人没有进行任何积极行为,而以沉默表示自己的意思。但在这里需要注意的是,默示只有在法律有明文规定或在习惯上已为大家所承认的情况下,才具有法律意义，才能看作是合同订立的一种方式。例如，在施工合同的索赔程序中，法律规定，工程师在收到当事人的索赔报告后 28 天之内应做出答复，如未做答复，视为该项索赔已经认可。

3.2.2 合同订立的程序

合同的订立需要经过要约和承诺两个阶段。实际上就是当事人对合同内容进行协商，达成意见一致的过程。

1. 要约

要约是希望和对方订立合同的意思表示。提出要约的一方为要约人，接受要约的一方为受要约人。

要约应当符合以下规定：

1) 要约的内容必须具体确定。即应该在要约中提出准备与对方签订合同的主要条件，以便使受要约人能够确切地了解要约的内容，一旦受要约人表示接受，双方当事人就可以成立合同。因此要约应具备合同的主要条款。

2) 应表明经受要约人承诺，要约人即受该意思表示约束。

要约与没有主要条款的要约邀请不同，有些合同在要约之前还会有要约邀请行为。要约邀请是希望他人向自己发出要约的意思表示。要约邀请并不是合同成立过程中的必经过程，它是当事人订立合同的预备行为，在发出要约邀请以后，要约邀请人撤回其邀请，只要没有给善意相对人造成损失，要约邀请人在法律上无须承担责任。这种意思表示的内容往往不确定，不含有合同得以成立的主要内容，也不含相对人同意后受其约束的表示。例如，价目表的寄送、招标公告、商业广告（如果商业广告符合要约规定的，视为要约）、招股说明书等，就是要约邀请。要约是合同成立的必经过程，只要受要约人承诺，要约人就不得反悔，就要受到自己要约的约束。

(1) 要约可以撤回

要约撤回是指要约尚未生效时，要约人欲使其不发生法律效力而取消要约的意思表示。《合同法》规定，要约人撤回要约的通知应当在要约到达受要约人之前或同时到达受要约人。

(2) 要约可以撤销

要约撤销是指要约生效后，要约人欲使其丧失法律效力的意思表示。《合同法》规定，要约人撤销要约的通知应当在受要约人发出承诺通知之前到达受要约人。但有下列情形之一的，要约不得撤销：

1) 要约人确定承诺期限或者以其他形式明示要约不可撤销。这里所讲的以其他形式明示要约不可撤销指的是要约人虽然没有确定承诺期限，但明确写明了只有在收到对方拒绝承诺的书面通知时才失效，这就等于明确表示要约是不可以撤销的。

2) 受要约人有理由认为要约是不可撤销的，并已经为履行合同做了准备工作，如向银行贷款、购买原材料、租赁运输工具等。

《合同法》规定，在合同订立过程中有下列情形之一的，要约失效：①拒绝要约的通知到达要约人；②要约人依法撤销要约；③承诺期限届满，受要约人未做出承诺；④受要约人对要约的内容做出实质性变更。

2. 承诺

承诺是受要约人做出的同意要约的意思表示，承诺意味着合同成立，意味着在当事人之间形成了合同关系。承诺的有效成立必须具备以下条件：

1) 承诺必须由受要约人做出。即只有受要约人才能做出承诺。第三人不是受要约人，不能接受承诺，第三人向要约人做出承诺，视为发出要约。

2) 承诺只能向要约人做出。因为承诺是受要约人愿意按照要约人的要约的全部内容与要约人订立合同的意思表示，所以承诺只能向要约人做出。

3) 承诺的内容应当与要约的内容一致。承诺的内容应当与要约的内容一致是指受要约人对要约的内容不得做实质性变更。所谓实质性变更包括有关合同标的、数量、质量、价款或者报酬、履行期限、履行地点和方式、违约责任和解决争议方法的变更。受要约人对要约的内容做出实质性变更的，应视为新要约，而不是承诺。受要约人对要约的内容做出非实质性变更的，除要约人及时表示反对或者要约表明承诺不得对要约的内容做出任何变更的以外，该承诺有效，合同的内容以承诺的内容为准。

4) 承诺必须在承诺期限内发出。如果要约规定了承诺期限，则应该在规定的承诺期限内做出；如果没有规定期限，则应当在合理期限内做出。受要约人超过承诺期限发出承诺的，除要约人及时通知受要约人该承诺有效的以外，视为新要约。如果受要约人在承诺期限内发出承诺，按照通常情形能够及时到达要约人，但因其他原因承诺到达要约人时超过承诺期限的，除要约人及时通知受要约人承诺超过期限不接受该承诺的以外，该承诺有效。如果要约已经失效，对失效的要约做出的承诺，视为向要约人发出要约，不能产生承诺的法律效力。

承诺应当以通知的方式做出，根据交易习惯或者要约表明可以通过行为做出承诺的除外。承诺可以撤回，承诺的撤回是承诺人阻止或者消灭承诺发生法律效力的意思表示。法律规定撤回承诺的通知应当在承诺通知到达要约人之前或者与承诺通知同时到达要约人。

3. 要约和承诺的生效

要约和承诺的生效指的是要约和承诺开始受法律保护，具有法律效力。对于要约和承诺的生效，有两种不同的做法：①发信主义，即要约人发出要约以后，只要要约已处于要约人控制范围之外，要约就生效。②到达主义，即要约必须到达受要约人时才能生效。我国采用了到达主义原则。我国《合同法》规定，要约到达受要约人时生效，承诺到达要约人时生效。采用数据电文形式订立合同，收件人指定特定系统接收数据电文的，该数据电文进入该特定系统的时间，视为到达时间；未指定特定系统的，该数据电文进入收件人任何系统的首次时间，视为到达时间。

4. 合同订立的时间和地点

当事人采用合同书形式订立合同的，自双方当事人签字或者盖章时合同成立。当事人采用信件、数据电文等形式订立合同的，可以在合同成立之前要求签订确认书。签订确认书时合同成立。

采用书面形式订立合同，合同约定的签订地与实际签字或者盖章地点不符的，人民法院应当认定约定的签订地为合同签订地；合同没有约定签订地，双方当事人签字或者盖章不在同一地点的，人民法院应当认定最后签字或者盖章的地点为合同签订地。

承诺生效的地点为合同成立的地点。采用数据电文形式订立合同的,收件人的主营业地为合同成立的地点;没有主营业地的,其经常居住地为合同成立的地点。当事人另有约定的,按照其约定。当事人采用合同书形式订立合同的,双方当事人签字或者盖章的地点为合同成立的地点。

法律、行政法规规定或者当事人约定采用书面形式订立合同,当事人未采用书面形式但一方已经履行主要义务,对方接受的,该合同成立。采用合同书形式订立合同,在签字或者盖章之前,当事人一方已经履行主要义务,对方接受的,该合同成立。

国家根据需要下达指令性任务或者国家订货任务的,有关法人、其他组织之间应当依照有关法律、行政法规规定的权利和义务订立合同。

3.2.3 合同的内容

合同的内容即当事人的权利和义务。合同的内容由当事人约定,这是合同自由的重要体现。《合同法》规定了合同一般应当包括的条款,但具备这些条款不是合同成立的必备条件。

1. 当事人的名称或者姓名和住所

合同当事人包括自然人、法人和其他组织。名称是指法人或其他组织在登记机关登记的正式称谓;姓名是指自然人在身份证或者户籍登记表上的正式称谓。住所对自然人而言,是指其长久居住的地方;对法人和其他组织而言,是其主要办事机构所在地。在合同中明确当事人的基本情况,有利于合同的顺利履行,也有利于确定诉讼管辖。

2. 标的

标的是合同当事人权利和义务所共同指向的对象,即合同法律关系的客体。合同的标的必须明确、具体、合法。没有约定标的,合同就不可能成立。合同的标的可以是物,也可以是劳务、智力成果、工程项目等,只要不是法律禁止的,都可以成为合同标的。

3. 数量

数量是衡量合同标的多少的尺度,是以数字和其他计量单位表示的尺度。数量是确定合同当事人权利和义务范围、大小的标准。如果当事人在合同中未约定数量,则这样的合同无法履行。

4. 质量

质量是标的的内在品质和外观形态的综合指标,如产品的品种、型号、规格和工程项目的标准等。在签订合同时,当事人应当准确而具体地约定标的的质量,对于技术上较为复杂的和容易引起争议的词语、标准,应当加以说明和解释。如果标的有不同的质量标准,如国家标准、部颁标准、省级标准、专业标准、厂级标准等,则当事人应在合同中写明合同执行的是什么标准,必要时应写明是什么年代的质量标准。如果某种标的的质量标准有国家强制性标准或者行业性标准,当事人必须执行,则合同约定的质量不得低于该强制性标准。

5. 价款或者报酬

价款或者报酬是指当事人一方履行义务时另一方当事人以货币形式支付的代价。价款或者报酬一般由当事人在订立合同时自由约定,但是如果是属于政府定价的,则必须执行政府定价。如果有政府指导价的,当事人必须在政府指导价规定的幅度范围内确定价格。

6. 履行期限、地点和方式

履行期限是指当事人履行合同义务的起止时间。履行期限既是一方当事人请求对方当事人履行合同义务的依据，又是判断合同是否已经得到履行的标准，是确定当事人是否违约的一个重要因素。因此当事人在订立合同时，应尽可能将履行期限约定得明确和具体。履行期限通常表现为合同的签订期、有效期和履行期。

履行地点是指当事人交付标的和支付价款或酬金的地点，包括标的的交付、提取地点，服务、劳务或工程项目建设的地点，价款或劳务的结算地点。当事人订立合同时应明确规定履行地点，它是判断合同是否已经得到履行的一个标准。

履行方式是指当事人采取什么样的方式履行自己在合同中的义务。履行方式包括很多方面的内容，如标的的交付方式、价款或酬金的结算方式、货物的运输方式等。

7. 违约责任

违约责任是指当事人任何一方不履行或者不适当履行合同规定的义务而应当承担的法律责任。当事人违约时一般承担的违约责任是由违约方向对方支付违约金或赔偿金。

8. 解决争议的方法

解决争议的方法是指当事人在订立合同时约定，在合同履行过程中产生争议以后，通过什么方式来解决。在我国，合同争议的解决方式通常有协商、调解、仲裁、司法诉讼。其中，协商和调解不具有法律上的强制性，只有仲裁和司法诉讼才具有法律上的强制性。但由于仲裁、司法诉讼分属两种不同的解决争议的方法，如果当事人选择了仲裁，就不能再向人民法院起诉。因此，当事人双方在订立合同时应约定解决争议的方法。

3.2.4 格式条款

格式条款是指当事人为了重复使用而预先拟定，并在订立合同时未与对方协商的条款。格式条款又被称为标准条款。在现代经济生活中，格式条款适应了社会化大生产的需要，有利于减少交易成本，提高交易效率，因而在日常工作和生活中随处可见。但这类合同的格式条款提供人往往利用自己的有利地位，在合同中加入一些不公平、不合理的内容。因此，我国《合同法》对格式条款提供人进行了一定的限制。首先，提供格式条款的一方应当遵循公平原则确定当事人之间的权利义务关系，并采取合理的方式提请对方注意免除或限制其责任的条款，按照对方的要求，对该条款予以说明。提供格式条款一方免除其责任、加重对方责任、排除对方主要权利的，该条款无效。其次，对格式条款的理解发生争议的，应当按照通常的理解予以解释，对格式条款有两种以上解释的，应当做出不利于提供格式条款的一方的解释。在格式条款与非格式条款不一致时，应当采用非格式条款。这是指当事人在采用格式条款订立合同时，如果在格式条款中未能将双方合意全部表达清楚，还可以另行签订书面协议，或者对格式条款进行修改，以其他的文字代替格式条款。

提供格式条款的一方对格式条款中免除或者限制其责任的内容，在合同订立时采用足以引起对方注意的文字、符号、字体等特别标识，并按照对方的要求对该格式条款予以说明的，人民法院应当认定符合上文所称"采取合理的方式"。提供格式条款一方对已尽合理提示及说明义务承担举证责任。

3.3 合同的效力

3.3.1 合同生效

合同生效是指依法成立的合同，自成立时产生法律上的约束力。合同一经生效，当事人即享有合同中所约定的权利和承担合同中所约定的义务，任何单位或个人都不得对合同当事人进行干涉。当事人签订的合同能否生效，主要看其是否具备下列条件：
1）当事人具有相应的民事权利能力和民事行为能力。
2）意思表示真实。
3）不违反法律或者社会公共利益。

3.3.2 合同的生效时间

一般来说，依法成立的合同，自成立时生效。具体来讲，口头合同自受要约人承诺时生效；书面合同自当事人双方签字或者盖章时生效；法律规定应当采用书面形式的合同，当事人虽然未采用书面形式但已经履行全部或者主要义务的，可以视为合同有效。当事人可以对合同生效约定附条件或者约定附期限；附条件的合同，包括附生效条件的合同和附解除条件的合同两类。附生效条件的合同，自条件成就时生效；附解除条件的合同，自条件成就时失效。附条件的合同一经成立，在条件成就前，当事人对于所约定的条件是否成就，应当任其自然发展。

3.3.3 无效合同和可变更、可撤销合同

1. 无效合同的概念和无效的情形

无效合同是指当事人违反了法律规定的条件而订立的，国家不承认其效力，不给予法律保护的合同。无效合同从订立之时起就没有法律效力。无效合同的确认权归人民法院或者仲裁机构，其他任何机构均无权确认合同无效。无效合同应从以下几方面确认：

(1) 合同当事人的主体资格不合格
1）不具备法人资格的社会团体和组织以法人名义订立的合同。
2）当事人超越主管机关批准的经营范围或违反经营方式所签订的合同。
3）不具有相应民事权利能力和民事行为能力的当事人订立的合同，如限制民事行为能力人订立的、未经法定代理人追认的合同。

(2) 无代理权的人订立的合同
行为人没有代理权、超越代理权或者代理权终止后以被代理人的名义订立的合同，未经被代理人追认，对被代理人不发生效力，由行为人承担责任。

(3) 无处分权的人处分他人财产的合同
无处分权的人有两种：一是非财产所有人；二是不具有法律授权处分他人财产的人。这两种人与他人订立处分该财产的合同是违法行为，所订合同当然无效。

(4) 内容不合法的合同
《合同法》规定，有下列情形之一的合同无效：
1）一方以欺诈、胁迫的手段订立合同，损害国家利益。

2）恶意串通，损害国家、集体或第三人利益。
3）以合法活动掩盖非法目的。
4）损害社会公共利益。
5）违反法律、行政法规的强制性规定。

《合同法》还规定，合同中的下列免责条款无效：
1）造成对方人身伤害的。
2）因故意或者重大过失造成对方财产损失的。

这种无效的免责条款违反了公平原则，往往是占据有利地位的一方将自己的意志强加给他人。这一规定仅是指条款无效，并不影响合同其他条款的效力，不能因该条款无效而否定其他条款的效力。

出卖人就同一标的物订立多重买卖合同，合同均不具有合同无效情形，买受人因不能按照合同约定取得标的物所有权，请求追究出卖人违约责任的，人民法院应予支持。

2. 可变更、可撤销合同的概念和种类

可变更、可撤销合同是指欠缺生效条件，但一方当事人可依照自己的意思使合同的内容变更或者使合同的效力归于消灭的合同。可变更、可撤销合同不同于无效合同，当事人提出请求是合同被变更、撤销的前提。当事人如果只要求变更，人民法院或者仲裁机构不得撤销其合同。

下列合同，当事人一方有权请求人民法院或者仲裁机构变更或者撤销：
1）因重大误解而订立的。
2）在订立合同时显失公平的。

另外，一方以欺诈、胁迫等手段或者乘人之危，使对方在违背真实意思的情况下订立的合同，受损害方有权请求人民法院或者仲裁机构变更或者撤销。

由于可撤销的合同只是涉及当事人意思表示不真实的问题，因此法律对撤销权的行使有一定的限制。有下列情形之一的，撤销权消灭：①具有撤销权的当事人自知道或者应当知道撤销事由之日起1年内没有行使撤销权；②具有撤销权的当事人知道撤销事由后明确表示或者以自己的行为放弃撤销权。

3. 合同无效和被撤销后的法律后果

无效合同或者被撤销的合同自始没有法律约束力。合同部分无效，不影响其他部分效力的，其他部分仍然有效。合同无效、被撤销或者终止的，不影响合同中独立存在的有关解决争议方法的条款的效力。

合同无效或者被撤销后，尚未履行的，不得履行；正在履行的，应当立即终止履行。对因履行无效合同和被撤销合同而产生的财产后果，应当根据当事人的过错大小，采取以下方法处理：

（1）返还财产

返还财产是使当事人的财产关系恢复到合同订立以前的状态。如果当事人依据无效合同取得的标的物还存在，则应返还给对方；如果标的物已不存在，不能返还或者没有必要返还，如标的物已灭失，则可不返还，但应折价补偿。

（2）赔偿损失

无效合同有过错的一方应当赔偿另一方当事人所受到的损失。如果双方都有过错，则应当按照责任的主次、轻重来分别承担经济损失中与其责任相适应的份额。

(3) 追缴财产，收归国有

对于当事人恶意串通，损害国家、集体或者第三人利益的，因此合同取得的财产应收归国家所有。触犯刑律的，还应依法承担刑事责任。

3.4 合同的履行

3.4.1 合同履行的概念

合同履行是指合同各方当事人按照合同的规定，全面履行各自的义务，实现各自的权利，使各方的目的得以实现的行为。合同的履行是合同当事人订立合同的根本目的。

3.4.2 合同履行的原则

依据《合同法》规定，合同当事人履行合同时，应当遵循以下原则。

1. 全面履行原则

全面履行是指当事人应当按照合同约定的标的、价款、数量、质量、地点、期限、方式等全面履行各自的义务。合同生效后，当事人就质量、价款或者报酬、履行地点等内容没有约定或者约定不明的，可以协议补充，不能达成补充协议的，按照合同有关条款或者交易习惯确定。如果按照上述办法仍不能确定合同如何履行的，适用《合同法》有关规定进行履行。例如，质量要求不明的，按国家标准、行业标准履行，没有国家、行业标准的，按通常标准或者符合合同目的的特定标准履行；再如，价款或报酬不明的，按订立合同时履行地的市场价格履行；依法应当执行政府定价或政府指导价的，按规定履行等。

2. 诚实信用原则

诚实信用原则是我国《民法通则》的基本原则，也是合同法的一项十分重要的原则，它贯穿于合同的订立、履行、变更、解除、终止等全过程。因此，当事人在订立合同时要讲诚实、守信用，要善意，当事人双方要互相协作，应根据合同性质、目的和交易习惯履行通知、协助和保密的义务，只有这样，合同才能圆满履行。

3.4.3 合同条款空缺的法律适用

在订立合同时，由于某些当事人缺乏相应的法律知识及疏忽大意等原因，往往造成合同条款约定不明确，致使合同无法履行的情形。为了保障合同当事人的合法权益，法律规定允许当事人之间另行约定，采取必要的措施，补救合同条款空缺的问题。

《合同法》规定，合同生效后，当事人就质量、价款或者报酬、履行地点等内容没有约定或者约定不明的，可以协议补充，不能达成补充协议的，按照合同有关条款或者交易习惯确定。按照合同有关条款或者交易习惯确定，一般只能适用于部分常见条款欠缺或者不明确的情况，因为只有这些内容才能形成一定的交易习惯。如果按照上述办法仍不能确定合同如何履行，则适用下列规定进行履行：

1) 质量要求不明的，按国家标准、行业标准履行，没有国家标准、行业标准的，按通常标准或者符合合同目的的特定标准履行。

2）价款或报酬不明的，按订立合同时履行地的市场价格履行；依法应当执行政府定价或政府指导价的，按规定履行。合同在履行中既可能按照市场行情约定价格，也可能执行政府定价或政府指导价。如果是按照市场行情约定价格履行，则市场行情的波动不应影响合同价，合同仍执行原价格。如果执行政府定价或政府指导价，则在合同约定的交付期限内政府价格调整时，按照交付时的价格计价。逾期交付标的物的，遇价格上涨时按照原价格执行；遇价格下降时，按新价格执行。逾期提取标的物或者逾期付款的，遇价格上涨时，按新价格执行；遇价格下降时，按原价格执行。

3）履行地点不明确的，给付货币的，在接收货币一方所在地履行；交付不动产的，在不动产所在地履行；其他标的在履行义务一方所在地履行。

4）履行期限不明确的，债务人可以随时履行，债权人也可以随时要求履行，但应当给对方必要的准备时间。

5）履行方式不明确的，按照有利于实现合同目的的方式履行。

6）履行费用的负担不明确的，由履行义务一方承担。

交易习惯是指在交易行为当地或者某一领域、某一行业通常采用并为交易对方订立合同时所知道或者应当知道的做法；或当事人双方经常使用的习惯做法。对于交易习惯，由提出主张的一方当事人承担举证责任。

3.4.4　合同履行中的债务履行变更

在合同履行过程中，由于客观情况的变化，有可能会导致合同债务履行的变更。法律规定债权人或债务人可以变更债务履行，不会影响当事人的合法权益。一般来说，这种债务履行的变更包括债务人向第三人履行债务和第三人向债权人履行债务两种情况。

1. 债务人向第三人履行债务

债务人向第三人履行债务是指债务人本应向债权人履行义务，但债权人与债务人约定由债务人向第三人履行债务，原债权人的地位不变。这类合同往往被称之为为第三人利益订立的合同。债务人虽向第三人履行债务，但第三人仍不是合同的当事人。合同当事人需协商同意由第三人接受履行，向第三人的履行原则上不能增加履行难度和履行费用。当事人约定由债务人向第三人履行债务，债务人未向第三人履行债务或者履行债务不符合约定的，应当向债权人承担违约责任。

2. 第三人向债权人履行债务

第三人向债权人履行债务是指经当事人约定由第三人代债务人履行债务。当事人约定由第三人向债权人履行债务的，第三人不履行债务或者履行合同不符合约定的，债务人应当向债权人承担违约责任。第三人向债权人履行债务，第三人也不是合同的当事人。但这种代替履行的行为必须征求债权人的同意，并且对债权人没有不利的影响。

3.4.5　合同履行中当事人的抗辩权

抗辩权是指在双务合同中，当事人一方有依法对抗对方权利主张的权利。

1. 同时履行抗辩权

当事人互负债务，没有先后履行顺序的，应当同时履行。同时履行抗辩权包括：①一方在对方履行之前有权拒绝其履行要求；②一方在对方履行债务不符合约定时有权拒绝其相应的履行要求。

同时履行抗辩权的适用条件有：①必须是双务合同；②合同中未约定履行的先后顺序；③对方当事人没有履行债务或者没有正确履行债务；④对方的义务是可能履行的义务。

2. 先履行抗辩权

先履行抗辩权也包括两种情况：①当事人互负债务，有先后履行顺序的，先履行的一方未履行的，后履行的一方有权拒绝其履行要求；②先履行的一方履行债务不符合规定的，后履行的一方有权拒绝其相应的履行要求。

先履行抗辩权的适用条件有：①必须是双务合同；②合同中约定了履行的先后顺序；③应当先履行的合同当事人没有履行债务或者没有正确履行债务；④对方的义务是可能履行的义务。

3. 不安抗辩权

不安抗辩权是指在双务合同中，当事人互负债务，合同中约定了履行的顺序，先履行债务的当事人一方应当先履行其债务，但是，合同成立后发生了应当后履行合同的一方财务状况恶化的情况，应当先履行合同的一方在掌握确切证据的前提下可以中止合同的履行。设立不安抗辩权的目的在于，预防合同成立后因情况发生变化而损害合同另一方的利益。

应当先履行合同的一方有确切证据证明对方有下列情形之一的，可以中止履行：

1）经营状况严重恶化。
2）转移财产、抽逃资金，以逃避债务。
3）丧失商业信誉。
4）有丧失或者可能丧失履行债务能力的其他情形。

当事人中止履行合同的，应当及时通知对方。对方提供适当的担保时应当恢复履行。中止履行后，对方在合理的期限内未恢复履行能力并且未提供适当的担保，中止履行一方可以解除合同。当事人没有确切证据就中止履行合同的，应承担违约责任。

根据《合同法》的规定，合同当事人行使不安抗辩权时应当承担以下两项义务：①通知义务，即行使不安抗辩权的当事人应将中止履行的事实、理由以及恢复履行的条件及时通知对方；②当对方当事人提供担保时，行使不安抗辩权的当事人应当恢复履行合同。

3.4.6 合同的保全

在合同履行过程中，为了防止债务人的财产不适当减少而给债权人带来危害，《合同法》规定允许债权人为保全其债权的实现采取保全措施。保全措施包括代位权和撤销权。

1. 代位权

代位权是指因债务人怠于行使其到期债权，对债权人造成损害，债权人可以向人民法院请求以自己的名义代位行使债务人的债权。从原则上讲，债权人只能向债务人请求履行，不涉及第三人，但当债务人与第三人的行为危害到债权人的利益时，法律规定债权人对债务人与第三人的行为行使一定权利，以排除对债权的危害。例如，甲、乙之间订有买卖合同，按合同约定，当甲交付货物之后，乙就应支付货款给甲。同时，乙与丙的借款合同已到还款期，即丙应向乙返还借款和利息。此时如果丙不履行其债务，或乙怠于行使其到期债权，就会影响到甲、乙之间买卖合同的履行，对甲造成损害。在这种情况下，甲可以向人民法院请求以自己的名义代位行使乙的债权。

法律规定代位权的成立应具备以下条件：①债权人与债务人之间须有合法的债权债务关系存在；②债务人须有权利存在；③债务人怠于行使其到期债权；④债务人怠于行使其到期债权的行为对债权人造成损害；⑤债权人有保全债权的必要。

代位权的行使主体是债权人。由于代位权是一种法定的权利，即无论当事人是否约定，债权人都享有此项权利，故而，债务人的各个债权人在符合法律规定的条件下均可以行使代位权。债权人在行使代位权时应以自己的名义而不能以债务人的名义。同时，代位权的行使以债权人的债权为限。债权人行使代位权的必要费用由债务人负担。

2. 撤销权

撤销权是指当债务人放弃其到期债权或无偿转让财产，或者以明显不合理的低价处分其财产，对债权人造成损害的，债权人可以依法请求法院撤销债务人所实施的行为。例如，债务人对债权人的债务已到期，债务人为避免还债，就与第三人协商，以低价将自己的财产转让给第三人，致使债务人的财产不当减少并且危及债权人的利益时，债权人可以请求法院撤销债务人与第三人订立的合同，从而恢复债务人的财产。

对于"明显不合理的低价"，人民法院应当以交易地一般经营者的判断，并参考交易时交易地的物价部门指导价或者市场交易价，结合其他相关因素综合考虑予以确认。转让价格达不到交易时交易地的指导价或者市场交易价70%的，一般可以视为明显不合理的低价；对转让价格高于当地指导价或者市场交易价30%的，一般可以视为明显不合理的高价。债务人以明显不合理的高价收购他人财产，人民法院可以根据债权人的申请，参照以上规定予以撤销。

债权人行使撤销权必须向法院起诉，由法院依照法定程序做出撤销债务人行为的判决，才能发生撤销的效果。而债务人的行为一旦被撤销，则该行为自始无效。

撤销权的行使范围以债权人的债权为限，债权人行使撤销权的必要费用如诉讼费用等，由债务人负担。

此外《合同法》规定，撤销权行使的时效从债权人知道或者应当知道撤销事由之日起1年内。自债务人的行为发生之日起5年内没有行使撤销权的，该撤销权消灭。

3.5 合同的变更与转让

3.5.1 合同的变更

合同的变更是指当事人对已经发生法律效力，但尚未履行或者尚未完全履行的合同，进行修改或补充所达成的协议。《合同法》规定，当事人协商一致可以变更合同。合同的变更有广义和狭义之分。广义的合同的变更是指合同内容和合同主体发生变化；而狭义的合同的变更仅指合同内容的变更，不包括合同主体的变更。通常所说的合同的变更是从狭义的角度来讲的。

合同的变更一般不涉及已履行的内容。合同的变更必须由双方当事人协商一致，并在原来合同的基础上达成新的协议。如果当事人对合同的变更约定不明确，则视为没有变更。合同的变更一般是指合同关系的局部变更，即对原合同内容做局部修改或补充，而不是对合同内容的全部变更。合同变更后，当事人不得再按原合同履行，而须按变更后的合同内容来履行。

3.5.2 合同的转让

合同的转让是指合同当事人一方依法将其合同的权利和义务全部或部分地转让给第三人。依照转让的权利义务的不同，合同的转让可分为合同权利转让、合同义务转让及权利和义务同时转让三种情形。

1. 合同权利转让

（1）合同权利转让的规定

合同权利转让是指合同债权人通过协议将其债权全部或者部分转让给第三人的行为。合同权利转让从本质上讲是一种交易行为，为了鼓励交易，增加社会财富，无论是单务合同中的权利，还是双务合同中的权利，只要不违反法律和社会公共利益，均应允许转让。但各国法律都从保护社会公共利益、维护正常交易秩序的角度出发，对合同权利的转让范围做了相应的限制。我国也不例外，《合同法》规定下列情形债权不得转让：

1）根据合同性质不得转让的权利。根据合同性质不得转让的权利是指根据合同权利的性质，只能在特定当事人之间生效，如果转让给第三人，将会使合同的内容发生变更，从而违反当事人订立合同的目的，如根据个人信任关系而发生的委托人对受托人的债权、雇用人对受雇人的债权等。

2）根据当事人的特别约定而不得转让的合同权利。合同当事人可以在合同中约定禁止任何一方当事人转让合同权利，只要此项约定不违反法律的禁止性规定和社会公共利益，就应具有法律效力。在合同履行过程中任何一方违反此约定都将构成违约。

3）法律规定禁止转让的合同权利。例如，《担保法》第六十一条规定，最高额抵押担保的主合同债权不得转让。债权人转让权利的，应当通知债务人。未经通知的，该转让对债务人不发生效力。且转让权利的通知不得撤销，除经受让人同意。

（2）合同权利转让的法律效力

合同权利依法转让后，就在让与人、受让人和债务人之间发生一定的法律效力。此种效力包括对内效力和对外效力。

1）合同权利转让的对内效力。合同权利转让的对内效力是指权利转让在转让人（原债权人）和受让人（第三人）之间发生的法律效力。具体体现在以下四个方面：

a. 债权人法律地位的改变。债权人将其债权全部转让时，债权即由原债权人（让与人）转移给受让人，让与人从原合同关系中脱离出来，受让人取代原债权人而成为合同关系的新债权人。如果是部分债权转让，则受让人将加入合同关系，与让与人共同享有债权。

b. 从权利随主债权的转让而转让。《合同法》规定，债权人转让权利的，受让人取得与债权有关的从权利，但该从权利专属于债权人自身的除外。这里所讲的从权利包括担保物权、保证债权、定金债权、利息债权、形成权、违约金债权等。

c. 让与人应使受让人能够完全行使债权。即让与人应将债权证明文件，如债权证书、票据、来往电报书信等全部交付受让人，并将受让人行使合同权利所必要的一切情况告知受让人，如债务人的住所、债务的履行方式、债权的担保方式等。

d. 债权人不得重复转让债权。债权人将权利转让给受让人后，不得就该项权利再做出转让。

2）合同权利转让的对外效力。合同权利转让的对外效力是指权利转让在债务人及第三人之间发生的法律效力。具体体现在以下三个方面：

a. 债务人不得再向原债权人履行债务。如果债务人仍然向原债权人履行合同，造成受让人利益损害，债务人应负损害赔偿责任，同时因原债权人接受此种履行，已构成不当得利，受让人和债务人均可请求其返还。

b. 债务人应负有向受让人履行的义务。如果债务人向受让人履行以后，即使债权转让合同因各种原因被宣告无效或被撤销，债务人向受让人做出的履行也仍然有效。

c. 债务人在合同权利转让时就已经享有的抗辩权，如同时履行抗辩、时效完成的抗辩、债权已经消灭的抗辩、债权从未发生的抗辩、债权无效的抗辩等，在合同权利转让之后，仍然可以对抗新债权人。

2. 合同义务转让

合同义务转让是指在不改变合同内容的前提下，债权人、债务人通过与第三人订立转让债务的协议，将合同的义务全部或者部分转移给第三人的情况。债务人将合同的义务全部或部分转移给第三人的必须经债权人同意，否则，这种转移不发生法律效力。

3. 权利和义务同时转让

权利和义务同时转让是指当事人一方将自己的权利和义务一并转让给第三人。权利和义务同时转让包括两种情形：一是基于合同的转让；一是基于企业的合并。

1）基于合同的转让。基于合同的转让是指当事人一方将其在合同中的权利义务全部转移给第三人，第三人承受其在合同中的地位，享受权利和承担义务。《合同法》规定，当事人一方经对方同意，可以将自己在合同中的权利和义务一并转让给第三人。

2）基于企业的合并。《合同法》规定，当事人订立合同后合并的，由合并后的法人或者其他组织行使合同权利，履行合同义务。当事人订立合同后分立的，除债权人和债务人另有约定外，由分离的法人或其他组织对合同的权利和义务享有连带债权，承担连带债务。依此项规定，债的当事人一方合并的，该当事人的债权债务也就一并由合并后的法人或其他组织承受。

3.6 合同权利义务的终止

3.6.1 合同终止的概念

合同终止是指当事人之间根据合同确定的权利义务在客观上不复存在。合同终止与合同中止的不同之处在于，合同中止只是在法定的特殊情况下，当事人暂时停止履行合同，当这种特殊情况消失以后，当事人仍然承担继续履行的义务；而合同终止是合同关系的消灭，不可能恢复。权利义务的终止不影响合同中结算和清理条款的效力。

3.6.2 合同终止的原因

合同终止的原因主要有：①债务已经按照约定履行；②合同解除；③债务相互抵销；④债务人依法将标的物提存；⑤债权债务同归于一人；⑥债权人免除债务；⑦法律规定或者当事人约定终止的其他情形。

1. 债务已按照约定履行

合同已按照约定履行清偿是合同的权利义务终止的最主要和最常见的原因。清偿一般由债务人为之，也可能由债务人的代理人或者第三人进行合同的清偿。清偿的标的物一般是合同规定的标的物，但是债权人同意，也可用合同规定的标的物以外的物品来清偿其债务。

2. 合同解除

合同解除是指对已经发生法律效力，但尚未履行或者尚未完全履行的合同，因当事人一方的意思表示或者双方的协议而使债权债务关系提前归于消灭的行为。合同解除可分为约定解除和法定解除两类。

约定解除是当事人通过行使约定的解除权或者双方协商决定而进行的合同解除。当事人协商一致可以解除合同，即合同的协商解除。

法定解除是解除条件直接由法律规定的合同解除。当法律规定的解除条件具备时，当事人可以解除合同。它与合同约定解除权的解除都是具备一定解除条件时，由一方行使解除权；区别则在于解除条件的来源不同。有下列情形之一的，当事人可以解除合同：

1）因不可抗力致使不能实现合同目的的。
2）在履行期限届满之前，当事人一方明确表示或者以自己的行为表明不履行主要债务的。
3）当事人一方延迟履行主要债务，经催告后在合理的期限内仍未履行的。
4）当事人一方延迟履行债务或者有其他违法行为，致使不能实现合同目的的。
5）有法律规定的其他情形的。

当事人对合同解除或者债务抵销虽有异议，但在约定的异议期限届满后才提出异议并向人民法院起诉的，人民法院不予支持；当事人没有约定异议期限，在解除合同或者债务抵销通知到达之日起3个月以后才向人民法院起诉的，人民法院不予支持。

合同成立以后客观情况发生了当事人在订立合同时无法预见的、非不可抗力造成的不属于商业风险的重大变化，继续履行合同对于一方当事人明显不公平或者不能实现合同目的，当事人请求人民法院变更或者解除合同的，人民法院应当根据公平原则，并结合案件的实际情况确定是否变更或者解除。

3. 债务相互抵销

抵销是指当事人互负债务时，各以其债权充当债务之清偿，而使其债务与对方的债务在对等额内相互消灭。依据抵销产生根据的不同，可分为法定抵销和约定抵销两种。

(1) 法定抵销

法定抵销是指合同当事人互负到期债务，并且该债务的标的物种类、品质相同，任何一方当事人做出的使相互间数额相当的债务归于消灭的意思表示。《合同法》第九十九条规定："当事人互负到期债务，该债务的标的物种类、品质相同的，任何一方可以将自己的债务与对方的债务相抵销，但依照法律规定或者按照合同性质不得抵销的除外。当事人主张抵销的，应当通知对方。通知自到达对方时生效。抵销不得附条件或者附期限。"

(2) 约定抵销

约定抵销是指当事人互负到期债务，在债的标的物种类、品质不相同的情形下，经双方自愿协商一致而发生的债务抵销。约定抵销的效力和法定抵销基本相同，即两种抵销均可使当事人之间的同等数额内的债务归于消灭。对此，《合同法》第一百条规定："当事人互负债务,标的物种类、品质不相同的,经双方协商一致,也可以抵销"。

4. 债务人依法将标的物提存

(1) 提存的概念

标的物提存是指由于债权人的原因致使债务人无法向其交付标的物,债务人可以将标的物交给有关机关保存,以此消灭合同关系的制度。

(2) 提存的原因

《合同法》规定有下列情况,难以履行债务的,债务人可以将标的物提存:①债权人无正当理由拒绝领受;②债权人下落不明;③债权人死亡未确定继承人或者丧失民事行为能力未确定监护人;④法律规定的其他情形。

(3) 提存的主体

提存的主体又称提存的当事人,包括提存人、债权人、提存部门。其中,提存人是指为履行清偿债务而向提存部门申请提存的人。提存部门是指国家指定专门进行提存工作的部门。我国目前法定的提存机构为公证机构,提存地无提存部门的,当事人可以向当地基层人民法院提存。

(4) 提存的标的物

提存的标的物,以适于提存者为限。标的物不适于提存,或提存费用过高的,债务人依法可以拍卖或变卖标的物,提存所得的价款。一般来说,适于提存的标的物有货币、有价证券、票据、提单、权利证书及贵重物品等。不适于提存的标的物有低值、易耗、易损物品,鲜活、易腐物品,需要专门技术养护的物品,超大型机械设备等。不适于提存的标的物,债务人可以委托中介机构拍卖或变卖,将所得价款提存。

5. 提存的效力

自提存之日起,债务人的债务归于消灭。标的物提存后,除债权人下落不明外,债务人应当及时通知债权人或其继承人、监护人。标的物提存后,毁损、灭失的风险由债权人承担。提存期间标的物的利息归债权人所有,提存费用由债权人承担。对提存部门来说,应当采取适当的方法妥善保管提存标的物,因提存部门过错造成标的物毁损、灭失的,提存部门负有赔偿责任。债权人可以随时领取提存物,但债权人对债务人负有到期债务的,在债权人未履行债务或者提供担保之前,提存部门根据债务人的要求应当拒绝其领取提存物。债权人领取提存物的权利,自提存之日起 5 年内不行使而消灭,提存物扣除提存费用后,归国家所有。

6. 债权债务同归一方

债权债务同归一方也称混同,是指债权债务同归一人而导致合同权利义务归于消灭的情况。发生混同的主要原因是企业合并,合并前的两个企业之间有债权债务的,企业合并后,债权债务因同归一个企业而消灭。但是,在合同标的物上设有第三人利益的,如债权上设有抵押权,则不能混同。《合同法》第一百零六条规定:"债权和债务同归于一人的,合同的权利义务终止,但涉及第三人利益的除外。"

7. 债权人免除债务

免除是指债权人抛弃债权,从而全部或部分终止合同关系的单方行为。债权人免除债务,应由债权人向债务人做出明确的意思表示。向第三人做出的意思表示不发生免除的法律效力。因为免除会使债务消灭,所以债权的从属权利,如利息债权、担保权等,也同时归于消灭。仅免除部分债务的,债的关系仅部分终止。

8. 法律规定或当事人约定终止的其他情形

时效(取得时效)的期满、合同的撤销、作为合同主体的自然人死亡而其债务又无人承担等均会导致合同当事人权利义务终止。

3.7 违约责任

3.7.1 违约责任的概念

违约责任是指当事人任何一方不能履行或者履行合同不符合约定而应当承担的法律责任。违约行为的表现形式包括不履行和不适当履行。对于逾期违约的,当事人也应当承担违约责任。当事人一方明确表示或者以自己的行为表明不履行合同的义务,对方可以在履行期限届满之前要求其承担违约责任。

3.7.2 承担违约责任的条件和原则

1. 承担违约责任的条件

当事人承担违约责任的条件是指当事人承担违约责任应当具备的要件。我国《合同法》采用了严格责任条件,只要当事人有违约行为,即当事人不履行合同或者履行合同不符合约定的条件,就应当承担违约责任,不要求以违约人有过错为承担违约责任的前提。但对缔约过失、无效合同和可撤销合同依然适用过错条件。

2. 承担违约责任的原则

我国《合同法》规定的承担违约责任是以补偿性为原则的。补偿性是指违约责任旨在弥补或者补偿因违约行为造成的损失。对于财产损失的赔偿范围,我国《合同法》规定,赔偿损失额应当相当于因违约行为所造成的损失,包括合同履行后可获得的利益。

3.7.3 承担违约责任的方式

1. 继续履行

继续履行是指违反合同的当事人不论是否承担了赔偿金或者违约金责任,都必须根据对方的要求,在自己能够履行的条件下,对合同未履行的部分继续履行。但有下列情形之一的除外:

1) 法律上或者事实上不能履行。
2) 债务的标的不适于强制履行或者履行费用过高。
3) 债权人在合理期限内未要求履行。

2. 采取补救措施

所谓补救措施主要是指我国《民法通则》和《合同法》中所确定的,在当事人违反合同的事实发生后,为防止损失发生或者扩大,而由违反合同一方依照法律规定或者约定采取的修理、更换、重新制作、退货、减少价格或者报酬等措施,以弥补或者挽回权利人损失的责任形式。采取补救措施的责任形式,主要发生在质量不符合约定的情况下。

3. 赔偿损失

当事人一方不履行合同义务或者履行合同义务不符合约定，给对方造成损失的，应当赔偿对方的损失。损失赔偿额应当相当于因违约所造成的损失，包括合同履行后可以获得的利益，但不得超过违反合同一方订立合同时预见或应当预见的因违反合同可能造成的损失。

4. 支付违约金

当事人可以约定一方违约时应当根据违约情况向对方支付一定数额的违约金，也可以约定因违约产生的损失额的赔偿办法。约定违约金低于造成损失的，当事人可以请求人民法院或仲裁机构予以增加；约定违约金过分高于造成损失的，当事人可以请求人民法院或仲裁机构予以适当减少。

当事人请求人民法院增加违约金的，增加后的违约金数额以不超过实际损失额为限。增加违约金以后，当事人又请求对方赔偿损失的，人民法院不予支持。当事人主张约定的违约金过高请求予以适当减少的，人民法院应当以实际损失为基础，兼顾合同的履行情况、当事人的过错程度以及预期利益等综合因素，根据公平原则和诚实信用原则予以衡量，并做出裁决。当事人约定的违约金超过造成损失的30%的，一般可以认定为属于"过分高于造成的损失"。

5. 定金罚则

当事人可以约定一方向对方给付定金作为债权的担保。债务人履行债务后定金应当抵作价款或收回。给付定金的一方不履行约定债务的，无权要求返还定金；收受定金的一方不履行约定债务的，应当双倍返还定金。

当事人既约定违约金，又约定定金的，一方违约时，对方可以选择适用违约金或定金条款。但是，这两种违约责任不能合并使用。

3.8 合同争议的解决

3.8.1 合同争议概述

合同争议是指合同当事人在合同履行过程中所产生的有关权利义务纠纷。在合同履行过程中，由于各种原因，在当事人之间产生争议是不可避免的。争议产生后如不及时解决，当事人订立合同的目的就无法实现。因此，如何选择适当的解决方式，及时解决争议，对维护正常的社会经济秩序和当事人的合法权益，避免损失的扩大具有重要意义。

3.8.2 合同争议的解决方式

合同争议的解决方式有和解、调解、仲裁、诉讼四种。

1. 和解解决

和解是指合同纠纷当事人在自愿平等基础上，互相沟通、互相谅解，从而解决纠纷的一种方式。自愿、平等、合法是和解解决争议的基本原则。和解的特点在于简便易行，能够在没有第三人参加的情况下及时解决当事人之间的纠纷，有利于双方当事人的进一步合作。但这种争议解决方式也有一定的局限性，当当事人之间的纠纷分歧较大，如就违约金、赔偿金数额不能达成一致，或者当事人故意违约，根本没有解决问题的诚意时，这种方法就不能解决问题。

2. 调解解决

调解是指合同当事人对合同所约定的权利、义务发生争议，经过协商后，不能达成和解协议时，在合同管理机关或有关机关、团体等的主持下，通过对当事人进行说服教育，促使双方互相做出适当的让步，平息争端，自愿达成协议，以求解决合同纠纷的方法。在实际工作中，因调解人的不同，调解可分为以下几种。

（1）行政调解

行政调解是由有关主管部门作为调解人对合同争议进行的调解。对行政调解所达成的调解协议书当事人应自觉履行，如有不服或反悔，还可到有管辖权的人民法院起诉或依据当事人之间的仲裁协议书到仲裁机关申请仲裁。

（2）仲裁调解

仲裁调解是指在仲裁程序进行过程中，由仲裁庭主持对合同争议进行调解，如调解成功，则由仲裁庭制作调解协议书，由双方当事人签字。只要双方当事人在调解协议书上签字，仲裁程序就终结，调解协议书与仲裁裁决书具有同等的法律效力。也就是说，当事人必须履行调解协议书的内容，不得反悔，不得再以同一理由提起仲裁。

（3）司法调解

司法调解是指在诉讼程序中，由审判庭主持对合同争议进行调解，如调解成功，则由审判庭制作调解协议书，由双方当事人签字。只要双方当事人在调解协议书上签字，审判程序就终结，调解协议书与生效的判决书具有同等的法律效力。也就是说，当事人必须履行调解协议书的内容，不得反悔，不得再以同一理由提起诉讼。

（4）DAB（DRB）调解

在工程争端中，国际上（如世界银行）采用DRB（争端审议委员会）、FIDIC（1999年版）采用DAB（争端裁决委员会）的方式调解。因为在实践过程中，尽管合同条件要求工程师公正处理各种问题，但由于工程师是雇主聘用的，不少工程师做不到这一点。因此，FIDIC（1999年版）吸收了美国和世界银行解决争端的经验，加入了DAB工作程序，即由雇主方和承包方各提名一位委员，由对方批准，合同双方再与这两人协商确定第三位委员（作为主席）共同组成DAB。今后我国将越来越多地采用DAB方式。

3. 仲裁解决

（1）仲裁的概念

仲裁是指当事人双方在争议发生前或争议发生后达成协议，自愿将争议交给第三者做出裁决，并负有自动履行义务的一种解决争议的方式。

（2）仲裁解决合同争议的特点

1）自治性。在仲裁中，当事人可以通过协议选定仲裁机构，组成仲裁庭的仲裁员也可以由当事人选择，因此具有一定的自治性。

2）专业性。合同争议往往涉及许多技术性问题，需要由专门的人才来解决。在仲裁中，当事人可以从所指定的仲裁委员会仲裁员名单中选择相关专家或学者作为仲裁员，从而使仲裁庭能够准确评判是非，迅速解决争议。

3）保密性。仲裁与诉讼不同，一般不公开进行，所以采取这种方式解决争议，更适合那些有商业秘密不愿公开或不愿将分歧公之于众的当事人。

4）终局性。与诉讼程序的两审终审制不同，仲裁裁决是一裁终局制，更有利于迅速解决争议，节省时间。

(3) 仲裁的原则

1）自愿原则。当事人应当自愿达成仲裁协议，如有一方不愿仲裁，则此争议需向法院起诉，仲裁机构不会受理。

2）公平合理原则。仲裁员应依法公平合理地进行裁决。

3）仲裁依法独立进行原则。根据《仲裁法》的规定，仲裁依法独立进行，不受行政机关、社会团体和任何个人的约束和干涉。

4）一裁终局原则。裁决做出后，当事人就同一纠纷再申请仲裁或者向人民法院起诉的，仲裁委员会或者人民法院不予受理。

(4) 仲裁协议

1）仲裁协议的概念和形式。仲裁协议是纠纷当事人愿意将纠纷提交仲裁机构仲裁的协议。《仲裁法》规定，仲裁协议的形式有以下两种：①双方当事人可以在合同中订立仲裁条款，在工程项目合同中一般均采用此方式；②双方当事人可以在争议发生后或到仲裁机构申请仲裁以前以书面形式达成仲裁协议。

2）仲裁协议的作用。根据《仲裁法》的规定，仲裁协议具有下列作用：①合同当事人均受仲裁协议的约束；②仲裁协议是仲裁机构对争议进行仲裁的先决条件；③仲裁协议排除了法院的管辖权；④仲裁机构应按照仲裁协议进行仲裁。

3）仲裁协议的内容。仲裁协议应包括以下内容：①请求仲裁的意思表示；②仲裁事项；③选定的仲裁委员会。

(5) 仲裁庭的组成

《仲裁法》规定，仲裁庭的组成可采取以下两种方式：①当事人约定由三名仲裁员组成仲裁庭；②当事人约定由一名仲裁员组成仲裁庭。由三名仲裁员组成的仲裁庭，设首席仲裁员。约定由三名仲裁员组成仲裁庭的，合同双方当事人应当各自选定或者各自委托仲裁委员会主任指定一名仲裁员，第三名仲裁员由当事人共同选定或者共同委托仲裁委员会主任指定。

(6) 仲裁裁决的执行

仲裁委员会的裁决做出后，当事人应当履行。当一方当事人不履行仲裁裁决时，另一方当事人可以依照《民事诉讼法》的有关规定向人民法院申请执行。接受申请的人民法院应当执行。

4. 诉讼解决

(1) 诉讼的概念

诉讼是指合同当事人依法请求人民法院行使审判权，审理双方之间发生的合同争议，做出由国家强制保证实现其合法权益，从而解决纠纷的审判活动。合同双方当事人如果未约定仲裁协议，则只能以诉讼作为解决争议的最终方式。

(2) 诉讼管辖

1）管辖的概念。管辖是指各级人民法院之间以及同级人民法院之间受理第一审民事案件的分工。根据《民事诉讼法》的规定，管辖主要有级别管辖、地域管辖、移送管辖和指定管辖。

2) 级别管辖。级别管辖是指不同级别的人民法院受理第一审民事案件的分工。在我国，法院按级别不同可分为四级，自下而上为：基层人民法院、中级人民法院、高级人民法院、最高人民法院。按照《民事诉讼法》的规定，基层人民法院管辖第一审民事案件，除法律另有规定的以外。中级人民法院管辖的第一审民事案件有：①重大涉外案件；②在本辖区有重大影响的第一审民事案件；③最高人民法院确定由中级人民法院管辖的案件。高级人民法院管辖在本辖区有重大影响的第一审民事案件。最高人民法院管辖下列第一审民事案件：①在全国有重大影响的案件；②认为应由本院审理的案件。

3) 地域管辖。地域管辖是指不同的同级人民法院受理第一审民事案件的分工。对于一般的合同争议，由被告住所地或合同履行地人民法院管辖。我国《民事诉讼法》也允许合同当事人在书面协议中选择被告住所地、合同履行地、合同签订地、原告住所地、标的物所在地人民法院管辖。对于建设工程合同的纠纷一般都适用不动产所在地的专属管辖，由工程所在地人民法院管辖。

《民事诉讼法》还对其他有关管辖问题做了具体规定。

思 考 题

1. 要约应当符合哪些条件？要约与要约邀请有什么区别？
2. 什么是无效合同？
3. 什么是可变更、可撤销合同？
4. 什么是效力待定合同？
5. 合同解除有哪些规定？
6. 承担违约责任的方式有哪些？

第4章
建设工程合同体系

> **本章概要**
>
> 无论是国内还是国际，建设工程合同基本关系是一致的，所以国内外的合同条件的文本不仅适用于国际工程，而且稍加修改后同样适用于国内工程，我国有关部委编制的建设工程合同的标准化范本基本上都是以国际上通行的合同条件为蓝本。本章主要介绍 FIDIC 土木工程施工合同条件、AIA 合同条件以及 ICE 合同条件等相关知识。

4.1 建设工程中的主要合同关系和合同体系的构成

任何一个建设工程都有自己的合同体系，它构成工程中复杂的合同关系，合同管理首先面对这个合同体系。建设工程合同的法律基础是一个完整的法律体系。在现代建设工程中，人们对合同提出了许多新的要求，工程合同有一些新的发展趋向。

4.1.1 建设工程中的主要合同关系

建设工程项目是一个极为复杂的社会生产过程，它可分为可行性研究、勘察设计、工程施工和运行等阶段，有建筑、土建、水电、机械设备、通信等专业设计和施工活动，需要各种材料、设备、资金和劳动力的供应。由于现代的社会化大生产和专业化分工，一个稍大一点的工程其参加单位就有十几个、几十个，甚至成百上千个。它们之间形成各式各样的经济关系。由于工程中维系这种关系的纽带是合同，所以就有各式各样的合同。工程项目的建设过程实质上又是一系列经济合同的签订和履行过程。

在一个工程中，相关的合同可能有几份、几十份、几百份，甚至几千份。它们之间有十分复杂的内部联系，形成了一个复杂的合同网络。其中，业主和承包商是两个最主要的节点。

1. 业主的主要合同关系

业主作为工程（或服务）的买方，是工程的所有者，他可能是政府、国营或民营企业、其他投资者,或几个企业的组合,或政府与企业的组合(如合资项目、BOT 项目的业主)。他投资一个项目,通常委派一个代理人(或代表)以业主的身份进行工程项目的经营管理。

业主根据对工程的需求,确定工程项目的整体目标。这个目标是所有相关合同的核心。要实现工程总目标,业主必须将建设工程的勘察、设计、各专业工程施工、设备和材料供应、建设过程的咨询与管理等工作委托出去,必须与有关单位签订如下各种合同:

1) 咨询(监理)合同。即业主与咨询(监理)公司签订的合同。咨询(监理)公司负责工程的可行性研究、设计监理、招标和施工阶段监理等某一项或几项工作。

2) 勘察设计合同。即业主与勘察设计单位签订的合同。勘察设计单位负责工程的地质勘察和技术设计工作。

3) 买卖合同。对由业主负责提供的材料和设备,他必须与有关的材料和设备供应商签订买卖合同。

4) 工程施工合同。即业主与工程承包商签订的工程施工合同。一个或几个承包商承包或分别承包土建、机械安装、电器安装、装饰、通信等工程施工。

5) 贷款合同。即业主与金融机构签订的合同。后者向业主提供资金保证。按照资金来源的不同,有贷款合同、合资合同或 BOT 合同等。

在建筑工程中业主的主要合同关系如图 4-1 所示。

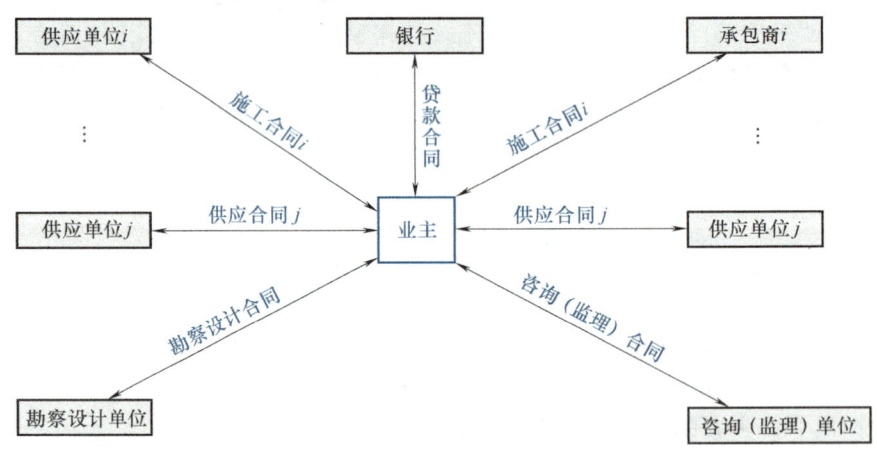

图 4-1　业主的主要合同关系

按照工程承包方式和范围的不同,业主可能订立许多合同。例如,将工程分专业、分阶段委托,将材料和设备供应分别委托,也可能将上述委托以各种形式合并,如把土建和安装委托给一个承包商,把整个设备供应委托给一个成套设备供应企业。当然,业主还可以与一个承包商订立总承包合同(一揽子承包合同),由该承包商负责整个工程的设计、供应、施工,甚至管理等工作。因此不同合同的工程(工作)范围和内容会有很大的区别。

2. 承包商的主要合同关系

承包商是工程施工的具体实施者,是工程承包合同的执行者。承包商通过投标接受业主的委托,签订工程承包合同。工程承包合同和承包商是任何建筑工程中都不可缺少的。承包商要完成的承包合同的责任,包括由工程量表所确定的工程范围的施工、竣工和保修,并为完成这些工程提供劳动力、施工设备、材料,有时也包括技术设计。任何承包商都不可能也不必具备所有专业工程的施工能力、材料和设备的生产和供应能力，他同样必须将许多专业工作委托出去。所以承包商常常又有自己复杂的合同关系。

（1）**分包合同**。对于一些大的工程，承包商常常必须与其他承包商合作才能完成总包合同任务。承包商把从业主那里承接到的工程中的某些分项工程或工作分包给另一个承包商来完成，则与他签订分包合同。承包商在承包合同下可能订立许多分包合同，而分包商仅完成他所分包的工程，向承包商负责，与业主无合同关系。承包商仍向业主担负全部工程责任，负责工程的管理和所属各分包商工作之间的协调，以及各分包商之间合同责任界面的划分，同时承担协调失误造成的损失，向业主承担工程风险。

在投标书中，承包商必须附上拟定的分包商的名单，供业主审查。如果在工程施工中重新委托分包商，则必须经过工程师（或业主代表）批准。

（2）**买卖合同**。承包商为采购和供应工程所必要的材料和设备，与供应商签订买卖合同。

（3）**运输合同**。这是承包商为解决材料和设备的运输问题而与运输单位签订的合同。

（4）**加工合同**。即承包商将建筑构配件、特殊构件加工任务委托给加工承揽单位而签订的合同。

（5）**租赁合同**。在建筑工程中承包商需要许多施工设备、运输设备、周转材料。当有些设备、周转材料在现场使用率较低，或自己购置需要大量资金投入而自己又不具备这个经济实力时，可以采用租赁方式，与租赁单位签订租赁合同。

（6）**劳务分包合同**。即承包商与劳务分包商之间签订的合同，由劳务分包商向工程提供劳务。

（7）**保险合同**。承包商按施工合同要求对工程进行保险，与保险公司签订保险合同。

上述承包商的主要合同关系如图 4-2 所示。承包商的这些合同都与工程承包合同相关，都是为了完成承包合同而签订的。

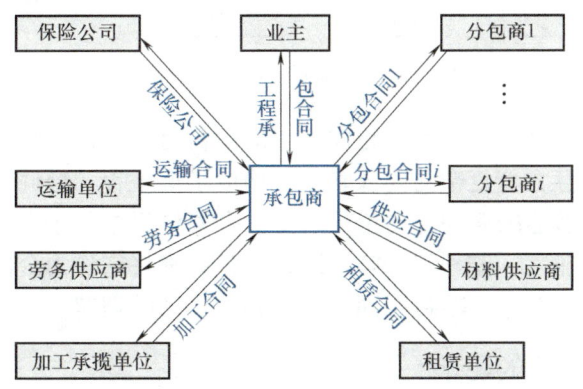

图 4-2　承包商的主要合同关系

3. 其他情况

在实际工程中还可能有如下情况：

1）设计单位、各供应单位也可能存在各种形式的分包。

2）承包商有时也承担工程（或部分工程）的设计（如设计-施工总承包）任务，故承包商有时也必须委托设计单位，签订设计合同。

3）如果工程付款条件苛刻，要求承包商带资承包，则承包商必须借款，与金融单位订立借（贷）款合同。

4）在许多大工程，尤其是在业主要求总承包的工程中，承包商经常是几个企业的联营体，即联营承包。若干家承包商（最常见的是设备供应商、土建承包商、安装承包商、勘察设计单位）之间订立联营合同，联合投标，共同承接工程。联营承包已成为许多承包商的经营战略之一，国内外工程中都很常见。

5）在一些大工程中，分包商还可能将自己承包工程的一部分再分包出去。分包商也需要材料、设备和劳务的供应，也可能租赁设备，委托加工。所以他也有自己复杂的合同关系。

例如，在某工程中，由中外三个投资方签订合资合同共同构成业主，总承包方又是中外三个承包商签订联营合同组成的联营体，在总承包合同下又有十几个分包商和供应商，构成一个极为复杂的工程合同关系。

4.1.2 建设工程合同体系的构成

按照上述分析和项目任务的结构分解，就得到不同层次、不同种类的合同，它们共同构成该工程的合同体系（见图4-3）。

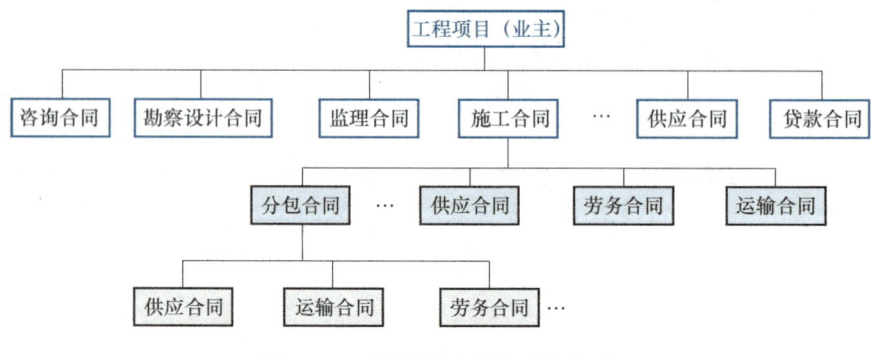

图4-3 工程项目合同体系的构成

在一个工程中，所有合同都是为了完成业主的项目目标，都必须围绕这个目标签订和实施。由于这些合同之间存在着复杂的内部联系，构成了该工程的合同网络。其中，施工承包合同是最有代表性、最普遍的合同，在工程项目的合同体系中处于主导地位，是整个项目合同管理的重点。无论是业主、监理工程师，还是承包商都将它作为合同管理的主要对象。深刻了解承包合同将有助于对整个项目合同体系及其他合同的理解。

4.1.3 合同体系对项目的影响

工程项目的合同体系在项目管理中也是一个非常重要的概念。它从一个重要角度反映了项目的形象，对整个项目管理的运作有很大的影响。

1）它反映了项目任务的范围和划分方式。

2）它反映了项目所采用的管理模式，如监理制度、全包方式或平行承包方式。

3）它在很大程度上决定了项目的组织形式，因为不同层次的合同，常常又决定了合同实施者在项目组织结构中的地位。

4.2 现代建设工程合同

4.2.1 现代建设工程合同的基本要求

现代建设工程、建设生产活动的特点和工程承包合同的作用，对合同提出了许多新的要求，现代建筑工程合同有一些新的发展趋向。

1. 完备性

建设工程合同应内容齐全、条款完整、不能漏项。合同虽在工程实施前起草和签订，但应对工程实施过程中的各种情况都要做出预测、说明和规定，以预防冲突和争端。合同内容应具体、详细，不能笼统，不怕条文多。

建设工程合同经历了漫长的发展过程。在以前，建设工程合同一般都很简单，常常仅1~2页纸。在我国直到1991年，即使一个较大规模的工程施工合同也仅仅3~5页纸左右。由于现代建设工程越来越大，合同关系越来越复杂，为了实现合同管理的目标，合同的条款越来越多，合同的相关文件也越来越多。合同越复杂、越完备，越需要高水平的合同管理和项目管理，当然也容易降低效率，增加管理成本。

2. 准确性

双方责任的界限明确，不能含混不清。合同条款应是肯定型的、具体的、可执行的。对具体问题，各方该做什么、不该做什么、谁负责、谁承担费用，应十分明确，而且双方对合同条款的解释应统一。

3. 制约性

在过去的工程中强调制衡，所以合同体现了双方责任和权益的互相制约，权力和工作的互相制衡。但是合同中过多的制约措施会造成项目实施中过多的障碍、低效率和高成本。

此外，由于过多地强调了合同双方利益的不一致性，常常导致许多非理性的行为。它十分明显地体现在合同中，如过于苛刻的单方面约束性条款、不合理的单方面免责条款、责权利不平衡条款等。许多实际工程实践证明，这样的合同容易使工程失败。

在现代工程中，对合同的策划、招标投标、合同的实施控制和索赔处理越来越显示出理性。这体现在越来越强调双方的合作和利益的一致性，强调诚实信用、互相信任；强调发挥各方面的积极性、创造性，保护双方利益；合理分配风险，公平分担工作和责任，工程（工作）和报酬之间应平衡。实践证明，这一切有助于项目总目标的实现。

4. 符合工程管理的需要

合同作为现代项目管理的一种手段和措施，人们希望通过合同促进良好的管理。

1）设计良好的、适用的工作程序，如质量管理程序、账单审查程序、付款程序等。

2）确立能够调动双方积极性的管理机制，使承包商有管理和革新的积极性、创造性和合作的态度，同时增加承包商获利的可能性，如使用目标合同。

3）达到有效的控制。例如，加强工程师对承包商质量保证体系的控制，要求承包商提供工程质量管理详细计划和程序；要求承包商将分包商及分包合同条件交工程师认可，否则不能使用该分包商;加强承包商在计划和施工中协调的责任,对承包商的进度计划的执行情况进行严格的控制。

4) 合同更接近工程的实际应用,尽可能使用工程语言和表达方式,而不是法律语言,文体清晰、简洁、易读、易懂。对合同争执强调通过工程专家解决,而不是通过法律程序解决。

5. 灵活性

使合同文本的适用范围广。使同一个合同文本不仅适用于不同的专业领域(如土木工程施工、电气和机械及各种工业项目),适用于不同的情况(如承包商承担设计或不承担设计),适用于不同的计价方式(如总价合同、单价合同、目标合同或成本加酬金合同),而且适用于不同的承包方式(如工程施工、设计/建造或交钥匙工程总承包)。

4.2.2 建设工程合同文本

按照《合同法》,合同的主要内容包括当事人、标的、数量和质量、价款或酬金、履行的地点、期限和方式、违约责任等。但由于现代建设工程、建设生产过程十分复杂,所以建设工程合同的形式和内容都十分复杂。

1. 非标准合同

在一般意义上,通常将合同协议书称为合同。以前由于没有标准文本,都是当事人自己起草合同协议书。在合同协议书中包括了所有的合同条款,常见的形式如下:

工程承包合同

本合同经如下双方:
(业主的情况介绍,如名称、地点、法人代表、业主代表、通信地址)
(承包商的情况介绍,如名称、地点、法人代表、承包商代表、通信地址)
充分协商,就如下条款达成一致:
1. 合同工程范围
(对工程项目做简要介绍,说明合同工程范围,承包商最主要的合同责任)
2. 合同文件的范围和优先次序
3. 合同价格
(说明合同价格,合同价格的调整条件)
4. 合同工期
(说明合同工期,合同工期的延长条件)
5. 业主的一般责任
(如提供施工场地和施工图,发布指令,支付工程款)
6. 承包商的一般责任
(如对现场环境调查、施工方案、报价的正确性负责,对自己的分包商负责,按合同要求施工、竣工和保修等)
7. 履约担保条款
(包括履约担保金额、担保方式、担保人、承包商的担保责任、对履约担保的索赔等)

8. 工程变更条款
(工程变更的权利、变更程序、变更的范围、变更的计价)
9. 工程价款的支付方式和条件
(包括合同计价方式、工程量计量过程、付款方式、预付款、保留金、暂定金额等)
10. 保险条款
11. 合同双方的违约责任
12. 其他条款
(如不可抗力等)

业主方：(签字，盖章)　　　　　　　　　　　　　　　　　承包方：(签字，盖章)
签字日期

非标准文本的合同在国内外工程中用得较普遍。这是由于：

1) 有些业主习惯于自己起草合同文本，认为使用自己起草的文本比较自由，更反映工程的实际需要，受到的限制较少。

2) 有些合同类型没有标准的合同文本，如在我国没有设计-施工总承包合同、分包合同、工程联营合同以及特种专业工程的承包合同标准文本。另外在工程实践中，如果采用固定总价合同，或成本加酬金合同一般也使用非标准的合同文本。

非标准文本的形式和内容随意性较大，常常不反映工程管理惯例，内容不完备，执行起来风险很大，通常对双方都不利。

2. 合同文本的标准化

由于某一类工程合同的实质性内容有统一性，体现着工程管理惯例，但每一个工程又有它的特殊性，人们把非标准合同的内容分解成以下三个部分：

1) 将一些普遍适用的、带统一性的、反映工程惯例的内容提取出来，并标准化，作为标准的合同条件，形成一个独立的文本。它是本合同最重要的内容，如 FIDIC《施工合同条件》的通用条款、我国的建设工程施工合同条件等。

2) 将合同的首部（包括合同双方介绍、工程名称、合同文件组成等）以及尾部（双方签字和日期）取出仍作为合同协议书。当然这里的合同协议书内容很精炼。

3) 将反映工程特殊性，合同双方对工程、对合同的一些专门的要求和规定作为特殊条款或专用条款，用于对合同通用条款进行具体化、补充、修改或做特别说明。这样既保证了合同文本的标准化和规范化，又满足合同双方的特殊要求和反映工程的特殊性三个条件。

3. 合同标准化的意义

标准合同条件规定了工程过程中合同双方的经济责权利关系，规定了工程过程中一些普遍性问题的处理方法。它作为一定范围内（行业或地区）的工程惯例，能够使工程合同管理以至整个工程项目管理规范化、标准化。标准合同条件在工程中有如下作用：①方便招标文件的起草和评标工作，减少合同中的漏洞；②标准的合同条件能适用于复杂的工程项目，它简化了业主的合同文件起草工作、缩短了起草时间，又可避免合同条文中的漏洞，如条款不全、表达不清、不符合惯例、责权利不平衡等问题；③使用标准的合同条件能使评标工作更为简单、准确，减少误解、错误、漏洞和双方的不一致性。

4.3 FIDIC 合同条件

4.3.1 FIDIC 概述

1. FIDIC 简介

FIDIC 是法语 Fédération Internationale Des Ingénieurs Conseils 的缩写，中文译为国际咨询工程师联合会。FIDIC 成立于 1913 年，总部设在瑞士日内瓦（以前在洛桑），是世界最权威的咨询工程师组织，旨在推动全球范围内高质量的工程咨询服务业的发展。FIDIC 成立的目的是"共同促进成员协会的执业利益并向成员协会会员传播有益信息"。FIDIC 的目标是"维护高的道德和职业标准；交流观点和信息；讨论成员协会和国际金融机构代表共同关心的问题以及发展中国家工程咨询业的进步"。

1996 年，中国工程咨询协会代表我国加入该组织。目前，FIDIC 拥有来自全世界 75 个国家的成员协会，代表了约 100 万个咨询工程师。

FIDIC 的工作主要由执委会任命的委员会和工作组来完成。委员会和工作组主要由志愿者组成。执委会是联合会大会选举产生的，向执行联合会工作的秘书处负责。

FIDIC 目前下设九个专业委员会和一个工作组，即管辖评估小组（APA）、业务实践委员会（BPC）、能力建设委员会（CBC）、合同委员会（CC）、品质管理委员会（IMC）、成员委员会（MemC）、质量管理委员会（QMC）、风险和责任委员会（RLC）、可持续发展委员会（SDC）和会员工作组。

2. FIDIC 合同条件的特点

（1）国际性和权威性

FIDIC 编制的合同条件是在总结国际工程合同管理各方面经验教训的基础上制定的，并且不断地吸收各方意见进行完善。1957 年，FIDIC 与欧洲建筑工业联合会（FIEC）一起，在英国土木工程师协会（ICE）编写的《标准合同条件》（ICE Conditions）的基础上编纂了《土木工程施工合同条件》，即"红皮书"第 1 版。该版主要沿用英国的传统做法和法律体系。1963 年第 2 版面世，该版没有修改第 1 版的内容，只是增加了适用于疏浚工程的特殊条件。1977 年第 3 版出版，对第 2 版做了较大修改。在吸收了各地区的行业协会的意见基础上，1987 年出版了第 4 版，该版对第 3 版做了较大改动，使得业主和承包商的风险分担更为公平。

随着国际工程合同额的持续增长，合同争端的增加，在客观上需要适应性更强、能更好地界定承发包双方责权利的标准合同范本。在对第 4 版进行多处修订的基础上，FIDIC 又编纂了 1999 年版《施工合同条件》范本。由此可以看出，FIDIC 一直致力于各类合同范本的改进和完善。正因为如此，世界银行和各洲开发银行的贷款项目均要求借款国在工程发包时采用 FIDIC 合同条件。

由此可见，FIDIC 合同条件是在总结各个国家和地区的建设项目各参与方经验的基础上编制出来的，是国际上通用的、高水平的合同文件，具有国际性和权威性。

（2）公正合理、责任分明

合同条件的各项规定体现了编纂者对业主、承包商的义务、职责和权利分配的倾向性以及基于这种倾向性的工程师的职责和权限。由于 FIDIC 重视来自各方的反馈，所以条件中的各项规定越来越体现业主和承包商之间利益的均衡和风险的合理分担，并且在合同条件中体现双赢的理念。合同条件对承发包双方的职责既做出明确的规定和要求，又给予必要的限制，使双方责权利的合理性不断得到完善。

(3) 程序严谨，易于操作

合同条件对各种问题的处理程序都有严谨的规定。尤其是对事件发生的时间、呈递备案的时间、解决的时间下限的规定极为严格，责任方要为误期或拖拉付出代价。另外，还特别强调各种书面文件和证据的重要性，从而使各方均有章可循，使条款中的规定易于操作和实施。

(4) 通用条件和专用条件相结合

各版本的 FIDIC 合同条件均分为通用条件（General Conditions）和专用条件（Particular Conditions）。通用条件是指对某一类工程具有普遍适用性质的条款。专用条件对通用条件进行修改或补充，作用是将特定的工程合同具体化。

FIDIC 合同专用条件一般由招标委员会根据工程项目所在国的情况，或者项目自身的特性，对照第一部分通用条件，逐条编写。如果感到通用条件中哪些条款不适合，就可以在专用条件中指出并删除，换上适合本项目的内容。如果通用条件中哪一条写得不够具体，也可以在专用条件中对其进行补充。专用条件条款的序号与通用条件相同，与通用条件一起构成合同条款，规定和制约双方的权利和义务。这样做的好处是节省招标方编制招标文件的工作量；同时，使得投标方只需重点研究专用条件即可确定报价策略，无须担心不熟悉合同条件所致的报价风险。

3. FIDIC 合同条件的应用

对于各种类型的建设项目，最好在技术方面和管理方面都实行标准化。尤其是大型项目，无论主要部分是建筑工程、土木工程、化学工程、电力工程、机械工程还是上述的任何组合，所需的合同条件日趋复杂。因此，采用合同各方和融资机构均熟悉的、标准化的合同范本将显得愈发重要。

采用标准的合同范本，投标人不用为不熟悉的合同条件而准备更多的不可预见费；招标人可最大限度地降低采购成本，只是在特殊风险发生时才对承包方进行补偿；各方的合同管理人员也不用为不断改变的合同条件而付出大量精力。这正是 FIDIC 出版系列合同文件的初衷。

(1) 国际金融机构贷款项目直接采用

在世界各地，凡是世界银行或各洲开发银行贷款项目的招标文件，均要求全文采用 FIDIC 合同条件。因而项目各参与方都必须了解和熟悉 FIDIC 系列合同条件，才能保证合同的顺利执行，并根据合同条件行使自己的职权和保护自己的权益。

(2) 对比借鉴采用

许多国家的相关部门都自行编制合同条件。这些合同条件与 FIDIC 合同条件范本存在相似之处，主要区别在于处理问题的程序规定和风险分担的原则。FIDIC 合同条件在处理业主和承包商的权利义务和风险分担的问题方面比较公正，各项程序的安排相对严谨完善。因此，可在熟练掌握 FIDIC 合同条件的基础上，与其他合同条件逐条对比、分析，从中发现风险因素并制定切实的防范措施，也可用于发现索赔机遇。

（3）局部选用

咨询工程师在协助业主编制招标文件或总包商编制分包文件时，可局部选择 FIDIC 合同条件中的某些部分、某些条款、某些思路、某些程序或规定，也可以在项目实施的过程中借助某些思路或程序处理遇到的问题。

（4）合同谈判时参考

由于 FIDIC 合同条件是国际公认的权威性文件，在招标过程中如果承包商认为招标文件的某些规定不合理或不完善，可以将 FIDIC 合同条件当做"国际惯例"，在合同谈判时要求对方修改、删除或补充某些条款。

4.3.2 FIDIC 出版的系列合同条件

1. 1999 年以前出版的合同条件

（1）《土木工程施工合同条件》(Conditions of Contract for Works of Civil Engineering Construction)

由于封皮是红色的，本条件通常称为红皮书。红皮书是 FIDIC 系列合同条件中使用最广泛的、影响最大的合同条件，被称为国际建筑业的"圣经"。通常讲的 FIDIC 合同条件，如果不特别指明，一般就是指本条件。FIDIC 分别于 1957 年、1963 年、1977 年、1987 年出版了第 1 版、第 2 版、第 3 版和第 4 版。1988 年又出版了修订版，对 1987 版做了 17 处修订；1992 年再次对 1987 版做了 28 处修订。

本条件适用于业主任命咨询工程师管理合同的各种类型土木工程（包括房建、桥梁、公路、铁路、水利、港口以及工业建设的土木工程）施工项目，适用于单价合同。

FIDIC《土木工程施工合同条件》的内容包括以下两部分。

第一部分——合同协议书、通用条件：①定义及解释；②工程师及工程师代表；③转让与分包；④合同条件；⑤一般义务；⑥责任的分担和保险的义务；⑦业主办理的保险；⑧承包商的其他义务；⑨劳务；⑩材料、工程设备和工艺；⑪暂时停工；⑫开工和误期；⑬缺陷责任；⑭变更、增添和省略；⑮索赔程序；⑯承包商的设备、临时工程和材料；⑰计量；⑱暂定金额；⑲指定的分包商；⑳证书与支付；㉑补救措施；㉒特殊风险；㉓解除履约；㉔争端的解决；㉕通知；㉖费用和法规的变更；㉗货币及汇率；㉘可能使用的补充条款；㉙投标书；㉚附件。

第二部分——专用条件。

第一部分（通用条件）与第二部分（专用条件）一起构成了决定合同各方权利与义务的条件。第二部分中的条款需特别注明：凡第一部分的措辞中专门要求在第二部分中包含更进一步信息，而第二部分没有这些信息，那么合同条件不完整；凡第一部分中提到在第二部分可能包含有补充材料的地方，但第二部分没有这些信息，则合同条件仍不失完整；必须增加工程类型、环境或所在地区条款；所在国法律或特殊环境要求第一部分所含条款有所变更，则在第二部分加以说明。

（2）《电气与机械工程合同条件》(Conditions of Contract for Electrical and Mechanical Works)

由于封皮为黄色，故俗称黄皮书。FIDIC 分别于 1963 年、1980 年、1987 年出版了第 1 版、第 2 版和第 3 版。该合同条件是 FIDIC 专为机械与设备采购供应和安装工程所编写的，适用于业主和承包商之间的机械与设备的供应和安装项目，在国际上也得到广泛采用。

本合同条件包括以下内容。

序言——对第一部分通用条件条款所要求的细节做了规定。

第一部分——通用条件：①定义及解释；②工程师和工程师代表；③转让与分包；④合同文件；⑤概述；⑥承包商的义务；⑦业主的义务；⑧劳务；⑨工艺和材料；⑩工程、运送或安装的暂停；⑪竣工；⑫竣工检验；⑬验交；⑭验交后的缺陷；⑮变更；⑯设备的所有权；⑰证书与支付；⑱索赔；⑲外币和汇率；⑳暂定金额；㉑风险与责任；㉒对工程的照管和风险的转移；㉓财产损害和人员伤害；㉔责任的限度；㉕保险；㉖不可抗力；㉗违约；㉘费用和法规的变更；㉙关税；㉚通知；㉛争议与仲裁；㉜法律及程序。

第二部分——专用条件：①概述；②A项；③B项；④投标保函；⑤履约保函；⑥变更命令；⑦移交证书；⑧缺陷责任证书；⑨缺陷责任保函；⑩最终支付证书等。

第二部分的A项用于说明在第一部分通用条件中规定的变通解决方法。除非第二部分的A项规定了变通解决方法，否则将采用通用条件中的规定。在A项中还要涉及履约保证、有关设计图和设计的批准方法、支付以及仲裁规则等。

(3)《业主与咨询工程师的标准服务协议》(Client/Consultant Model Service Agreement)

由于封皮为白色，故俗称白皮书。FIDIC分别于1980年、1990年、1998年出版了第1版、第2版和第3版。本协议由协议书、标准条件（第一部分）、特殊条件（第二部分）等组成，共计44条。

该条件用于业主与咨询工程师之间就工程项目的咨询服务签订的协议书，或者在建设项目业主同咨询工程师签订服务协议书时参考使用。该协议文本适用于由咨询工程师提供项目的投资机会研究、可行性研究、工程设计、招标评标、合同管理、生产准备和运营等涉及建设全过程的各种咨询服务内容。

在该协议书中，对业主和工程咨询公司的职责、义务、风险分担和保险等方面在条款内容上做了更加明确的规定，增加了反腐败条款和友好解决争端等条款，更好地适应了当前工程市场的需要。该协议对加强工程咨询市场的规范化，提高工程咨询质量，进而提升项目决策和管理水平有较大的帮助。

(4)《设计建造和交钥匙工程合同条件》(Conditions of Contract for Design-Build and Turnkey)

由于封皮为橘色，故俗称橘皮书，于1995年出版。本合同条件是为了适应国际工程项目管理方法的新发展而出版的，适用于设计建造与交钥匙工程。我国一般称为总承包工程项目。这类项目承包商按照业主的要求，负责设计和施工。橘皮书适用于总价合同。

本合同条件包括以下内容。

第一部分——通用条件：①合同；②雇主；③雇主代表；④承包商；⑤设计；⑥职员与劳工；⑦工程设备、材料和工艺；⑧开工、延误和暂停；⑨竣工检验；⑩雇主的接收；⑪竣工后的检验；⑫缺陷责任；⑬合同价格与支付；⑭变更；⑮承包商的违约；⑯雇主的违约；⑰风险和责任；⑱保险；⑲不可抗力；⑳索赔、争端与仲裁。

第二部分——特殊应用条件编制指南、投标书与协议书格式等。

(5)《土木工程施工分包合同条件》(Conditions of Subcontract for Works of Civil Engineering Construction)

该合同条件于1994年出版，应与1992年再次修订重印的第4版红皮书配合使用，适用于国际工程项目中的工程分包。

本合同条件包括以下内容。

第一部分——通用条件：①定义及解释；②一般义务；③分包合同条件；④主合同；⑤临时工程、承包商的设备和（或）其他设施（如有时）；⑥现场工作和通道；⑦开工和竣工；⑧指示和决定；⑨变更；⑩变更的估价；⑪通知和索赔；⑫分包商的设备、临时工程和材料；⑬保障；⑭未完成的工作和缺陷；⑮保险；⑯支付；⑰主合同的终止；⑱分包商的违约；⑲争端的解决；⑳通知和指示；㉑费用及法规的变更；㉒货币及汇率。

第二部分——特殊应用条件编制指南（附报价书及协议书格式）。

FIDIC 土木工程施工分包合同通用条件和特殊应用条件与对应的条款编号相联系，共同构成了决定分包合同各方权利和义务的分包合同条件。

2. 1999 年出版的合同条件

1999 年，FIDIC 出版了 4 种合同条件。这套合同范本的组合是认真总结过去的经验，加入新的理念，为适应各类工程和各种承包管理模式而重新编写的。各合同范本的通用条件均为 20 章，专用条件分别适用不同的承包方式。业主在发包时可根据需要灵活地"拼装"，从而最大限度地满足自己的要求。这种做法为各类工程普遍利用国际经验创造了条件。

（1）《施工合同条件》（Conditions of Contract for Construction）

该条件简称新红皮书。其适用条件如下：①各类大型或复杂工程；②主要工作为施工；③业主负责大部分设计工作；④由工程师来管理施工和签发支付证书；⑤风险分担均衡。

（2）《生产设备和设计建造合同条件》（Conditions of Contract for Plant and Design-Build）

该条件简称新黄皮书。其适用条件如下：①机电设备项目和基础设施项目以及其他类型的项目；②业主只负责编制项目纲要（即"业主的要求"）和永久设备性能要求，承包商负责大部分设计工作和全部施工安装工作；③工程师监督设备的制造、安装和施工，以及签发支付证书；④在包干价格下实施里程碑支付方式，在个别情况下，也可能采用单价支付；⑤风险分担均衡。

（3）《设计采购施工和交钥匙工程合同条件》（Conditions of Contract for EPC/Turnkey Projects）

该条件简称新银皮书。其适用条件如下：①私人投资项目，如 BOT 项目（地下工程太多的工程除外）；②固定总价不变的交钥匙合同并按里程碑方式支付；③业主代表直接管理项目实施过程，采用较松的管理方式，但严格竣工检验和竣工后检验，以保证完工项目的质量；④项目风险大部分由承包商承担，但业主愿意为此多付出一定的费用。

（4）《简明合同格式》（Short Form of Contract）

该条件简称新绿皮书。本合同条件在 FIDIC 合同范本系列中首次出现。其适用条件如下：①施工合同金额较小（如低于 50 万美元）、施工期较短（如低于 6 个月）；②既可以是土木工程，也可以是机电工程；③设计工作既可以是业主负责，也可以是承包商负责；④合同既可以是单价合同，也可以是总价合同，在编制具体合同时，可以在协议书中给出具体规定。

3. FIDIC 新旧合同条件文本的主要差异

(1) 新合同条件文本的编制结构做了重大调整

以旧的《土木工程施工合同条件》第 4 版与新的《施工合同条件》1999 年第 1 版相比，合同条件所述及的合同范围和内容基本相同，但条款的编排层次和分类顺序做了重大调整。按合同的责任主体关系及合同工作内容重新编排，将原通用合同条件的 72 条 194 款汇编为 20 条 163 款，并取消每款用于检索的旁注。修改后的新版合同条件在编制结构上显得层次清楚、结构严谨、顺序合理，体现了作为合同条件的严密性和科学性。

(2) 新合同文本适应了国际工程总承包的需要

近十几年来，随着国际市场上各国的工程咨询公司和建筑公司在市场经济竞争中兼并、重组，出现了很多大集团公司。这些集团公司完全具备工程总承包能力。业主出于自身利益的考虑，为节省各个环节的管理成本，减少合同索赔，倾向于减少对合同管理的介入，乐于采用加重承包商管理责任的总承包合同模式。1999 年出版的银皮书适应了业主的这一需求。业主对交钥匙工程的管理，采取由业主代表直接监督的方式来确保工程建设合同的顺利实施。

(3) 工程师职能的调整

旧版要求工程师站在公正的立场上去执行合同，客观上赋予工程师中立方的职能，要求工程师起到第三方调解解决合同争议的作用。新版取消了"行为公正"的条款，明确工程师是业主方人员，将解决合同争议的职能交给了真正独立的争端裁决委员会去完成。

(4) 新版本引入新的争端裁决机制

FIDIC 委员会在以往各版的构思和修订过程中，始终以树立工程师在工程合同管理中的权威地位作为总思路。合同双方发生争端时，要求工程师担当公正裁判的角色。工程师是由业主选聘的，与业主存在直接的经济利益关系，要求其站在裁判立场上做出公正的裁决，是不合理的。因此在 1999 年新版的合同条件中引入了"争端裁决委员会（DAB, Dispute Adjudication Board）"来解决双方的争端。

4.3.3　1999 年版《施工合同条件》简介

1999 年版《施工合同条件》分为两部分，即通用条款（标准条款）和特殊适用条款（需要专门起草，以适应特定的需要）。

通用条款包括以下内容：①一般规定；②雇主；③工程师；④承包商；⑤指定的分包商；⑥职员和劳工；⑦设备、材料和工艺；⑧开工、误期与停工；⑨竣工检验；⑩雇主的接收；⑪缺陷责任；⑫计量与计价；⑬变更与调整；⑭合同价格预付款；⑮雇主提出终止；⑯承包商提出停工与终止；⑰风险与责任；⑱保险；⑲不可抗力；⑳索赔、争端与仲裁。

1. 风险分摊

第 4.12 条把风险定义为一切不可预见的物质条件。风险不再只是一个负面概念，某些情况下风险可能是积极和正面的。对于业主来说，由于不明地质状况所导致的合同额的金额可能被互相抵销，甚至总合同额减少。

业主和承包商分摊风险的原则如下：①双方应承担相应的风险；②承包商在投标时已对

那些能够在投标时预见的风险进行了定价;③完成合同规定的工作是承包商的责任,但决定以何种方式去完成这些工作,应不受业主及工程师所左右(合同另有规定应通过业主批准的方式除外)。

2. 证书与支付

FIDIC 合同条款下共有五种证书:①期中支付证书;②初验证书;③终验证书;④最终支付证书;⑤合同终止时的评估证书。

(1) 期中支付证书

按月向承包商支付已经完成工程量的支付证书,即根据工程师代表和承包商双方同意已经测量的工程量签发支付证书。业主必须在工程师收到承包商的付款请求后的 56 天内对承包商进行支付。如果延迟支付,承包商有权对未支付部分按合同约定的利率计算方式收取利息,若延迟时间超过合同规定的期限,承包商有权提出暂时停工。

(2) 初验证书

承包商按合同规定对已完成的工程或合同规定的部分工程提出申请后的 28 天内,如检验合格,工程师应对申请的整个工程或合同规定的部分工程出具初验证书。

(3) 终验证书

工程师应在缺陷责任期过后 28 天内,在对所有工程进行验收并确认所有缺陷责任证书中所列缺陷得到纠正的基础上,向承包商出具终验证书。对承包商而言,由工程师出具终验证书后才能被认为工程被业主正式接受。

(4) 最终支付证书

在出具终验证书后,工程师必须在合同规定的期限内向承包商出具最终支付证书。

(5) 合同终止时的评估证书

按合同规定,业主决定终止合同,工程师应在终止日对工程进行评估并出具评估证书。

3. 变更与索赔

有些情况下,工程师可能会指令承包商使用计日工完成一些次要工程。在合同执行期间,业主可能修改合同,或者增减部分工程。对每一项变更,工程师必须编制书面的工程变更通知书给承包商。变更通知书中应计算变更工程造成的费用变化以及给承包商费用的增减额。应付金额应根据工程量清单中相应的投标单价计算。单项工程变更增加或减少部分超过合同规定的比例时,承包商有权要求调整单价,但工程师可以要求承包商提供投标时的单价分析表作为证明文件。

如果变更项目不含在工程量清单之内,并且很难从工程量清单已有项目中推导出来,这就需要工程师和承包商通过协商达成协议。如达不成协议,工程师有权根据合同确定变更项目的单价,但承包商有权提出索赔。任何时候,在接到工程师变更指令后,承包商必须对变更项目进行施工,不能以任何理由拖延。

4. 进度控制

工程师至少应提前 7 天将开工日期通知承包商。这样保证承包商有足够的时间进行开工准备。如果专用条件中没有其他规定,则开工日期应在承包商收到中标函后 42 天内。承包商在开工日期后应"尽可能合理快"地开始实施工程,之后应以恰当的速度施工,不得拖延。

承包商收到开工通知后的 28 天内,按工程师要求的格式和详细程度提交施工进度计划。

承包商每月都应向工程师提交月进度报告,说明前一阶段的进度情况和施工中存在的问题,以及下一阶段的实施计划和准备采取的相应措施。如果实际进度太慢,不能在合同工期内完成工程,或者进度已经或将落后于现有的进度计划,而承包商又无权索赔工期,则工程师可以要求承包商递交一份新的进度计划,同时附上赶工方法说明。

工程师认为整个或部分工程的施工进度滞后时,可以下达赶工指示。承包商应立即采取经工程师同意的必要措施加快施工进度。发生这种情况时,要根据赶工指令的发布原因,决定是否补偿承包商的赶工措施。

5. 质量控制

承包商应按合同的要求建立一套质量管理体系,以保证施工符合合同要求。业主应对提供的资料和数据的真实性和正确性负责,但对承包商依据资料的理解、解释或推论导致的错误不承担责任。

业主方人员有权进入现场或有关场所进行检查,承包商有义务协助业主方人员进行此类检查。承包商应为检验提供必要的服务;若准备对永久设备、材料以及工程的其他部分检验,承包商应与工程师提前商定检验的时间和地点;工程师有权根据变更条款的规定,来变更检验的地点以及其他方面的内容,也可下指令进行附加检验;若工程师打算参加检验,则至少应提前24小时通知承包商;如果工程师在商定的时间不到场,则承包商可以自行检验,检验结果有效。

承包商完成工程并准备好竣工报告所需报送的资料后,应提前21天将某一确定的日期通知工程师,说明此日后已准备好进行竣工检验。工程师应指示在该日期后14天内的某日进行,具体在哪一天进行,则按工程师的指令。

6. 投资控制

承包商需首先将银行出具的履约保函和预付款保函及报表交给业主并通知工程师,工程师在21天内签发预付款支付证书,业主按合同约定的数额和外币比例支付预付款。保留金的扣留是自首次支付工程进度款开始,用该月承包商有权获得的所有款项减去调价款后的金额,乘以合同约定保留金的百分比作为本次支付时应扣留的保留金(通常为5%~10%),逐月累计扣到合同约定的保留金最高限额为止(通常为合同总价的2.5%~5%)。

长期合同订有调价条款时,每次支付工程进度款均应按合同约定的方法计算价格调整费用。如果工程施工因承包商责任而延误工期,则在合同约定的全部工程应竣工日后的施工期间,不再考虑价格调整,各项指数采用应竣工日当月所采用值;对不属于承包商责任的施工延期,在工程师批准的展延期限内仍应考虑价格调整。

在投标截止日期前的第28天以后,国家的法律、行政法规或国务院有关部门的规章,以及工程所在地的省、自治区、直辖市的地方法规或规章发生变更,导致施工所需的工程费用发生增减变化,工程师与当事人双方协商后可以调整合同金额。

每次支付工程月进度款前,均需通过测量来核实实际完成的工程量,将计量值作为支付依据。每月的月末(或按合同约定),承包商应按工程师规定的格式提交一式6份本月支付报表。工程师接到报表后,要审查款项内容的合理性和计算的正确性,然后签发中期支付证书。业主应在工程师收到承包商的报表和证明文件后56天内,将期中支付证书中证明的款额支付给承包商;业主应在从工程师那里收到最终支付证书后56天内,将该支付证书中证明的款额支付给承包商;每种货币的到期支付金额应汇入承包商指定的账户,该账户应设在合同规定的支付国。如果业主逾期支付,将承担延期付款的违约责任,延期付款的利息按银行贷款利率加3%计算。

4.4 国际上其他常用的合同条件

4.4.1 AIA 合同条件

1. AIA 概述

(1) AIA 简介

美国建筑师学会（AIA, American Institute of Architects）为美国建筑界最具权威性的组织,总部位于华盛顿哥伦比亚特区。AIA 创建于 1857 年,协会成立的初衷是建立一个有助于提升成员的设计和科学水平的建筑师组织,从而推动建筑行业的进步。AIA 的宗旨是提高建筑师的道德、地位及素质。自创建以来 AIA 就已经成为联合建筑师、专业人士和相关同盟者的业内领航组织。目前 AIA 会员约 8 万人,共有 300 个州级及地方分会,其分支遍及美国,并拓展到欧洲和中国香港等地。AIA 还参与全美建筑教育评估委员会（NAAB）及全美建筑师注册委员会（NCARB）的活动,对提高建筑教育及职业水准发挥了重要作用。

AIA 的主要活动包括建筑师的继续教育、制定行业标准与合同文件、出版及建设专业刊物与网站、进行市场调研和分析、每年举办 AIA 全国代表大会和设计博览会以及评选颁发 AIA 金奖等。

(2) AIA 系列合同条件概述

AIA 编制的标准合同范本涵盖面非常广,包括合同协议书、合同条件以及招标投标、资质审查、合同签订、项目管理等各阶段所需要的各种附件、保险和担保等文书,还包括建筑师在日常项目管理中需要的各种表格,基本涵盖了工程项目的方方面面。

按照 AIA 公布的官方标准,其出版的所有合同范本按照"系列"（series）,即适用该合同范本的合同双方的关系进行分类,可分为 A、B、C、D、E、G 六个系列。

1) A 系列,用于业主与承包商之间的协议书和合同条件,还包括承包商资格申报表,保证标准格式。

2) B 系列,用于业主与建筑师之间的协议书和合同条件,还包括专门用于建筑设计、室内装修工程等特定情况的标准合同文件。

3) C 系列,用于建筑师与其他专业咨询人员之间的协议书和合同条件。

4) D 系列,建筑师内部使用的文件。

5) E 系列,范例文件。

6) G 系列,建筑师企业及项目管理中使用的各种表格和文件。

其中 E 系列是 AIA 于 2007 年最新加入的内容,现在 E 系列仅包含一个文件,即 E201—2007《电子数据协议范例》。

AIA 系列合同条件的核心是通用条件（A201 等）。采用不同的工程项目管理模式及不同的计价方式时,只需选用不同的协议书格式与通用条件。AIA 为包括 CM（Construction Management）方式在内的各种工程项目管理模式专门制定了各种协议书格式。AIA 系列标准合同条件如表 4-1 所示，各种标准合同条件之间的关系如表 4-2～表 4-4 所示。AIA 合同条件的计价方式主要有总价、成本补偿合同及最高限定价格法。由于小型项目情况比较简单，AIA 专门编制了用于小型项目的合同条件。

表 4-1　AIA 系列标准合同条件一览表

编　号	名　　称
A101	业主与承包商协议书标准格式——总价
A101/CMa	业主与承包商协议书标准格式——总价——CMa 版
A105	业主与承包商协议书标准格式——用于小型项目
A205	施工合同一般条件——用于小型项目（与 A105 配售）
A107	业主与承包商协议书简要格式——总价——用于限定范围项目
A111	业主与承包商协议书标准格式——成本补偿（可采用最大成本保证）
A121/CMc	业主与 CM 经理协议书格式（CM 经理负责施工）——AGC565[①]
A131/CMc	业主与 CM 经理协议书格式（CM 经理负责施工）——成本补偿（无最大成本保证）——AGC566
A171	业主与承包商协议书格式——总价——用于装饰工程
A177	业主与承包商协议书简要格式——总价——用于装饰工程
A181	业主与建筑师协议书标准格式——用于房屋服务
A188	业主与建筑师协议书标准格式——限定在房屋项目的建筑服务
A191	业主与设计建造承包商协议书
A201	施工合同一般条件
A201/CMa	施工合同一般条件——CMa 版
A271	施工合同一般条件——用于装饰工程
A401	承包商与分包商协议书标准格式
A491	设计建造承包商与承包商协议书
B141	业主与建筑师协议书标准格式
B151	业主与建筑师协议书简要格式
B155	业主与建筑师协议书标准格式——用于小型项目
B163	业主与建筑师协议书标准格式——用于指定服务
B171	业主与建筑师协议书标准格式——用于室内设计服务
B177	业主与建筑师协议书简要格式——用于室内设计服务
B352	建筑师的项目代表的责任、义务与权限
B727	业主与建筑师协议书标准格式——用于特殊服务
B801/CMa	业主与 CM 经理协议书标准格式——CMa 版
B901	设计建造承包商与建筑师协议书标准格式
C141	建筑师与专业咨询人员协议书标准格式
C142	建筑师与专业咨询人员协议书简要格式
C727	建筑师与专业咨询人员协议书标准格式——用于特殊服务

① AGC 系列合同对应编号。AGC 指美国总承包商会（The Associated General Contractors of America）。

表 4-2 AIA 系列合同条件关系——传统模式

工程规模	业主与承包商协议书	核心文件	业主与建筑师协议书	建筑师与项目代表或专业咨询人员协议书	承包商与分包商协议书
普通工程	A101（A111）①	A201	B141	B352，C141	
限定范围工程	A107②	略③	B151		A401
小型工程	A105	A205	B155		
普通装饰工程	A171	A271	B171		
简单装饰工程	A177	略③			

① A101 用于总价合同，A111 用于成本补偿合同。
② A107 用于总价合同。
③ 协议书与核心文件被简化为一个协议书的形式。

表 4-3 AIA 系列合同条件关系——传统模式

业主与设计—建造承包商协议书	设计—建造承包商与建筑师协议书	设计—建造承包商与承包商协议书
A191	B901	A491

表 4-4 AIA 系列合同条件关系——CM 模式

	类型	业主与 CM 经理协议书	业主与承包商协议书	核心文件	业主与建筑师协议书
代理型	独立 CM	B801/CMa	A101/CMa	A201/CMa	
	建筑师兼任 CM	CM 经理即建筑师	A101（A111）①	A201/CMa	
风险型		CM 经理即承包商	A121/CMc（A131/CMc）②	A201	B141

① A101 用于总价合同，A111 用于成本补偿合同。
② A121/CMc 用于最高限定价格合同的情况，A131/CMc 用于成本补偿合同。

2. 几个主要的 AIA 标准合同条件

（1）A201《施工合同一般条件》

该文件是施工合同的实质性部分，规定了业主、承包商之间的权利、义务及建筑师的职责和权限。该文件通常与其他 AIA 文件共同使用，如业主-建筑师协议书、业主-承包商协议书、业主-分包商协议书等。因此，该文件通常称为核心文件。本节下文将重点介绍。

（2）A101《业主与承包商协议书标准格式——总价》

该协议书标准格式用于以固定总价方式支付的情况。该文件应与 AIA 文件 A201（详见下文）一同使用，构成完整的法律性文件。两者结合适用于大部分工程项目。

对于限定范围的项目，为了简单起见，可不必采用 A101 与 A201 一同使用的做法，而直接使用 AIA 文件 A107《业主与承包商协议书简要格式——总价——用于限定范围项目》。该文件包含以 A201 为基础的简要通用条件，适用于业主和承包商在该项目之前已经建立了联系或项目比较简单且工期较短的情况。

在有 CM 经理（代理型）参与工程建设时，可以使用专门的 A101/CMa 版本。该版本应与 A201 的特殊版本 A201/CMa 一同使用，用于 CM 经理仅作为咨询人员的情况。A101/CMa 适用于已经通过招标或谈判确定了工程成本的情况。

（3）A111《业主与承包商协议书标准格式——成本补偿（可采用最大成本保证）》

该协议书标准格式用于以成本补偿方式支付的情况。此时，间接费和利润可以是固定费用，也可以是比例费用，还可指定最高限定价格。该文件应与 A201 一同使用，构成完整的法律性文件。两者结合适用于大部分工程项目。

（4）A121/CMc《业主与 CM 经理协议书格式（CM 经理负责施工）》

该文件是 AIA 与 AGC 合作的产物，又称为 AGC565。该文件适用于风险型 CM 经理的情况。CM 经理向业主提出最高限定价格的建议书。业主可予以接受、拒绝或就此开始谈判。业主接受该建议书后，CM 经理开始准备工程实施。该文件将 CM 经理的服务分为施工前阶段与施工阶段两部分。为了加快工程进度，某些部分可同时进行。A121/CMc 应与 A201 及 B141 同时使用。

为了使业主能够随时监控工程成本，也可采用成本补偿而非最高限定价格的方法签订合同。但此时应采用 A131/CMc，即《业主与 CM 经理协议书格式（CM 经理负责施工）——成本补偿》。该文件亦应与 A201 配合使用。

（5）A191《业主与设计建造承包商协议书》

该文件包含按顺序使用的两份协议书，用于业主从同一实体处得到设计与施工服务的情况。第一份协议书涉及初步设计和概算服务，第二份协议则用于最终的设计与施工。虽然期望业主与设计建造承包商在完成第一份协议之后能够签订第二份协议，但双方都不受此约束。在第一份协议的内容完成之后，双方的关系可能结束，也可能继续实施第二份协议。

（6）A401《承包商与分包商协议书标准格式》

该文件适用于承包商与分包商之间建立合同关系。同 A201 类似，该文件亦说明了各方的权利和各自的责任。留出的空白处可由各方填入其协议的细节。可对 A401 进行适当修改用于分包商与其下级分包商的合同。

（7）B141《业主与建筑师协议书标准格式》

该文件是业主与建筑师之间最基本的协议书。该文件规定的五个阶段代表了按传统习惯划分的从项目概念设计开始直至合同管理服务的建筑师的专业服务。B141 所述的施工阶段的服务是与 A201 中建筑师的责任与义务相对应的。

3. A201《施工合同一般条件》

前已述及，A201 是核心文件。A201 通用条款共 14 章 83 条。主要内容如下。

（1）业主（Owner）

业主是指协议书中明确指明的个人或实体。业主须书面任命委派一名代表，全权负责业主方有关审批或授权的各项事宜。

在接到承包商书面请求 15 天内，业主须向承包商提供必要的、真实的、有关项目现场情况的资料，以便承包商评估、关注或实施机械设备留置权。业主应及时向承包商提供证据，证明业主已经做好了履行业主合同责任的财务安排。业主应提供勘察报告，说明现场的物理特性、法定界限、设施位置等。如果承包商未能更正工程的缺陷或不能坚持按合同要求施工，业主可通过签署书面命令停止工程实施，直到问题得到解决。业主不承担由此造成的损失。

（2）承包商

承包商是指协议中明确指明的个人或实体。"承包商"一词是指承包商或承包商授权的代表。承包商必须依据合同文件的规定要求进行施工。任何人（包括建筑师）均不得解除合同文件中规定的承包商的义务。

承包商的主要义务包括：①仔细审查合同文件及场地条件；②独立管理控制施工方法、施工技术、工作程序等，并依照合同协调工程各部分的施工；③承包商须对施工现场的安全做出评估并负责；④承包商应为工程的正常实施与竣工提供人工、材料、设备、工具、施工设备与机械、公司设施、交通及其他设施与服务；⑤承包商应负责缴纳在中标时或谈判结束后法律规定的各种税款；⑥授予合同后，承包商应立即编制施工进度计划并提交给业主和建筑师，施工进度计划应满足合同文件规定的工期，并根据项目进展情况每隔适当时间予以修改，以便工程的高效顺利进行；⑦承包商应支付产权使用费及许可证费用，应负责处理与侵犯专利权有关的诉讼与索赔并使业主和建筑师免于蒙受损失。

(3) 建筑师与建筑师的合同管理

建筑师是指协议明确说明的可合法从事建筑专业工作的个人或实体。

建筑师在施工期间每隔一段时间访问一次工地，以便检查工程进度及质量，使业主随时了解工程进度。建筑师应根据对承包商支付申请的审阅与核对，向承包商发出支付证书。建筑师应及时审阅批准承包商的上报材料是否符合已有资料及合同的设计。建筑师负责编制变更命令及施工变更指示、工程的次要变更。根据业主或承包商的书面要求，建筑师应就与工程实施有关的事宜做出解释与决定。建筑师应保持公正。建筑师对外观的美观方面的决定如果与合同内容相一致，那么将具有最终效力。

(4) 分包商

分包商是指与承包商订立合同，完成部分工程的实体或个人。

承包商应在接受合同之后尽快通过建筑师告知业主工程各主要部分的分包商推荐名单。如业主或建筑师及时提出正当理由拒绝接受推荐的分包商，则承包商不得与之签订合同。承包商不得将整个合同全部分包出去，除非合同另有规定，承包商不应在未得到工程师的同意前将合同的任何部分分包出去。如果由于承包商违约等原因终止了合同，承包商应将工程的全部分包合同转让给业主，但只有在业主表示接受且书面通知分包商和承包商时，该转让才有效。

(5) 索赔与争端的解决

索赔是由某一方为维护其权利而提出的要求或主张，以期对合同条款进行调整或进一步的解释，以达到增加付款、延长工期或对有关合同条款的争端得到解决。

索赔应以书面通知的形式提出。提出索赔的一方有责任为索赔提供证据。各方必须在索赔事件出现 21 日内或索赔人意识到导致索赔的情况 21 日内提出（取较迟者）。在索赔最终解决之前，承包商应努力地执行合同，而业主应根据合同条件继续支付。如果承包商的索赔包含增加合同总价的内容，那么应在开始实施该工程之前发出书面通知（对于危及生命与财产安全的紧急情况所导致的索赔不必事先通知）。如果承包商的索赔包含增加工期的内容，那么应发出书面通知。索赔应包括成本估算及工程进度延误可能导致的后果。原定的工程量因为发出"变更单"或"工程变更指令"而发生了根本变化，则原定的单价（若有的话）应予以合理、公平地调整。

一切索赔（不包括承包商因危险材料停工或处理危险材料而提起的索赔）首先提交建筑师，待建筑师做出初步决定后才可进行调解、仲裁或起诉。接到索赔文件 10 天内，建筑师应通过审核决定行动。评估索赔文件时，建筑师可向任一方或有关专业人员进行咨询或索取资料。任一方都应在 10 天内对建筑师的请求提供证据或给予答复。建筑师根据答复做出全部或部分拒绝索赔或批准索赔的书面决定,在决定中应说明理由,并通知各方对合同总价和工期做出调整。此决定对双方均有约束力。若各方接到此决定后 30 天内未提出仲裁要求,则此决定成为最终决定。

在建筑师对索赔做出初步决定之后,或在向建筑师提出索赔 30 天之后,可以提请仲裁。仲裁前,应尽量通过调解解决争端,如果调解未能解决问题,再提交仲裁。要求仲裁的一方应在其要求中说明当前所有要求仲裁的索赔事项。仲裁人的裁决书具有最终效力。

(6) 工程变更

合同开始执行之后,可在不违反合同的前提下,通过变更命令(Change Order)、施工变更指示(Construction Change Directive)或次要工程变更命令(Order for a Minor Change in the Work)的形式,在合同规定的范围内提出工程变更。变更命令应基于业主、承包商及建筑师之间的协议;施工变更指示则需要业主与建筑师达成协议而不需要承包商同意;次要工程变更可由建筑师自行发出。

(7) 工期

合同工期是指包括有效的调整在内的合同规定的工程实质性竣工所需的时间。开工日期是指协议中规定的日期。实质性竣工日期是指建筑师按合同规定出具证书证明的日期。

如果不是由于承包商或分包商、下级分包商及前述各方的代理人、雇员或其他与承包商直接或间接有关的施工人员的过失,而是因为规定的任一原因使工程停止 30 日以上,则承包商可终止合同。

在下列情况下,业主可终止合同:①承包商一直或多次拒绝或不能提供足够的技术合格的人员或材料;②承包商未能根据承包商与分包商的协议对分包商进行支付;③承包商无视法律、规章、制度及有管辖权的公共当局的规定或命令;④承包商有其他破坏合同的行为。

(8) 支付

在第一次支付申请之前,承包商应按照建筑师要求的格式向建筑师提交反映工程各部分之间价值分配状况的价值一览表(Schedule of Values)。在每次进度支付日至少 10 日之前,承包商应根据价值一览表就已完成的施工向建筑师提交支付申请书。

在收到承包商的支付申请 7 日内,建筑师或者按照到期应支付额向业主发出支付证书,并将副本送交承包商,或者书面通知承包商和业主建筑师全部或部分拒绝发出证书的原因。

建筑师需合理地维护业主的利益,如果建筑师认为无法做出上述说明,则可以决定全部或部分地拒绝签发支付证书,并按规定通知承包商与业主。

建筑师签发支付证书之后,业主应按合同规定的方式与时间期限进行支付并通知建筑师。得到业主的支付后,承包商应立即按适当比例对各分包商进行支付。承包商应通过与分包商的协议要求各分包商以同样方式对其下级分包商进行支付。收到准备好最终视察的书面通知及最终支付申请书之后,建筑师应立即进行视察。如发现合同已得到完全执行并可接收工程,建筑师应立即颁发最终支付证书。

(9) 保险与保函

承包商应购买并持有相应的保险以使承包商免于如下索赔:①与工程实施有关的对工人的补偿、残疾抚恤金及其他类似的雇员权益的索赔;②对雇员的身体损伤、职业疾病或死亡的索赔;③对于除承包商雇员之外的其他人员的身体损伤、职业疾病或死亡提出的索赔;

④对于承包商雇员的过失所造成的损失所提出的索赔，对有形财产的损坏提出的索赔；⑤占有、维护、使用汽车所造成的人员伤亡或财产破坏的索赔；⑥因进行操作而造成的人身伤害或财产损害、与承包商意外有关的合同责任保险的索赔。无论此类索赔是由承包商、分包商还是由他们的雇员的行为引起的。

应在工程开工之前将业主接受的保险证书送交业主备案。业主应负责购买并持有业主的一般责任保险。业主可以要求承包商购买并保持"项目管理防护责任险"，此险种担负业主、承包商及建筑师三方在按照合同施工过程中的基本责任风险。业主应按照最初的合同总价以及随后合同修改的价值以及由他人提供材料或安装设备的费用投保并持有财产保险。

业主有权要求承包商提供履约担保，保证承包商根据招标文件要求或合同规定正常履行合同以及承担可能出现的支付义务。当任何担保受益个人或团体要求时，承包商应及时提供担保的副本或允许制作副本。

(10) 工程检查与改正

如果承包商违背建筑师的要求或合同的明确规定覆盖了工程的某一部分，则必须按照建筑师的书面要求将该部分剥露，供建筑师检查后再复原，费用由承包商承担且不得改变合同工期。承包商应对建筑师拒收的或不满足合同要求的工程立即进行返修。承包商应承担返修费用，包括额外的检验与视察费用及建筑师的服务与其他费用。

工程实质性竣工之后一年内，或合同规定的保修期开始之日起一年内，若发现工程中有任何不符合同要求之处，一旦收到业主的书面通知，承包商应立即对其进行返修，除非业主书面通知愿意接受此缺陷。

(11) 其他条款

合同应受项目所在地法律的约束。合同文件要求的责任与义务及由此产生的权利和补偿是对法律有关内容的补充而不是限制。

根据合同到期而未支付的款项应从到期之日起计算利息。应遵照各方书面协议的利率或在无此类协议时，遵照项目所在地现行合法利率计算。

4.4.2 ICE 合同条件

1. ICE 概述

(1) ICE 简介

ICE（The Institution of Civil Engineers）是指英国土木工程师学会。该学会 1818 年创立于英国，目前已经成为世界公认的学术中心、资质评定组织及专业代表机构。ICE 的目标为推进土木工程的知识技能与专业实践的发展，促进全球土木工程师对可持续经济发展与职业道德标准做出更多更大范围内的有价值的贡献，并吸引更多相关行业的人士加入学会。

ICE 代表全世界 80000 多个具备专业资格的土木工程师，其中不乏拥有极高专业造诣的资深工程专业人士。ICE 的会员来自英国、中国、俄罗斯、印度及其他的 150 多个国家和地区，专业从事建筑领域中常见的桥梁、道路、运河、医院、学校、机场、电站及铁路等的设计、项目管理与建造工作。ICE 的会员不论身处何方都时刻谨遵学会的专业行为准则，以此确保对职业道德与专业主义至高标准的维护。

ICE 在土木工程建设合同方面具有高度的权威性，它编制的土木工程合同条件在土木工程中具有广泛的应用。实际上，ICE 合同是 FIDIC 合同的鼻祖，FIDIC 合同是从 ICE 合同演变来的。香港土木工程建筑业所采用的合同其实也是采用 ICE 合同的变形，或者可以说是 ICE 合同的当地化。

(2) ICE 合同条件系列

ICE 出版了两套合同条件。

1)《ICE 合同条件》。由英国土木工程师协会、咨询工程师协会、土木工程承包商联合会共同设立的合同条件常设联合委员会制定，适用于英国本土的土木工程施工。由于其形成较早、会员分布广泛，所以也具有强大的国际影响力。FIDIC 红皮书的最早版本就是以《ICE 合同条件》为蓝本的。《ICE 合同条件》属于单价合同格式，同 FIDIC 红皮书一样是以实际完成的工程量和投标书中的单价来控制工程项目的总造价的。ICE 也为设计建造模式制定了专门的合同条件。与《ICE 合同条件》配套使用的还有一份《ICE 分包合同标准格式》，规定了总承包商与分包商签订分包合同时采用的标准格式。

2) NEC（New Engineering Contract，新工程合同）。NEC 意在为业主、设计师、承包商和项目经理提供一个最新的方法，使他们更加一致地协同工作，完成各自的工程目标，为业主减少成本、工程超期和不良管理的风险，为承包商、分包商和供应商增加实现利润的可能性。

2.《ICE 合同条件（土木工程施工）》介绍

1991 年 1 月第 6 版《ICE 合同条件（土木工程施工）》共计 71 条 109 款，主要内容包括：①工程师及工程师代表；②转让与分包；③合同文件；④承包商的一般义务；⑤保险；⑥工艺与材料质量的检查；⑦开工、延期与暂停；⑧变更、增加与删除；⑨材料及承包商设备的所有权；⑩计量；⑪证书与支付；⑫争端的解决；⑬特殊用途条款；⑭投标书格式。此外 ICE 合同条件的最后也附有投标书格式、投标书格式附件、协议书格式、履约保证等文件。

(1) 工程师及工程师代表

工程师应按照合同的规定行使权力，通常情况下无权修改合同，也无权解除承包商所应承担的义务。工程师应在合同规定的权限内对有关事务做出公正处理。

工程师代表应由工程师任命并向工程师负责，并履行和行使由工程师赋予他的职责和权力。工程师随时可将自己的权力授权给工程师代表，也可以随时收回其授权。任何这种授权或收回其授权均应以书面形式，并且只有在业主和承包商收到这一授权通知副本后方可生效。

由工程师发出的指令应为书面形式。但是，如果由于某种原因工程师认为有必要以口头形式发出指令的，承包商应遵照执行。

(2) 转让与分包

对分包商的管理和控制是合同管理的重要内容。英国的指定分包制度是其合同管理的特色之一。

业主和承包商均可将合同或合同的某一部分或权益转让出去，但这种转让必须得到另一方的书面同意。合同中特别指出，不得无故拒绝转让。

事先未得到业主同意时，承包商不得将整个工程分包出去。合同要求承包商在其分包商进入现场或进行委托的设计之前将分包商的名称及地址通知工程师，但并不要求得到工程师的批准。如果分包商只提供劳务，则承包商不必将其名称及地址通知工程师。

指定的分包商是指按照合同或工程师的命令要求承包商雇佣的分包商。合同中指定的发包商通常负责完成主要成本的工程项目或采购等。工程师确定的指定分包商实施的工程或采购等通常由暂定金额支付。

（3）合同文件

构成合同的各种文件的含义应一致。在出现歧义的情况下，工程师应对其进行解释，并向承包商发出书面指示。

在授予合同时，应免费向承包商提供：①四份合同条件、规范和工程量表；②投标书格式附件中写明份数和种类的设计图。对于由承包商负责设计的永久工程，承包商应将四套设计图、规范等文件交给工程师。由业主或工程师提供的全部设计图、规范和工程量表的版权不属于承包商。而承包商提供的全部文件的版权则属于承包商。

工程师对承包商设计的部分永久工程等文件的批准并不解除承包商的任何责任。工程师将对承包商的设计与工程其他部分的结合与配套负责。

（4）承包商的一般义务

承包商应根据合同的各项规定，以应有的细心和勤勉，设计（其范围在合同中规定）、施工并完成工程和修复缺陷，承包商应根据合同规定或由合同合理推知，提供所有为设计、施工、完成工程并修复缺陷所必需的（无论是临时性的或经常性的）监督管理、劳务、材料、机具、承包商的设备及所有其他物品。

承包商应对现场操作和施工方法的适用性、稳定性和安全性全面负责。

履约保证采用本条件所附的担保书格式。承包商应在收到中标通知书后 28 天内获得保证并向业主提供相当于投标书附录中规定金额的保证金。

在承包商提交投标书前，业主应提供给承包商由业主或业主代表根据有关该项工程的调查所取得的水文及地表以下条件的资料，承包商应自己对这些资料的解释负责。

在授予合同后 21 日内，承包商应编制一份准备实施的进度计划，提交给工程师批准。如果工程师不批准，则承包商应在 21 日内提交经修订后的进度计划。如果在 21 天内，工程师未表态，则可认为工程师已经接受了所提交的进度计划。如果工程师发现工程实际进度与已批准的进度计划不符，可以要求承包商提交一份经修订的进度计划。

承包商应遵守规章与法律的规定。如果工程实施涉及议会法案、当地或其他立法当局的规章、任何有关公共团体和公司的规则和规章，承包商应当根据要求发出通知并支付全部费用。承包商有责任了解上述法律与规定，从而使业主不必因违反此类法律与规定而被罚款或承担任何责任。承包商应保护和保障业主免于承担由于工程上使用的或有关的或准备采用的任何承包商的设备、材料或工程设备的专利权、设计商标或名称及其他保护权利的行为而引起的所有索赔和诉讼的费用，并保护和保障业主免于承担由此导致或与此有关的损坏赔偿、诉讼费、指控费和其他开支。

在合同条款中存在一个工程师满意的概念。与业主签订合同的工程师肩负着监督合同执行的责任。承包商应严格执行合同并应遵守工程师的指示（无论合同是否规定）直到工程师满意。

（5）保险

工程保险是合同条件中规定的承包商的重要责任之一。承包商应以承包商与业主的联合名义，以全部重置成本加 10% 的附加金额对工程、材料和工程设备进行保险，以弥补各种损害所产生的费用。

业主应保障承包人免予承担属于规定情况下的所有索赔、诉讼、损害赔偿、诉讼费、指控费及其他开支。

承包商应在不限于规定的承包人或业主的义务和责任的条款下，以承包人及业主的共同名义进行人身伤亡（规定例外的情况除外）保险及财产（除工程外）损失或损害保险。

承包商应在工程开工前向业主提供根据合同要求的保险生效的证明，并在开工后 84 天内向业主提交保险单。

(6) 工艺与材料质量的检查

该部分条款与 FIDIC 相关条款相同，不再赘述。

(7) 开工、延期与暂停

工程的开工日期定义为投标书格式附件中规定的日期。如果未做规定，则为授予合同后 28 日内由工程师书面通知的一个日期，或双方同意的其他日期。承包商在工程开工日期后应尽快开工。

工程师应在收到承包商实质性竣工报告后，向承包商颁发实质性竣工证书（Certificate of Substantial Completion）。

所有应按投标书附录中规定时间完工的工程，或所要求完工的部分工程应按规定，在从开工日起计算的投标书附录中规定的时间内完成，或考虑规定的延期在内的相应时间内完成。

无工程师的同意，任何工程均不得在夜间或当地公认休息日时间内进行施工，但不包括为抢救生命财产或为工程安全而不可避免地或绝对需要在上述时间内施工的情况。在承包商无任何理由要求延长工期的情况下，如工程师认为，本工程或其任何部分在任何时候的施工进度太慢，而不能按预定的工程竣工期限竣工时，则工程师应将此情况通知承包商，而承包商应据此采取工程师同意的必要措施，以加快施工进度，使工程能在预定的工期内竣工。承包商无权要求对采取这些措施支付任何附加费用。如果业主或工程师要求承包商比原定的竣工时间（或已批准延长后的竣工时间）提前竣工，则称为加速竣工。如果承包商也同意，则在行动之前，合同双方应就有关支付条款等达成协议。

(8) 变更、增加与删除

工程师如认为有必要时，可以对工程或其任何部分的形式、质量或数量做出任何变更，并为此目的或他认为适当的任何其他理由，适宜做出变更时，他有权指令承包商执行。

任何上述变更均不应以任何方式使合同作废或无效，但变更的影响应按规定估价。但是，如果变更指令是由于承包商过错、违约引起的或应由其负责的，则变更的额外费用应由承包商承担。

无工程师的指令，承包商不得进行任何上述变更。但是，若工程量的增加或减少并非由于执行该条款规定发出指令的结果，而是由于工程数量超过或少于工程量清单中所规定者，则该项增加或减少不需要任何指令。

(9) 材料及承包商设备的所有权

由承包商提供的一切机械设备、临时工程和材料，在运至现场后，即被视为专门供本工程施工使用，承包商除将上述物品在现场之间转移外，若无工程师的同意，不应将上述物品或其一部分运出现场。

业主无论何时均不对任何上述承包商设备、临时工程或材料的损失或损坏承担任何责任，但有关条款明确提到的例外情况除外。

为尽早得到支付，承包商在投标书格式附件中所列的物品和材料运至现场前，可将所有权转移给业主，但是这些物品和材料必须是为工程安装而准备的并且是承包商的财产。在工程竣工前，如果由于某种原因终止了对承包商的雇佣，承包商应当将所有权归属业主的物品或材料送交业主。

（10）计量

工程量清单开列的工程量，是该工程的估算工程量，它们不能作为承包商履行合同规定义务过程中应予完成的工程的实际的和准确的工程量。当以计日工为基础实施工程时，承包商应根据计日工表列出的费率和价格得到支付。

（11）证书与支付

月报表与 FIDIC 相关条款基本相同，但规定应当在证书中单独列出与证明和指定分包合同有关的金额。在颁发缺陷改正证书（Defects Correction Certificate）3 个月内，承包商应向工程师提交一份最终账目（Final Account）说明和证明文件，详细说明已完成的永久工程的价值，以及承包商认为他还应得到支付的金额。在收到最终账目及证明资料后 3 个月内，工程师应该颁发一份证书，在确认已支付的金额及业主有权得到的金额后，说明他认为在颁发缺陷改正证书之日，业主与承包商哪一方应得到支付。

关于保留金的支付与 FIDIC 相关条款的规定相同。如果工程师未能及时对月支付、最终账目或保留金的支付做出证明或业主未能及时支付，业主应当按照月复利向承包商支付每日的利息。对已证明的支付，业主应按投标书格式附件中规定的在每年的银行基本贷款利率基础上加 2% 的利率进行支付。

（12）争端的解决

将争端首先提交工程师解决。如果工程师已经对上述争端做出了决定或者没有在规定的时间内做出决定而且双方未提出仲裁要求，则双方都可以要求根据《土木工程师调解程序规定》解决此争端。

在尚未发出整个工程的实质性竣工证书的情况下，如果规定情况，则可以将此争端提交各方同意的仲裁人进行仲裁，并向另一方发出书面通知。

如果双方未能在发出书面协商通知一个公历月内指定一位仲裁人，那么将由土木工程师协会主席负责指定。

（13）特殊用途条款

如果在合同执行过程中战争爆发，英国在其领地内进行全民总动员，承包商仍应从动员令发布之日的 28 日内尽已所能实施工程。如果在上述的期限内工程未能竣工，业主有权在上述 28 日期满后通知承包商终止合同。在得到通知后，承包商应立即终止合同，并应尽快从现场撤离所有承包商的设备。

对位于苏格兰的工程，合同做了一些特殊规定以适应苏格兰的法律。

工程量表中的费率和价格应考虑投标书返还之日的税、征集税、捐赠、保险金或退款的水平。如果在投标后，任何上述税款等的水平有变动，承包商应通知工程师，将在计算合同价格时予以考虑。

由于战争或双方不能控制的事件使合同被迫终止时，业主对承包商已完成工程的支付与由于战争而终止合同时的支付规定相同。

4.4.3 NEC 合同条件

1. NEC 概述

（1）NEC 产生的背景

NEC 合同条件是英国土木工程师学会（ICE）于 1993 年制订的适用于工程领域的合同条件。在此之前，1945 年首版并经 6 次修订的 ICE 合同条件统治了英国土木工程领域的管理实践活动，几乎一直作为该领域所有合同的基础。FIDIC 合同条件即是参照 ICE 合同制订而成，并最终通过不断完善成为国际通行的标准合同条件格式的。

随着实践的发展，新的合同形式在增加，业主希望得到的项目更完善，工程师希望其管理技能得到更好的发挥，承包商则希望能节约成本，更大获利。另外，各方均希望能够改善彼此的对立关系，在一种良性关系的基础上共同获利。

NEC 合同条件正是顺应这些要求而产生的。它以促进良好的工程管理作为合同的重要目标，建立起了一种合作即受益，不合作即受罚的约束机制，使业主和承包商在问题产生伊始即为找出解决问题的路径而积极协作，而非互相指摘对方的过错，以期通过索要额外付款而获利。这无疑对项目本身是有益的。

（2）NEC 产生的过程

1985 年 9 月，英国土木工程师协会理事会批准了法律事务委员会的一个建议：为了更深入地了解工程实践的需要，对土木工程设计和施工的合同策略进行基础性评估。1986 年 7 月，马丁·巴恩斯（Martin Barnes）博士等人开始了新型合同格式说明书的准备。该说明书于 1986 年 12 月提交给法律事务委员会。经修改后，于 1987 年分发给一定范围内的读者征求意见。1988 年 6 月，理事会决定由协会会员中来自承包商、咨询工程师和业主的代表组成一个工作小组，起草一份新型的合同格式。

NEC 的征求意见版于 1991 年 1 月出版，共售出 2500 多份。在此期间，进行了一个问卷调查。对于来自业主、承包商、咨询工程师、测量师和律师的 215 份详细反馈，在报告会、学术会上与各种组织进行了讨论。该版本还在英国、南非、比利时和中国香港等国家和地区的一些不同合同类型的工程使用过，获得了有价值的反馈。在研究了所有收到的建议和评论的基础上，起草小组对征求意见版进行了全面修改。1993 年，经 ICE 理事会批准出版了 NEC 的第 1 版，并开始用于其设计的各种工程和施工项目。

1995 年出版了第 2 版。2005 年 7 月出版了第 3 版，简称 NEC3。NEC3 得到了英国商务部的推荐和支持，推荐在英国所有的公共项目上使用。

（3）NEC 的主要特征

与现有的其他标准合同条件相比，NEC 合同条件具有如下特征。

1）灵活性。设计责任不是固定地由业主或者承包商承担，可根据项目的具体情况由业主或承包商按一定的比例承担责任。NEC 可以用于包括土木、电气、机械和房屋建筑在内的各类工程的设计和施工。6 种工程款支付方式和 15 项次要条款可以根据需要自行选择。在这个意义上讲，NEC 的灵活性体现了自助餐式的合同条件，适用范围广泛，并且可以减少争端。

2) 便于良好的管理。随着新的项目采购方式的应用和项目管理模式的发展和变化，现有的合同条件不能为项目的参与各方提供令人满意的服务。NEC 基于这样一种认识：参与各方有远见的、相互合作的管理能在工程内部减少风险。每个程序都专门设计，有助于工程的有效管理。NEC 强调沟通、合作与协调，通过对合同条款和各种信息清晰的定义，促进对项目目标进行有效的控制。

3) 简明清晰。NEC 合同立足于工程实践，主要条款都用非技术语言编写，避免特殊的专业术语和法律术语。NEC 的合同语言简明清晰，合同语句言简义明。NEC 的安排和结构能帮助人们熟悉其内容，更重要的是 NEC 对各参与方的行为都有准确的定义。

2. NEC 的体系结构

NEC 体系结构包括四部分：①工程与施工主合同；②工程与施工从合同；③职业服务合同；④争端裁定合同。

NEC 体系包括：①6 种工程款的支付方式，业主可从中做出选择；②9 项核心条款；③14 项细节条款，业主可以从中选择适合自己项目的特定条款；④附加条款。

(1) 主要选择（6 种工程款支付方式的选择）

1) 总价合同。
2) 单价合同。
3) 目标总价合同。
4) 目标单价合同。
5) 成本加酬金合同。
6) 工程管理合同。

在上述 6 种支付方式中，工程管理合同不包括 CM（Construction Management）模式，总价合同不包括设计建造及交钥匙工程（Design/ Building and delivery key）模式。对业主而言，工程造价不确定性的风险按 A~F 的顺序逐渐增加。业主（或由咨询工程师协助）选择合适的支付方式对项目的成功是非常重要的。若业主以工程造价作为主要因素则应选择总价合同；若以工期或质量为首要因素，则应选择其他合同形式。

(2) 核心条款

NEC 的核心条款包括如下九部分：

A. 总则。

B. 承包商的主要职责。

C. 工期。

D. 检验与缺陷。

E. 支付。

F. 补偿。

G. 权利。

H. 风险与保险。

I. 争端与终止。

关于支付，业主可根据自己的需求，从前述 6 种支付方式中选择一种。NEC 可以提供总价合同、单价合同、成本加酬金合同、目标成本合同和工程管理合同。因此，NEC 不是某种标准的合同条件，而是内涵广泛的系列合同条件。

(3) 次要选择

NEC 含有 15 项次要选择，它们包括：

J. 完工保证。
K. 总公司担保。
L. 工程预付款。
M. 结算币种（多币种结算）。
N. 部分完工。
O. 设计责任。
P. 价格波动。
Q. 保留（留置）。
R. 提前完工奖励。
S. 工期延误赔偿。
T. 工程质量。
U. 法律变更。
W. 特殊条件。
X. 责任赔偿。
Y. 附加条款。

其中，M 项选择仅适用于总价合同和单价合同；P 项选择不适用于成本补偿合同和工程管理合同；Q 项选择不适用于工程管理合同。业主可根据工程的特点和要求从上述条款（J-Y）中做出选择。若选择 Y 项（附加条款），则应尽可能按 NEC 的风格编写附加条款。

3. NEC 合同风险管理的特点

与传统的合同相比，NEC 合同的风险管理具有如下特点：

(1) 风险范围定义更准确

与传统合同规定不同，NEC 合同将"不利气候条件""不利现场条件"等不确定的定性描述定量化。例如，在合同的第 60.1（13）项中对于不利气候条件做了定量描述，即"气象资料为现场各日历月份、重现期为 10 年以上，经选择的有关气候条件的数据"。若出现更为不利的气候条件，费用与时间风险由业主承担。若气象资料表明气候条件为 10 年内可能出现的，风险由承包商承担。此处有关风险范围的界定就十分明确。

(2) 风险责任定义更明确

NEC 合同执行严格责任原则，即在违约发生后确定违约当事人的责任时，遵循不考虑当事人主观上有无故意或过失，只考虑违约结果是否因当事人的行为造成的归责原则。NEC 合同约定，工程管理者（项目经理、工程师）对所有的不批准或不认可的理由为"该设计不符工程要求或该设计不符合适用法律"。若项目经理不是因上述理由不认可，则形成补偿事件，由业主承担后果。NEC 合同规定，不能指定分包。由此消除了由指定分包造成的责任不清问题。这样不仅减少了争议，还能鼓励承包商认真履行职责。对于需要指定分包的部分，NEC 合同鼓励雇主直接与该承包商签订施工合同。

(3) 强化了施工进度计划

NEC 合同在第 31、32 条施工进度计划中详细地规定了施工进度计划的具体内容和修订方式。要求承包商在施工进度计划中说明：①开工日、现场占有日和竣工日；②每一项工作计划使用的设备、资源、施工方法、各项施工作业；③工程信息中规定的雇主和其他方的工作次序和时间安排；④备用时间、风险机动时间、健康和安全要求及合同中提出的施工工序；⑤在现场占有日之后，开工部分的工地现场的占有日期、施工进度计划的认可日期、由雇主供应的设备和材料及其他物品的进场日期；⑥工程信息中规定的其他内容。

承包商提交与补偿事件有关的报价时，应提交修订的施工进度计划。此规定有助于预测补偿事件的发生及其性质，有助于界定补偿事件的影响和合同双方的责任，使双方做到心中有数，从而互相配合以确保工程顺利实施。

(4) 风险管理强调事前控制

NEC 合同规定的预警程序及工程变更前预估价程序，是事前控制的具体体现。NEC 合同第 16 条规定：一旦发现可能发生价款增加、竣工推迟、使用功能削弱的情况时，承包商或项目经理应向对方发出警告；警告方可要求对方出席会议，讨论解决方案并采取行动；承包商未发出一个有经验的承包商应发出的预警，则项目经理将未发出早期警告的情况通知承包商，并且按已发出过早期预警的情形计价。

该预警程序将事前控制作为合同双方的义务，提高风险管理的积极性。

(5) 风险后果计量统一

NEC 合同明确规定了对风险事件、工程变更先行计划的原则。合同第 63 条详细规定了各类风险事件的费用计算方法。对工程变更合同规定：项目经理决定变更或指示变更时应指示报价，承包商应在接到报价指示 3 周内提交报价。项目经理在收到报价后 2 周内答复或解释理由后指示修改；项目经理就变更指令要求承包商提交多方案报价；变更可按预计成本的变化进行估价。该规定要求工程管理者不得随意发出工程变更指令，以利于降低工程成本，减少补偿事件的发生，并且也使承包商承担了合理风险，从而确保工程顺利实施。

(6) 风险分配考虑公平原则

对于工程款，NEC 合同在要求承包商提交预付款保函、履约保函的同时，要求业主设立信托基金，确保各个层次的分包商在其上一层的分包商破产时均可直接通过信托基金获得应得款项。该基金不用于保护工程款的延迟支付。但由此增加了业主重复支付同一款项的风险。例如，当供应链的一方通过正常合同渠道收到一笔款项，在其将所欠相应分包商的款项支付之前破产，其分包商可直接从信托基金中获得该款项。此时，业主就为同一工程支付了两次款项。NEC 合同赋予业主因任何理由终止合同的权利，但此时的应付款项除了包括一般合同规定的款项外，还包括承包商未完工程的间接费。对于未完工程的计价，按预估价在终止付款时予以减除，而不是在新的承包商完成工程并确定价款后才支付，使承包商避免了承担未完工程投资失控的风险。

(7) 风险分配考虑工程整体效益原则

NEC 合同确定了缺陷认可的条款。合同第 44 条对于那些修复代价远远大于修复后为业主增加的收益的缺陷，规定了认可程序。对于因承包商违约业主终止合同的情况，NEC 合同给承包商 4 周时间，使其有机会改正错误。这从工程整体效益出发，避免了不必要的浪费，同时也可保证工程按期交工，业主尽早获得收益。

(8) 强调书面联系

NEC 合同要求每一指令、证书、提交件、建议、记录、通知、答复函，均应以可读和可记录的形式进行联系，并用合同语言书写。通知与其他函件分开传递，并且对函件规定了答复期，若在答复期内未答复则视为违约。此规定避免了重要事项的遗漏和口头指令事后未被确认的风险，有利于合同管理、跟踪控制及索赔的解决。

4. 争端解决方式

NEC合同条件以促进良好的工程管理作为合同的重要目标，建立起了一种合作即受益，不合作即受罚的约束机制，使业主和承包商在问题产生伊始即为找出解决问题的路径而积极协作，而非互相指摘对方的过错，以期通过索要额外付款而获利。这无疑对项目本身是有益的。NEC合同条件引入了早期警告程序、补偿事件程序及裁决人程序，作为解决双方分歧和争端的主要方式。

（1）早期警告程序（Early Warning）

一经发现可能出现诸如增加合同价款、推迟竣工、工程使用功能降低等问题，业主或承包商均应向对方发出早期警告。双方或合同他方共同召开早期警告会议，以期合作提出并研究解决措施以避免或降低该问题的影响，寻求对将受影响的所有各方均有利的解决办法并决定最终应采取的措施。这就是NEC合同条件所强调的早期警告程序。其目的在于尽早、尽快地将可能影响工程成本、竣工时间、工程质量的事件挖掘出来，从而寻求能够满足业主及承包商利益的最佳路径。解决问题的方法可分别从各自的责任中找到，其中首先考虑的是技术问题，而非一味考虑合同后果对己方可能产生的不利影响。其宗旨是尽可能使采取的行为和做出的决定能够避免或减轻失误对费用、质量和工期所造成的影响。

发出早期警告的范围是宽泛的。首先，业主的项目经理和承包商均有权发出早期警告，且每方均可在对方同意后要求其他人员参加早期警告会议，以便更清晰地阐明问题，寻求解决问题的最佳方案。其次，早期警告在任何时间均可发出。一旦发现问题，无论何时，双方都可以并且应当尽早地发出早期警告。最后，对任何问题，凡是可能影响成本、工期及工程质量的，均可发出早期警告。这类事件很多，包括所有已发生或潜在的问题。例如，发现意外的地质条件、主要材料或设备供货延误、恶劣气候条件出现、分包商未履约、政府行为对工程造成影响等。

如果按照惯常的经验，承包商应当发出早期警告而实际上未发出（即不作为），则按照已发出早期警告的情形对补偿事件进行计价。由于发出早期警告而采取行动有可能减少费用并节约时间，未发出早期警告的结果就是减少或丧失补偿费用。

（2）补偿事件程序（Compensation Events）

NEC中的补偿事件是指并非因承包商的过失而引起的事件，承包商有权根据事件对合同价款及工期的影响要求补偿，包括获得额外的付款和延长工期。NEC合同中列出了数十种属于补偿事件的情形，通常由以下原因引起：①业主要求改变工程信息；②某方（承包商除外）未能适时、适当地完成任务；③出现业主和承包商难以控制的情况。

补偿事件的处理程序为：

1）由项目经理通知的补偿事件。若项目经理发出工程变更指令信息或项目经理发现补偿事件产生时，及时通知承包商，指令承包商提交报价，则承包商应将该变更指令付诸实施（拟变更的指令不必实施）；承包商在3周内按照合同条件规定的计价原则提交报价；项目经理在收到报价2周内给予答复（答复的情形有：①要求承包商修改报价；②对该报价认可；③收回工程变更指令或自行计价）。项目经理将已认可的报价或自行计价的结果通知承包商，作为对补偿事件的处理。

2）由承包商通知的补偿事件。承包商认为补偿事件确已出现或将出现时，应在 2 周内通知项目经理；项目经理对承包商的通知做出判断，如认为不构成补偿事件，则不产生程序；如认为构成补偿事件，则在 1 周内通知承包商或指令承包商提交报价；承包商在 3 周内按照合同条件规定的计价原则提交报价；项目经理在收到报价 2 周内给予答复（答复的情形有：①要求承包商修改报价；②对该报价认可；③收回工程变更指令或自行计价）。项目经理将已认可的报价或自行计价的结果通知承包商，作为对补偿事件的处理。

补偿事件是承包商获得更多工程款及延长工期的方式。该规定有对承包商有利的方面。例如，除非合同另有说明或者该补偿事件工程变更外，由于补偿事件导致实际成本总额减少的，合同价款不予减少。但是，补偿事件的规定对承包商是很苛刻的。其表现在两个方面：①项目经理有对补偿事件的最终确认权；②项目经理有对补偿事件处理结果（包括是否变更工程信息、对报价是否认定）的最终决定权。这就导致承包商可能对补偿事件的处理产生异议。

(3) **裁决人程序**（The Adjudication）

通过 NEC 的早期警告和补偿事件程序，争端还会产生。NEC 引入了一种裁决机制，作为一种快捷、经济和公正的方式来解决争端。

1）裁决人是双方共同指定的独立于双方之外的人。人选由业主或承包商提出，取得对方的认可。指定人选需考察其相关经验、资历和能力。在英国，许多机构（如土木工程师学会）都提供专业的裁决人名单。它提供的裁决人均经过严格训练，能够公正地解决争端。

2）裁决时间有严格限制。从将争端提交裁决人到最终做出裁决，各个环节均有 2~4 周的严格时间限制，促进迅速解决争端，减少对现场施工的影响。

3）裁决人的报酬由双方平摊，与裁决结果无关。这与仲裁或诉讼不同，体现了以项目为本，减少双方的对立性。裁决人酬金按照裁决所耗时间以小时为单位计算，远比旷日持久的仲裁或诉讼费用低廉。

4）裁决是解决争端的必经程序。依照合同，争端必须首先提交裁决人。裁决结果除非另经仲裁或诉讼修正，否则将是最终的并且具有约束力。

5）若裁决人未在规定期限内做出决定或当事一方对裁决结果有异议，另一方可在 4 周内提起仲裁或诉讼，其效力将高于裁决人裁决。仲裁或诉讼程序须在工程竣工后或合同提前终止后方可开始。

6）尽管争端提交裁决人，但不给予任何一方停工的权利。即使争端产生，双方仍应按合同继续工作，保障工程进度的正常进行。

思 考 题

1. 建设工程中的承包商的主要合同关系是什么？
2. 现代建设工程合同的基本要求有哪些？
3. FIDIC 合同条件有什么特点？
4. FIDIC 合同条件的应用范围是什么？
5. AIA 系列合同条件有哪些系列？具体要求是什么？

第 5 章 建设工程监理合同管理

> **本章概要**
>
> 我国《建筑法》明确规定实施监理的建筑工程，由建设单位委托具有相应资质条件的工程监理单位实施监理。建设单位与其委托的工程监理单位应当订立书面委托监理合同。监理合同确定了监理服务内容、服务期限、工程类别、规模、技术复杂程度、工程环境等因素，同时也确定了监理合同双方的权利与义务。监理合同是监理人开展监理工作，获取监理报酬的依据；也是监理委托人接受与衡量监理服务、支付监理费用的依据。业主和监理人的关系是通过监理合同来建立和维系的；项目监理机构的组织形式和规模，也是根据监理合同的规定确定的。本章主要论述监理合同的相关知识，包括监理合同概述、监理合同的词语定义及双方的权利义务、监理合同的履行。

5.1 委托合同及建设工程监理合同概述

5.1.1 委托合同的含义及法律特征

1. 委托合同的含义

《中华人民共和国合同法》第三百九十六条规定："委托合同是委托人和受托人约定，由受托人处理委托人事务的合同。"委托合同又称委任合同，是指当事人双方约定一方委托他人处理事务，他人同意为其处理事务的协议。在委托合同关系中，委托他人为自己处理事务的人称委托人，接受委托的人称受托人。

委托人委托受托人处理委托人委托的事务，可以是一项也可以是多项事务，还可以概括委托受委托人处理一切事务。委托人和受委托人订立委托合同，可以采用口头形式和书面形式，但是，法律规定应当采取书面形式的，必须采用书面形式。

2. 委托合同的法律特征

委托合同具有的法律特征如下：

1）委托合同既可为有偿合同，也可为无偿合同。至于有偿与否，完全由当事人自由协商而定，法律原则上不予干预。但无论是有偿的还是无偿的委托合同，必须是符合委托合同的形式和内容，否则，就不是委托合同了。

2）委托合同是基于双方当事人的信任而产生的。委托他人代为处理事务，必须是以委托方对受托方的办事能力和信誉有所了解，并相信他能办好为基础的。因此，受托方赋有忠诚、勤勉地为委托方处理事务的义务。任何一方对对方的不信任，都会导致委托合同的终止。

3）委托合同为诺成合同。只要双方当事人就委托事务达成一致，即成立委托合同关系，而不以当事人的实际履行作为合同成立的条件。

4）委托合同是双务合同。它需要双方当事人遵守合同的约定，共同努力完成委托事项，如委托人应向受委托人提供真实可信的证据或对完成委托事项有价值的线索；受委托人应在委托人委托的范围内处置委托事务，需要变更委托指示的，应事先经委托人同意，在紧急情况下，难以和委托人取得联系时，受托人应本着维护委托人利益的原则妥善处置委托事务，事后应及时向委托人报告。

3. 委托合同的适用范围

委托合同的适用范围非常广泛，适用于公民之间、法人之间、公民与法人之间的委托代理关系，但下列事项为禁止委托他人的代理行为：①收养关系的建立和终止；②婚姻关系的产生和消灭；③遗嘱的制作；④出版合同的履行；⑤演出合同的履行；⑥其他必须由特定的当事人履行的事项。

4. 委托合同中委托人与受托人的义务

（1）委托人的义务

1）无论委托合同是否有偿，委托人都有义务提供和补偿委托事务必要的费用。应支付多少费用以及支付时间、方式等，应依据委托事务的性质及处理的具体情况而定。

2）委托人应向受托人支付约定的报酬。

3）委托人对于受托人在授权范围内处理事物所产生的债务应清偿。

4）受托人在处理事务过程中，因不可归责于自己的事由而造成损失的，有权要求委托人赔偿损失。

5）两个以上的委托人须对完成同一事物的委托负连带责任，反之亦然，两个以上的委托人对受托人完成委托事务的行为后果负连带责任，但约定中事先商定是按份责任的除外。

（2）受托人的义务

1）受托人对委托事务原则上亲自办理。受托人原则上应根据委托人的指示办理委托事务，但为了委托人的利益或遇到某些特殊的情况，受托人有权不按照或不完全按照委托人的指示办事。受托人办理委托事务应尽职尽责。

2）受托人应将委托事务的开展情况向委托人报告。当委托事务终了，受托人应将办理委托事务的始末经过，各种账目、收支计算向委托人报告。

3）受托人应将因办理委托事务取得的各种利益及时转给委托人。

4）受托人以自己的名义为委托人办理事务而取得的权利，应将权利转移给委托人。

5.1.2 建设工程监理合同的概念和特征

1. 建设工程监理合同的概念

建设工程监理合同简称监理合同,是指委托人与监理人就委托的工程项目管理内容签订的明确双方权利、义务的协议。

监理合同是委托合同的一种,除具有委托合同的共同特点外,还具有以下特点:

1)监理合同的当事人双方应当是具有民事权利能力和民事行为能力、取得法人资格的企事业单位、其他社会组织,个人在法律允许范围内也可以成为合同当事人。

作为委托人必须是具有国家批准的建设项目,落实投资计划的企事业单位、其他社会组织及个人;作为受托人必须是依法成立具有法人资格的监理单位,并且所承担的工程监理业务应与单位资格符合。

2)建设工程监理合同当事人双方地位平等。建设工程监理合同是诺成合同,即当事人意思表示一致(双方签字盖章后),合同即告成立,无须以物的交付或当事人履行合同作为合同成立的要件。

3)监理合同的标的是服务,工程建设实施阶段所签订的其他合同,如勘察设计合同、施工承包合同、加工承揽合同的标的物是产生新的物质成果或信息成果,而监理合同的标的是服务,即监理工程师凭借自己的知识、经验、技能受业主委托为其所签订的其他合同的履行实施监督和管理。因此,《合同法》将建设工程监理合同划入委托合同的范畴。《合同法》第二百七十六条规定:"建设工程实施监理的,发包人应当与监理人采用书面形式订立委托监理合同。发包人与监理人的权利和义务以及法律责任,应当依照本法委托合同以及其他有关法律、行政法规的规定。"

4)监理合同应与施工合同等配合履行。由于监理合同并不直接发生当事人希望发生的后果,而是使监理人产生了监理的权利和义务。而这种权利的享有和义务的履行又是与承包人的行为有关,因为承包人与委托人也存在着合同的关系(施工合同、勘察设计合同等)。因此,监理合同应与施工合同、勘察设计合同等配合履行,监理合同不能与其他合同相矛盾。

2. 建设工程监理合同应具备的条款结构

监理合同是委托任务履行过程中当事人双方的行为准则,因此内容应全面、用词要严谨。合同条款的组成结构应包括以下几个方面:

1)合同内所涉及的词语定义和遵循的法规。
2)监理人的义务。
3)委托人的义务。
4)监理人的权利。
5)委托人的权利。
6)监理人的责任。
7)委托人的责任。
8)对合同生效、变更与终止的规定。
9)监理酬金的计取和支付方法。
10)其他方面的规定。

11）争议的解决方式。

3. 建设工程监理合同的词语定义

词语定义是"建设工程监理合同"中专用名词的含义，这些名词的含义是根据合同的特殊需要而定的，它可能不同于其他文件或词典内的定义或解释。在"合同"中，这些专用名词只能按特定的含义去理解，不能任意去解释。

（1）合同主体

"委托人"是指承担直接投资责任和委托监理业务的一方及其合法继承人。"监理人"是指承担监理业务和监理责任的一方，及其合法继承人。"监理人"和"委托人"构成了合同的"主体"。主体是指法律关系的主体，是参加法律关系，依法享有权利和承担义务的当事人。

"委托人"和"监理人"在合同中具有平等的法律地位。"监理人"和"委托人"经协商一致签订监理合同，在履行合同过程中双方都依法享有权利和义务，他们都处于监理合同这一民事法律关系的主体地位，这种主体地位是平等的。它不同于政府对经济活动的管理，因此签订合同的双方即使存在上下级的关系，但在履行合同当中也互为平等主体，双方是法律关系，按照《合同法》规定，即具有法律约束力，当事人必须全面履行合同规定的义务。

由于监理合同是双方当事人协商一致后签订的，因此无论是委托人还是监理人，未经双方的书面同意，均不能将所签订合同的一定权利和义务转让给第三者，而单方面变更合同主体。

（2）合同的标的

"工程"是指委托人委托实施监理的工程。

监理合同的标的是监理人为委托人提供的监理服务。在《工程建设监理规定》中规定："工程建设监理的主要内容是控制工程建设的投资，建设工期和工程质量，进行工程建设合同管理，协调有关单位间的工作关系。"

按照这一规定，委托方委托监理业务的范围非常广泛，从工程建设各阶段来说，可以包括项目前期立项咨询到设计阶段、实施阶段、保修阶段的监理。在每一阶段内，又可以进行投资、质量、工期的三大控制，及合同、信息两项管理。监理服务是指合同内规定的工作内容，大致包括以下几方面：

1）协助委托人选择承包商，组织设计、施工、设备采购招标等。

2）技术监督的检查：检查工程设计，材料和设备质量；对操作或施工质量的监理和检查等。

3）施工管理，包括质量控制、成本控制、计划和进度控制等。

但就具体项目而言，要根据工程的特点、监理的能力、建设不同阶段的监理任务等诸方面因素，将委托的监理任务详细地写入合同的专用条件之中。

（3）监理机构

监理机构是指监理人派驻本工程现场实施监理业务的组织。

（4）总监理工程师

总监理工程师是指经委托人同意，监理人派到监理机构全面履行本合同的全权负责人。

（5）承包人

承包人是指除监理人以外，委托人就工程建设有关事宜签订合同的当事人。

(6) 日期

"日"是指任何一天零时至第二天零时的时间段。

"月"是指根据公历从一个月份中任何一天开始到下一个月相应日期的前一天的时间段。

(7) 监理合同适用的法规

适用的法规，除了已为大家所熟悉的国家颁布的有关法律，还应就工程特点在专用条件中明确列出合同履行期间，双方必须遵守的部门规章和工程所在地的地方法规、地方章程。

(8) 合同语言

监理合同的书写、解释和说明，以汉语为主导语言。当不同语言文本发生不同解释时，以汉语合同文本为准。

4. 《建设工程监理合同（示范文本）》的组成

《建设工程监理合同（示范文本）》由"协议书""通用条件""专用条件"组成。

(1) 协议书

"协议书"是一个总的协议，是纲领性文件。主要内容是当事人双方确认的委托监理工程的概况（工程名称、地点、规模、总投资）；委托人向监理人支付报酬的期限和方式；合同签订、生效、完成时间；双方愿意履行约定的各项义务的表示。"协议书"是一份标准的格式文件，经当事人双方在有限的空格内填写具体规定内容并签字盖章后，即发生法律效力。

对委托人和监理人有约束力的合同除双方签署的协议外还包括以下文件：①监理委托函或中标函；②建设工程监理合同通用条件；③建设工程监理合同专用条件；④在实施过程中双方共同签署的补充与修正文件。

(2) 通用条件

通用条件的内容涵盖了合同中所用词语定义，适用语言和法规，签约双方的责任、权利和义务，合同生效、变更与终止，监理酬金，争议的解决，以及其他一些情况。它是监理合同的通用文本，适用于各类建设工程监理。各个委托人、监理人都应遵守。

(3) 专用条件

由于通用条件适用于各种行业和专业项目的建设工程监理，因此其中的某些条款规定得比较笼统，需要在签订具体工程项目监理合同时，结合地域特点、专业特点和委托监理项目的工程特点，对通用条件中的某些条款进行补充、修正。

所谓"补充"是指通用条件中的某些条款明确规定，在该条款确定的原则下，在专用条件的条款中进一步明确具体内容，使两个条件中相同序号的条款共同组成一条内容完备的条款。

所谓"修改"是指通用条件中规定的程序方面的内容，如果双方认为不合适，可以协议在专用条件中修改。

5.2 建设工程监理合同的订立

5.2.1 委托的监理业

1. 委托工作的范围

监理合同的范围是监理工程师为委托人提供服务的范围和工作量。委托人委托监理业务的范围可以非常广泛。从工程建设各阶段来说，可以包括项目前期立项咨询、设计阶段、实施阶段、保修阶段的全部监理工作或某一阶段的监理工作。在每一阶段内，又可以进行投资、质量、工期的三大控制，及信息、合同两项管理。

施工阶段监理可包括：

1）协助委托人选择承包人，组织设计、施工、设备采购等招标。

2）技术监督和检查：①检查工程设计、材料和设备质量；②对操作或施工质量的监理和检查等。

3）施工管理，包括质量控制、成本控制、计划和进度控制等。通常施工监理合同中，监理工作范围条款，应与工程项目总概算、单位工程概算所涵盖的工程范围相一致，或与工程总承包合同、单项工程承包所涵盖的范围相一致。

2. 对监理工作的要求

在监理合同中明确约定的监理人执行监理工作的要求，应当符合《建设工程监理规范》的规定。例如，针对工程项目的实际情况派出监理工作需要的监理机构及人员，编制监理规划和监理实施细则，采取实现监理工作目标相应的监理措施，从而保证监理合同得到真正的履行。

5.2.2 监理合同的履行期限、地点和方式

订立监理合同时约定的履行期限、地点和方式是指合同中规定的当事人履行自己的义务、完成工作的时间、地点以及结算酬金。在签订《建设工程监理合同》时双方必须商定监理期限，标明何时开始，何时完成。合同中注明的监理工作开始实施和完成日期是根据工程情况估算的时间，合同约定的监理酬金是根据这个时间估算的。如果委托人根据实际需要增加委托工作范围或内容，导致需要延长合同期限，则双方可以通过协商，另行签订补充协议。

监理酬金的支付方式也必须明确，如首期支付多少、是每月等额支付还是根据工程形象进度支付、支付货币的币种等。

5.2.3 双方的权利

委托人和监理人签订合同，其根本目的就是为实现合同的标的，明确双方的权利和义务。在合同的每一条款中，都反映了这种关系。为了使合同条款更加清晰、明确，便于掌握，在制定时，把双方在执行合同中的权利和义务，列在一起设立了"监理人的义务""委托人的义务""监理人的权利""委托人的权利"。应该注意的是，合同中双方的权利和义务都是成对出现的，在制定一方权利的同时约定了另一方的义务。例如，委托人有权要求监理人提交监理工作月度报告及监理业务范围的专项报告，则监理人就有义务向委托人提供上述工作报告及专项报告。

1. 委托人的权利

(1) 授予监理人权限的权利

1）在监理合同内除需明确委托的监理任务外，还应规定监理人的权限。监理合同是要求监理人对委托人与第三方签订的各种承包合同的履行实施监理，委托人需规定监理人在授权范围内对其他合同进行监督管理的权限。

2）委托人授予监理人权限的大小，要根据自身的管理能力、建设工程项目的特点及需要等因素考虑。在委托人授权范围内，监理人可以对所监理的合同自主地采取各种措施进行监督、管理和协调。如果超越权限，则应首先征得委托人同意后方可发布有关指令。

3）监理合同内授予监理人的权限，在执行过程中可随时通过书面附加协议予以扩大或减小。

（2）选定工程总承包人以及与其订立合同的权利

1）委托人是建设资金的持有者和建筑产品的所有人，因此对设计合同、施工合同、加工制造合同等的承包单位有选定权和订立合同的签字权。

2）监理人在选定其他合同承包人的过程中仅有建议权而无决定权。监理人协助委托人选择承包人的工作可能包括：①邀请招标时提供有资格和能力的承包人名录；②帮助起草招标文件；③组织现场考察；④参与评标；⑤接受委托代理招标等。

3）通用条件中规定，委托人对设计和施工等总包单位所选定的分包单位，拥有批准权或否决权。

（3）委托监理工程重大事项的决定权

1）委托人有对工程规模、规划设计、生产工艺设计、设计标准和使用功能等要求的认定权。

2）委托人具有工程设计变更的审批权。

3）当监理人调换总监理工程师时，须经委托人同意。

（4）对监理人履行合同的监督控制权

委托人对监理人履行合同的监督权利体现在以下三个方面：

1）对监理合同转让和分包的监督。除了支付款的转让外，未经委托人的书面同意，监理人不得将所签合同涉及的利益或规定的义务转让给第三方。监理人所选择的监理工作分包单位必须事先征得委托人的认可。在没有取得委托人的书面同意前，监理人不得开始实行、更改或终止全部或部分服务的任何分包合同。

2）对监理人员的控制监督。合同专用条件或监理人的投标书内，应明确总监理工程师人选，监理机构派驻人员计划。合同开始履行时，监理人应向委托人报送委派的总监理工程师及其监理机构主要成员名单，以保证完成监理合同专用条件中约定的监理工作范围内的任务。

3）对合同履行的监督权。委托人有权要求监理人提交监理工作月报及监理业务范围内的专项报告。委托人也可以随时要求其对重大问题提交专项报告，这些内容应在专用条件中明确约定。委托人按照合同约定检查监理工作的执行情况，如果发现监理人员不按监理合同履行职责或与承包方串通，给委托人或工程造成损失，则有权要求监理人更换监理人员，直至终止合同，并承担相应赔偿责任。

2. 监理人的权利

监理合同中涉及监理人权利的条款可分为两大类：一类是监理人在委托合同中应享有的权利；另一类是监理人履行委托人与第三方签订的承包合同的监理任务时可行使的权力。

（1）监理合同中赋予监理人的权利

1）完成监理任务获得酬金的权利。酬金包括正常工作酬金、附加工作酬金以及适当的物质奖励。正常工作酬金的支付程序和金额，以及附加工作酬金的计算办法以及奖励办法应在专用条件内写明。

2) 获得奖励的权利。监理人如果在工作过程中做出了显著成绩，如由于监理人提出的合理化建议，使委托人获得实际经济利益，则应按照合同中规定的奖励办法，得到委托人给予的适当奖励。奖励办法通常参照国家颁布的合理化建议奖励办法，写明在专用条件相应的条款内。

3) 终止合同的权利。如由于委托人违约严重，拖欠应付监理人的酬金，或由于非监理人责任而使监理暂停的期限超过半年以上，监理人可按照终止合同规定程序，单方面提出终止合同，以保护自己的合法权益。

(2) 监理人执行监理业务可以行使的权力

按照通用条件的规定，监理委托人和第三方签订承包合同时可行使的权力包括：

1) 建设工程有关事项和工程设计的建议权。建设工程有关事项包括工程规模、设计标准、规划设计、生产工艺设计和使用功能要求等方面。工程设计的建议权是指按照安全和优化方面的要求，就某些技术问题自主向设计单位提出建议的权利。但如果由于提出的建议提高了工程造价，或延长了工期，则应事先征得委托人的同意，如果发现工程设计不符合建筑工程质量标准或约定的要求，则应当报告委托人要求设计单位更改，并向委托人提出书面报告。

2) 对实施项目的质量、工期和费用的监督控制权。主要表现为：①对承包人报的工程施工组织设计和技术方案，按照保质量、保工期和降低成本的要求，自主进行审批和向承包人提出建议；②征得委托人同意，发布开工令、停工令、复工令；③对工程上使用的材料和施工质量进行检验；④对施工进度进行检查、监督，未经监理工程师签字，建筑材料、建筑构配件和设备不得在工地上使用，施工单位不得进行下一道工序的施工；⑤工程实施竣工日期提前或延误期限的鉴定；⑥在工程承包合同方定的工程范围内，工程款支付的审核和签认权，以及结算工程款的复核确认与否定权。未经监理人签字确认，委托人不支付工程款，不进行竣工验收。

3) 工程建设有关协作单位组织协调的主持权。

4) 在紧急情况下，为了工程和人身安全，尽管变更指令已超越了委托人授权而又不能事先得到批准时，也有权发布变更指令，但应尽快通知委托人。

5) 审核承包人索赔的权力。

5.2.4 订立监理合同需注意的问题

1. 坚持按法定程序签署合同

1) 在合同签署过程中，应检验代表对方签字人的授权委托书，避免合同失效或不必要的合同纠纷。不可忽视来往函件。

2) 在合同洽商过程中，双方通常会用一些函件来确认双方达成的某些口头协议或书面交往文件，后者构成招标文件和投标文件的组成部分。为了确认合同责任以及明确双方对项目的有关理解和意图以免将来分歧，签订合同时双方达成一致的部分应写入合同附录或专用条件内。

2. 其他应注意的问题

合同中应做到文字简洁、清晰、严密，以保证意思表达准确。

5.3 建设工程监理合同的履行

5.3.1 监理人应完成的监理工作

监理工作包括：①正常工作（合同专用条件中约定）；②附加工作；③相关服务。

1. 正常工作

正常工作是指合同订立时通用条件和专用条件中约定的监理人的工作。

2. 附加工作

附加工作是指合同约定的正常工作以外监理人的工作。

3. 相关服务

相关服务是指监理人受委托人的委托，按照合同约定，在勘察、设计、保修等阶段提供的服务活动。

5.3.2 合同有效期

尽管双方签订的《建设工程监理合同》中注明"本合同自×年×月×日开始实施，至×年×月×日完成"，但此期限仅指完成正常监理工作预定的时间，并不一定就是监理合同的有效期。监理合同的有效期即监理人的责任期，不是以约定的日历天数为准，而是以监理人是否完成了包括附加和相关工作的义务来判定。因此通用条件规定，监理合同的有效期为双方签订合同后，工程准备工作开始，到监理人向委托人办理完竣工验收或工程移交手续，承包人和委托人已签订工程保修责任书，监理收到监理报酬尾款，监理合同才终止。如果保修期间仍需监理人执行相应的监理工作，双方应在专用条件中另行约定。

5.3.3 双方的义务

1. 委托人的义务

（1）提供满足监理所需的外部条件

委托人应负责建设工程的所有外部关系的协调工作，提供满足开展监理工作所需的外部条件。

（2）与监理人做好协调工作

委托人应当授权一名熟悉工程情况、能在规定时间内做出决定的常驻代表（在专用条件中约定）负责与监理人联系。更换常驻代表时，要提前通知监理人。

（3）委托人有及时做出书面决定的义务

为了不耽搁服务，委托人应在专用条件约定的时间内就监理人以书面形式提交并要求做出决定的一切事宜做出书面决定。

监理人若单方面向承包人下达质量整改通知书，是很难得到贯彻执行的。质监站可采用行政手段对工程质量进行控制，而监理人主要是使用合同约束的经济手段。监理人必须与委托人取得一致意见才能落实。如果监理人与委托人在重大质量问题上有分歧，则对工程进展是极为不利的，会造成监理工作的被动，使监理工程师本身的积极性与责任心难以发挥。

（4）协助监理人顺利履行合同义务

协助工作包括以下几方面内容：

1）委托人应将授予监理人的监理权利，以及监理人监理机构主要成员的职能分工、监理权限及时书面通知已选定的第三方，并在与第三方签订的合同中予以明确。

2）在双方议定的时间内，免费向监理人提供与工程有关的监理服务所需要的工程资料。

3）为监理人驻工地监理机构开展正常工作提供协助服务。服务内容包括信息服务、物质服务和人员服务三个方面。

a. 信息服务是指协助监理人获取工程使用的原材料、构配件、机械设备等生产厂家名录，以掌握产品质量信息，向监理人提供与本工程有关的协作单位、配合单位的名录，以方便监理工作的组织协调。

b. 物质服务是指免费向监理人提供合同专用条件约定的设备、设施、生活条件等。这些属于委托人财产的设备和物品，在监理任务完成和终止时，监理人应将其交还委托人。如果双方议定某些本应由委托人提供的设备由监理人自备，则应给监理人合理的经济补偿。对于这种情况，要在专用条件的相应条款内明确经济补偿的计算方法，通常为：

$$补偿金额 = 设施在工程使用时间占折旧年限的比例 \times 设施原值 + 管理费$$

c. 人员服务是指如果双方议定，委托人应免费向监理人提供职员和服务人员，也应在专用条件中写明提供的人数和服务时间。当涉及监理服务工作时，委托人所提供的职员只应从监理工程师处接受指示。监理人应与这些提供服务人员密切合作，但不对他们的失职行为负责。例如，委托人选定某一科研机构的实验室负责对材料和工艺质量的检测试验，并与其签订委托合同。那么，试验机构的人员应接受监理工程师的指示完成相应的试验工作，但监理人既不对检测试验数据的错误负责，也不对由此而导致的判断失误负责。

2. 监理人的义务

1）收到工程设计文件后编制监理规划，并在第一次工地会议7天前报委托人。根据有关规定和监理工作需要，编制监理实施细则。

2）熟悉工程设计文件，并参加由委托人主持的图纸会审和设计交底会议。

3）参加由委托人主持的第一次工地会议；主持监理例会并根据工程需要主持或参加专题会议。

4）审查施工承包人提交的施工组织设计，重点审查其中的质量安全技术措施、专项施工方案与工程建设强制性标准的符合性。

5）检查施工承包人工程质量、安全生产管理制度及组织机构和人员资格。

6）检查施工承包人专职安全生产管理人员的配备情况。

7）审查施工承包人提交的施工进度计划，核查承包人对施工进度计划的调整。

8）检查施工承包人的实验室。

9）审核施工分包人资质条件。

10）查验施工承包人的施工测量放线成果。

11）审查工程开工条件，对条件具备的签发开工令。

12）审查施工承包人报送的工程材料、构配件、设备质量证明文件的有效性和符合性，并按规定对用于工程的材料采取平行检验或见证取样方式进行抽检。

13）审核施工承包人提交的工程款支付申请，签发或出具工程款支付证书，并报委托人审核、批准。

14）在巡视、旁站和检验过程中，发现工程质量、施工安全存在事故隐患的，要求施工承包人整改并报委托人。

15）经委托人同意，签发工程暂停令和复工令。

16）审查施工承包人提交的采用新材料、新工艺、新技术、新设备的论证材料及相关验收标准。

17）验收隐蔽工程、分部分项工程。

18）审查施工承包人提交的工程变更申请，协调处理施工进度调整、费用索赔、合同争议等事项。

19）审查施工承包人提交的竣工验收申请，编写工程质量评估报告。

20）参加工程竣工验收，签署竣工验收意见。

21）审查施工承包人提交的竣工结算申请并报委托人。

22）编制、整理工程监理归档文件并报委托人。

5.3.4 违约责任

1. 监理人的责任

监理人未履行合同义务的，应承担相应的责任。

因监理人违反合同约定给委托人造成损失的，监理人应当赔偿委托人损失。赔偿金额的确定方法在专用条件中约定。监理人承担部分赔偿责任的，其承担赔偿金额由双方协商确定。

监理人向委托人的索赔不成立时，监理人应赔偿委托人由此发生的费用。

2. 委托人的责任

1）委托人应当履行监理合同约定的义务，如有违反应当承担违约责任，赔偿给监理人造成的经济损失。监理人在责任期内，由于自身的过失造成损失的，应承担过失责任，并按合同予以赔偿。例如，发出错误的指令，造成质量降低，工期拖延，费用增加；做出错误的判断，造成质量降低，工期拖延，费用增加；违反职业道德引起的后果等。

当发生的事件并非监理人原因时，监理人不承担责任。这种情况在工程实践中经常发生。例如，承包人不听从劝阻，偷工减料，降低施工质量；承包人管理不善，不能实现计划，工期拖延；承包人擅自使用不合格材料，降低了工程质量；承包人弄虚作假，管理松弛，导致工程质量和安全事故；委托人（业主）未能按计划提供条件，导致设计延误、施工不能按时开工，拖延了工期；委托人所订设备（材料）未能按计划到达现场，或质量不合格，延误工期，导致索赔；委托人不听从监理人劝阻，从而发生质量事故；委托人未能按合同向监理人提供必需的资料、文件引起的事件；人力不可抗拒的事件等。

监理人处理委托业务时，因非监理人原因的事由受到损失的，可以向委托人要求补偿损失。

2）委托人如果向监理人提出赔偿的要求不能成立，则应当补偿由该索赔所引起的监理人的各种费用支出。

3. 违约赔偿

合同履行过程中，由于当事人一方的过错，造成合同不能履行或者不能完全履行，由有过错的一方承担违约责任；如属双方的过错，则根据实际情况，由双方分别承担各自的违约责任。为保证监理合同规定的各项权利义务的顺利实现,在《建设工程监理合同(示范文本)》中,制定了约束双方行为的条款。这些规定归纳起来有如下几点:

1)在合同责任期内,如果监理人未按合同中要求的职责勤恳认真地服务,或委托人违背了他对监理人的责任时,均应向对方承担赔偿责任。

2)任何一方对另一方负有责任时的赔偿原则有:

a. 委托人违约应承担违约责任,赔偿监理人的经济损失。

b. 因监理人过失造成经济损失的,应向委托人进行赔偿,累计赔偿额不应超出监理酬金总额(除去税金)。

c. 当一方向另一方的索赔要求不成立时,提出索赔的一方应补偿由此所导致的对方各种费用支出。

5.3.5 监理合同的酬金

支付的酬金包括正常监理工作的酬金、附加监理工作的酬金、合理化建议奖励金额及费用。

1. 正常监理工作的酬金

正常的监理酬金的构成,是监理单位在工程项目监理中所需的全部成本,再加上合理的利润和税金。具体应包括:

(1) 直接成本

1)监理人员和监理辅助人员的工资,包括津贴、附加工资、奖金等。

2)用于该项工程监理人员的其他专项开支,包括差旅费、补助费等。

3)监理期间使用与监理工作相关的计算机和其他检测仪器、设备的摊销费用。

4)所需的其他外部协作费用。

(2) 间接成本

间接成本包括全部业务经营开支和非工程项目的特定开支:

1)管理人员、行政人员、后勤服务人员的工资。

2)经营业务费,包括为招揽业务而支出的广告费等。

3)办公费,包括文具、纸张、账表、报刊、文印费用等。

4)交通费、差旅费、办公设施费(公司使用的水、电、气、环卫、治安等费用)。

5)固定资产及常用工器具、设备的使用费。

6)业务培训费、图书资料购置费。

7)其他行政活动经费。

2. 附加监理工作的酬金

(1) 增加监理工作时间的补偿酬金

$$报酬 = 附加工作天数 \times \frac{合同约定的报酬}{合同中约定的监理服务天数}$$

(2) 增加监理工作内容的补偿酬金

增加监理工作的范围或内容属于监理合同的变更,双方应另行签订补充协议,并具体商定报酬额或报酬的计算方法。

3. 合理化建议奖励金额

监理人在服务过程中提出的合理化建议,使委托人获得经济效益的,双方在专用条件中约定奖励金额的确定方法。奖励金额在合理化建议被采纳后,与最近一期的正常工作酬金同期支付。

4. 费用

(1) 外出考察费用

经委托人同意,监理人员外出考察发生的费用由委托人审核后支付。

(2) 检测费用

委托人要求监理人进行的材料和设备检测所发生的费用,由委托人支付,支付时间在专用条件中约定。

(3) 咨询费用

经委托人同意,根据工程需要由监理人组织的相关咨询论证会以及聘请相关专家等发生的费用由委托人支付,支付时间在专用条件中约定。

5. 支付

除专用条件另有约定外,酬金均以人民币支付。涉及外币支付的,所采用的货币种类、比例和汇率在专用条件中约定。

监理人应在合同约定的每次应付款时间的 7 天前,向委托人提交支付申请书。支付申请书应当说明当期应付款总额,并列出当期应支付的款项及其金额。

委托人对监理人提交的支付申请书有异议时,应当在收到监理人提交的支付申请书后 7 天内,以书面形式向监理人发出异议通知。无异议部分的款项应按期支付,有异议部分的款项按协商、调解、仲裁或诉讼办理。

5.3.6 协调双方关系条款

监理合同中对合同履行期间甲乙双方的有关联系、工作程序都做了严格周密的规定,便于双方协调有序地履行合同。这些条款集中在"合同生效、变更与终止""其他"和"争议的解决"几节当中,主要内容如下。

1. 合同的生效、变更与终止

(1) 生效

除法律另有规定或者专用条件另有约定外,委托人和监理人的法定代表人或其授权代理人在协议书上签字并盖单位章后合同生效。

(2) 变更

任何一方提出变更请求时,双方经协商一致后可进行变更。除不可抗力外,因非监理人原因导致监理人履行合同期限延长、内容增加时,监理人应当将此情况与可能产生的影响及时通知委托人。增加的监理工作时间、工作内容应视为附加工作。附加工作酬金的确定方法在专用条件中约定。

合同生效后,如果实际情况发生变化使得监理人不能完成全部或部分工作时,监理人应立即通知委托人。除不可抗力外,其善后工作以及恢复服务的准备工作应为附加工作,附加工作酬金的确定方法在专用条件中约定。监理人用于恢复服务的准备时间不应超过 28 天。

合同签订后,遇有与工程相关的法律法规、标准颁布或修订的,双方应遵照执行。由此引起监理与相关服务的范围、时间、酬金变化的,双方应通过协商进行相应调整。

因非监理人原因造成工程概算投资额或建筑安装工程费增加时，正常工作酬金应做相应调整。调整方法在专用条件中约定。

因工程规模、监理范围的变化导致监理人的正常工作量减少时，正常工作酬金应做相应调整。调整方法在专用条件中约定。

(3) 暂停与解除

除双方协商一致可以解除合同外，当一方无正当理由未履行合同约定的义务时，另一方可以根据合同约定暂停履行合同直至解除合同。

在合同有效期内，由于双方无法预见和控制的原因导致合同全部或部分无法继续履行或继续履行已无意义，经双方协商一致，可以解除合同或监理人的部分义务。在解除之前，监理人应做出合理安排，使开支减至最小。因解除合同或解除监理人的部分义务导致监理人遭受的损失，除依法可以免除责任的情况外，应由委托人予以补偿，补偿金额由双方协商确定。解除合同的协议必须采取书面形式，协议未达成之前，合同仍然有效。

在合同有效期内，因非监理人的原因导致工程施工全部或部分暂停，委托人可通知监理人要求暂停全部或部分工作。监理人应立即安排停止工作，并将开支减至最小。除不可抗力外，由此导致监理人遭受的损失应由委托人予以补偿。

暂停部分监理与相关服务时间超过 182 天，监理人可发出解除合同约定的该部分义务的通知；暂停全部工作时间超过 182 天，监理人可发出解除合同的通知，合同自通知到达委托人时解除。委托人应将监理与相关服务的酬金支付至合同解除日，且应承担约定的责任。

当监理人无正当理由未履行合同约定的义务时，委托人应通知监理人限期改正。若委托人在监理人接到通知后的 7 天内未收到监理人书面形式的合理解释，则可在 7 天内发出解除合同的通知，自通知到达监理人时合同解除。委托人应将监理与相关服务的酬金支付至限期改正通知到达监理人之日，但监理人应承担约定的责任。

监理人在专用条件中约定的支付之日起 28 天后仍未收到委托人按合同约定应付的款项，可向委托人发出催付通知。委托人接到通知 14 天后仍未支付或未提出监理人可以接受的延期支付安排，监理人可向委托人发出暂停工作的通知并可自行暂停全部或部分工作。暂停工作后 14 天内监理人仍未获得委托人应付酬金或委托人的合理答复，监理人可向委托人发出解除合同的通知，自通知到达委托人时合同解除。委托人应承担约定的责任。

因不可抗力致使合同部分或全部不能履行时，一方应立即通知另一方，可暂停或解除合同。合同解除后，合同约定的有关结算、清理、争议解决方式的条件仍然有效。

(4) 终止

监理合同全部满足以下条件时，合同即告终止：

1) 监理人完成合同约定的全部工作。
2) 委托人与监理人结清并支付全部酬金。

2. 争议的解决

双方应本着诚信原则协商解决彼此间的争议。

如果双方不能在 14 天内或双方商定的其他时间内解决合同争议，可以将其提交给专用条件约定的或事后达成协议的调解人进行调解。

双方均有权不经调解直接向专用条件约定的仲裁机构申请仲裁或向有管辖权的人民法院提起诉讼。

【案例 5-1】 三峡工程监理工作及监理管理

三峡工程监理工作及监理管理分两个阶段：第一阶段（1993~1997年）为一期工程阶段，主要是酝酿筹备，初步建立监理组织体系，初步展开监理工作；第二阶段是1998年以后，主要是完善监理组织体系，全面开展监理工作，并且向规范化发展。1999年5月，三峡工程首次聘请了外国监理公司，监造三峡水轮发电机组。2000年8月，成立三峡工程质量总监办公室，聘请奥地利的罗伯特等中外专家担任专业质量总监。2001年1月，成立了安全总监办公室，聘请了日本前田株式会社的广岛、田濑等专家担任安全总监。

在三峡工程第一阶段建设期间，监理单位主要有长江水利委员会、中南勘测设计研究院等10家。

在三峡工程第二阶段建设期间，主要监理单位有12家。与以往不同的是，三峡工程水轮发电机组的制造，业主聘请外国公司监造。5家外国公司参加竞标，最后由法国技术监督局与法国电力公司组成的联合体——EDF/BV中标。

(1) 三峡监理工作制度分为业主和监理单位两个层次

中国三峡总公司于1994年11月编制并发布了《三峡工程建设监理统一管理办法（试行）》。该管理办法原则规定了三峡工程监理工作的内容、方法、程序、措施等。进场各监理单位依据业主统一管理办法的原则以及本单位制定的监理规划和监理细则开展工作。

业主单位下属的工程建设部统一组织和指导各监理单位工作。三峡工程监理单位按工程项目或工程部位分别设置。监理单位均与业主签订监理合同，相互间没有隶属关系。监理组织机构由建安工程监理和永久工程设备监造两个部分组成。根据工程建设发展需要，三峡工程还按专业聘请了质量总监和安全总监。

业主的监理管理部门制定了《三峡工程建设监理统一管理办法（试行）》，以总体协调三峡工程各监理单位的监理工作。三峡一期工程监理单位选择与委托的主要方式是邀请招标，通过竞争择优选择并委托。三峡二期工程监理单位的选择与委托方式主要是议标。监理单位的委托必须签订监理委托合同书。合同书按《三峡工程建设监理委托合同书编制样本（试行）》规定的格式和内容进行编写。

监理合同的履行是业主依据监理合同对监理单位履行合同的行为给予检查和监督。

(2) 三峡工程实行分项目管理

监理单位一方面要接受各相应项目部对监理工作进行具体的检查监督，另一方面还要接受业主工程建设部、工程信息部的检查与指导。

业主试验中心、测量中心及金属结构设备质量监督检测中心等，既是对工程总体质量监督的专门机构，又是业主开展监理管理工作的主要手段之一。

业主单位各项目部通过工程建设部的每月监理工作例会了解三峡工程监理工作开展情况。工程建设部通过例会协调解决监理单位提出的带有共性的问题，并在合同范围内，根据工程的最新进展和出现的新情况对监理提出一些具体的工作要求。

为加强对三峡工程质量和安全的控制和管理，业主在工程建设部下设了质量总监办公室、安全总监办公室，聘请国内外知名的水工、机电、焊接和安全专家担任总监。业主每周一召开专业质量总监、项目总监联席会议和安全工作会议，及时解决工程施工中出现的质量和安全问题。

为进一步完善三峡工程建设的质量保证体系，加强三峡工程建设的质量管理，确保三峡工程的一流质量，2000年8月，中国三峡总公司按专业设立了三峡工程质量总监，成立三峡工程质量总监办公室。

几年来，中国三峡总公司聘请了多位中、外方专家作为专业质量总监。其中，金属焊接专业质量总监为罗伯特，混凝土专业质量总监为Mitchell（米切尔）、肖竹生，金属结构专业质量总监为庄明祥，机电专业质量总监为刘锦江、张儒林、徐鸣琴、杨浩忠。

(3) 三峡工程专业质量总监的职责

质量总监不替代监理工程师的职能，监理工程师仍按合同授予的职责开展工作。专业质量总监的主要职责为：

1) 按专业对三峡工程施工质量进行高层次、有权威性的监督。
2) 研究和发现三峡工程施工中可能出现的质量问题，并及时提出警示和建议。
3) 为实现三峡工程的一流质量，对工程质量控制、施工技术与工艺提出意见和建议。
4) 对已经出现的工程质量缺陷和事故，提出纠正和处理措施。
5) 对施工中发现的质量隐患和违反质量技术要求的行为提出意见，行使质量一票否决权，并在授权范围内行使对质量监理的决策权。
6) 在了解设计意图的基础上，为保证工程最终质量，提出优化设计的建议。
7) 根据需要对总公司和监理单位的质量管理人员进行专业技术培训。

思 考 题

1. 委托合同具有什么法律特征？
2. 监理合同的组成结构应包括哪些文件？
3. 监理合同当事人双方都有哪些权利？
4. 监理合同要求监理人必须完成的工作包括哪几类？
5. 监理人执行监理业务过程中，发生哪些情况不应由他承担责任？

第6章 建设工程勘察、设计合同管理

> **本章概要**
>
> 建设勘察设计合同是委托方与承包方为完成一定的勘察设计任务，明确相互权利和义务关系的协议。本章主要论述勘察、设计合同的有关内容，包括勘察设计合同的形式、订立条件，建设工程勘察合同订立的目的、发包人的权利和义务、勘察人的权利和义务，建设工程设计合同订立的目的、发包人的权利和义务、设计人的权利和义务等。

6.1 建设工程勘察、设计合同概述

6.1.1 建设工程勘察、设计合同的概念和当事人

建设工程勘察是指根据工程建设的设计、施工等方面的要求，在查明、分析、评价建设场地的地质地理环境特征和岩土工程条件的基础上，编制建设工程勘察文件的活动。建设工程设计是指根据建设工程的要求，在对建设工程所需的技术、经济、资源、环境等条件进行综合分析、论证的基础上，编制建设工程设计文件的活动。

建设工程勘察、设计合同是指委托人与勘察、设计承包人为完成一定的勘察、设计任务，明确双方的权利义务关系的协议。建设工程勘察、设计合同的委托人一般是项目业主（建设单位）或建设工程承包单位。勘察、设计承包人是持有国家认可的勘察证书、设计证书的勘察、设计单位。合同的委托人、承包人均应具有法人资格。一般来讲，建设单位或有关单位称发包人，勘察、设计单位称为承包人。根据勘察、设计合同的规定，承包人应完成委托人委托的勘察、设计项目，发包人接受符合约定要求的勘察、设计结果，并给付相应报酬。

签订勘察、设计合同有利于委托人与承包人明确各自的权利、义务以及违约责任等内

容,避免发生纠纷时引起不必要的争执,还有利于双方当事人加强管理与经济核算,提高管理水平。

6.1.2 建设工程勘察、设计合同示范文本

住房和城乡建设部、国家工商行政管理总局对《建设工程勘察合同(一)[岩土工程勘察、水文地质勘察(含凿井)、工程测量、工程物探]》(GF—2000—0203)及《建设工程勘察合同(二)[岩土工程设计、治理、监测]》(GF—2000—0204)进行修订,制定了《建设工程勘察合同(示范文本)》,适用于岩土工程勘察、岩土工程设计、岩土工程物探/测试/检测/监测、水文地质勘察及工程测量等工程勘察活动,岩土工程设计也可使用《建设工程设计合同示范文本(专业建设工程)》(GF—2015—0210)。

住房和城乡建设部、国家工商行政管理总局对《建设工程设计合同(二)(专业建设工程设计合同)》(GF—2000—0210)进行了修订,制定了《建设工程设计合同示范文本(专业建设工程)》(GF—2015—0210),该文本适用于房屋建筑工程以外各行业建设工程项目的主体工程和配套工程(含厂/矿区内的自备电站、道路、专用铁路、通信、各种管网管线和配套的建筑物等全部配套工程)以及与主体工程、配套工程相关的工艺、土木、建筑、环境保护、水土保持、消防、安全、卫生、节能、防雷、抗震、照明工程等工程设计活动。房屋建筑工程以外的各行业建设工程统称为专业建设工程,具体包括煤炭、化工石化医药、石油天然气(海洋石油)、电力、冶金、军工、机械、商物粮、核工业、电子通信广电、轻纺、建材、铁道、公路、水运、民航、市政、农林、水利、海洋等工程。

《建设工程设计合同示范文本(专业建设工程)》(GF—2015—0210)适用于建设用地规划许可证范围内的建筑物构筑物设计、室外工程设计、民用建筑修建的地下工程设计及住宅小区、工厂厂前区、工厂生活区、小区规划设计及单体设计等,以及所包含的相关专业的设计内容(总平面布置、竖向设计、各类管网管线设计、景观设计、室内外环境设计及建筑装饰、道路、消防、智能、安保、通信、防雷、人防、供配电、照明、废水治理、空调设施、抗震加固等)等工程设计活动。

6.1.3 建设工程勘察、设计合同的主要条款

1. 建设工程勘察合同的主要条款

1)建设工程名称、规模、建设地点、投资额、发包人和勘察人的概况。

2)发包人提交有关基础资料的期限。发包人应及时向勘察人提供工程勘察任务委托书技术要求和工作范围的地形图、建筑总平面布置图;提供勘察工作范围地下已有埋藏物的资料及具体位置分布图。如发包人不能提供上述资料,由勘察承包人收集的,发包人需向勘察人支付相应费用。

3)勘察人向发包人提交勘察成果资料并对其质量负责。勘察人应向发包人提交成果资料四份,发包人要求增加的份数,在专用合同条款中另行约定,发包人另行支付相应的费用。

4)开工及提交勘察成果资料的时间。勘察人应按合同约定的工期进行工程勘察工作,并接受发包人对工程勘察工作进度的监督、检查。因发包人原因不能按照合同约定的日期开工,发包人应以书面形式通知勘察人,推迟开工日期并相应顺延工期。

勘察人应按照合同约定的日期或双方同意顺延的工期提交成果资料，具体可在专用合同条款中约定。

由于发包人或勘察人的原因未能按期开工或提交成果资料时，应承担相应的违约责任。勘察工作有效期限以发包人下达的开工通知书或合同规定的时间为准，如遇特殊情况（设计变更、工作量变化、不可抗力影响，以及非勘察人造成的停、窝工等），则工期顺延。

5）在勘察合同中，双方应当明确勘察费用的数额和计算方法，勘察费用支付方式、地点、期限等内容。勘察合同生效后，发包人应向承包人支付为勘察费用总额 30% 的定金；全部勘察工作结束，发包人验收勘察成果资料后，应在合同规定的期限内结清勘察费。

6）发包人、勘察人责任。

7）违约责任。双方当事人应当按照国家的有关规定约定双方的违约责任。

8）双方的其他协作条件。其他协作条件是指双方当事人为了保证勘察工作顺利完成所应当履行的相互协助的义务。

9）争议解决事项。

10）勘察合同必须明确规定合同的生效和失效日期。

通常勘察合同在全部勘察工作验收合格、委托方勘察费支付完毕后失效。勘察合同的未尽事宜，需经双方协商，做出补充规定。补充规定与原合同具有同等效力，但不得与原合同内容冲突。附件是勘察合同的组成部分。勘察合同的附件包括勘察任务书及技术要求、发包人向勘察人提交有关资料及文件一览表、进度计划与工作量和费用明细表。

2. 建设工程设计合同的主要条款

1）建设工程名称、规模、阶段、建设地点、投资额及设计内容、合同双方的概况。

2）发包人向设计人提交的有关资料、文件及期限。发包人应当在工程设计前或专用合同条款附件约定的时间向设计人提供工程设计所必需的工程设计资料，并对所提供资料的真实性、准确性和完整性负责。按照法律规定确需在工程设计开始后方能提供的设计资料，发包人应及时地在相应工程设计文件提交给发包人前的合理期限内提供，合理期限应以不影响设计人的正常设计为限。

a. 如果委托初步设计，则发包人应在规定的日期内向设计人提供经过批准的设计任务书（或可行性研究报告），选择建设地址的报告以及原料、燃料、水电、运输等方面的协议文件和能满足初步设计要求的勘察、设计资料，经科研取得的技术资料等。

b. 如果委托施工图设计，则委托人应在规定日期内向设计人提供经过批准的初步设计文件和能满足施工图设计要求的设计资料、施工条件以及有关设备的技术资料等。

此外，委托人应负责及时地向有关部门办理各阶段设计文件的审批工作，在委托书中明确设计范围和深度。在设计人员进入施工现场工作时，委托人应提供必要的工作和生活条件。

3）设计人向发包人交付的设计文件、地点及期限：

a. 设计人要根据批准的设计任务书（或可行性研究报告）或上阶段设计的批准文件以及有关设计的技术经济文件、设计标准、技术规范、规程、定额等提出设计技术要求和进行设计，并按合同规定的进度和质量要求，提交设计文件（包括概预算文件、材料设备清单）。初步设计经上级主管部门审查后，在原定任务书范围内的必要修改，由设计人负责。

b. 设计人对所承担设计任务的建设项目应配合施工，进行施工前技术交底，解决施工中的有关设计问题，负责设计变更和修改预算，参加隐蔽工程验收和工程竣工验收。

4）设计费用和支付方式。发包人和设计人应在合同协议书中选择单价合同、总价合同或在专用合同条款中约定其他合同价格形式。

单价合同是指合同当事人约定以建筑面积（包括地上建筑面积和地下建筑面积）每平方米单价或实际投资总额的一定比例等进行合同价格计算、调整和确认的建设工程设计合同，在约定的范围内合同单价不做调整。合同当事人应在专用合同条款中约定单价包含的风险范围和风险费用的计算方法，并约定风险范围以外的合同价格的调整方法。

总价合同是指合同当事人约定以发包人提供的上一阶段工程设计文件及有关条件进行合同价格计算、调整和确认的建设工程设计合同，在约定的范围内合同总价不做调整。合同当事人应在专用合同条款中约定总价包含的风险范围和风险费用的计算方法，并约定风险范围以外的合同价格的调整方法。

定金的比例不应超过合同总价款的 20%。预付款的比例由发包人与设计人协商确定，一般不低于合同总价款的 20%。定金或预付款的支付按照专用合同条款约定执行，但最迟应在开始设计通知载明的开始设计日期前专用合同条款约定的期限内支付。发包人逾期支付定金或预付款超过专用合同条款约定的期限的，设计人有权向发包人发出要求支付定金或预付款的催告通知，发包人收到通知后 7 天内仍未支付的，设计人有权不开始设计工作或暂停设计工作。

5）违约责任。

6）争议解决事项。

7）双方的其他协作条件。其他协作条件是指双方当事人为了保证设计工作顺利完成所应当履行的相互协助的义务。

8）设计合同必须明确规定合同的生效和失效日期。设计合同在全部设计任务完成、委托人支付完毕后失效。设计合同的未尽事宜，需经双方协商，做出补充规定。补充规定与原合同具有同等效力，但不得与原合同内容冲突。附件是设计合同的组成部分。设计合同的附件一般包括委托设计任务书、工程设计取费表、补充协议等。

6.1.4　建设工程勘察、设计合同适用法律规范

勘察、设计工作是建设工程的重要组成部分，因此勘察、设计合同适用的法律规范，应包括《合同法》以及住房和城乡建设部与相关部委的法规。现行的主要规范有《合同法》《建筑法》、2015 年住房和城乡建设部修正的《建设工程勘察设计资质管理规定》、2015 年国务院修订的《建设工程勘察设计管理条例》等法律、法规及规章。

6.2　建设工程勘察、设计合同的订立和履行

6.2.1　建设工程勘察、设计合同订立的程序

1. 发包人审查承包人的资质

发包人审查勘察、设计承包人是否属于合法的法人组织，有无有关的营业执照，有无与勘察、设计项目相应的勘察、设计证书，调查承包人的勘察、设计资历、工作质量、社会信

誉、资信状况和履约能力，生产经营状况如何及银行信用等情况。

2. 发包人需向勘察、设计承包人提供的文件资料

勘察合同只要有发包人委托，勘察人就可进行勘察工作。

设计合同的设计人在接受委托前，必须对发包人所委托设计的工程项目的各种批准文件进行审查，以确保合同的有效性。这些文件主要是行政主管部门批准的可行性研究报告（设计任务书）和城乡规划行政主管部门批准的建设用地规划许可证。不需报批可行性研究报告（设计任务书）的小型单项工程，必须有行政主管部门批准的有关基建文件。如果仅单独委托施工图设计任务，则应同时具备行政主管部门批准的初步设计文件。

3. 具体步骤

1) 勘察、设计承包人根据委托勘察、设计的具体要求和资料，确定取费标准和付款方法。

2) 双方当事人协商，就合同的各项条款取得一致意见。

3) 签订勘察、设计合同。合同双方法人代表或其指定的代理人在合同文本上签字，并加盖各自单位法人公章，合同生效。

6.2.2 勘察、设计合同的履行

勘察、设计合同属于双务合同，因而当事人的权利义务是相对的，发包人的权利即是勘察、设计承包人的义务，发包人的义务即是勘察、设计承包人的权利。

1. 勘察合同发包人和勘察人的义务

（1）勘察合同发包人的义务

1) 发包人应以书面形式向勘察人明确勘察任务及技术要求。发包人应提供开展工程勘察工作所需要的设计图及技术资料，包括总平面图、地形图、已有水准点和坐标控制点等，若上述资料由勘察人负责搜集，则发包人应承担相关费用。发包人应提供工程勘察作业所需的批准及许可文件，包括立项批复、占用和挖掘道路许可等。发包人应为勘察人提供具备条件的作业场地及进场通道（包括土地征用、障碍物清除、场地平整、提供水电接口和青苗赔偿等）并承担相关费用。发包人应为勘察人提供作业场地内地下埋藏物（包括地下管线、地下构筑物等）的资料、设计图，没有资料、设计图的地区，发包人应委托专业机构查清地下埋藏物。若因发包人未提供上述资料、设计图，或提供的资料、设计图不实，致使勘察人在工程勘察工作过程中发生人身伤害或造成经济损失，则由发包人承担赔偿责任。发包人应按照法律法规规定为勘察人安全生产提供条件并支付安全生产防护费用，发包人不得要求勘察人违反安全生产管理规定进行作业。若勘察现场需要看守，特别是在有毒、有害等危险现场作业时，发包人应派人负责安全保卫工作；按国家有关规定，对从事危险作业的现场人员进行保健防护，并承担费用。发包人对安全文明施工有特殊要求时，应在专用合同条款中另行约定。

2) 发包人应对勘察人满足质量标准的已完工作，按照合同约定及时支付相应的工程勘察合同价款及费用。勘察工作的取费标准应按照勘察工作的内容所决定。勘察过程中的任何变更，经办理正式变更手续后，发包人应按实际发生的工作量支付勘察费用。勘察费用一般按实际完成的工作量收取。双方应在专用合同条款中约定发包人向勘察人支付定金或预付款数额，支付时间应不迟于约定的开工日期前7天。发包人不按约定支付，勘察人向发包人发出要求支付的通知，发包人收到通知后仍不能按要求支付的，勘察人可在发出通知后推迟开

工日期，并由发包人承担违约责任。定金或预付款在进度款中抵扣，抵扣办法可在专用合同条款中约定。

3）除专用合同条款另有约定外，勘察人为实施工程所编制的成果文件的著作权属于勘察人，发包人可因本工程的需要而复制、使用此类文件，但不能擅自修改或用于与本合同无关的其他事项。未经勘察人书面同意，发包人不得为了本合同以外的目的而复制、使用上述文件或将之提供给任何第三方。

4）勘察合同中有关条款和补充协议中发包人应负的其他责任。

(2) 勘察合同勘察人的义务

1）勘察人应按勘察任务书和技术要求并依据有关技术标准进行工程勘察工作。勘察人应建立质量保证体系，按合同约定的时间提交质量合格的成果资料，并对其质量负责。勘察人在提交成果资料后，应为发包人继续提供后期服务。勘察人在工程勘察期间遇到地下文物时，应及时向发包人和文物主管部门报告并妥善保护。

2）勘察人开展工程勘察活动时应遵守有关职业健康及安全生产方面的各项法律法规的规定，采取安全防护措施，确保人员、设备和设施的安全。勘察人在燃气管道、热力管道、动力设备、输水管道、输电线路、临街交通要道及地下通道（地下隧道）附近等风险性较大的地点，以及在易燃易爆地段及放射、有毒环境中进行工程勘察作业时，应编制安全防护方案并制定应急预案。勘察人应在勘察方案中列明环境保护的具体措施，并在合同履行期间采取合理措施保护作业现场环境。

3）由于勘察人提供的勘察成果资料质量不合格，勘察人应负责无偿给予补充完善使其达到质量合格；若承包人无力补充完善，需另委托其他单位时，勘察人应承担全部勘察费用；或因勘察质量造成重大经济损失或工程事故时，勘察人除应负法律责任和免收直接受损失部分的勘察费外，应根据损失程度向发包人支付赔偿金，赔偿金由发包人、勘察人商定为实际损失的一定百分比。

4）做好工程勘察前的准备工作；在勘察过程中，根据工程的条件及技术规范要求，向发包人提出增减工作量或修改勘察工作的意见，并办理正式变更手续。

5）遵守双方的有关规章制度，承担有关资料的保密义务。

6）遵守合同中有关条款和补充协议中的规定。

2. 设计合同双方的责任

(1) 设计合同发包人的责任

1）发包人应遵守法律，并办理法律规定由其办理的许可、核准或备案，包括但不限于建设用地规划许可证、建设工程规划许可证、建设工程方案设计批准、施工图设计审查等许可、核准或备案。发包人负责本项目各阶段设计文件向规划设计管理部门的送审报批工作，并负责将报批结果书面通知设计人。因发包人原因未能及时办理完毕前述许可、核准或备案手续，导致设计工作量增加和（或）设计周期延长时，由发包人承担由此增加的设计费用和（或）延长的设计周期。发包人应当负责工程设计的所有外部关系（包括但不限于当地政府主管部门等）的协调，为设计人履行合同提供必要的外部条件。

2）发包人应当遵守法律和技术标准，不得以任何理由要求设计人违反法律和工程质量、安全标准进行工程设计，降低工程质量。发包人要求进行主要技术指标控制的，钢材用量、混凝土用量等主要技术指标控制值应当符合有关工程设计标准的要求，且应当在工程设计开始前书面向设计人提出，经发包人与设计人协商一致后以书面形式确定作为合同附件。发包人应当严格遵守主要技术指标控制的前提条件，由于发包人的原因导致工程设计文件超出主要技术指标控制值的，发包人承担相应责任。

3）发包人变更工程设计的内容、规模、功能、条件等，应当向设计人提供书面要求，设计人在不违反法律规定以及技术标准强制性规定的前提下应当按照发包人要求变更工程设计。发包人变更工程设计的内容、规模、功能、条件或因提交的设计资料存在错误或做较大修改时，发包人应按设计人所耗工作量向设计人增付设计费，设计人可按合同约定，与发包人协商对合同价格和（或）完工时间做可共同接受的修改。如果由于发包人要求更改而造成的项目复杂性的变更或性质的变更使得设计人的设计工作减少，发包人可按合同约定，与设计人协商对合同价格和（或）完工时间做可共同接受的修改。基准日期后，如有与工程设计服务有关的法律、技术标准的强制性规定的颁布及修改，由此增加的设计费用和（或）延长的设计周期由发包人承担。

4）除专用合同条款另有约定外，发包人应为设计人派赴现场的工作人员提供工作、生活及交通等方面的便利条件。

5）发包人应保护设计人的投标书、设计方案、设计文件、资料、数据、计算软件和专利技术。未经设计人同意，发包人对设计人交付的设计资料及文件不得擅自修改、复制或向第三人转让或用于合同外的项目，如发生以上情况，发包人应负法律责任，设计人有权向发包人提出索赔。

(2) 设计合同设计人的责任

1）设计人应按国家规定和合同约定的技术规范、标准进行设计，按合同规定的内容、时间及份数向发包人交付设计文件，并对其负责。

2）设计人交付设计文件后，按规定参加有关上级的设计审查，并根据审查结论负责对不超出原定范围的内容做必要调整补充。设计人按合同规定时限交付设计文件一年内项目开始施工，负责向发包人及施工单位进行设计交底、处理有关设计问题和参加竣工验收。在一年内项目尚未开始施工，设计人仍负责上述工作，可按所需工作量向发包人适当收取咨询服务费，收费额由双方商定。

3）设计人应当提供设计技术交底、解决施工中设计技术问题和竣工验收服务。如果发包人在专用合同条款约定的施工现场服务时限外仍要求设计人负责上述工作的，发包人应按所需工作量向设计人另行支付服务费用。

4）设计人应保护发包人的知识产权，不得向第三人泄露、转让发包人提交的产品图样等技术经济资料。如发生以上情况并给发包人造成经济损失，发包人有权向设计人索赔。

6.2.3　建设工程勘察、设计合同中的违约责任

1. 建设工程勘察合同中的违约责任

1）因勘察人原因造成成果资料质量达不到合同约定的质量标准，勘察人应负责无偿给予补充完善使其达到质量合格。因勘察人原因导致工程质量安全事故或其他事故时，勘察人除负责采取补救措施外，应通过所投工程勘察责任保险向发包人承担赔偿责任或根据直接经济损失程度按专用合同条款约定向发包人支付赔偿金。

2）合同生效后，发包人无故要求终止或解除合同，勘察人未开始勘察工作的，不退还

发包人已付的定金或发包人按照专用合同条款约定向勘察人支付违约金；勘察人已开始勘察工作的，若完成计划工作量不足50%的，发包人应支付勘察人合同价款的50%；完成计划工作量超过50%的，发包人应支付勘察人合同价款的100%。

3）发包人发生其他违约情形时，发包人应承担由此增加的费用和工期延误损失，并给予勘察人合理赔偿。双方可在专用合同条款内约定发包人赔偿勘察人损失的计算方法或者发包人应支付违约金的数额或计算方法。

2. 建设工程设计合同中的违约责任

1）合同生效后，发包人因非设计人原因要求终止或解除合同，设计人未开始设计工作的，不退还发包人已付的定金或发包人按照专用合同条款的约定向设计人支付违约金；已开始设计工作的，发包人应按照设计人已完成的实际工作量计算设计费，完成工作量不足一半时，按该阶段设计费的一半支付设计费，超过一半时，按该阶段设计费的全部支付设计费。

2）发包人未按专用合同条款约定的金额和期限向设计人支付设计费的，应按专用合同条款约定向设计人支付违约金。逾期超过15天时，设计人有权书面通知发包人中止设计工作。自中止设计工作之日起15天内发包人支付相应费用的，设计人应及时根据发包人要求恢复设计工作；自中止设计工作之日起超过15天后发包人支付相应费用的，设计人有权确定重新恢复设计工作的时间，且设计周期相应延长。

3）发包人的上级或设计审批部门对设计文件不进行审批或合同工程停建、缓建，发包人应在事件发生之日起15天内按约定向设计人结算并支付设计费。发包人擅自将设计人的设计文件用于合同工程以外的工程或交第三方使用时，应承担相应法律责任，并应赔偿设计人因此遭受的损失。

4）合同生效后，设计人因自身原因要求终止或解除合同，设计人应按发包人已支付定金金额的双倍返还给发包人或设计人按照专用合同条款约定向发包人支付违约金。

5）由于设计人原因，未按专用合同条款约定的时间交付工程设计文件的，应按专用合同条款的约定向发包人支付违约金，违约金经双方确认后可在发包人应付设计费中扣减。

6）设计人对工程设计文件出现的遗漏或错误负责修改或补充。由于设计人原因产生的设计问题造成工程质量事故或其他事故时，设计人除负责采取补救措施外，应当通过所投建设工程设计责任保险向发包人承担赔偿责任或者根据直接经济损失程度按专用合同条款约定向发包人支付赔偿金。

7）由于设计人原因，工程设计文件超出发包人与设计人书面约定的主要技术指标控制值比例的，设计人应当按照专用合同条款的约定承担违约责任。设计人未经发包人同意擅自对工程设计进行分包的，发包人有权要求设计人解除未经发包人同意的设计分包合同，设计人应当按照专用合同条款的约定承担违约责任。

6.3 建设工程勘察、设计合同的管理

6.3.1 发包人对勘察、设计合同的管理

1）勘察、设计招标文件。

2) 组织并参与评选方案或评标。
3) 起草勘察、设计合同条款及协议书。
4) 监督勘察、设计合同的履行情况。
5) 审查、批准勘察、设计阶段的方案和结果。

6.3.2 勘察、设计承包人对勘察、设计合同的管理

勘察、设计承包人应当设立专门的合同管理机构对建设工程勘察、设计合同的订立全面负责，实施监管、控制。勘察、设计承包人在订立合同时，应深入研究合同的内容，规范合同双方当事人权利义务的条款要全面、明确。

1. 合同资料的文档管理

在合同履行过程中，合同签订、合同条款分析、合同的跟踪与监督、合同变更与索赔等，都是以合同资料为依据，因此，合同当事人做好现场记录，并保存记录是十分重要的。这有利于保护自己的合同权益，在索赔和争执的解决中取胜。例如，设计中的主要合同资料包括：①设计招标投标文件；②中标通知书；③设计合同及附件；④委托方的各种指令、变更申请和变更记录等；⑤各种检测、试验和鉴定报告等；⑥设计文件；⑦设计工作的各种报表、报告等；⑧政府部门和上级机构的各种批文、文件和签证等。

2. 合同履行中的跟踪与监督管理

在发包人方面，合同的跟踪与监督就是掌握勘察、设计承包人勘察、设计工作的进程，监督其是否按合同进度和合同规定的质量标准进行，发现拖延应立即督促勘察、设计承包人进行弥补，以保证勘察、设计工作能够按期按质完成。同时，也应及时将己方的合同变更指令通知对方。

在勘察、设计承包人方面，合同的跟踪与监督就是对合同实施情况进行跟踪，将实际情况和合同资料进行对比分析，发现偏差。合同管理人员应及时将合同的偏差信息及原因分析结果和建议提供给项目的负责人，以便及早采取措施，调整偏差。同时，合同管理人员应及时将发包人的变更指令传达到本方设计项目负责人或直接传达给各专业设计部门和人员。

具体而言，合同跟踪与监督的对象主要有：①勘察、设计工作的质量；②勘察、设计任务的工作量变化；③勘察、设计的进度情况；④项目的概预算。

3. 合同变更管理

合同变更表现为设计图和说明的非设计错误的修改，勘察、设计进度计划的变动，勘察、设计规范的改变，增减合同中约定的勘察、设计工作量等。这些变更导致了合同双方的责任的变化。例如，由于发包人产生了新的想法，要求设计人对按合同进度计划已完的设计图进行返工修改，这就增加了设计人的合同责任及费用开支，并拖延了设计进度。对此，发包人应给予设计人应得的补偿，这往往又是引起双方合同纠纷的原因。

合同变更时，应尽快提出或下达变更要求或指令，积极而迅速地解决和执行指令，以便减少时间和费用的浪费。注意变更指令应以书面形式下达，如果是口头指令，勘察、设计承包人应在指令执行后立即得到发包方（通常为工程师）的书面认可，以作为索赔依据（如果有的话）。

6.3.3　国家有关机关对勘察、设计合同的监督管理

勘察、设计合同的监督管理机关为建设行政主管部门和工商行政管理部门。其主要职能是贯彻国家和地方有关法律、法规和规章；制定和推荐使用建设工程勘察、设计合同示范文本；审查和鉴证建设工程勘察、设计合同，监督合同履行，调解合同争议。签订勘察、设计合同的双方，应当将合同文本送交工程项目所在地的县级以上人民政府建设行政主管部门或者委托机构备案，也可以到工商行政管理部门办理合同鉴证。

思 考 题

1. 订立设计合同时，应约定哪些方面的条款？
2. 发包人为勘察人提供哪些现场的工作条件？
3. 设计合同履行期间，发包人和设计人各应履行哪些义务？
4. 设计合同履行过程中哪些属于违约行为？当事人双方各应如何承担违约责任？

第7章
建设工程施工合同管理

本章概要

建设工程施工合同是建设工程的主要合同，是工程建设质量控制、进度控制、投资控制的主要依据。在市场经济条件下，建设市场主体之间相互的权利义务关系主要是通过合同确立的，因此，在建设领域加强对施工合同的管理具有十分重要的意义。本章主要介绍建设工程施工合同的相关知识，包括建设工程施工合同概述、业主对合同的总体策划、承包商的合同总体策划、施工合同双方的一般权利和义务、施工合同的进度控制条款、施工合同的质量控制条款、施工合同的造价管理条款、不可抗力、保险和担保的管理、工程转包与分包、违约责任与合同争议的解决。

7.1 建设工程施工合同概述

7.1.1 施工合同标准文本概述

国家发展和改革委员会等九部委联合颁发的适用于大型复杂工程项目的《标准施工招标文件》（2007年版）中包括施工合同标准文本（以下简称标准施工合同）。九部委在2012年又颁发了适用于工期在12个月之内的《简明标准施工招标文件》，其中包括合同条款及格式（以下简称简明施工合同）。

按照九部委联合颁布的《〈标准施工招标资格预审文件〉和〈标准施工招标文件〉暂行规定》的要求，各行业编制的标准施工合同应不加修改地引用"通用合同条款"，即标准施工合同和简明施工合同的通用合同条款广泛适用于各类建设工程。各行业编制的标准施工招标文件中的"专用合同条款"可结合施工项目的具体特点，对标准的"通用合同条款"进行补充、细化。除"通用合同条款"明确"专用合同条款"可做出不同约定外，补充和细化的内容不得与"通用合同条款"的规定相抵触，否则抵触内容无效。

7.1.2 标准施工合同的组成

标准施工合同提供了通用合同条款、专用合同条款和签订合同时采用的合同附件格式。

1. 通用合同条款

标准施工合同的通用合同条款包括 24 条，标题分别为：一般约定；发包人义务；监理人；承包人；材料和工程设备；施工设备和临时设施；交通运输；测量放线；施工安全、治安保卫和环境保护；进度计划；开工和竣工；暂停施工；工程质量；试验和检验；变更；价格调整；计量与支付；竣工验收；缺陷责任与保修责任；保险；不可抗力；违约；索赔；争议的解决。共计 131 款。

2. 专用合同条款

由于通用合同条款的内容涵盖各类工程项目施工共性的合同责任和履行管理程序，各行业可以结合工程项目施工的行业特点编制标准施工合同文本。具体招标工程在编制合同时，应针对项目的特点、招标人的要求，在专用合同条款内针对通用合同条款涉及的内容进行补充、细化。

工程实践应用时，通用合同条款中适用于招标项目的条或款不必在专用合同条款内重复，需要补充细化的内容应与通用合同条款的条或款的序号一致，使得通用合同条款与专用合同条款中相同序号的条款内容共同构成对履行合同某一方面的完备约定。

3. 合同附件格式

标准施工合同中给出的合同附件格式，是订立合同时采用的规范化文件，包括合同协议书、履约保函和预付款保函三个文件。

(1) 合同协议书

合同协议书是合同组成文件中唯一需要发包人和承包人同时签字盖章的法律文书，因此标准施工合同中规定了应用格式。除了明确规定对当事人双方有约束力的合同组成文件外，具体招标工程项目订立合同时需要明确填写的内容仅包括发包人和承包人的名称、施工的工程或标段、签约合同价、合同工期、质量标准和项目经理的人选。

(2) 履约保函

标准施工合同要求履约担保采用保函的形式，给出的履约保函标准格式主要表现为以下两个特点：

1) 担保期限。担保期限自发包人和承包人签订合同之日起，至签发工程移交证书日止。没有采用国际招标工程或使用世界银行贷款建设工程的担保期限至缺陷责任期满止的规定，即担保人对承包人保修期内履行合同义务的行为不承担担保责任。

2) 担保方式。采用无条件担保方式，即持有履约保函的发包人认为承包人有严重违约情况时，即可凭保函向担保人要求予以赔偿，不需承包人确认。无条件担保有利于当出现承包人严重违约情况，由于解决合同争议而影响后续工程的施工。标准履约担保格式中，担保人承诺"在本担保有效期内，因承包人违反合同约定的义务给你方造成经济损失时，我方在收到你方以书面形式提出的在担保金额内的赔偿要求后，在 7 天内无条件支付"。

(3) 预付款担保

标准施工合同规定的预付款担保采用银行保函形式，主要特点为：

1) 担保方式。担保方式也是采用无条件担保方式。

2) 担保期限。担保期限自预付款支付给承包人起生效，至发包人签发的进度付款证书说明已完全扣清预付款止。

3）担保金额。担保金额尽管在预付款担保书内填写的数额与合同约定的预付款数额一致，但与履约担保不同，当发包人在工程进度款支付中已扣除部分预付款后，担保金额相应递减。保函格式中明确说明："本保函的担保金额，在任何时候不应超过预付款金额减去发包人按合同约定在向承包人签发的进度付款证书中扣除的金额。"即保持担保金额与剩余预付款的金额相等原则。

7.1.3 简明施工合同

由于简明施工合同适用于工期在 12 个月内的中小工程施工，是对标准施工合同简化的文本，通常由发包人负责材料和设备的供应，承包人仅承担施工义务，因此合同条款较少。

简明施工合同的通用合同条款包括 17 条，标题分别为：一般约定；发包人义务；监理人；承包人；施工控制网；工期；工程质量；试验和检验；变更；计量与支付；竣工验收；缺陷责任与保修责任；保险；不可抗力；违约；索赔；争议的解决。共 69 款。各条中与标准施工合同对应条款规定的管理程序和合同责任相同。

7.2 业主及承包商对合同的总体策划

7.2.1 合同总体策划概述

1. 合同总体策划的概念

合同总体策划是站在项目业主或咨询公司角度，在项目实施前对整个项目合同方案预先做出科学合理的安排和设计，以确保整个项目在不同阶段、不同合同主体之间、众多合同中顺利履行，从而实现项目的总体目标和效益。

对于业主的合同策划，承包商常常必须执行或服从。但承包商也有自己的合同策划问题。

2. 合同总体策划的内容

合同总体策划的内容包括：
1）承发包模式的策划。
2）合同种类及合同条件选择。
3）合同主要条款和合同管理模式策划。
4）工程项目各相关合同的协调。

3. 合同总体策划的重要性

1）合同总体策划决定了项目的组织结构及管理体制，决定合同各方责任、权利和义务的划分。

2）合同总体策划是起草招标文件和合同文件的依据，策划的结果具体地通过合同文件体现出来。

3）通过合同总体策划摆正各方面的重大关系，防止由于这些关系的不协调造成工作上的障碍或造成重大的损失。

4）无论对于业主还是承包商，正确的合同总体策划能够保证各个合同的顺利实施和相互协调，减少矛盾和争端，并顺利实现工程项目的整体目标。

4. 合同总体策划的依据

(1) 工程项目方面

工程项目方面包括项目的类型、总目标、项目的范围和分解结构，工程规模、特点、技术复杂程度，工程技术设计准确程度、工程质量要求和工程范围的确定性、计划程度，招标时间和工期的限制，项目的营利性，风险程度，工程资源（如资金、材料、设备等）供应及限制条件等。

(2) 业主方面

业主方面包括业主的资信、资金供应能力、管理风格、管理水平和管理力量，业主的目标以及目标的确定性，业主的实施策略，业主的融资模式和管理模式，业主期望对工程管理的介入深度，业主对工程师和承包商的信任程度，业主对工程的质量和工期要求等。

(3) 承包商方面

承包商方面包括过去有同类工程经验的承包商的能力、资信、企业规模，目前经营状况，企业经营战略、长期动机，承包商承受和抵御风险的能力等。

(4) 项目所处环境

项目所处环境包括工程所处的法律环境，建筑市场竞争激烈程度，物价的稳定性，地质、气候、自然、现场条件的确定性，资源供应的保证程度，获得额外资源的可能性，工程的市场方式（即流行的工程承发包方式和交易习惯），工程惯例等。

5. 合同总体策划的要求

1）体现工程项目的实施战略、企业战略。

2）体现合同自愿、公平、公正。

3）充分发挥各方积极性和创造性，确保提高效率。

4）正确处理好业主与承包商之间的合同关系，业主在合同策划时，应充分体现理性和原则。

6. 合同总体策划的过程

1）研究企业战略和项目规划，确定企业和项目对合同的要求，确定项目总的管理模式。

2）确定合同的总体原则和目标。

3）对合同的一些重大问题进行研究，列出可能的各种选择，按照策划的依据，综合分析各种选择的利弊得失。

4）对合同的各个重大问题做出决策和安排，提出履行合同的措施。

在合同策划中有时要采用各种预测、决策方法，风险分析方法，技术经济分析方法。在开始准备每一个合同招标和准备签订每一份合同时都应对合同策划再做一次评价。

7. 合同总体策划应考虑的问题

在项目的开始阶段，业主必须就如下合同问题做出决策：

1）承发包模式的策划，即将整个项目工作分解成几个独立的合同；各合同的工程范围；合同的承发包模式决定了工程项目的合同体系。

2）合同所采取的委托方式和承包方式。

3）合同类型和合同条件选择。

4) 合同的主要条款和管理模式的策划。
5) 项目相关的各个合同在内容、时间、组织、技术上的协调等。
6) 合同签订与实施中的重大问题。

7.2.2 业主对合同的总体策划

1. WBS 与合同体系策划

WBS 是合同体系策划的基础工作，不同目的划分的 WBS 详细程度不同、层级不同。

（1）合同体系策划的基础工作——WBS

WBS（工作分解结构，Work Breakdown Structure）是根据项目管理工作需要，进行不同层次的分解，以满足对项目产品/设施进行时间、费用、质量的计划和控制管理。位于整个 WBS 最底层，不能再进一步细分的产品/设施，称为工作包。

（2）项目结构分解示例

表 7-1 为某市地铁一号线项目全寿命周期管理工作的 3 级分解，表 7-2 为某市地铁一号线项目的 WBS 示例。

表 7-1　某市地铁一号线项目全寿命周期管理工作的 3 级分解

第 1 级	工程项目策划和决策阶段		工程项目准备阶段						工程项目实施阶段			工程项目竣工验收和总结评价阶段	
第 2 级	工程项目选定	工程项目决策	工程设计			工程招标			工程实施			工程验收和移交	
第 3 级	项目投资机会研究	辅助研究（专题研究）项目建议书	可行性研究	项目评估及决策	方案设计	初步设计	技术设计	施工图设计	设计（方案）招标或竞赛	监理招标	施工招标	施工准备	主要材料、设备招标	施工	监理	主要材料、设备采购	竣工验收	运营及培训	质量保修

表 7-2　某市地铁一号线项目的 WBS 示例

第 1 级	某市地铁一号线项目××站单项工程的 3 级分解						
第 2 级	场地准备	地下结构	地上结构	室内	设施	设备、陈设品	市政、园林绿化
第 3 级	平整场地／场地拆除和迁移／污染场地的治理	地基及地基处理／基础／地下室	改建扩建工程／楼面工程／屋面工程／防腐隔热保温工程／外部围护及装修	楼梯及其装饰装修／室内装饰装修／厨房、卫生间设施／其他室内设施／运输设备	给水、排水、燃气设施／采暖、通风、空调设施／消防设施／建筑电气设施	设备／陈设品	道路工程／市政管网工程／绿化工程／园林景观工程／其他室外工程

从工程项目的采购管理来看，项目立项时，可能只有项目全过程管理工作的 WBS 分解；到项目可行性研究阶段，就会有项目 WBS 第 1~3 级分解，以完成采购规划和采购计划的编制；到项目初步设计结束，会形成整个项目的 WBS，以完成采购计划的修订；到项目施工阶段，WBS 进行到最底层工作包的活动/施工工序，以完成采购跟踪和合同履行。

2. 发包方式的选择

发包方式包括平行发包、总包、管理承包、其他模式等。英国一民用机场建设项目采用的三种项目管理模式如图 7-1 所示。

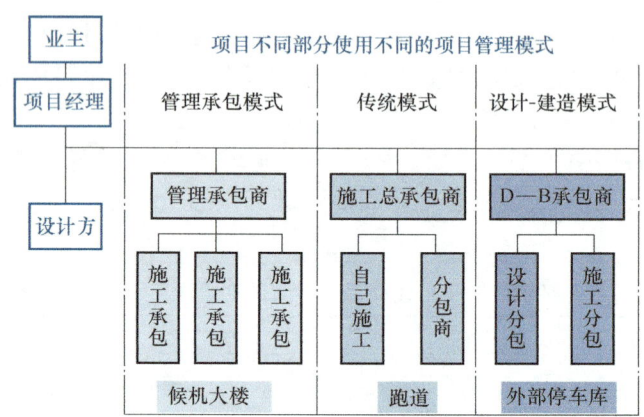

图 7-1　英国一民用机场建设项目采用的三种项目管理模式

3. 招标方式的选择

（1）公开招标

公开招标方式，招标单位有较大的选择余地，可在众多的投标单位之间选择报价合理、工期短、信誉良好的承包商，但由于参与竞争的承包商可能很多，增加了资格预审和评标的工作量，也使招标费用支出较多。

（2）邀请招标

邀请招标方式适用于以下情况：

1）在特殊情况下，工程规模大，招标单位认为中、小型施工企业不可能胜任，因而选定几家大公司参加投标。

2）工程复杂、专业性强，招标单位认为只有某些企业才能承担。

3）工程规模小，为节约招标开支没有必要公开招标。

4）公开招标后，无人投标，招标单位只好邀请少数单位投标。

5）由于工期紧迫或保密的要求等原因而不宜公开招标的工程。

邀请的投标单位一般为 5~10 家，不能少于 3 家。

4. 合同种类的选择

（1）单价合同

承包商仅按合同规定承担报价的风险，即对报价（主要为单价）的正确性和适宜性承担责任；而工程量变化的风险由业主承担。由于风险分配比较合理，能够适应大多数工程，能调动承包商和业主双方的管理积极性。

例如依据FIDIC《施工合同条件》，业主给出的工程量表中的工程量是参考数字，而实际合同价款按实际完成的工程量和承包商所报的单价计算。虽然在投标报价、评标、签订合同中，人们常常注重合同总价格，但在工程款结算中单价优先，所以单价是不能错的。对于投标书中明显的数字计算错误，业主有权先做修改再评标。

（2）总价合同

总价合同的适用范围如下：

1）工程范围必须清楚明确，报价的工程量应准确而不是估计数字，对此，承包商必须认真复核。

2）工程设计较细，设计图完整、详细、清楚。

3）工程量小、工期短，估计在工程过程中环境因素（特别是物价）变化小，工程条件稳定并合理。

4）工程结构、技术简单，风险小，报价估算方便。

5）工程投标期相对宽裕，承包商可以做详细的现场调查、复核工作量、分析招标文件、拟订计划。

6）合同条件完备，双方的权利和义务十分清楚。

（3）成本加酬金合同

承包商不承担任何风险，而业主承担了全部工作量和价格风险，所以承包商在工程中没有成本控制的积极性。

成本加酬金合同的适用范围如下：

1）投标阶段依据不准，工程的范围无法界定，无法准确估价，缺少工程的详细说明。

2）工程特别复杂，工程技术、结构方案不能预先确定。它们可能按工程中出现的新的情况确定。

3）时间特别紧急，要求尽快开工。例如抢救、抢险工程，人们无法详细地计划和商谈。

5. 确定合同的重要条款

合同的重要条款包括：

1）适用于合同关系的法律，以及合同争执仲裁的地点、程序等。

2）付款方式，如采用进度付款、分期付款、预付款或由承包商垫资承包。这由业主的资金来源保证情况等因素决定。

让承包商在工程上过多地垫资，会对承包商的风险、财务状况、报价和履约积极性有直接影响。当然如果业主超过实际进度预付工程款，在承包商没有出具保函的情况下，又会给业主带来风险。

3）合同价格的调整条件、范围、调整方法，特别是由于物价上涨、汇率变化、法律变化、税率变化等对合同价格调整的规定。

4）合同双方风险的分担。即将工程风险在业主和承包商之间合理分配。基本原则是通过风险分配激励承包商，控制风险，取得最佳经济效益。

5）对承包商的激励措施。

6）业主在工程施工中对工程的控制是通过合同实现的，合同中必须设计完备的控制措施，以保证对工程的控制。例如，变更工程的权利；对计划的审批和监督权利；对工程质量的检查权；对工程付款的控制权；当施工进度拖延时，令其加速的权利；当承包商不履行合同责任时，业主的处理权等。

6. 项目的合同体系

项目的所有参与者参与项目所签订的不同层次、不同种类的合同构成了项目的合同体系。

业主为了成功地实现工程目标，必须签订许多主合同；承包商为了完成他的承包责任也必须订立许多分合同。这些合同从宏观上构成项目的合同体系，从微观上每个合同都定义并安排了一些工程活动，共同构成项目的实施过程。

在工程项目中这个合同网络的建立和协调是十分重要的，要保证项目的顺利实施，就必须对此做出周密的计划和安排。

合同之间关系的安排及协调通常包含以下几方面的内容。

(1) 工程和工作内容的完整性

业主的所有合同确定的工程或工作范围应能涵盖项目的所有工作，即只要完成各个合同，就可实现项目的总目标；承包商的各个分包合同与拟由自己完成的工程（或工作）一起应能涵盖总承包责任。在工作内容上不应有缺陷或遗漏或重叠。在实际工程中，这种缺陷会带来设计的修改、新的附加工程、计划的修改、施工现场的停工，导致双方的争执。

确保工程和工作内容的完整性，业主应做好如下几方面的工作：

1) 在招标前认真地进行总项目的系统分析，确定总项目的系统范围。

2) 系统地进行项目的结构分解，在详细项目结构分解的基础上列出合同的工程量表。实质上，将整个项目任务分解成几个独立的合同，每个合同中有完整的工程量表，这都是项目结构分解的结果。

3) 进行项目任务（各个合同或各个承包单位，或项目单元）之间的界面分析。确定各个界面上的工作责任、成本、工期、质量的定义。

工程实践证明，许多遗漏和缺陷常常都发生在界面上。

(2) 技术上的协调

通常技术上的协调包括很复杂的内容，一般有以下几方面：

1) 几个主合同之间设计标准的一致性，如土建、设备、材料、安装等应有统一的质量、技术标准和要求。各专业工程之间，如建筑、结构、水、电、通信之间应有很好的协调。在建设项目中建筑师常常作为技术协调的中心。

2) 分包合同必须按照总承包合同的条件订立，全面反映总承包合同的相关内容。采购合同的技术要求必须符合承包合同中的技术规范。总承包合同风险要反映在分包合同中，由相关的分包商承担。为了保证总承包合同的圆满完成，分包合同一般比总承包合同条款更为严格、周密和具体，对分包单位提出更为严格的要求，所以对分包商的风险更大。

3) 各合同所定义的专业工程之间应有明确的界面与合理的搭接。例如，供应合同与运输合同、土建合同和安装合同、安装合同和设备供应合同之间存在责任界面和搭接。界面上的工作容易遗漏，而产生争执。各合同只有在技术上协调，才能共同构成符合总目标的工程技术系统。

(3) 价格上的协调

一般在总承包合同估价前，就应向各分包商（供应商）询价，或进行洽谈，在分包报价的基础上考虑到管理费等因素，作为总包报价，所以分包报价水平常常又直接影响总包报价水平和竞争力。

1）对大的分包商（或供应商）工程如果时间来得及，也应进行招标，通过竞争降低价格。

2）作为总承包商，周围最好要有一批长期合作的分包商和供应商作为忠实的伙伴。

3）一般在订承包合同前先向承包商和供应商询价；待承包合同签订后，再签订分包合同和供应合同。

（4）时间上的协调

由各个合同所确定的工程合同不仅要与项目计划（或总承包合同）的时间要求一致，而且它们之间时间上要协调，即各种工程合同形成一个有序的、有计划的实施过程。

例如，设计图供应与施工，设备、材料供应与运输，土建和安装施工，工程交付和运行等之间应合理搭配。

常见的设计图拖延，材料、设备供应脱节等都是这种不协调的表现。例如某工程，主楼基础工程施工尚未开始，而供热的锅炉设备已提前到货，要在现场停放两年才能安装，这不仅要占用大量资金，占用现场场地，增加保管费，而且超过设备的保修期。

解决这种协调的一个比较简单的手段是在一张横道图或网络图上标出相关合同所定义的里程碑事件和它们的逻辑关系。这样便于计划、协调和控制。

（5）合同管理的组织协调

在实际工程中，由于工程合同体系中的各个合同并不是同时签订的，执行时间也不一致，而且常常也不是由同一部门管理的，所以它们的协调更为重要。

这个协调不仅在签约阶段，而且在工程施工阶段都要重视；不仅是合同内容的协调，而且是职能部门管理过程的协调。

承包商对一份供应合同，必须在总承包合同技术文件分析后提出供应的数量和质量要求，向供应商询价，或签订意向书；供应时间按总承包合同施工计划确定；付款方式和时间应与财务人员商量；供应合同签订前或后，应就运输等合同做出安排，并报财务备案，以做资金计划或划拨款项；施工现场应就材料的进场和储存做出安排。这样形成一个有序的管理过程。

如果合同中各个体系安排得比较好，这对整个项目的实施是有利的，业主可以更好地进行项目管理，承包商也易于完成工作。从而实现业主的总目标。

7. 业主合同总体策划应注意的问题

业主要从确保项目成功和各方面的互利合作的角度处理合同问题。业主不能希望通过签订对承包商单方面约束性的合同把承包商捆死，也不能希望压低合同价格，不给承包商利润，否则不仅损害承包商的利益，最终也会损害项目总目标。业主应该理性地决定工期、质量、价格三者的关系，追求三者之间的平衡。

7.2.3 承包商的合同总体策划

1. 选择投标方向

投标方向的决策取决于下列相关的市场情况：

1）承包市场状况及竞争的形势。

2）该工程竞争者的数量以及竞争对手的状况，以确定自己投标的竞争力和中标的可能性。

3）工程及业主状况，包括：①工程的技术难度，施工所需的工艺、技术和设备，对施工工期的要求及工程的影响程度；②业主对承包方式、合同种类、招标方式、合同的主要条款等的规定和要求；③业主的资信情况，是否不守信用、不付款的历史，业主建设资金的准备情况和企业经营状况。

4）承包商自身状况，包括公司的优势和劣势、技术水平、施工力量、资金状况、同类工程的经验、现有工程数量等。

2. 评价合同的风险

工程风险包括：

1）工程规模大，工期长，而业主要求采用固定总价合同形式。

2）业主仅给出初步设计文件让承包商投标，但设计图不详细、不完备，工程量不准确、范围不清楚，或合同中的工程变更赔偿条款对承包商很不利，但业主要求采用固定总价合同。

3）业主将投标期压缩得很短，承包商没有时间详细分析招标文件，而且招标文件为外文，采用承包商不熟悉的合同条件。

4）工程环境不确定性因素多，且业主要求采用固定价格合同。

3. 承包方式的选择

任何一个承包商都不可能独立完成全部工程，不仅是能力所限，还由于这样做也不经济。在总承包投标前，他就必须考虑与其他承包商的合作方式，以便充分发挥各自在技术、管理和财力上的优势，并共担风险。

（1）分包

选择分包的原因主要有以下几点：

1）技术上需要。总承包商不可能，也不必具备总承包合同工程范围内的所有专业工程的施工能力。通过分包的形式可以弥补总承包商技术、人力、设备、资金等方面的不足。同时总承包商又可通过这种形式扩大经营范围，承接自己不能独立承担的工程。

2）经济上的目的。对有些分项工程，如果总承包商自己承担会亏本，而将它分包出去，让报价低同时又有能力的分包商承担，总承包商不仅可以避免损失，而且可以取得一定的经济效益。

3）转嫁或减少风险。通过分包，可以将总承包合同的风险部分地转嫁给分包商。这样，大家共同承担总承包合同风险，提高工程经济效益。

4）业主的要求。业主指令总承包商将一些分项工程分包出去，通常有如下两种情况：

a. 对于某些特殊专业或需要特殊技能的分项工程，业主仅对某专业承包商信任和放心，可要求或建议总承包商将这些工程分包给该专业承包商，即业主指定分包商。

b. 在国际工程中，一些国家规定，外国总承包商承接工程后必须将一定量的工程分包给本国承包商；或工程只能由本国承包商承接，外国承包商只能分包。这是对本国企业的一种保护措施。

业主对分包商有较高的要求，也要对分包商进行资格审查。没有工程师（业主代表）的同意，承包商不得随便分包工程。由于承包商向业主承担全部工程责任，分包商出现任何问题都由总承包商负责,所以分包商的选择要十分慎重。一般在总承包合同报价前就要确定分包商的报价,商谈分包合同的主要条件,甚至签订分包意向书。

(2) 联营承包

联营承包是指两家或两家以上的承包商(最常见的为设计承包商、设备供应商、工程施工承包商)联合投标,共同承接工程。

联营承包的优点如下:

1) 承包商可通过联营进行联合,以承接工程量大、技术复杂、风险大、难以独家承揽的工程,使经营范围扩大。

2) 在投标中发挥联营各方技术和经济优势,珠联璧合,使报价有竞争力。而且联营通常都以全包的形式承接工程,各联营成员具有法律上的连带责任,业主比较欢迎和放心,容易中标。

3) 在国际工程中,国外的承包商如果与当地的承包商联营投标,可以获得价格上的优惠。这样更能增加报价的竞争力。

4) 在合同实施中,联营各方互相支持,取长补短,进行技术和经济的总合作。这样可以减少工程风险,增强承包商的应变能力,能取得较好的工程经济效果。

5) 通常联营仅在某一工程中进行,该工程结束,联营体解散,无其他牵挂。如果愿意,各方还可以继续寻求新的合作机会。所以它比合营、合资有更大的灵活性。合资成立一个具有法人地位的新公司通常费用较高,运行形式复杂,母公司仅承担有限责任,业主不信任。

4. 合同执行战略

合同执行战略是承包商按企业和工程具体情况确定的执行合同的基本方针。

1) 企业必须考虑该工程在企业同期许多工程中的地位、重要性,确定优先等级。

2) 承包商必须以积极合作的态度热情圆满地履行合同。在工程中,特别在遇到重大问题时积极与业主合作,以赢得业主的信赖,赢得信誉。例如在中东,有些合同在签订后,或在执行中遇到不可抗力(如战争、动乱),按规定可以撕毁合同,但有些承包商理解业主的困难,暂停施工,同时采取措施,保护现场,降低业主损失。待干扰事件结束后,继续履行合同。这样不仅保住了合同,取得了利润,而且赢得了信誉。

3) 对明显导致亏损的工程,特别是企业难以承受的亏损,或业主资信不好,难以继续合作,有时不惜以撕毁合同来解决问题。有时承包商主动地中止合同,比继续执行一份合同的损失要小。特别当承包商已跌入"陷阱"中,合同不利而且风险已经发生时。

4) 在工程施工中,由于非承包商责任引起承包商费用增加和工期拖延,承包商提出合理的索赔要求,但业主不予解决。承包商在合同执行中可以通过控制进度,通过直接或间接地表达履约热情和积极性,向业主施加压力和影响以求得合理的解决。

5. 工程合同管理

1) 依据工程实施的先后顺序,利用合同的约定条款和支付措施对变更、进度计划、质量等进行控制。

2) 合同措施的控制手段包括:①履约保函、保留金和其他担保措施;②对违约行为的处罚和仲裁措施;③对付款方式、条件的约定等。

7.3 标准施工合同的解读

7.3.1 施工合同管理有关各方的职责

7.3.1.1 合同当事人

施工合同当事人是发包人和承包人,双方按照所签订合同约定的义务,履行相应的责任。

7.3.1.2 监理人

标准施工合同通用合同条款中对监理人的定义是"受发包人委托对合同履行实施管理的法人或其他组织",即属于受发包人聘请的管理人,与承包人没有任何利益关系。由于监理人不是施工合同的当事人,在施工合同的履行管理中不是"独立的第三方",他是属于发包人一方的人员,但又不同于发包人的雇员,即不是一切行为均遵照发包人的指示,而是在授权范围内独立工作,以保障工程按期、按质、按量完成以及发包人的最大利益为管理目标,依据合同条款的约定,公平合理地处理合同履行过程中的有关管理事项。

按照标准施工合同通用合同条款对监理人的相关规定,监理人的合同管理地位和职责主要表现在以下几个方面。

1. 受发包人委托对施工合同的履行进行管理

1)在发包人授权范围内,负责发出指示、检查施工质量、控制进度等现场管理工作。

2)在发包人授权范围内,独立处理合同履行过程中的有关事项,行使通用合同条款规定的和具体施工合同专用合同条款中说明的权力。

3)承包人收到监理人发出的任何指示,视为已得到发包人的批准,应遵照执行。

4)在合同规定的权限范围内,独立处理或决定有关事项,如单价的合理调整、变更估价、索赔等。

2. 居于施工合同履行管理的核心地位

1)监理人应按照合同条款的约定,公平合理地处理合同履行过程中涉及的有关事项。

2)除合同另有约定外,承包人只从总监理工程师或被授权的监理人员处取得指示。为了使工程施工顺利开展,避免指令冲突及尽量减少合同争议,发包人对施工工程的任何想法通过监理人的协调指令来实现;承包人的各种问题也首先提交监理人,尽量减少发包人和承包人分别站在各自立场解释合同导致争议。

3)"商定或确定"条款规定,总监理工程师在协调处理合同履行过程中的有关事项时,应首先与合同当事人协商,尽量达成一致。不能达成一致时,总监理工程师应认真研究审慎"确定"后通知当事人双方并附详细依据。由于监理人不是合同当事人,因此对有关问题的处理不用"决定"而用"确定"一词,即表示总监理工程师提出的方案或发出的指示并非最终不可改变,任何一方有不同意见均可按照争议的条款解决,同时体现了监理人独立工作的性质。

3. 监理人的指示

监理人给承包人发出的指示,承包人应遵照执行。如果监理人的指示错误或失误给承包人造成损失,则由发包人负责赔偿。通用合同条款明确规定:

1）监理人未能按合同约定发出指示、指示延误或指示错误而导致承包人施工成本增加和（或）工期延误，由发包人承担赔偿责任。

2）监理人无权免除或变更合同约定的发包人和承包人的权利、义务和责任。由于监理人不是合同当事人，因此合同约定应由承包人承担的义务和责任，不因监理人对承包人提交文件的审查或批准，对工程、材料和设备的检查和检验，以及为实施监理做出的指示等职务行为而减轻或解除。

7.3.2 施工合同的订立

施工合同的通用合同条款和专用合同条款尽管在招标投标阶段已作为招标文件的组成部分，但在合同订立过程中有些问题还需要明确或细化，以保证合同的权利和义务界定清晰。

7.3.2.1 合同文件

1. 合同文件的组成

"合同"是指构成对发包人和承包人履行约定义务过程中，有约束力的全部文件体系的总称。标准施工合同的通用合同条款中规定，合同的组成文件包括：

1）合同协议书。
2）中标通知书。
3）投标函及投标函附录。
4）专用合同条款。
5）通用合同条款。
6）技术标准和要求。
7）设计图。
8）已标价的工程量清单。
9）其他合同文件——经合同当事人双方确认构成合同的其他文件。

2. 合同文件的优先解释次序

组成合同的各文件中出现含义或内容的矛盾时，如果专用合同条款没有另行约定，则以上合同文件序号为优先解释的顺序。

标准施工合同条款中未明确由谁来解释文件之间的歧义，但可以结合监理工程师职责中的规定，总监理工程师应与发包人和承包人进行协商，尽量达成一致。不能达成一致时，总监理工程师应认真研究后审慎确定。

3. 几个文件的含义

（1）中标通知书

中标通知书是招标人接受中标人的书面承诺文件，具体写明承包的施工标段、中标价、工期、工程质量标准和中标人的项目经理名称。中标价应是在评标过程中对报价的计算或书写错误进行修正后，作为该投标人评标的基准价格。项目经理的名称是中标人的投标文件中说明并已在评标时作为量化评审要素的人选，要求履行合同时必须到位。

（2）投标函及投标函附录

标准施工合同文件组成中的投标函，不同于《建设工程施工合同（示范文本）》（GF—2013—0201）规定的投标书及其附件，仅是投标人置于投标文件首页的保证中标后与发包人签订合同、按照要求提供履约担保、按期完成施工任务的承诺文件。

投标函附录是投标函内承诺部分主要内容的细化，包括项目经理的人选、工期、缺陷责任期、分包的工程部位、公式法调价的基数和系数等的具体说明。因此承包人的承诺文件作为合同组成部分，并非指整个投标文件。也就是说投标文件中的部分内容在订立合同后允许进行修改或调整，如施工前应编制更为详尽的施工组织设计、进度计划等。

(3) 其他合同文件

其他合同文件包括的范围较宽，主要针对具体施工项目的行业特点、工程的实际情况、合同管理需要而明确的文件。签订合同协议书时，需要在专用合同条款中对其他合同文件的具体组成予以明确。

7.3.2.2 订立合同时需要明确的内容

针对具体施工项目或标段的合同需要明确约定的内容较多，有些招标时已在招标文件的专用合同条款中做出了规定，另有一些还需要在签订合同时具体细化相应内容。

1. 施工现场范围和施工临时占地

发包人应明确说明施工现场永久工程的占地范围并提供征地图，以及属于发包人施工前期配合义务的有关事项，如从现场外部接至现场的施工用水、用电、用气的位置等，以便承包人进行合理的施工组织。

项目施工如果需要临时用地（招标文件中已说明或承包人投标书内提出要求），也需明确占地范围和临时用地移交承包人的时间。

2. 发包人提供设计图的期限和数量

标准施工合同适用于发包人提供设计图，承包人负责施工的建设项目。由于初步设计完成后即可进行招标，因此订立合同时必须明确约定发包人陆续提供施工图的期限和数量。

如果承包人有专利技术且有相应的设计资质，可能约定由承包人完成部分施工图设计。此时也应明确承包人的设计范围，提交设计文件的期限、数量，以及监理人签发设计图修改的期限等。

3. 发包人提供的材料和工程设备

对于包工部分包料的施工承包方式，往往设备和主要建筑材料由发包人负责提供，需明确约定发包人提供的材料和设备分批交货的种类、规格、数量、交货期限和地点等，以便明确合同责任。

4. 异常恶劣的气候条件范围

施工过程中遇到不利于施工的气候条件直接影响施工效率，甚至被迫停工。气候条件对施工的影响是合同管理中一个比较复杂的问题，"异常恶劣的气候条件"属于发包人的责任，"不利气候条件"对施工的影响则属于承包人应承担的风险，因此应当根据项目所在地的气候特点，在专用合同条款中明确界定不利于施工的气候和异常恶劣的气候条件之间的界限，如多少毫米以上的降水、多少级以上的风力、多少温度以上的超高温或多少温度以下的超低温天气等，以明确合同双方对气候变化影响施工的风险责任。

5. 物价浮动的合同价格调整

（1）基准日期　通用合同条款规定的基准日期是指投标截止日前第28天。规定基准日期的作用是划分该日后由于政策法规的变化或市场物价浮动对合同价格影响的责任。承包人投标阶段在基准日后不再进行此方面的调研，进入编制投标文件阶段，因此通用合同条款在两个方面做出了规定：

1）承包人以基准日期前的市场价格编制工程报价，长期合同里调价公式中的可调因素价格指数来源于基准日的价格。

2）基准日期后，因法律法规、规范标准等的变化，导致承包人在合同履行中所需要的工程成本发生约定以外的增减时，相应调整合同价款。

(2) 调价条款　　合同履行期间市场价格浮动对施工成本造成的影响是否允许调整合同价格，要视合同工期的长短来决定。

1）简明施工合同的规定。适用于工期在12个月以内的简明施工合同的通用合同条款没有调价条款，承包人在投标报价中合理考虑市场价格变化对施工成本的影响，合同履行期间不考虑市场价格变化调整合同价款。

2）标准施工合同的规定。工期12个月以上的施工合同，由于承包人在投标阶段不可能合理预测一年以后的市场价格变化，因此应设有调价条款，由发包人和承包人共同分担市场价格变化的风险。标准施工合同通用合同条款规定用公式法调价，但调整价格的方法仅适用于工程量清单中按单价支付部分的工程款，总价支付部分不考虑物价浮动对合同价格的调整。

(3) 公式法调价

1）调价公式。施工过程中每次支付工程进度款时，用该公式综合计算本期内因市场价格浮动应增加或减少的价格调整值。

$$\Delta P = P_0 \left[A + \left(B_1 \frac{F_{t1}}{F_{01}} + B_2 \frac{F_{t2}}{F_{02}} + B_3 \frac{F_{t3}}{F_{03}} + \cdots + B_n \frac{F_{tn}}{F_{0n}} \right) - 1 \right]$$

式中　　　　　　ΔP——需调整的价格差额；

P_0——付款证书中承包人应得到的已完成工程量的金额。不包括价格调整、质量保证金的扣留、预付款的支付和扣回。变更及其他金额已按现行价格计价的，也不计在内；

A——定值权重（即不调部分的权重）；

B_1、B_2、B_3、…、B_n——各可调因子的变值权重（即可调部分的权重）为各可调因子在投标函投标总报价中所占的比例；

F_{t1}、F_{t2}、F_{t3}、…、F_{tn}——各可调因子的现行价格指数，指约定的付款证书相关周期最后一天的前42天的各可调因子的价格指数；

F_{01}、F_{02}、F_{03}、…、F_{0n}——各可调因子的基本价格指数，指基准日期的各可调因子的价格指数。

2）调价公式的基数。价格调整公式中的各可调因子、定值和变值权重，以及基本价格指数及其来源在投标函附录价格指数和权重表中约定，以基准日的价格为准，因此应在合同调价条款中予以明确。

价格指数应首先采用工程项目所在地有关行政管理部门提供的价格指数，缺乏上述价格指数时，也可采用有关部门提供的价格代替。用公式法计算价格的调整，既可以用支付工程进度款时的市场平均价格指数或价格计算调整值，而不必考虑承包人具体购买材料的价格贵贱，又可避免采用票据法调整价格时，每次中期支付工程进度款前去核实承包人购买材料的发票或单证后，再计算调整价格的烦琐程序。通用合同条款给出的基准价格指数约定如表7-3所示。

表7-3 价格指数（或价格）与权重

名称		基本价格指数（或基本价格）		权重			价格指数来源（或价格来源）
		代号	指数值	代号	允许范围	投标单位建议值	
定值部分				A	—		
变值部分	人工费	F_{01}		B_1	__至__		
	水泥	F_{02}		B_2	__至__		
	钢筋	F_{03}		B_3	__至__		
	⋮	⋮		⋮			
合计						1.0	

7.3.2.3 明确保险责任

1. 工程保险和第三者责任保险

（1）办理保险的责任

1）承包人办理保险。标准施工合同和简明施工合同的通用合同条款中考虑到承包人是工程施工的最直接责任人，因此均规定由承包人负责投保"建筑工程一切险""安装工程一切险"和"第三者责任保险"，并承担办理保险的费用。具体的投保内容、保险金额、保险费率、保险期限等有关内容在专用合同条款中约定。

承包人应在专用合同条款约定的期限内向发包人提交各项保险生效的证据和保险单副本，保险单必须与专用合同条款约定的条件一致。承包人需要变动保险合同条款时，应事先征得发包人同意，并通知监理人。保险人做出保险责任变动的，承包人应在收到保险人通知后立即通知发包人和监理人。承包人应与保险人保持联系，使保险人能够随时了解工程实施中的变动，并确保按保险合同条款要求持续保险。

2）发包人办理保险。如果一个建设工程项目的施工采用平行发包的方式分别交由多个承包人施工，由几家承包人分别投保的话，有可能产生重复投保或漏保，此时由发包人投保为宜。双方可在专用合同条款中约定，由发包人办理工程保险和第三者责任保险。

无论是由承包人还是由发包人办理工程一切险和第三者责任保险，均必须以发包人和承包人的共同名义投保，以保障双方均有出现保险范围内的损失时，可从保险公司获得赔偿。

（2）保险金不足的补偿

如果投保工程一切险的保险金额少于工程实际价值，工程受到保险事件的损害时，不能从保险公司获得实际损失的全额赔偿，则损失赔偿的不足部分按合同相应条款的约定，由该事件的风险责任方负责补偿。某些大型工程项目因工程投资额巨大，为了减少保险费的支出，经常采用不足额投保方式，即以建安工程费的60%~70%作为投保的保险金额，因此受到保险范围内的损害后，保险公司按实际损失的相应百分比予以赔偿。

标准施工合同要求在专用合同条款具体约定保险金不足以赔偿损失时，承包人和发包人应承担的责任，如永久工程损失的差额由发包人补偿，临时工程、施工设备等损失由承包人负责。

（3）未按约定投保的补偿

1）如果负有投保义务的一方当事人未按合同约定办理保险，或未能使保险持续有效，另一方当事人可代为办理，所需费用由对方当事人承担。

2）当负有投保义务的一方当事人未按合同约定办理某项保险，导致受益人未能得到保险人的赔偿，原应从该项保险得到的保险赔偿应由负有投保义务的一方当事人支付。

2. 人员工伤事故保险和人身意外伤害保险

发包人和承包人应按照相关法律规定为履行合同的本方人员缴纳工伤保险费，并分别为自己现场项目管理机构的所有人员投保人身意外伤害保险。

3. 其他保险

（1）承包人的施工设备保险

承包人应以自己的名义投保施工设备保险，作为工程一切险的附加保险，因为此项保险内容发包人没有投保。

（2）进场材料和工程设备保险

由当事人双方具体约定，在专用合同条款内写明。通常情况下，应是谁采购的材料和工程设备，由谁办理相应的保险。

7.3.3 施工准备阶段的合同管理

7.3.3.1 发包人的义务

为了保障承包人按约定的时间顺利开工，发包人应按合同约定的责任完成满足开工的准备工作。

1. 提供施工场地

（1）施工现场

发包人应及时完成施工场地的征用、移民、拆迁工作，按专用合同条款约定的时间和范围向承包人提供施工场地。施工场地包括永久工程用地和施工的临时占地，施工场地的移交可以一次完成，也可以分次移交，以不影响单位工程的开工为原则。

（2）地下管线和地下设施的相关资料

发包人应按专用合同条款约定及时向承包人提供施工场地范围内地下管线和地下设施等有关资料。地下管线包括供水、排水、供电、供气、供热、通信、广播电视等的埋设位置，以及地下水文、地质等资料。发包人应保证资料的真实、准确、完整，但不对承包人据此判断、推论错误导致编制施工方案的后果承担责任。

（3）现场外的道路通行权

发包人应根据合同工程的施工需要，负责办理取得出入施工场地的专用和临时道路的通行权，以及取得为工程建设所需修建场外设施的权利，并承担有关费用。

2. 组织设计交底

发包人应根据合同进度计划，组织设计单位向承包人和监理人对提供的施工图和设计文件进行交底，以便承包人制定施工方案和编制施工组织设计。

3. 约定开工时间

考虑到不同行业和项目的差异，标准施工合同的通用合同条款中没有将开工时间作为合同条款，具体工程项目可根据实际情况在合同协议书或专用合同条款中约定。

7.3.3.2 承包人的义务

1. 现场查勘

承包人在投标阶段仅依据招标文件中提供的资料和较概略的施工图编制了供评标的施工组织设计或施工方案。签订合同协议书后，承包人应对施工场地和周围环境进行查勘，核对发包人提供的有关资料，并进一步收集相关的地质、水文、气象条件、交通条件、风俗习惯以及其他为完成合同工作有关的当地资料，以便编制施工组织设计和专项施工方案。在全部合同施工过程中，应视为承包人已充分估计了应承担的责任和风险，不得再以不了解现场情况为理由而推脱合同责任。

对现场查勘中发现的实际情况与发包人所提供资料有重大差异之处，应及时通知监理人，由其做出相应的指示或说明，以便明确合同责任。

2. 编制施工实施计划

(1) 施工组织设计

承包人应按合同约定的工作内容和施工进度要求，编制施工组织设计和施工进度计划，并对所有施工作业和施工方法的完备性、安全性、可靠性负责。按照《建设工程安全生产管理条例》规定，在施工组织设计中应针对深基坑工程、地下暗挖工程、高大模板工程、高空作业工程、深水作业工程、大爆破工程的施工编制专项施工方案。对于前3项危险性较大的分部分项工程的专项施工，还需经5人以上专家论证方案的安全性和可靠性。

施工组织设计完成后，按专用合同条款的约定，将施工进度计划和施工方案说明报送监理人审批。

(2) 质量管理体系

承包人应在施工场地设置专门的质量检查机构，配备专职质量检查人员，建立完善的质量检查制度。在合同约定的期限内，提交工程质量保证措施文件，包括质量检查机构的组织和岗位责任、质检人员的组成、质量检查程序和实施细则等，报送监理人审批。

(3) 环境保护措施计划

承包人在施工过程中，应遵守有关环境保护的法律和法规，履行合同约定的环境保护义务，按合同约定的环保工作内容，编制施工环保措施计划，报送监理人审批。

3. 施工现场内的交通道路和临时工程

承包人应负责修建、维修、养护和管理施工所需的临时道路，以及为开始施工所需的临时工程和必要的设施，满足开工的要求。

4. 施工控制网

承包人依据监理人提供的测量基准点、基准线和水准点及其书面资料，根据国家测绘基准、测绘系统和工程测量技术规范以及合同中对工程精度的要求，测设施工控制网，并将施工控制网点的资料报送监理人审批。

承包人在施工过程中负责管理施工控制网点，对丢失或损坏的施工控制网点应及时修复，并在工程竣工后将施工控制网点移交发包人。

5. 提出开工申请

承包人的施工前期准备工作满足开工条件后，向监理人提交工程开工报审表。开工报审表应详细说明按合同进度计划正常施工所需的施工道路、临时设施、材料设备、施工人员等施工组织措施的落实情况以及工程的进度安排。

7.3.3.3 监理人的职责

1. 审查承包人的实施方案

(1) 审查的内容

监理人对承包人报送的施工组织设计、质量管理体系、环境保护措施进行认真的审查，批准或要求承包人对不满足合同要求的部分进行修改。

(2) 审查进度计划

监理人对承包人的施工组织设计中的进度计划审查，不仅要看施工阶段的时间安排是否满足合同要求，更应评审拟采用的施工组织、技术措施能否保证计划的实现。监理人审查后，应在专用合同条款约定的期限内，批复或提出修改意见，否则该进度计划视为已得到批准。经监理人批准的施工进度计划称为"合同进度计划"。

监理人为了便于工程进度管理，可以要求承包人在合同进度计划的基础上编制并提交分阶段和分项的进度计划，特别是合同进度计划关键线路上的单位工程或分部工程的详细施工计划。

(3) 合同进度计划

合同进度计划是控制合同工程进度的依据，对承包人、发包人和监理人均有约束力，不仅要求承包人按计划施工，还要求发包人的材料供应、施工图发放等不应造成施工延误，以及监理人应按照计划进行协调管理。合同进度计划的另一重要作用是，施工进度受到非承包人责任原因的干扰后，判定是否应给承包人顺延合同工期的主要依据。

2. 开工通知

(1) 发出开工通知的条件

当发包人的开工前期工作已完成且临近约定的开工日期时，应委托监理人按专用合同条款约定的时间向承包人发出开工通知。如果约定的开工日期已届至但发包人应完成的开工配合义务尚未完成（如现场移交延误），由于监理人不能按时发出开工通知，则要顺延合同工期并赔偿承包人的相应损失。

如果发包人开工前的配合工作已完成且约定的开工日期已届至，但承包人的开工准备还不满足开工条件，则监理人仍应按时发出开工的指示，合同工期不予顺延。

(2) 发出开工通知的时间

监理人征得发包人同意后，应在开工日期 7 天前向承包人发出开工通知，合同工期自开工通知中载明的开工日起计算。

7.3.4 施工阶段的合同管理

7.3.4.1 合同履行涉及的几个时间期限

1. 合同工期

合同工期是指承包人在投标函内承诺完成合同工程的时间期限，以及按照合同条款通过变更和索赔程序应给予顺延工期的时间之和。合同工期的作用是用于判定承包人是否按期竣工的标准。

2. 施工期

承包人施工期从监理人发出的开工通知中写明的开工日起算，至工程接收证书中写明的实际竣工日止。以此期限与合同工期比较，判定是提前竣工还是延误竣工。延误竣工承包人承担拖期赔偿责任，提前竣工是否应获得奖励需视专用合同条款中是否有约定。

3. 缺陷责任期

缺陷责任期从工程接收证书中写明的竣工日开始起算，期限视具体工程的性质和使用条件的不同在专用合同条款内约定（一般为 1 年）。对于合同内约定有分部移交的单位工程，按提前验收的该单位工程接收证书中确定的竣工日为准,起算时间相应提前。

由于承包人拥有施工技术、设备和施工经验,缺陷责任期内工程运行期间出现的工程缺陷,承包人应负责修复,直到检验合格为止。修复费用以缺陷原因的责任划分,经查验属于发包人原因造成的缺陷,承包人修复后可获得查验、修复的费用及合理利润。如果承包人不能在合理时间内修复缺陷,发包人可以自行修复或委托其他人修复,修复费用由缺陷原因的责任方承担。

承包人责任原因产生的较大缺陷或损坏,致使工程不能按原定目标使用,经修复后需要再行检验或试验时,发包人有权要求延长该部分工程或设备的缺陷责任期。影响工程正常运行的有缺陷工程或部位,在修复检验合格日前已经过的时间归于无效,重新计算缺陷责任期,但包括延长时间在内的缺陷责任期最长时间不得超过2年。

保修期自实际竣工日起算,发包人和承包人按照有关法律、法规的规定在专用合同条款内约定工程质量保修范围、期限和责任。对于提前验收的单位工程起算时间相应提前。承包人对保修期内出现的不属于其责任原因的工程缺陷,不承担修复义务。

7.3.4.2 施工进度管理

1. 合同进度计划的动态管理

为了保证实际施工过程中承包人能够按计划施工,监理人通过协调保障承包人的施工不受到外部或其他承包人的干扰,对已确定的施工计划要进行动态管理。标准施工合同的通用合同条款规定,不论何种原因造成工程的实际进度与合同进度计划不符,包括实际进度超前或滞后于计划进度,均应修订合同进度计划,以使进度计划具有实际的管理和控制作用。

承包人可以主动向监理人提交修订合同进度计划的申请报告,并附有关措施和相关资料,报监理人审批;监理人也可以向承包人发出修订合同进度计划的指示,承包人应按该指示修订合同进度计划后报监理人审批。

监理人应在专用合同条款约定的期限内予以批复。如果修订的合同进度计划对竣工时间有较大影响或需要补偿额超过监理人独立确定的范围时,在批复前应取得发包人同意。

2. 可以顺延合同工期的情况

(1) 发包人原因延长合同工期

通用合同条款中明确规定,由于发包人原因导致的延误,承包人有权获得工期顺延和(或)费用加利润补偿的情况包括:

1) 增加合同工作内容。
2) 改变合同中任何一项工作的质量要求或其他特性。
3) 发包人迟延提供材料、工程设备或变更交货地点。
4) 因发包人原因导致的暂停施工。
5) 提供设计施工图延误。
6) 未按合同约定及时支付预付款、进度款。
7) 发包人造成工期延误的其他原因。

(2) 异常恶劣的气候条件

按照通用合同条款的规定,出现专用合同条款约定的异常恶劣气候条件导致工期延误,承包人有权要求发包人延长工期。监理人处理气候条件对施工进度造成不利影响的事件时,应注意以下两条基本原则:

1) 正确区分气候条件对施工进度影响的责任。判明因气候条件对施工进度产生影响的持续期间内，属于异常恶劣气候条件有多少天。例如土方填筑工程的施工中，因连续降雨导致停工 15 天，其中 6 天的降雨强度超过专用合同条款约定的标准构成延长合同工期的条件，而其余 9 天的停工或施工效率降低的损失，属于承包人应承担的不利气候条件风险。

2) 异常恶劣气候条件的停工是否影响总工期。异常恶劣气候条件导致的停工是进度计划中的关键工作，则承包人有权获得合同工期的顺延。如果被迫暂停施工的工作不在关键线路上且总时差多于停工天数，仍然不必顺延合同工期，但对施工成本的增加可以获得补偿。

3. 承包人原因的延误

未能按合同进度计划完成工作时，承包人应采取措施加快进度，并承担加快进度所增加的费用。由于承包人原因造成工期延误，承包人应支付逾期竣工违约金。

订立合同时，应在专用合同条款内约定逾期竣工违约金的计算方法和逾期违约金的最高限额。专用合同条款说明中建议，违约金计算方法约定的日拖期赔偿额，可采用每天为多少金额或每天为签约合同价的千分之几；最高赔偿限额为签约合同价的 5%。

4. 暂停施工

(1) 暂停施工的责任

施工过程中发生被迫暂停施工的原因，可能源于发包人的责任，也可能属于承包人的责任。通用合同条款规定，承包人责任引起的暂停施工，增加的费用和工期由承包人承担；发包人暂停施工的责任，承包人有权要求发包人延长工期和（或）增加费用，并支付合理利润。

1) 承包人责任的暂停施工。主要有以下几方面：

a. 承包人违约引起的暂停施工。

b. 由于承包人原因为工程合理施工和安全保障所必需的暂停施工。

c. 承包人擅自暂停施工。

d. 承包人其他原因引起的暂停施工。

e. 专用合同条款约定由承包人承担的其他暂停施工。

2) 发包人责任的暂停施工。发包人承担合同履行的风险较大，造成暂停施工的原因可能来自于未能履行合同的行为责任，也可能源于自身无法控制但应承担风险的责任。大体可以分为以下几类原因致使施工暂停：

a. 发包人未履行合同规定的义务。此类原因较为复杂，包括自身未能尽到管理责任，如发包人采购的材料未能按时到货致使停工待料等；也可能源于第三者责任原因，如施工过程中出现设计缺陷导致停工等待工程变更图等。

b. 不可抗力。不可抗力的停工损失属于发包人应承担的风险，如施工期间发生地震、泥石流等自然灾害导致暂停施工。

c. 协调管理原因。同时在现场的两个承包人发生施工干扰，监理人从整体协调考虑，指示某一承包人暂停施工。

d. 行政管理部门的指令。某些特殊情况下可能执行政府行政管理部门的指示，暂停一段时间的施工。例如奥运会和世博会期间，为了环境保护的需要，某些在建工程按照政府文件要求暂停施工。

（2）暂停施工程序

1）停工。监理人根据施工现场的实际情况，认为必要时可向承包人发出暂停施工的指示，承包人应按监理人指示暂停施工。

不论由于何种原因引起的暂停施工，监理人应与发包人和承包人协商，采取有效措施积极消除暂停施工的影响。暂停施工期间由承包人负责妥善保护工程并提供安全保障。

2）复工。当工程具备复工条件时，监理人应立即向承包人发出复工通知，承包人收到复工通知后，应在指示的期限内复工。承包人无故拖延和拒绝复工，由此增加的费用和工期延误由承包人承担。

因发包人原因无法按时复工时，承包人有权要求延长工期和（或）增加费用，以及合理利润。

（3）紧急情况下的暂停施工

由于发包人的原因发生暂停施工的紧急情况，且监理人未及时下达暂停施工指示，承包人可先暂停施工并及时向监理人提出暂停施工的书面请求。监理人应在接到书面请求后的24小时内予以答复，逾期未答复视为同意承包人的暂停施工请求。

5. 发包人要求提前竣工

如果发包人根据实际情况向承包人提出提前竣工要求，由于涉及合同约定的变更，应与承包人通过协商达成提前竣工协议作为合同文件的组成部分。协议的内容应包括：①承包人修订进度计划及为保证工程质量和安全采取的赶工措施；②发包人应提供的条件；③所需追加的合同价款；④提前竣工给发包人带来效益应给承包人的奖励等。专用合同条款使用说明中建议，奖励金额可为发包人实际效益的20%。

7.3.4.3 施工质量管理

1. 质量责任

1）因承包人原因造成工程质量达不到合同约定验收标准，监理人有权要求承包人返工直至符合合同要求为止，由此造成的费用增加和（或）工期延误由承包人承担。

2）因发包人原因造成工程质量达不到合同约定验收标准，发包人应承担由于承包人返工造成的费用增加和（或）工期延误，并支付承包人合理利润。

2. 承包人的管理

（1）项目部的人员管理

1）质量检查制度。承包人应在施工场地设置专门的质量检查机构，配备专职质量检查人员，建立完善的质量检查制度。

2）规范施工作业的操作程序。承包人应加强对施工人员的质量教育和技术培训，定期考核施工人员的劳动技能，严格执行规范和操作规程。

3）撤换不称职的人员。当监理人要求撤换不能胜任本职工作、行为不端或玩忽职守的承包人项目经理和其他人员时，承包人应予以撤换。

（2）质量检查

1）材料和设备的检验。承包人应对使用的材料和设备进行进场检验和使用前的检验，不允许使用不合格的材料和有缺陷的设备。

承包人应按合同约定进行材料、工程设备和工程的试验和检验，并为监理人对材料、工程设备和工程的质量检查提供必要的试验资料和原始记录。按合同约定由监理人与承包人共同进行试验和检验的,承包人负责提供必要的试验资料和原始记录。

2) 施工部位的检查。承包人应对施工工艺进行全过程的质量检查和检验,认真执行自检、互检和工序交叉检验制度,尤其要做好工程隐蔽前的质量检查。

承包人自检确认的工程隐蔽部位具备覆盖条件后,通知监理人在约定的期限内检查,承包人的通知应附有自检记录和必要的检查资料。经监理人检查确认质量符合隐蔽要求,并在检查记录上签字后,承包人才能进行覆盖。监理人检查确认质量不合格的,承包人应在监理人指示的时间内修整或返工后,由监理人重新检查。

承包人未通知监理人到场检查,私自将工程隐蔽部位覆盖的,监理人有权指示承包人钻孔探测或揭开检查,由此增加的费用和(或)工期延误由承包人承担。

(3) 现场工艺试验

承包人应按合同约定或监理人指示进行现场工艺试验。对大型的现场工艺试验,监理人认为必要时,应由承包人根据监理人提出的工艺试验要求,编制工艺试验措施计划,报送监理人审批。

3. 监理人的质量检查和试验

(1) 与承包人的共同检验和试验

监理人应与承包人共同进行材料、设备的试验和工程隐蔽前的检验。收到承包人共同检验的通知后,监理人既未发出变更检验时间的通知,又未按时参加,承包人为了不延误施工可以单独进行检查和试验,将记录送交监理人后可继续施工。此次检查或试验视为监理人在场情况下进行,监理人应签字确认。

(2) 监理人指示的检验和试验

1) 材料、设备和工程的重新检验和试验。监理人对承包人的试验和检验结果有疑问,或为查清承包人试验和检验成果的可靠性要求承包人重新试验和检验时,由监理人与承包人共同进行。重新试验和检验的结果证明该项材料、工程设备或工程的质量不符合合同要求,则由此增加的费用和(或)工期延误由承包人承担;重新试验和检验结果证明符合合同要求,则由发包人承担由此增加的费用和(或)工期延误,并支付承包人合理利润。

2) 隐蔽工程的重新检验。监理人对已覆盖的隐蔽工程部位质量有疑问时,可要求承包人对已覆盖的部位进行钻孔探测或揭开重新检验,承包人应遵照执行,并在检验后重新覆盖恢复原状。经检验证明工程质量符合合同要求的,由发包人承担由此增加的费用和(或)工期延误,并支付承包人合理利润;经检验证明工程质量不符合合同要求的,由此增加的费用和(或)工期延误由承包人承担。

4. 对发包人提供的材料和工程设备管理

承包人应根据合同进度计划的安排,向监理人报送要求发包人交货的日期计划。发包人应按照监理人与合同双方当事人商定的交货日期,向承包人提交材料和工程设备,并在到货7天前通知承包人。承包人会同监理人在约定的时间内,在交货地点共同进行验收。发包人提供的材料和工程设备验收后,由承包人负责接收、保管和施工现场内的二次搬运所发生的费用。

发包人要求向承包人提前接货的物资,承包人不得拒绝,但发包人应承担承包人由此增加的保管费用。发包人提供的材料和工程设备的规格、数量或质量不符合合同要求,或由于发包人原因发生交货日期延误及交货地点变更等情况时,发包人应承担由此增加的费用和

（或）工期延误，并向承包人支付合理利润。

5. 对承包人施工设备的控制

承包人使用的施工设备不能满足合同进度计划或质量要求时，监理人有权要求承包人增加或更换施工设备，增加的费用和工期延误由承包人承担。

承包人的施工设备和临时设施应专用于合同工程，未经监理人同意，不得将施工设备和临时设施中的任何部分运出施工场地或挪作他用。对目前闲置的施工设备或后期不再使用的施工设备，经监理人根据合同进度计划审核同意后，承包人方可将其撤离施工现场。

7.3.4.4 工程款支付管理

1. 通用合同条款中涉及支付管理的几个概念

标准施工合同的通用合同条款对有关支付管理的几个涉及价格的用词做出了明确的规定。

（1）签约合同价和合同价格

1）签约合同价。签约合同价是指签订合同时合同协议书中写明的，包括了暂列金额、暂估价的合同总金额，即中标价。

2）合同价格。合同价格是指承包人按合同约定完成了包括缺陷责任期内的全部承包工作后，发包人应付给承包人的金额。合同价格即承包人完成施工、竣工、保修全部义务后的工程结算总价，包括履行合同过程中按合同约定进行的变更、价款调整、通过索赔应予补偿的金额。

两者的区别表现为，签约合同价是写在协议书和中标通知书内的固定数额，作为结算价款的基数；而合同价格是承包人最终完成全部施工和保修义务后应得的全部合同价款，包括施工过程中按照合同相关条款的约定，在签约合同价基础上应给承包人补偿或扣减的费用之和。因此只有在最终结算时，合同价格的具体金额才可以确定。

（2）签订合同时签约合同价内尚不确定的款项

1）暂估价。暂估价是指发包人在工程量清单中给出的，用于支付必然发生但暂时不能确定价格的材料、设备以及专业工程的金额。该笔款项属于签约合同价的组成部分，合同履行阶段一定发生，但招标阶段由于局部设计深度不够、质量标准尚未最终确定、投标时市场价格差异较大等原因，要求承包人按暂估价格报价部分，合同履行阶段再最终确定该部分的合同价格金额。

暂估价内的工程材料、设备或专业工程施工，属于依法必须招标的项目，施工过程中由发包人和承包人以招标的方式选择供应商或分包人，按招标的中标价确定。未达到必须招标的规模或标准时，材料和设备由承包人负责提供，经监理人确认相应的金额；专业工程施工的价格由监理人进行估价确定。与工程量清单中所列暂估价的金额差以及相应的税金等其他费用列入合同价格。

2）暂列金额。暂列金额是指已标价工程量清单中所列的一笔款项，用于在签订协议书时尚未确定或不可预见变更的施工及其所需材料、工程设备、服务等的金额，包括以计日工方式支付的款项。

上述两笔款项均属于包括在签约合同价内的金额，两者的区别表现为：暂估价是在招标投标阶段暂时不能合理确定价格，但合同履行阶段必然发生，发包人一定予以支付的款项；暂列金额则是招标投标阶段已经确定价格，监理人在合同履行阶段根据工程实际情况指示承包人完成相关工作后给予支付的款项。签约合同价内约定的暂列金额可能全部使用或部分使用，因此承包人不一定能够全部获得支付。

(3) 费用和利润

通用合同条款内对费用的定义为，履行合同所发生的或将要发生的不计利润的所有合理开支，包括管理费和应分摊的其他费用。

合同条款中费用涉及两个方面：①施工阶段处理变更或索赔时，确定应给承包人补偿的款额；②按照合同责任应由承包人承担的开支。通用合同条款中很多涉及应给承包人补偿的事件，分别明确调整价款的内容为"增加的费用"或"增加的费用及合理利润"。导致承包人增加开支的事件如果属于发包人也无法合理预见和克服的情况，则应补偿费用但不计利润；若属于发包人应予控制而未做好的情况，如因施工图等文件资料错误导致的施工放线返工，则应补偿费用和合理利润。

利润可以通过工程量清单单价分析表中相关子项标明的利润或拆分报价单费用组成确定，也可以在专用合同条款内具体约定利润占费用的百分比。

(4) 质量保证金

质量保证金（保留金）是将承包人的部分应得款扣留在发包人手中，用于因施工原因修复缺陷工程的开支项目。发包人和承包人需在专用合同条款内约定两个值：①每次支付工程进度款时应扣质量保证金的比例（如10%）；②质量保证金总额，可以采用某一金额或签约合同价的某一百分比（通常为5%）。

质量保证金从第一次支付工程进度款时开始起扣，从承包人本期应获得的工程进度付款中，扣除预付款的支付、扣回以及因物价浮动对合同价格的调整三项金额后的款额为基数，按专用合同条款约定的比例扣留本期的质量保证金。累计扣留达到约定的总额为止。

质量保证金用于约束承包人在施工阶段、竣工阶段和缺陷责任期内，均必须按照合同要求对施工的质量和数量承担约定的责任。如果对施工期内承包人修复工程缺陷的费用从工程进度款内扣除，可能影响承包人后期施工的资金周转，因此规定质量保证金从第一次支付工程进度款时起扣。

监理人在缺陷责任期满颁发缺陷责任终止证书后，承包人向发包人申请到期应返还承包人质量保证金的金额，发包人应在14天内会同承包人按照合同约定的内容核实承包人是否完成缺陷修复责任。如无异议，发包人应当在核实后将剩余质量保证金返还承包人。如果约定的缺陷责任期满时，承包人还没有完成全部缺陷修复或部分单位工程延长的缺陷责任期尚未到期，发包人有权扣留与未履行缺陷责任剩余工作所需金额相应的质量保证金。

2. 外部原因引起的合同价格调整

(1) 物价浮动的变化

施工工期12个月以上的工程，应考虑市场价格浮动对合同价格的影响，由发包人和承包人分担市场价格变化的风险。通用合同条款规定用公式法调价，但仅适用于工程量清单中单价支付部分。在调价公式的应用中，有以下几个基本原则：

1) 在每次支付工程进度款计算调整差额时，如果得不到现行价格指数，可暂用上一次价格指数计算，并在以后的付款中再按实际价格指数进行调整。

2) 由于变更导致合同中调价公式约定的权重变得不合理时，由监理人与承包人和发包人协商后进行调整。

3）因非承包人原因导致工期顺延，原定竣工日后的支付过程中，调价公式继续有效。

4）因承包人原因未在约定的工期内竣工，后续支付时应采用原约定竣工日与实际支付日的两个价格指数中，较低的一个作为支付计算的价格指数。

5）人工、机械使用费按照国家或省、自治区、直辖市建设行政管理部门、行业建设管理部门或其授权的工程造价管理机构发布的人工成本信息、机械台班单价或机械使用费系数进行调整；需要调整价格的材料，以监理人复核后确认的材料单价及数量，作为调整工程合同价格差额的依据。

(2) 法律法规的变化

基准日后，因法律、法规变化导致承包人的施工费用发生增减变化时，根据法律以及国家或省、自治区、直辖市有关部门的规定，监理人采用商定或确定的方式对合同价款进行调整。

3. 工程量计量

已完成合格工程量计量的数据，是工程进度款支付的依据。工程量清单或报价单内承包工作的内容，既包括单价支付的项目，也可能有总价支付部分，如设备安装工程的施工。单价支付与总价支付的项目在计量和付款中有较大区别。单价子目已完成工程量按月计量；总价子目的计量周期按批准承包人的支付分解报告确定。

(1) 单价子目的计量

对已完成的工程进行计量后，承包人向监理人提交进度付款申请单、已完成工程量报表和有关计量资料。监理人应在收到承包人提交的工程量报表后的7天内进行复核，监理人未在约定时间内复核的，承包人提交的工程量报表中的工程量视为承包人实际完成的工程量，据此计算工程价款。

监理人对数量有异议或监理人认为有必要时，可要求承包人进行共同复核和抽样复测。承包人应协助监理人进行复核，并按监理人要求提供补充计量资料。承包人未按监理人要求参加复核的，监理人单方复核或修正的工程量作为承包人实际完成的工程量。

(2) 总价子目的计量

总价子目的计量和支付应以总价为基础，不考虑市场价格浮动的调整。承包人实际完成的工程量，是进行工程目标管理和控制进度支付的依据。

承包人在合同约定的每个计量周期内，对已完成的工程进行计量，并向监理人提交进度付款申请单、专用合同条款约定的合同总价支付分解表所表示的阶段性或分项计量的支持性资料，以及所达到工程形象进度或分阶段完成的工程量和有关计量资料。监理人对承包人提交的资料进行复核，有异议时可要求承包人进行共同复核和抽样复测。除变更外，总价子目表中标明的工程量是用于结算的工程量，通常不进行现场计量，只进行设计施工图计量。

4. 工程进度款的支付

(1) 进度付款申请单

承包人应在每个付款周期末，按监理人批准的格式和专用合同条款约定的份数，向监理人提交进度付款申请单，并附相应的支持性证明文件。通用合同条款中要求进度付款申请单的内容包括：

1）截至本次付款周期末已实施工程的价款。

2）变更金额。
3）索赔金额。
4）本次应支付的预付款和扣减的返还预付款。
5）本次扣减的质量保证金。
6）根据合同应增加和扣减的其他金额。

(2) 进度款支付证书

监理人在收到承包人进度付款申请单以及相应的支持性证明文件后的 14 天内完成核查，提出发包人到期应支付给承包人的金额以及相应的支持性材料。经发包人审查同意后，由监理人向承包人出具经发包人签认的进度付款证书。

监理人有权扣发承包人未能按照合同要求履行任何工作或义务的相应金额，如扣除质量不合格部分的工程款等。

通用合同条款规定，监理人出具的进度付款证书，不应视为监理人已同意、批准或接受了承包人完成的该部分工作，在对以往历次已签发的进度付款证书进行汇总和复核中发现错、漏或重复的，监理人有权予以修正，承包人也有权提出修正申请。经双方复核同意的修正，应在本次进度付款中支付或扣除。

(3) 进度款的支付 发包人应在监理人收到进度付款申请单后的 28 天内，将进度应付款支付给承包人。发包人不按期支付的，按专用合同条款的约定支付逾期付款违约金。

7.3.4.5 施工安全管理

1. 发包人的施工安全责任

发包人应按合同约定履行安全管理职责，授权监理人按合同约定的安全工作内容监督、检查承包人安全工作的实施，组织承包人和有关单位进行安全检查。发包人应对其现场机构全部人员的工伤事故承担责任，但由于承包人原因造成发包人人员工伤的，应由承包人承担责任。

发包人应负责赔偿工程或工程的任何部分对土地的占用所造成的第三者财产损失，以及由于发包人原因在施工场地及其毗邻地带造成的第三者人身伤亡和财产损失。

2. 承包人的施工安全责任

承包人应按合同约定的安全工作内容，编制施工安全措施计划报送监理人审批，按监理人的指示制定应对灾害的紧急预案，报送监理人审批。承包人还应按预案做好安全检查，配置必要的救助物资和器材，切实保护好有关人员的人身和财产安全。

施工过程中负责施工作业安全管理，特别应加强易燃易爆材料、火工器材、有毒与腐蚀性材料和其他危险品的管理，加强爆破作业和地下工程施工等危险作业的管理。严格按照国家安全标准制定施工安全操作规程，配备必要的安全生产和劳动保护设施，加强对承包人人员的安全教育，并发放安全工作手册和劳动保护用具。合同约定的安全作业环境及安全施工措施所需费用已包括在相关工作的合同价格中；因采取合同未约定的安全作业环境及安全施工措施增加的费用，由监理人按商定或确定方式予以补偿。

承包人对其履行合同所雇用的全部人员，包括分包人人员的工伤事故承担责任，但由于发包人原因造成承包人人员的工伤事故，应由发包人承担责任。由于承包人原因在施工场地内及其毗邻地带造成的第三者人员伤亡和财产损失，由承包人负责赔偿。

3. 安全事故处理程序

(1) 通知

施工过程中发生安全事故时,承包人应立即通知监理人,监理人应立即通知发包人。

(2) 及时采取减损措施

工程事故发生后,发包人和承包人应立即组织人员和设备进行紧急抢救和抢修,减少人员伤亡和财产损失,防止事故扩大,并保护事故现场。需要移动现场物品时,应做出标记和书面记录,妥善保管有关证据。

(3) 报告

工程事故发生后,发包人和承包人应按国家有关规定,及时如实地向有关部门报告事故发生的情况,以及正在采取的紧急措施。

7.3.4.6 变更管理

施工过程中出现的变更包括监理人指示的变更和承包人申请的变更两类。监理人可按通用合同条款约定的变更程序向承包人做出变更指示,承包人应遵照执行。没有监理人的变更指示,承包人不得擅自变更。

1. 变更的范围和内容

标准施工合同通用合同条款规定的变更范围包括:

1) 取消合同中任何一项工作,但被取消的工作不能转由发包人或其他人实施。
2) 改变合同中任何一项工作的质量或其他特性。
3) 改变合同工程的基线、标高、位置或尺寸。
4) 改变合同中任何一项工作的施工时间或改变已批准的施工工艺或顺序。
5) 为完成工程需要追加的额外工作。

2. 监理人指示变更

监理人根据工程施工的实际需要或发包人要求实施的变更,可以进一步划分为直接指示的变更和与承包人协商后确定的变更两种情况。

(1) 直接指示的变更

直接指示的变更属于必须实施的变更,如按照发包人的要求提高质量标准、设计错误需要进行的设计修改、协调施工中的交叉干扰等情况。此时不需要征求承包人意见,监理人经过发包人同意后发出变更指示要求承包人完成变更工作。

(2) 与承包人协商后确定的变更

此类情况属于可能发生的变更,与承包人协商后再确定是否实施变更,如增加承包范围外的某项新增工作或改变合同文件中的要求等。

1) 监理人首先向承包人发出变更意向书,说明变更的具体内容、完成变更的时间要求等,并附必要的施工图和相关资料。
2) 承包人收到监理人的变更意向书后,如果同意实施变更,则向监理人提出书面变更建议。建议书的内容是提交包括拟实施变更工作的计划、措施、竣工时间等内容的实施方案以及费用和(或)工期要求。若承包人收到监理人的变更意向书后认为难以实施此项变更,也应立即通知监理人,说明原因并附详细依据。如不具备实施变更项目的施工资质、无相应的施工机具等原因或其他理由。
3) 监理人审查承包人的建议书。承包人根据变更意向书要求提交的变更实施方案可行并经发包人同意后，发出变更指示。如果承包人不同意变更，则监理人与承包人和发包人协商后确定撤销、改变或不改变变更意向书。

3. 承包人申请变更

承包人提出的变更可能涉及建议变更和要求变更两类。

(1) 承包人建议的变更

承包人对发包人提供的施工图、技术要求以及其他方面，提出了可能降低合同价格、缩短工期或者提高工程经济效益的合理化建议，均应以书面形式提交监理人。合理化建议书的内容应包括建议工作的详细说明、进度计划和效益以及与其他工作的协调等，并附必要的设计文件。

监理人与发包人协商是否采纳承包人提出的建议。建议被采纳并构成变更的，监理人向承包人发出变更指示。

承包人提出的合理化建议使发包人获得了降低工程造价、缩短工期、提高工程运行效益等实际利益的，应按专用合同条款中的约定给予奖励。

(2) 承包人要求的变更

承包人收到监理人按合同约定发出的施工图和文件，经检查认为其中存在属于变更范围的情形，如提高了工程质量标准、增加工作内容、工程的位置或尺寸发生变化等，可向监理人提出书面变更建议。变更建议应阐明要求变更的依据，并附必要的施工图和说明。

监理人收到承包人的书面建议后，应与发包人共同研究，确认存在变更的，应在收到承包人书面建议后的 14 天内做出变更指示。经研究后不同意作为变更的，由监理人书面答复承包人。

4. 变更估价

(1) 变更估价的程序

承包人应在收到变更指示或变更意向书后的 14 天内，向监理人提交变更报价书，详细开列变更工作的价格组成及其依据，并附必要的施工方法说明和有关施工图。变更工作如果影响工期，承包人应提出调整工期的具体细节。

监理人收到承包人变更报价书后的 14 天内，根据合同约定的估价原则，商定或确定变更价格。

(2) 变更的估价原则

1) 已标价工程量清单中有适用于变更工作的子目，采用该子目的单价计算变更费用。

2) 已标价工程量清单中无适用于变更工作的子目，但有类似子目，可在合理范围内参照类似子目的单价，由监理人商定或确定变更工作的单价。

3) 已标价工程量清单中无适用或类似子目的单价，可按照成本加利润的原则，由监理人商定或确定变更工作的单价。

5. 不利物质条件的影响

不利物质条件属于发包人应承担的风险，是指承包人在施工场地遇到的不可预见的自然物质条件、非自然的物质障碍和污染物，包括地下和水文条件，但不包括气候条件。

承包人遇到不利物质条件时，应采取适应不利物质条件的合理措施继续施工，并通知监理人。监理人应当及时发出指示，构成变更的，按变更对待。监理人没有发出指示，承包人因采取合理措施而增加的费用和工期延误，由发包人承担。

7.3.4.7 不可抗力

1. 不可抗力事件

不可抗力是指承包人和发包人在订立合同时不可预见,在工程施工过程中不可避免发生并不能克服的自然灾害和社会性突发事件,如地震、海啸、瘟疫、水灾、骚乱、暴动、战争和专用合同条款约定的其他情形。

2. 不可抗力发生后的管理

（1）通知并采取措施

合同一方当事人遇到不可抗力事件,使其履行合同义务受到阻碍时,应立即通知合同另一方当事人和监理人,书面说明不可抗力和受阻碍的详细情况,并提供必要的证明。不可抗力发生后,发包人和承包人均应采取措施尽量避免和减少损失的扩大,任何一方没有采取有效措施导致损失扩大的,应对扩大的损失承担责任。

如果不可抗力的影响持续时间较长,合同一方当事人应及时向合同另一方当事人和监理人提交中间报告,说明不可抗力和履行合同受阻的情况,并于不可抗力事件结束后 28 天内提交最终报告及有关资料。

（2）不可抗力造成的损失

通用合同条款规定,不可抗力造成的损失由发包人和承包人分别承担:

1）永久工程,包括已运至施工场地的材料和工程设备的损害,以及因工程损害造成的第三者人员伤亡和财产损失由发包人承担。

2）承包人设备的损坏由承包人承担。

3）发包人和承包人各自承担其人员伤亡和其他财产损失及其相关费用。

4）停工损失由承包人承担,但停工期间应监理人要求照管工程和清理、修复工程的金额由发包人承担。

5）不能按期竣工的,应合理延长工期,承包人不需支付逾期竣工违约金。发包人要求赶工的,承包人应采取赶工措施,赶工费用由发包人承担。

3. 因不可抗力解除合同

合同一方当事人因不可抗力导致不可能继续履行合同义务时,应当及时通知对方解除合同。合同解除后,承包人应撤离施工场地。

合同解除后,已经订货的材料、设备由订货方负责退货或解除订货合同,不能退还的货款和因退货、解除订货合同发生的费用,由发包人承担,因未及时退货造成的损失由责任方承担。合同解除后的付款,由监理人与当事人双方协商后确定。

7.3.4.8 索赔管理

1. 承包人的索赔

1）承包人提出索赔要求。承包人根据合同认为有权得到追加付款和（或）延长工期时,应按规定程序向发包人提出索赔。

承包人应在引起索赔事件发生的后 28 天内,向监理人递交索赔意向通知书,并说明发生索赔事件的事由。承包人未在前述 28 天内发出索赔意向通知书的,丧失要求追加付款和（或）延长工期的权利。

承包人应在发出索赔意向通知书后 28 天内,向监理人递交正式的索赔通知书,详细说明索赔理由以及要求追加的付款金额和（或）延长的工期,并附必要的记录和证明材料。

对于具有持续影响的索赔事件，承包人应按合理时间间隔陆续递交延续的索赔通知，说明连续影响的实际情况和记录，列出累计的追加付款金额和（或）工期延长天数。在索赔事件影响结束后的28天内，承包人应向监理人递交最终索赔通知书，说明最终要求索赔的追加付款金额和延长的工期，并附必要的记录和证明材料。

2）监理人处理索赔。监理人收到承包人提交的索赔通知书后，应及时审查索赔通知书的内容、查验承包人的记录和证明材料，必要时监理人可要求承包人提交全部原始记录副本。

监理人首先应争取通过与发包人和承包人协商达成索赔处理的一致意见，如果分歧较大，再单独确定追加的付款和（或）延长的工期。监理人应在收到索赔通知书或有关索赔的进一步证明材料后的42天内，将索赔处理结果答复承包人。

承包人接受索赔处理结果的，发包人应在做出索赔处理结果答复后28天内完成赔付。承包人不接受索赔处理结果的，按合同争议解决。

3）承包人提出索赔的期限。竣工阶段发包人接受了承包人提交并经监理人签认的竣工付款证书后，承包人不能再对施工阶段、竣工阶段的事项提出索赔要求。

缺陷责任期满承包人提交的最终结清申请单中，只限于提出工程接收证书颁发后发生的索赔。提出索赔的期限至发包人接受最终结清证书时止，即合同终止后承包人就失去索赔的权利。

4）标准施工合同中涉及应给承包人补偿的条款。标准施工合同通用合同条款中，可以给承包人补偿的条款如表7-4所示。

表7-4 标准施工合同中应给承包人补偿的条款

序号	款号	主要内容	可补偿内容		
			工期	费用	利润
1	1.10.1	文物、化石	√	√	
2	3.4.5	监理人的指示延误或错误指示	√	√	√
3	4.11.2	不利的物质条件	√	√	
4	5.2.4	发包人提供的材料和工程设备提前交货		√	
5	5.4.3	发包人提供的材料和工程设备不符合合同要求	√	√	√
6	8.3	基准资料的错误	√	√	√
7	11.3.（1）	增加合同工作内容	√	√	√
8	（2）	改变合同中任何一项工作的质量要求或其他特性	√	√	√
9	（3）	发包人迟延提供材料、工程设备或变更交货地点的	√	√	√
10	（4）	因发包人原因导致的暂停施工	√	√	√
11	（5）	提供施工图延误	√	√	√
12	（6）	未按合同的约定及时支付预付款、进度款	√	√	√
13	11.4	异常恶劣的气候条件	√		
14	12.2	发包人原因的暂停施工	√	√	√
15	12.4.2	发包人原因无法按时复工	√	√	√
16	13.1.3	发包人原因导致工程质量缺陷	√	√	

(续)

序号	款号	主要内容	可补偿内容		
			工期	费用	利润
17	13.5.3	隐蔽工程重新检验质量合格	√	√	√
18	13.6.2	发包人提供的材料和设备不合格承包人采取补救措施	√	√	√
19	14.1.3	对材料或设备的重新试验或检验证明质量合格	√	√	√
20	16.1	附中浮动引起的价格调整		√	
21	16.2	法规变化引起的价格调整		√	
22	18.4.2	发包人提前占用工程导致承包人费用增加	√	√	√
23	18.6.2	发包人原因试运行失败，承包人修复		√	√
24	22.2.2	因发包人违约承包人暂停施工	√	√	√
25	21.3（4）	不可抗力停工期间的照管和后续清理		√	
26	（5）	不可抗力不能按期竣工	√		

2. 发包人的索赔

（1）发包人提出索赔

发包人的索赔包括承包人应承担责任的赔偿扣款和缺陷责任期的延长。发生索赔事件后，监理人应及时书面通知承包人，详细说明发包人有权得到的索赔金额和（或）延长缺陷责任期的细节和依据。发包人提出索赔的期限与对承包人的要求相同，即颁发工程接收证书后，不能再对施工期间的事件索赔；最终结清证书生效后，不能再就缺陷责任期内的事件索赔，因此延长缺陷责任期的通知应在缺陷责任期届满前提出。

（2）监理人处理索赔

监理人应首先通过与当事人双方协商争取达成一致，分歧较大时，在协商基础上确定索赔的金额和缺陷责任期延长的时间。承包人应付给发包人的赔偿款从应支付给承包人的合同价款或质量保证金内扣除，也可以由承包人以其他方式支付。

7.3.4.9 违约责任

通用合同条款对发包人和承包人违约的情况及处理分别做了明确的规定。

1. 承包人的违约

（1）违约情况

1）私自将合同的全部或部分权利转让给其他人，将合同的全部或部分义务转移给其他人。

2）未经监理人批准，私自将已按合同约定进入施工场地的施工设备、临时设施或材料撤离施工场地。

3）使用不合格材料或工程设备，工程质量达不到标准要求，又拒绝清除不合格工程。

4）未能按合同进度计划及时完成合同约定的工作，已造成或预期造成工期延误。

5）缺陷责任期内未对工程接收证书所列缺陷清单的内容或缺陷责任期内发生的缺陷进行修复，又拒绝按监理人指示再进行修补。

6）承包人无法继续履行或明确表示不履行或实质上已停止履行合同。

7）承包人不按合同约定履行义务的其他情况。

(2) 承包人违约的处理

发生承包人不履行或无力履行合同义务的情况时,发包人可通知承包人立即解除合同。

对于承包人违反合同规定的情况,监理人应向承包人发出整改通知,要求其在指定的期限内改正。承包人应承担其违约所引起的费用增加和(或)工期延误。监理人发出整改通知 28 天后,承包人仍不纠正违约行为的,发包人可向承包人发出解除合同通知。

(3) 因承包人违约解除合同

1) 发包人进驻施工现场。合同解除后,发包人可派员进驻施工场地,另行组织人员或委托其他承包人施工。发包人因继续完成该工程的需要,有权扣留、使用承包人在现场的材料、设备和临时设施。这种扣留不是没收,只是为了后续工程能够尽快顺利开始。发包人的扣留行为不免除承包人应承担的违约责任,也不影响发包人根据合同约定享有的索赔权利。

2) 合同解除后的结算。具体如下:

a. 监理人与当事人双方协商承包人实际完成工作的价值,以及承包人已提供的材料、施工设备、工程设备和临时工程等的价值。不能达成一致的,由监理人单独确定。

b. 合同解除后,发包人应暂停对承包人的一切付款,查清各项付款和已扣款金额,包括承包人应支付的违约金。

c. 发包人应按合同的约定向承包人索赔由于解除合同给发包人造成的损失。

d. 合同双方确认上述往来款项后,发包人出具最终结清付款证书,结清全部合同款项。

e. 发包人和承包人未能就解除合同后的结清达成一致的,按合同约定解决争议的方法处理。

3) 承包人已签订其他合同的转让。因承包人违约解除合同,发包人有权要求承包人将其为实施合同而签订的材料和设备的订货合同或任何服务协议转让给发包人,并在解除合同后的 14 天内,依法办理转让手续。

2. 发包人的违约

(1) 违约情况

1) 发包人未能按合同约定支付预付款或合同价款,或拖延、拒绝批准付款申请和支付凭证,导致付款延误。

2) 发包人原因造成停工的持续时间超过 56 天以上。

3) 监理人无正当理由没有在约定期限内发出复工指示,导致承包人无法复工。

4) 发包人无法继续履行或明确表示不履行或实质上已停止履行合同。

5) 发包人不履行合同约定的其他义务。

(2) 发包人违约的处理

1) 承包人有权暂停施工。承包人暂停施工 28 天后,发包人仍不纠正违约行为的,承包人可向发包人发出解除合同通知。但承包人的这一行为不免除发包人承担的违约责任,也不影响承包人根据合同约定享有的索赔权利。

2) 违约解除合同。属于发包人不履行或无力履行义务的情况,承包人可书面通知发包人解除合同。

(3) 因发包人违约解除合同

1) 解除合同后的结算。发包人应在解除合同后 28 天内向承包人支付下列金额:

a. 合同解除日以前所完成工作的价款。

b. 承包人为该工程施工订购并已付款的材料、工程设备和其他物品的金额。发包人付款后，该材料、工程设备和其他物品归发包人所有。

c. 承包人为完成工程所发生的，而发包人未支付的金额。

d. 承包人撤离施工场地以及遣散承包人人员的赔偿金额。

e. 由于解除合同应赔偿的承包人损失。

f. 按合同约定在合同解除日前应支付给承包人的其他金额。

发包人应按约定支付上述金额并退还质量保证金和履约担保，但有权要求承包人支付应偿还给发包人的各项金额。

2）承包人撤离施工现场。因发包人违约而解除合同后，承包人应尽快完成施工现场的清理工作，妥善做好已竣工工程和已购材料、设备的保护和移交工作，按发包人要求将承包人设备和人员撤出施工场地。

7.3.5 竣工和缺陷责任期阶段的合同管理

7.3.5.1 竣工验收管理

1. 单位工程验收

（1）单位工程验收的情况

合同工程全部完工前进行单位工程验收和移交，可能涉及以下三种情况：①专用合同条款内约定了某些单位工程分部移交；②发包人在全部工程竣工前希望使用已经竣工的单位工程，提出单位工程提前移交的要求，以便获得部分工程的运行收益；③承包人从后续施工管理的角度出发而提出单位工程提前验收的建议，并经发包人同意。

（2）单位工程验收后的管理

验收合格后，由监理人向承包人出具经发包人签认的单位工程验收证书。单位工程的验收成果和结论作为全部工程竣工验收申请报告的附件。移交后的单位工程由发包人负责照管。

除了合同约定的单位工程分部移交的情况外，如果发包人在全部工程竣工前，使用已接收的单位工程运行影响了承包人的后续施工，则发包人应承担由此增加的费用和（或）工期延误，并支付承包人合理利润。

2. 施工期运行

施工期运行是指合同工程尚未全部竣工，其中某项或某几项单位工程已竣工或工程设备安装完毕，需要投入施工期的运行时，须经检验合格确保安全后，才能在施工期投入运行。

除了专用合同条款约定由发包人负责试运行的情况外，承包人应负责提供试运行所需的人员、器材和必要的条件，并承担全部试运行费用。施工期运行中发现工程或工程设备损坏或存在缺陷时，由承包人进行修复，并按照缺陷原因由责任方承担相应的费用。

3. 合同工程的竣工验收

（1）承包人提交竣工验收申请报告

当工程具备以下条件时，承包人可向监理人报送竣工验收申请报告：

1）除监理人同意列入缺陷责任期内完成的尾工（甩项）工程和缺陷修补工作外，承包人的施工已完成合同范围内的全部单位工程以及有关工作，包括合同要求的试验、试运行以及检验和验收均已完成，并符合合同要求。

2）已按合同约定的内容和份数备齐了符合要求的竣工资料。

3）已按监理人的要求编制了在缺陷责任期内完成的尾工（甩项）工程和缺陷修补工作清单以及相应施工计划。

4）监理人要求在竣工验收前应完成的其他工作。

5）监理人要求提交的竣工验收资料清单。

(2) 监理人审查竣工验收申请报告

监理人审查申请报告的各项内容，认为工程尚不具备竣工验收条件时，应在收到竣工验收申请报告后的 28 天内通知承包人，指出在颁发接收证书前承包人还需进行的工作内容。承包人完成监理人通知的全部工作内容后，应再次提交竣工验收申请报告，直至监理人同意为止。

监理人审查后认为已具备竣工验收条件的，应在收到竣工验收申请报告后的 28 天内提请发包人进行工程验收。

(3) 竣工验收

1）竣工验收合格，监理人应在收到竣工验收申请报告后的 56 天内，向承包人出具经发包人签认的工程接收证书。以承包人提交竣工验收申请报告的日期为实际竣工日期，并在工程接收证书中写明。实际竣工日用以计算施工期限，与合同工期对照判定承包人是提前竣工还是延误竣工。

2）竣工验收基本合格但提出了需要整修和完善要求时，监理人应指示承包人限期修好，并缓发工程接收证书。经监理人复查整修和完善工作达到了要求，再签发工程接收证书，竣工日仍为承包人提交竣工验收申请报告的日期。

3）竣工验收不合格，监理人应按照验收意见发出指示，要求承包人对不合格工程认真返工重作或进行补救处理，并承担由此产生的费用。承包人在完成不合格工程的返工重做或补救工作后，应重新提交竣工验收申请报告。重新验收如果合格，则工程接收证书中注明的实际竣工日，应为承包人重新提交竣工验收申请报告的日期。

(4) 延误进行竣工验收

发包人在收到承包人的竣工验收申请报告 56 天后未进行验收的，视为验收合格。实际竣工日期以提交竣工验收申请报告的日期为准，但发包人由于不可抗力不能进行验收的情况除外。

4. 竣工结算

(1) 承包人提交竣工付款申请单

工程进度款的分期支付是阶段性的临时支付，因此在工程接收证书颁发后，承包人应按专用合同条款约定的份数和期限向监理人提交竣工付款申请单，并提供相关证明材料。付款申请单应说明竣工结算的合同总价、发包人已支付承包人的工程价款、应扣留的质量保证金、应支付的竣工付款金额。

(2) 监理人审查

竣工结算的合同价格，应为通过单价乘以实际完成工程量的单价子目款、采用固定价格的各子项目包干价、依据合同条款进行调整（变更、索赔、物价浮动调整等）构成的最终合同结算价。

监理人对竣工付款申请单如果有异议，有权要求承包人进行修正和提供补充资料。监理人和承包人协商后,由承包人向监理人提交修正后的竣工付款申请单。

(3) 签发竣工付款证书

监理人在收到承包人提交的竣工付款申请单后的 14 天内完成核查,将核定的合同价格和结算尾款金额提交发包人审核并抄送承包人。发包人应在收到后 14 天内审核完毕,由监理人向承包人出具经发包人签认的竣工付款证书。

监理人未在约定时间内核查,又未提出具体意见的,视为承包人提交的竣工付款申请单已经监理人核查同意。

发包人未在约定时间内审核又未提出具体意见的,监理人提出发包人到期应支付给承包人的结算尾款视为已经发包人同意。

(4) 支付

发包人应在监理人出具竣工付款证书后的 14 天内,将应支付款支付给承包人。发包人不按期支付的,还应加付逾期付款的违约金。如果承包人对发包人签认的竣工付款证书有异议,发包人可出具竣工付款申请单中承包人已同意部分的临时付款证书,存在争议的部分,按合同约定的争议条款处理。

5. 竣工清场

(1) 承包人的清场义务

工程接收证书颁发后,承包人应对施工场地进行清理,直至监理人检验合格为止。

1) 施工场地内残留的垃圾已全部清除出场。

2) 临时工程已拆除,场地已按合同要求进行清理、平整或复原。

3) 按合同约定应撤离的承包人设备和剩余的材料,包括废弃的施工设备和材料,已按计划撤离施工场地。

4) 工程建筑物周边及其附近道路、河道的施工堆积物,已按监理人指示全部清理。

5) 监理人指示的其他场地清理工作已全部完成。

(2) 承包人未按规定完成的责任

承包人未按监理人的要求恢复临时占地,或者场地清理未达到合同约定的,发包人有权委托其他人恢复或清理,所发生的金额从拟支付给承包人的款项中扣除。

7.3.5.2 缺陷责任期管理

1. 缺陷责任

缺陷责任期自实际竣工日期起计算。在全部工程竣工验收前,已经发包人提前验收的单位工程,其缺陷责任期的起算日期相应提前。

工程移交发包人运行后,缺陷责任期内出现的工程质量缺陷可能属于承包人的施工质量原因,也可能属于非承包人应负责的原因导致。应由监理人与发包人和承包人共同查明原因,分清责任。对于工程主要部位,承包人责任的缺陷工程修复后,缺陷责任期相应延长。

任何一项缺陷或损坏修复后,经检查证明其影响了工程或工程设备的使用性能的,承包人应重新进行合同约定的试验和试运行,试验和试运行的全部费用应由责任方承担。

2. 监理人颁发缺陷责任终止证书

缺陷责任期满,包括延长的期限终止后 14 天内,由监理人向承包人出具经发包人签认的缺陷责任期终止证书,并退还剩余的质量保证金。颁发缺陷责任期终止证书,意味着承包人已按合同约定完成了施工、竣工和缺陷修复责任的义务。

3. 最终结清

缺陷责任期终止证书签发后，发包人与承包人进行合同付款的最终结清。结清的内容涉及质量保证金的返还、缺陷责任期内修复非承包人缺陷责任的工作、缺陷责任期内涉及的索赔等。

(1) 承包人提交最终结清申请单

承包人按专用合同条款约定的份数和期限向监理人提交最终结清申请单，并提供缺陷责任期内的索赔、质量保证金应返还的余额等的相关证明材料。如果质量保证金不足以抵减发包人损失，承包人还应承担不足部分的赔偿责任。

发包人对最终结清申请单内容有异议时，有权要求承包人进行修正和提供补充资料。承包人再向监理人提交修正后的最终结清申请单。

(2) 签发最终结清证书

监理人收到承包人提交的最终结清申请单后的 14 天内，提出发包人应支付给承包人的价款，送发包人审核并抄送承包人。发包人应在收到后 14 天内审核完毕，由监理人向承包人出具经发包人签认的最终结清证书。

监理人未在约定时间内核查又未提出具体意见的，视为承包人提交的最终结清申请已经监理人核查同意。发包人未在约定时间内审核又未提出具体意见的，监理人提出应支付给承包人的价款视为已经发包人同意。

(3) 最终支付

发包人应在监理人出具最终结清证书后的 14 天内，将应支付款支付给承包人。发包人不按期支付的，还需将逾期付款违约金支付给承包人。承包人对最终结清证书有异议的，按合同争议处理。

(4) 结清单生效

承包人收到发包人的最终支付款后结清单生效。结清单生效即表明合同终止，承包人不再拥有索赔的权利。如果发包人未按时支付结清款，则承包人仍可就此事项进行索赔。

7.3.6 施工分包合同管理

7.3.6.1 施工分包合同概述

工程项目建设过程中，承包人会将承包范围内的部分工作采用分包形式交由其他企业完成，如设计分包、施工分包、材料设备供应的供货分包等。分包工程的施工，既是承包范围内必须完成的工作，又是分包合同约定的工作内容，涉及两个同时实施的合同，履行的管理更为复杂。

1. 施工的专业分包与劳务分包

(1) 施工分包合同示范文本

承包人与发包人订立承包合同后，由于某些专业性强的工程施工承包人自己的施工能力受到限制而进行施工专业分包，或考虑减少本项目投入的人力资源以节省施工成本而进行施工劳务分包。建设部和国家工商行政管理总局联合颁布了《建设工程施工专业分包合同（示范文本）》（GF—2003—0213）和《建设工程施工劳务分包合同（示范文本）》（GF—2003—0214）。施工专业分包合同由协议书、通用条款和专用条款三部分组成。由于施工劳务分包合同相对简单，仅为一个标准化的合同文件，对具体工程的分包约定采用填空的方式明确即可。

(2) 施工专业分包与劳务分包的主要区别

施工专业分包由分包人独立承担分包工程的实施风险，用自己的技术、设备、人力资源完成承包的工作；施工劳务分包的分包人主要提供劳动力资源，使用常用（或简单）的自有施工机具完成承包人委托的简单施工任务。主要差异表现为以下几个方面条款的规定：

1) 分包人的收入。施工专业分包规定为分包合同价格，即分包人独立完成约定的施工任务后，有权获得的包括施工成本、管理成本、利润等全部收入；而施工劳务分包规定为劳务报酬，即配合承包人完成全部施工任务后应获得的劳务酬金。劳务报酬的约定可以采用以下三种方式之一：

a. 固定劳务报酬（含管理费）。

b. 不同工种劳务的计时单价（含管理费），按确认的工时计算。

c. 约定不同工作成果的计件单价（含管理费），按确认的工程量计算。

通常情况下，不管约定为何种形式的劳务报酬，均为固定价格，施工过程中不再调整。

2) 保险责任。施工专业分包合同规定，分包人必须为从事危险作业的职工办理意外伤害保险，并为施工场地内自有人员生命财产和施工机械设备办理保险，支付保险费用；而施工劳务分包合同则规定，劳务分包人不需要单独办理保险，其保险应获得的权益包括在发包人或承包人投保的工程一切险和第三者责任险中，分包人也不需要支付保险费用。

3) 施工组织。施工专业分包合同规定，分包人应编制专业工程的施工组织设计和进度计划，报承包人批准后执行。承包人负责整个施工场地的管理工作，协调分包人与施工现场承包人的人员和其他分包人施工的交叉配合，确保分包人按照经批准的施工组织设计进行施工。

施工劳务分包合同规定，分包人不需编制单独的施工组织设计，而是根据承包人制定的施工组织设计和总进度计划的要求施工。劳务分包人在每月月底提交下月施工计划和劳动力安排计划，经承包人批准后严格实施。

4) 分包人对施工质量承担责任的期限。施工专业分包工程通过竣工验收后，分包人对分包工程仍需承担质量缺陷的修复责任，缺陷责任期和保修期的期限按照施工总承包合同的约定执行。

劳务分包合同规定，全部工程竣工验收合格后，劳务分包人对其施工的工程质量不再承担责任，承包人承担缺陷责任期和保修期内的修复缺陷责任。

由于施工劳务分包的分包人不独立承担风险，施工纳入承包人的组织管理之中，合同履行管理相对简单，因此以下仅针对施工专业分包加以讨论。

2. 分包工程施工的管理职责

(1) 发包人对施工专业分包的管理

发包人不是分包合同的当事人，对分包合同的权利义务如何约定也不参与，与分包人没有任何合同关系。但作为工程项目的投资方和施工合同的当事人，他对分包合同的管理主要表现为对分包工程的批准。接受承包人投标书内说明的某工程部分准备分包，即同意此部分工程由分包人完成。如果承包人在施工过程中欲将某部分的施工任务分包，仍需经过发包人的同意。

（2）监理人对施工专业分包的管理

监理人接受发包人委托，仅对发包人与第三者订立合同的履行负责监督、协调和管理，因此对分包人在现场的施工不承担协调管理义务。然而分包工程仍属于施工总承包合同的一部分，仍需履行监督义务，包括对分包人的资质进行审查；对分包人使用的材料、施工工艺、工程质量进行监督；确认完成的工程量等。

（3）承包人对施工专业分包的管理

承包人作为两个合同的当事人，不仅对发包人承担整个合同工程按预期目标实现的义务，而且对分包工程的实施负有全面管理责任。承包人派驻施工现场的项目经理对分包人的施工进行监督、管理和协调，承担如同总承包合同履行过程中监理人的职责，包括审查分包工程进度计划、分包人的质量保证体系、对分包人的施工工艺和工程质量进行监督等。

7.3.6.2 施工专业分包合同的订立

按照《建设工程施工专业分包合同（示范文本）》专用条款的规定，订立分包合同时需要明确的内容主要包括以下内容。

1. 分包工程的范围和时间要求

通过招标选择的分包人，工作内容、范围和工期要求已在招标投标过程中确定，若是直接选择的分包人则需明确写明以上内容。对于分包工程拖期违约应承担赔偿责任的计算方式和最高限额，也应在专用条款中约定。

2. 分包工程施工应满足施工总承包合同的要求

为了能让分包人合理预见分包工程施工中应承担的风险，以及保证分包工程的施工能够满足总承包合同的要求，承包人应让分包人充分了解总承包合同中除了合同价格以外的各项规定，使分包人履行并承担与分包工程有关的承包人的所有义务与责任。当分包人提出要求时，承包人应向分包人提供一份总承包合同（有关承包工程的价格内容除外）的副本或复印件。

无论是承包人通过招标选择的分包人，还是直接选定分包人签订的合同均属于当事人之间的市场行为，因此分包合同的承包价款不是简单地从总承包合同中切割。施工专业分包合同中明确规定，分包合同价款与总承包合同相应部分价款无任何连带关系，因此总承包合同中涉及分包工程的价款无须让分包人了解。

3. 承包人为分包工程施工提供的协助条件

（1）提供施工图

分包工程的施工图来源于发包人委托的设计单位，可以一次性发放或分阶段发放，因此承包人应依据总承包合同的约定，在分包合同专用条款内列明向分包人提供施工图的日期和套数，以及分包人参加发包人组织施工图会审的时间。

专业工程施工经常涉及使用新工艺、新设备、新材料、新技术，可能出现分包工程的施工图不能完全满足施工需要的情况。如果承包人按照总承包合同的要求，委托分包人在其设计资质等级和业务允许的范围内，在原工程图的基础上进行施工图深化设计，则设计的范围及发生的费用，应在专用合同条款中约定。

（2）施工现场的移交

在专用合同条款内约定，承包人向分包人提供施工场地应具备的条件、施工场地的范围和提供时间。

(3) 提供分包人使用的临时设施和施工机械

为了节省施工总成本，允许分包人使用承包人为本工程实施而建立的临时设施和某些施工机械设备，如混凝土搅拌站、提升装置或重型机械等。分包人使用这些临时设施和工程机械，有些是免费使用，有些是付费使用，因此在专用条款内需约定承包人为分包工程的实施提供的机械设备和设施，以及费用的承担。

7.3.6.3 施工专业分包合同履行管理

1. 承包人协调管理的指令

承包人负责整个施工场地的管理工作，协调分包人与同一施工场地的其他分包人及自己施工可能产生的交叉干扰，确保分包人按照批准的施工组织设计进行施工。

(1) 承包人的指令

由于承包人与分包人同时在施工现场进行施工，因此承包人的协调管理工作主要通过发布一系列指示来实现。承包人随时可以向分包人发出分包工程范围内的有关工作指令。

(2) 发包人或监理人的指令

发包人或监理人就分包工程施工的有关指令和决定应发送给承包人。承包人接到监理人就分包工程发布的指示后，将其要求列入自己的管理工作范围，并及时以书面确认的形式转发给分包人令他遵照执行。

为了准确地区分合同责任，《建设工程施工专业分包合同（示范文本）》通用条款内明确规定，分包人应执行经承包人确认和转发的发包人和监理人就分包范围内有关工作的所有指令，但不得直接接受发包人和监理人的指令。当分包人接到监理人的指示后不能立即执行，需得到承包人同意才可实施。合同内做出此项规定的目的有：①分包工程现场施工的协调管理由承包人负责，如果同一时间分包人分别接到监理人和承包人发出的两个有冲突的施工指令，则会造成现场管理的混乱；②监理人的指令可能需要承包人对总包工程的施工与分包工程的施工进行协调后才能有序进行；③分包人只与承包人存在合同关系，执行未经承包人确认的指令而导致施工成本增加和工期延误的情况时，无权向承包人提出补偿要求。

2. 计量与支付

(1) 工程量计量

无论监理人参与或不参与分包工程的工程量计量，承包人均需在每一计量周期通知分包人共同对分包工程量进行计量。分包人收到通知后不参加计量的，承包人的计量结果有效，作为分包工程价款支付的依据；承包人不按约定时间通知分包人，致使分包人未能参加计量的，计量结果无效，分包人提交的工程量报告中开列的工程量应作为分包人获得工程进度款的依据。

(2) 分包合同工程进度款的支付

承包人依据计量确认的分包工程量，乘以总承包合同相应的单价计算的金额，纳入支付申请书内。获得发包人支付的工程进度款后，再按分包合同约定单价计算的款额支付给分包人。

3. 变更管理

分包工程的变更可能来源于监理人通知并经承包人确认的指令，也可能是承包人根据施工现场实际情况自主发出的指令。变更的范围和确定变更价款的原则与总承包合同规定相同。

分包人应在工程变更确定后 14 天内向承包人提出变更分包工程价款的报告，经承包人确认后调整合同价款；若分包人在双方确定变更后 14 天内未向承包人提出变更分包工程价款的报告，则视为该项变更不涉及合同价款的调整。

4. 分包工程的竣工管理

（1）竣工验收

1）发包人组织验收。分包工程具备竣工验收条件后，分包人向承包人提供完整的竣工资料及竣工验收报告。双方约定由分包人提供竣工图的，应在专用条款内约定提交日期和份数。

承包人应在收到分包人提供的竣工验收报告之日起 3 日内通知发包人进行验收，分包人应配合承包人进行验收。发包人未能按照总承包合同及时组织验收时，承包人应按照总承包合同规定的发包人验收的期限及程序自行组织验收，并视为分包工程竣工验收通过。

2）承包人验收。根据总承包合同无需由发包人验收的部分，承包人应按照总承包合同约定的程序自行验收。

3）分包工程竣工日期的确定。分包工程竣工日期为分包人提供竣工验收报告之日。需要修复的，为提供修复后竣工报告之日。

（2）分包工程的竣工结算和移交

1）分包工程的竣工结算。分包工程竣工验收报告经承包人认可后 14 天内，分包人向承包人递交分包工程竣工结算报告及完整的结算资料。承包人收到分包人递交的分包工程竣工结算报告及结算资料后 28 天内进行核实，给予确认或者提出明确的修改意见。承包人确认竣工结算报告后 7 天内向分包人支付分包工程竣工结算价款。

2）分包工程的移交。分包人收到竣工结算价款之日起 7 天内，将竣工工程交付承包人。总体工程竣工验收后，再由承包人移交给发包人。

5. 索赔管理

分包合同履行过程中，当分包人认为自己的合法权益受到损害，不论事件起因于发包人或监理人的责任，还是承包人应承担的义务，他都只能向承包人提出索赔要求，并保持影响事件发生后的现场同期记录。

（1）应由发包人承担责任的索赔事件

分包人遇到不利外部条件等根据总承包合同可以索赔的情况，分包人可按照总承包合同约定的索赔程序通过承包人提出索赔要求。承包人分析事件的起因和影响，并依据两个合同判明责任后，在收到分包人索赔报告后 21 天内给予分包人明确的答复，或要求进一步补充索赔理由和证据。如果认为分包人的索赔要求合理，则及时按照总承包合同规定的索赔程序，以承包人的名义就该事件向监理人递交索赔报告。

承包人依据总承包合同向监理人递交任何索赔意向通知和索赔报告要求分包人协助时，分包人应提供书面形式的相应资料，以便承包人能遵守总承包合同有关索赔的约定。如果分包人未予积极配合，使得承包人涉及分包工程的索赔未获成功，则承包人可在应支付给分包人的工程款中，扣除本应获得的索赔款项中适当比例的部分，即承包人受到的损失向分包人索赔。

（2）应由承包人承担责任的事件

索赔原因往往是由于承包人的违约行为或分包人执行承包人指令导致。分包人按规定程序提出索赔后,承包人与分包人依据分包合同的约定通过协商解决。

7.3.6.4 监理人对施工专业分包合同履行的管理

鉴于分包工程的施工涉及两个合同,监理人只需依据总承包合同的约定进行监督和管理。

1. 对分包工程施工的确认

监理人在复核分包工程已取得发包人同意的基础上,负责对分包人承担相应工程施工要求的资质、经验和能力进行审查,确认是否批准承包人选择的分包人。为了整体工程的施工协调,指示分包人进场开始分包工程施工的时间。

2. 施工工艺和质量

由于专业工程施工往往对施工技术有专门的要求,监理人审查承包人的施工组织设计时,应特别关注分包人拟采用的施工工艺和保障措施是否切实可行。涉及危险性较大工程部位的施工方法更应进行严格审查,以保证专业工程的施工达到合同规定的质量要求。

监理人在对分包工程进行旁站、巡视过程中,发现分包人忽视质量的行为和存在安全隐患的情况,应及时书面通知承包人,要求其监督分包人纠正。

总承包合同规定为分部移交的专业工程施工完毕,监理人应会同承包人和分包人进行工程预验收,并参加发包人组织的工程验收。

3. 进度管理

虽然由承包人负责分包工程施工的协调管理,对分包工程施工进度进行监督,但如果分包工程的施工影响到发包人订立的其他合同的履行时,监理人需对承包人发出相关指令进行相应的协调,如分包工程施工与合同进度计划偏离较大而干扰了同时在现场其他承包人的施工;分包工程施工进度过慢影响到后续设备安装工程按计划实施等情况。

4. 支付管理

监理人按照总承包合同的规定对分包工程计量时,应要求承包人通知分包人进行共同计量。审查承包人的工程进度款时,要核对分包工程的合格工程量与计量结果是否一致。

对于分包人按照监理人的指示在分包工程使用计日工时,也应依据总承包合同对计日工的规定,每天检查设备、人员的投入和产出情况。

5. 变更管理

监理人对分包工程的变更指示应发给承包人,由其协调和监督分包人执行。分包工程施工的变更完成后,按照总承包合同的规定对变更进行估价。

6. 索赔管理

监理人不应受理分包人直接提交的索赔报告,分包人的索赔应通过承包人的索赔来完成。

监理人审查承包人提交的分包工程索赔报告时,按照总承包合同的约定区分合同责任。有些情况下,分包人受到的损失既有发包人应承担的风险或责任,也有承包人协调管理不利的影响,监理人应合理区分责任的比例,以便确定工期顺延的天数和补偿金额。对于分包人因非自身原因受到损失时,可能对承包人的施工也产生了不利影响情况,监理人同样应在合理判定责任归属的基础上,按照实际情况做出索赔处理决定。

思 考 题

1. 对双方有约束力的合同文件包括哪些？
2. 施工合同的质量管理有哪些要求？
3. 如何进行隐蔽工程的检验和验收？
4. 如何处理设计变更？
5. 发生哪些情况应该给承包人合理顺延工期？
6. 竣工阶段的合同管理应做好哪些工作？
7. 缺陷责任期阶段的合同管理有哪些内容？

第8章 建设工程物资采购合同及其他合同管理

> **本章概要**
>
> 在工程建设过程中，包括大量的材料采购、设备采购、加工定作等合同关系。本章介绍了材料采购合同、设备采购、承揽合同与技术合同的主要内容，包括合同的订立、履行以及违约责任等。

8.1 材料采购合同管理

材料采购合同是指平等主体的自然人、法人、其他组织之间，以工程项目所需材料为标的、以材料买卖为目的，供货人转移材料的所有权于采购人，采购人支付材料价款的合同。

8.1.1 材料采购合同的主要条款

1）双方当事人的名称、地址，法定代表人的姓名。委托代订合同的，应有授权委托书并注明代理人的姓名、职务等。

2）合同标的。材料的名称、品种、型号、规格等应符合建设工程合同的规定。

3）技术标准和质量要求。质量条款应明确各类材料的技术要求、试验项目、试验方法及试验频率以及国家法律规定的国家标准和行业标准。

4）材料数量及计量方法。材料数量的确定由当事人协商，应以材料清单为依据，并规定交货数量的正负尾差、合理磅差和在途自然减（增）量及计量方法。计量单位采用国家规定的度量衡标准，计量方法按国家的有关规定执行，没有规定的，可由当事人协商执行。

5）材料的包装。材料的包装是保护材料在储运过程中免受损坏不可缺少的环节。包装质量可按国家和有关部门规定的标准签订，当事人有特殊要求的，可由双方商定标准，但应保证材料包装适合建筑材料的运输方式，并根据材料特点采取防潮、防雨、防锈、防震、防腐蚀的保护措施，提供包装物的当事人及包装品回收等。

6）材料交付方式。材料交付可采取送货、自提和代运三种不同方式。由于工程用料数量大、体积大、品种繁多、时间性强，当事人应采取合理的交付方式，明确交货地点，以便及时、准确、安全、经济地履行合同。

7）材料的交货期限。材料的交货期限应以建设工程合同进度安排为前提，规定交货的批次、交货时间。

8）材料价格及结算。材料的价格应在订立合同时明确定价，也可采用交货时市场价，但应以交货时全国性物资交易市场的成交价为标准。材料价款的结算应通过银行转账或票据结算，并在交货验收后付款。

9）违约责任。在合同中，当事人应对违反合同的责任做出明确规定。

10）特殊条款。如果双方当事人对一些特殊条件或要求达成一致意见，也可在合同中明确规定，成为合同的条款。当事人对以上条款达成一致意见形成书面协议后，经当事人签名盖章，即产生法律效力，若当事人要求鉴证或公证的，则经鉴证机关或公证机关盖章后方可生效。

8.1.2　材料采购合同的订立方式

1. 公开招标

公开招标就是由招标单位通过报刊、广播、电视等新闻媒体公开发表招标广告。采用公开招标方式进行材料采购适用于大宗材料采购合同。与工程施工招标相比，材料采购的公开招标程序比较简单。其招标程序如下：

1）由主持招标的单位编制招标文件。招标文件应包括招标通告、投标者须知、投标格式、合同格式、货物清单、质量标准（技术规范）以及必要的附件。

2）刊登招标广告。

2. 询价、报价、签订合同

建设材料买受人向若干建材厂商或建材经销商发出询价函，表明其所需材料的品种、规格、质量、数量，要求他们在规定的期限内做出报价，在收到厂商的报价后，经过充分比较、实地考察，选定报价合理、社会信誉高、有充分生产能力的厂商签订合同。

3. 直接定购

建设材料买受人直接向材料生产厂商或材料经销商报价，生产厂商或经销商接受报价，则签订合同。

在实际材料采购中较常见的是第二种方式订立的采购合同。对于标的数额较大的，采用招标方式，能使采购人获得物美价廉的商品，对于标的数额较小的、用时很紧的建设材料可采用直接定购方式。

8.1.3　材料采购合同的履行

材料采购合同依法订立后，当事人应当全面履行合同规定的义务，否则，不仅会影响当事人的经济利益，而且会影响施工合同的全面履行。因此，要求合同当事人按照实际履行原则和全面履行原则履行经济合同。

1. 按约定的标的履行

供货人交付的货物必须与合同规定的名称、品种、规模、型号相一致，这是贯彻实际履行原则的根本要求。除非采购人同意，供货人不得以其他货物代替合同的标的，也不允许以支付违约金或赔偿金的方式，代替履行合同。特别是在有些材料的供求波动比较大的情况下，强调这一原则更具重要意义。

2. 按合同规定的期限、地点支付货物

交付货物的日期应在合同规定的交付期限内，交付的地点应符合合同指定的地点。如果实际交付日期早于或迟于合同规定的交付期限，即视为提前交付或逾期交付。提前交付，采购人可拒绝接受；逾期交付，则应承担逾期交付的责任。如果逾期交货，采购人不再需要，应在接到供货人通知后 15 天内通知供货人，逾期未通知，则视为同意延期交货。交付标的应视为买卖双方的行为，只有在双方协调配合下才能完成货物的移交，而不应视为只是供货人的义务。对于采购人来说，依据合同规定接受货物既是权利，也是义务，不能按合同规定接受货物同样应当承担责任。

3. 按合同规定的数量和质量交付货物

对于交付的货物应当场检验，清点数目后，由双方当事人签字。对质量的检验，外在质量可当场检验，对内在质量，需做物理或化学试验的，以试验结果为验收的依据。供货人在交货时，应将产品合格证（或质量保证书）随同产品（或运单）交采购人，据此验收。在合同履行中，货物质量是比较容易发生争议的方面，特别是工程施工用料必须经监理工程师认可。因此，采购人在验收材料时，可根据需要采取适当的验收方式，如驻厂验收、入库验收或提运验收等，以满足工程施工对材料的要求。

4. 违约责任

（1）违约金的规定

当事人任何一方不能正确履行合同义务时，均应以违约金的形式承担违约赔偿责任。双方应通过协商，将具体采用的比例书写在合同条款内。

（2）供货人的违约责任

1）未能按合同约定交付货物。这类违约行为包括不能供货和不能按期供货两种情况，由于这两种错误行为给对方造成的损失不同，因此承担的违约责任的形式也不完全一样。

a. 如果因供货人的原因导致不能全部或部分交货，应按合同约定的违约金比例乘以不能交货部分货款计算违约金。若违约金不足以偿付采购人所受到的实际损失，可以修改违约金的计算方法，使实际受到的损害能够得到合理的补偿。例如，施工承包人为了避免停工待料，不得不以较高价格紧急采购不能供应部分的货物而受到的价差损失等。

b. 供货人不能按期交货的行为，又可以进一步区分为逾期交货和提前交货两种情况。

Ⅰ逾期交货。不论合同内规定由供货人将货物送达指定地点交接，还是采购人自提，均要按合同约定依据逾期交货部分货款总价计算违约金。对约定由采购人自提货物而不能按期交付的，若发生采购人的其他额外损失，这笔实际开支的费用也应由供货人承担。例如，采购人已按期派车到指定的地点接收货物，而供货人又不能交付，则派车损失应由供货人承担。发生逾期交货事件后，供货人还应在发货前与采购人就发货的有关事宜进行协商。采购人仍需要时，可继续发货照数补齐，并承担逾期交货责任；如果采购人认为已不再需要，则有权在接到发货协商通知后的 15 天内，通知供货人办理解除合同手续。但逾期不予答复则视为同意供货人继续发货。

Ⅱ提前交付货物。属于约定由采购人自提货物的合同，采购人接到对方发出的提前提货通知后，可以根据自己的实际情况拒绝提前提货；对于供货人提前发运或交付的货物，采购人仍可按合同规定的时间付款，而且对多交货部分，以及品种、型号、规格、质量等不符合合同规定的产品，在代为保管期内实际支出的保管、保养等费用由供货人承担。代为保管期内，不是因采购人保管不善原因而导致的损失，仍由供货人负责。

c. 交货数量与合同不符。交付的数量多于合同规定，且采购人不同意接受时，可在承付期内拒付多交付部分的货款和运杂费。合同双方在同一城市，采购人可以拒收多交部分；双方不在同一城市，采购人应先把货物接受下来并负责保管，然后将详细情况和处理意见在到货后的 10 天内通知对方。当交付的数量少于合同规定时，采购人凭有关的合法证明在承付期内可以拒付少交部分的货款，也应在到货后的 10 天内将详情和处理意见通知对方。供货人接到通知后应在 10 天内答复，否则视为同意对方的处理意见。

2）产品的质量缺陷。当交付货物的品种、型号、规格、质量不符合合同规定时，如果采购人同意利用，应当按质论价；当采购人不同意使用时，由供货人负责包换或保修。不能修理或调换的产品，按供货人不能交货对待。

3）供货人的运输责任。主要涉及包装责任和发运责任两个方面：

a. 合理的包装是安全运输的保障，供货人应按合同约定的标准对产品进行包装。凡因包装不符合规定而造成货物运输过程中的损坏或灭失，均由供货人负责赔偿。

b. 如果供货人将货物错发到货地点或接货人，除应负责运交合同规定的到货地点或接货人外，还应承担对方因此多支付的一切实际费用和逾期交货的违约金。供货人应按合同的约定路线和运输工具发运货物，如果未经对方同意私自变更运输工具或路线，要承担由此增加的费用。

(3) 采购人的违约责任

1）不按合同约定接受货物。合同签订或履行过程中，采购人要求中途退货的，应向供货人支付按退货部分货款总额计算的违约金。对于实行供货人送货或代运的物资，采购人违反合同规定拒绝接货的，要承担由此造成的货物损失和运输部门的罚款。约定为自提的产品，采购人不能按期提货的，除须支付按逾期提货部分货款总值计算延期付款的违约金之外，还应承担逾期提货时间内供货人实际发生的代为保管、保养费用。逾期提货，可能是未按合同约定的日期提货；也可能是已同意供货人逾期交付货物，而接到提货通知后未在合同规定的时限内去提货两种情况。

2）逾期付款。采购人逾期付款，应按照合同内约定的计算办法，支付逾期付款利息。按照中国人民银行有关延期付款的规定，延期付款利率一般按每天万分之五计算。

3）货物交接地点错误的责任。不论是由于采购人在合同内错填到货地点或接货人，还是未在合同约定的时限内及时将变更的到货地点或接货人通知对方，导致供货人送货或代运过程中不能顺利交接货物，所产生的后果均由采购人承担。责任范围包括自行运到所需地点或承担供货人及运输部门按采购人要求改变交货地点的一切额外支出。

8.2 设备采购合同管理

8.2.1 设备采购合同的订立

设备采购合同是指采购人（可能是业主，也可能是承包人）与供货人（大多是生产厂家,也可以是供货商)为提供工程项目所需的设备而签订的合同。设备采购合同的标的物可能是非标准产品,需要专门加工制作,也可能虽为标准产品,但技术复杂需求量较小,一般没有现货供应,待双方签订合同后由供货人专门进行加工制作,因此属于承揽合同范畴。

1. 设备采购合同的格式

设备采购合同的内容可分为三部分。第一部分为约首,即合同开头部分,包括项目名称、合同号、签约日期、地点、双方当事人名称等条款。第二部分为本文,即合同的主要内容,包括合同文件、合同范围和条件、货物及数量、合同金额、付款条件、交货时间和交货地点及合同生效等条款。其中合同文件包括合同条款、投标格式和投标人提交的投标报价表、要求一览表、技术规范、履约保证金、规格响应表、采购人授权通知书等;货物数量、交货时间和交货地点等均在要求一览表中明确表示,合同金额指合同的总价,分项价格则在投标报价表中确定;合同生效条款规定本合同经双方授权代表签字盖章并在采购人收到供货人提供的履约保证金后生效。第三部分为合同约尾,即合同的结尾部分,包括双方的名称、签字盖章及签字时间、地点等。

2. 设备采购合同条款

(1) 定义

对合同中的术语做统一解释如下。

1)"合同"系指买卖双方签署的,合同格式中载明的买卖双方所达成的协议,包括所有的附件、附录和构成合同的所有文件。

2)"合同价"系指根据合同规定,供货人在完全履行合同义务后采购人应付给的金额。

3)"货物"系指供货人根据合同规定须向采购人提供的一切设备、机械、仪表、备件、工具、手册和其他技术资料及其他资料。

4)"服务"系指根据合同规定供货人承担与供货有关的辅助服务,如运输、保险以及其他的服务,如安装、调试、提供技术援助、培训和其他类似义务。

5)"采购人"系指根据合同规定支付货款的需方单位。

6)"供货人"系指根据合同规定提供货物和服务的法人、其他组织或自然人。

(2) 技术规范

提供和交付的货物技术规范应与合同文件的规定一致。

(3) 专利权

供货人应保证采购人在使用该货物或其他任何部分时不受第三方提出侵犯其专利权、商标权和工业设计权的起诉。

(4) 包装要求

供货人提供货物的包装应适应运输、装卸、仓储的要求,确保货物安全无损运抵现场,并在每份包装箱内附一份详细装箱单和质量合格证,在包装箱表面做醒目的标识。

(5) 装运条件及装运通知

供货人应在合同规定的交货期前30天以电报或电传形式将合同号、货物名称、数量、包装箱号、总毛重、总体积和备妥交货日期通知采购人,同时应用挂号信将详细交货清单以及对货物运输和仓储的特殊要求及注意事项通知采购人。如果供货人交货超过合同规定的数量或重量,则产生的一切法律后果由供货人负责。供货人在货物装完24小时内应以电报或电传的方式通知采购人。

（6）保险

出厂价合同，货物装运后由采购人办理保险。目的地交货价合同，由供货人办理保险。

（7）支付

供货人按合同规定履行完义务后，采购人可按供货人提供的单据和交付货物的价款按比例付款。

（8）技术资料

供货人应在合同生效后的一定时间内将设备和仪器的技术资料一套寄给采购人，并在发货时另行随货物发运一套。

（9）质量保证

供货人须保证货物是全新的未使用过的，并完全符合合同规定的质量、规格和性能的要求。在货物最终验收后的质量保证期内，供货人应对由于设计、工艺或材料的缺陷而发生的任何不足或故障负责，费用由供货人负担。

（10）检验

在发货前，供货人应对货物的质量、规格、性能、数量和重量等进行准确而全面的检验，并出具证书，但检验结果不能视为最终检验。采购人在货物运抵现场后，可申请有关部门进行检验，如有与合同不符的情况，凭该检验证书在规定的期限内向供货人提出索赔。

（11）违约罚款

在履行合同过程中，如果供货人遇到不能按时交货或提供服务的情况，应及时以书面形式通知采购人，并说明不能交货的理由及延误时间。采购人在收到通知后，经分析，可通过修改合同，酌情延长交货时间。如果供货人毫无理由地拖延交货，则采购人可没收履约保证金，加收罚款或终止合同。

（12）不可抗力

发生不可抗力事件后，受事故影响一方应及时书面通知另一方，双方协商延长合同履行期限或解除合同。

（13）履约保证金

供货人应在收到中标通知书30天内，通过银行向采购人提供相当于合同总价10%的履约保证金，其有效期到货物保证期满为止。

（14）争议的解决

执行合同中所发生的争议，双方应通过友好协商解决，如协商不能解决时，当事人应选择仲裁解决或诉讼解决，具体解决方式应在合同中明确规定。

（15）破产终止合同

供货人破产或无清偿能力时，采购人可以书面形式通知供货人终止合同，并有权请求供货人赔偿有关损失。

（16）转包和分包

双方应对供货人能否完全或部分转让其应履行的合同义务达成一致意见。

（17）其他

其他的内容有合同生效时间、合同正本份数、修改或补充合同的程序等。

8.2.2 设备采购合同的履行

与材料采购合同相似,设备采购合同的履行也应贯彻实际履行原则和全面履行原则。

1. 交付货物

供货人应按合同的规定,按时、按质、按量地履行供货义务,并做好现场服务工作,及时解决有关设备的技术质量、缺损件等问题。

2. 验收

采购人对供货人交货应及时进行验收,根据合同规定,对设备的质量和数量进行核实检验,特别要核查配套设备与配件是否齐全,如有异议,应及时与供货人协商解决。

3. 结算

采购人对供货人交付的货物检验没有发现问题的,应按合同的规定及时付款;如果发现问题,在供货人及时处理达到合同要求后,也应及时履行付款义务。

4. 违约责任

为了保证合同双方的合法权益,在合同内还应约定承担违约责任的条件、违约金的计算办法和违约金的最高赔偿限额。违约金通常包括以下几方面内容。

(1) 供货人的违约责任

1)延误责任的违约金:①设备延误到货的违约金计算办法;②未能按合同规定时间交付严重影响施工的关键技术资料的违约金的计算办法;③因技术服务的延误、疏忽或错误导致工程延误违约金的计算办法。

2)质量责任的违约金。经过2次性能试验后,一项或多项性能指标达不到保证指标时,各项具体性能指标违约金的计算办法。

3)由于供货人责任而造成采购人人员的返工费。由于供货人委托采购人施工人员进行加工、修理、更换设备,或由于供货人设计图错误以及因供货人技术服务人员的指导错误造成返工,供货人应承担因此所发生合理费用的责任。向采购人支付的费用可按发生时的费率水平用如下公式计算:

$$P = ah + M + cm$$

式中 P——总费用(元);
a——人工费(元/小时·人);
h——人员工时(小时·人);
M——材料费(元);
c——机械台班数(台·班);
m——每台机械设备的台班费(元/台·班)。

4)不能供货的违约金。合同履行过程中,如果因供货人原因不能交货,则按不能交货部分设备约定价格的某一百分比计算违约金。

(2) 采购人的违约责任

1)延期付款违约金的计算办法。

2)延期付款利息的计算办法。

3)如果采购人中途要求退货,则按退货部分设备约定价格的某一百分比计算违约金。

在违约责任条款内还应分别列明任何一方严重违约时,对方可以单方面终止合同的条件、终止程序和后果责任。

8.3 承揽合同管理

承揽合同是承揽人按照定作人的要求完成工作，交付工作成果，收取定作人支付的报酬的合同。它包括加工合同、定作合同、修缮合同、修理合同、印刷合同、测绘合同、设计合同、检验鉴定合同等。

8.3.1 类型和特征

1）加工合同。加工合同是承揽人依定作人的要求，用定作人的材料为定作人生产特定产品的合同。

2）定作合同。定作合同是承揽人依定作人的要求，用承揽人提供的材料为定作人制作特定产品的合同。

3）修缮合同。修缮合同是承揽人为定作人修缮房屋的合同。

4）修理合同。修理合同是承揽人为定作人修复损坏或发生故障的设备、工具等的合同。

5）印刷合同。印刷合同是承揽人为定作人完成印刷书、报刊的合同。

6）广告合同。广告合同是广告经营者按广告发布人的要求完成广告的设计、发布的合同。

7）改造合同。改造合同是承揽人按照定作人的要求，把定作人提供的产品、设备、工具等改造或者改制成另一种新产品、新设备、新工具的合同。

8）复制合同。复制合同是承揽人按照定作人提供的样品制作与原样品同样的产品的合同。

9）测绘合同。测绘合同是承揽人按照测绘人委托的要求，以自己特有的设备和技术为测绘委托人完成约定的测绘工作的合同。

10）设计合同。设计合同是承揽人按照设计委托人的要求，完成委托的设计工作的合同。

11）检验鉴定合同。检验鉴定合同是承揽人接受委托人的委托完成对指定物品的检验鉴定工作的合同。

8.3.2 承揽合同对承揽人的要求

承揽合同的承揽人应当以自己的设备、技术、劳动完成主要工作，未经定作人同意，将承揽的主要工作转交他人完成的，应承担民事责任。承揽合同的承揽人可以将非主要工作转交由第三人完成，但应就第三人的工作向定作人承担责任。

1）合同中约定由承揽人提供材料的，承揽人应按合同约定选用材料，并接受定作人的检验，要变更或更换制作材料的，应征得定作人的同意，并签订书面协议。

2）合同中约定由定作人提供材料的，承揽人应按合同约定使用定作人提供的材料，并及时检验定作人提供的制作材料，发现不符合约定的材料要及时通知定作人更换。

3）在制作过程中发现加工图或技术要求不合理的，应及时通知定作人，因不通知或怠于通知造成定作人损失的,应承担赔偿责任。

4) 承揽人对定作物应承担质量责任、按时交付责任和提供必要的技术资料的义务。

8.3.3 承揽合同的内容

承揽合同属服务合同,签订这类合同,应具备以下主要条款:
1) 双方的姓名或名称、住址、法人代表的姓名。
2) 委托的标的物(应写标的物的全称)。
3) 标的物的数量、质量、包装、加工方法。
4) 标的物制作的原材料的质量、规格、数量及检验方法、计量单位。
5) 制作的价款、酬金及计算的依据、方法。
6) 合同履行的地点、期限、方式。
7) 工作成果质量、性能、技术要求、指标及检验方法。
8) 报酬的支付及支付的方式。

8.3.4 承揽人应履行的义务

1) 承揽人应按合同的约定完成定作成果。按照《合同法》的规定,主要体现在以下几个方面:①按照定作人的要求完成定作成果;②按照合同约定的时间按时交付工作成果;③完成的工作成果达到合同约定的技术标准;④在制作过程中接受定作人的监督和接受定作人的合理建议;⑤在制作过程中发现加工图或技术有不合理的地方及时向定作人提出;⑥妥善保管工作成果、配件、加工图;⑦保守定作成果的技术秘密。

2) 按合同约定的要求提供原材料或者接受、检验、保管、使用定作人提供的原材料。按《合同法》的规定,主要体现在以下几个方面:①合同约定原材料由承揽人提供的,承揽人应按合同约定的质量标准提供原材料;②合同约定原材料由定作人提供的,承揽人对定作人提供的原材料应按合同约定的标准和检验方法进行检验、验收、保管和合理使用;③定作人提供的原材料保证专物专用,未经定作人同意不得更换、挪作他用,发现原材料不符合标准的,有通知定作人更换的义务,并承担不通知或怠于通知造成的损失。

3) 按合同约定要求交付工作成果。依《合同法》规定,主要体现在以下几个方面:
a. 交付工作成果时必须按合同约定的时间,提前和延迟要征得定作人同意。
b. 交付工作成果时应同时交付附件、加工图、技术数据、使用说明等资料。
c. 交付的工作成果应按合同约定的包装材料、要求进行包装(有包装要求的)。
d. 保守工作成果的技术秘密,承担规定的保修义务。
e. 辅助工作交第三人完成的,承揽人为定作人承担质量责任。

8.3.5 定作人的主要义务

1) 及时接受工作成果的义务。定作人对承揽人完成的工作成果,应当及时接收和验收。定作人接受定作物后须在合理期限内进行检验,未在合理期限内检验并通知承揽人的,视为定作物符合要求。

2) 按合同规定支付报酬的义务。定作人应按照约定的期限支付报酬,对支付报酬的期限没有约定或约定不明的,可依照合同协议补充或合同有关条款、交易习惯确定。仍不能确定的，定作人应当在承揽人交付工作成果时支付；承揽人对完成的工作享有留置权。

3）配合与协助承揽人完成工作的义务。定作人不履行协助义务致使承揽工作不能完成的，承揽人可以催告定作人在管理期限内履行义务，并可以顺延履行期限，定作人逾期不履行的，承揽人可以解除合同。

4）中途变更和解除合同造成损失赔偿的义务。定作人中途变更承揽工作要求或解除合同的，对给承揽人造成的损失应当承担赔偿责任。

8.4 技术合同管理

8.4.1 技术合同的概念和特征

1. 技术合同的概念

技术合同是指法人之间、法人与公民之间、公民之间就技术开发、技术转让、技术咨询和技术服务所订立的确立民事权利义务关系的协议。

在我国有计划的社会主义商品经济条件下，商品一般包括物质形态的商品和非物质形态的商品。技术是一种特殊商品，随着我国技术市场的放开、搞活、扶植、引导方针的贯彻实施，越来越多的技术成果进入市场，这就造成了科技成果的进一步商品化和社会化，从而推动了我国技术合同的广泛应用。

2. 技术合同的特征

技术合同除具备一般合同的特点外，还具有以下特征：

1）技术合同的标的是提供技术的行为，而不是一般的商品或劳务。这些行为包括提供现存的技术成果，对尚未存在的技术进行开发以及提供与技术有关的辅助性帮助等行为，如技术开发、转让、咨询和服务行为。确定这些行为是否属于提供技术的行为，首先从合同的标的所涉及的对象上看，即涉及对象是否为"技术"。技术一般是指根据生产实践经验和科学原理而形成，作用于自然界一切物质设备的操作方法和技能。"技术"依不同标准可分为专利技术和专有技术、生产性技术和非生产性技术等。

2）技术合同的履行具有特殊性。技术合同履行因常涉及与技术有关的其他权利归属而具有与一般合同履行不同的特性。

3）技术合同是双务、有偿合同。在技术合同中，当事人双方都承担相应的义务，因此是双务合同。技术合同当事人一方从对方取得利益的，须向对方支付一定的代价，因此是有偿合同。

4）技术合同当事人具有广泛性和特定性。

8.4.2 订立技术合同应遵守的基本原则

《合同法》规定，订立技术合同，应当有利于科学技术的进步，加速科学技术成果的转化。技术合同的订立除应遵循《合同法》总则中的基本原则之外，还应根据技术合同自身的特点遵守技术合同的特殊基本原则。

1. 合法的原则

合法是指技术合同在其形式、内容、手续等方面都符合国家法律、法规和政策的规定，不损害国家利益和社会公共利益，并受到国家法律保护。

2. 有利于科技进步的原则

这是订立技术合同必须遵守的原则，也是科学技术发展的必然要求。现代国际经济竞争在很大程度上是科学技术的竞争，"科学技术是第一生产力"已成为共识，《合同法》是适应我国经济体制改革和科技体制改革的需要，发展社会主义商品经济的一项重要科技立法。它为维护技术市场的经济秩序，保护当事人的合法权益，加速和深化科技体制改革，促进科学技术的发展提供了法律上的保证。因此，技术合同当事人必须贯彻有利于科技进步的原则，以促进科学技术的发展与繁荣。

3. 加速科技成果的应用和推广的原则

科学技术只有与生产实践和经济建设相结合，才能把科技成果转化为生产力。科技成果只有通过技术合同形式，才能得到进一步的推广和应用。为了促进科学技术向生产力的转化，违反法律、法规的规定，或者损害国家利益和社会公共利益，非法垄断技术、妨碍科学技术进步的合同，被视为无效技术合同。同时，我国相关法律法规还明确规定了侵害他人专利权、专利申请权、专利实施权、非专利技术使用权、转让权以及发明权、发现权的处理原则和方法，以加速科技成果的推广和应用。

4. 自愿平等、互惠有偿和诚实信用的原则

自愿是指技术合同主体之间在签订技术合同时，必须真实地反映自己的意志，任何一方不得将自己的意志强加给对方，其他任何组织和个人也不得进行非法干预。平等是指当事人双方法律地位的平等，当事人之间既享受权利，也必须承担义务。

互惠有偿是指技术合同当事人之间在进行技术商品交易时，必须按照交换物的价值，在平等协商的基础上进行互惠交换，任何单位和个人均不得无偿占用或占有他人科学技术成果。

诚实信用是指技术合同当事人必须以公平、善意、真实和诚实的态度来表达自己的意思和履行自己的义务，任何一方不得采取欺诈、胁迫等手段骗取对方的信任，侵犯他人的合法权益。

5. 技术成果合理分享的原则

技术成果的分享是技术合同当事人在履行技术合同过程中所发生的技术成果的归属及使用权、转让权、利益分配办法以及改进技术的分享办法的问题，分享技术成果的一般原则包括：

1）各方投资开发的技术成果，属于各方所共有，由各成员分享。

2）各成员单位自行开发的成果，归本单位所有。

3）互相委托开发的技术成果，属于投资方和技术开发方所共有，其利益分配比例应按资金和智力投资情况在合同或协议中予以明确规定。如果在合同中没有明确规定，则对于技术开发成果和非专利技术成果，当事人双方都有使用和转让的权利。但是，委托开发的研究开发方在向委托方交付研究开发成果之前，不得将研究开发的成果转让给第三方。

4）对于技术转让合同，如果在合同中没有约定实施专利和利用非专利技术后续改进的技术成果的分享办法，则任何一方无权享受另一方后续改进的技术成果。

5）在履行技术咨询合同、技术服务合同过程中，除合同另有约定者外，顾问方或服务方利用委托方提供的技术资料和工作条件所完成的新的技术成果，属于顾问方或服务方，委

托方利用顾问方或服务方的工作成果所完成的新的技术成果，属于委托方。

8.4.3 技术合同的类型

技术合同分为四种类型，即技术开发合同、技术转让合同、技术咨询合同和技术服务合同。

(1) 技术开发合同

技术开发合同是指当事人之间就新技术、新产品、新工艺和新材料及其系统的研究开发所订立的合同，它包括委托或合作开发合同。这里的技术开发，是指知识形态商品的生产。

(2) 技术转让合同

技术转让合同是指当事人就专利转让、专利申请权转让、专利实施许可以及非专利技术的转让所订立的合同。

(3) 技术咨询合同

技术咨询合同是指当事人一方为另一方就特定技术项目提供可行性论证、技术预测、专题技术调查、分析评价报告所订立的合同。

(4) 技术服务合同

技术服务合同是指当事人一方就技术知识为另一方解决特定技术问题所订立的合同，不包括建设工程的勘察、设计、施工、安装合同和加工承揽合同。

在实际技术交易中，还会出现将几种基本类型的技术合同或将技术合同与经济合同、劳务合同订立在一起，形成一种综合性合同的情况。

8.4.4 技术合同的主要条款

技术合同的内容由当事人约定，一般包括以下条款：

1) 项目名称及技术标的的名称。该条款包括标的的类别、性质等，是区分不同类型技术合同的标志。

2) 标的内容、范围和要求。这是技术合同的中心条款，它要求确切表明技术合同的具体任务，写明技术合同类型、技术范围、技术条件及技术参数等，这些条款既是确定双方权利义务关系的依据，也是将来检查合同履行状况的依据。

3) 履行的计划、期限、进度、地点和方式。履行的计划、进度表明当事人履行技术合同意思表示的科学性和真实性。合同履行期限包括合同签订日期、完成日期和合同有效期限。合同履行地点是指合同当事人约定在哪一方履行及履行的具体地点和场所。合同履行方式是指以什么样的手段完成和实现技术合同标的所要求的技术指标和经济指标。

4) 技术情报和资料的保密。这是对有关技术情报和资料的公开性、限制性的要求。当事人在订立合同前可以就交换技术情报和资料达成书面保密协议。即使合同达不成也不影响保密协议的效力；同时，技术合同终止后，当事人可以约定一方或各方在一定期限、一定地域内对有关情报和资料负有保密的义务。

5) 风险责任承担。风险责任承担条款用来解决技术合同在履行中出现无法预见、无法防止、无法克服的客观原因导致部分或全部失败时，如何承担风险的问题。

6) 技术成果的归属和收益的分成办法。该条款由于涉及双方的技术权益和经济利益，故在合同中应载明关于技术成果的权利归属、如何使用和转让以及产生的利益如何分配。

7)验收标准和方法。验收标准和方法是指完成合同规定任务所应达到的技术、经济指标及其签订方式。这是合同履行验收的依据。

8)价款或报酬及其支付方式。技术合同的价款或报酬没有统一的成文标准,由双方综合市场需要、成本大小、经济利益、同类技术状况风险大小等自由约定;支付方式可采用一次总算或一次总算分期支付等方式。

若约定提成支付的可以按照产品价格、实施专利和使用技术秘密后新增的产值、利润或者产品的销售额的一定比例提成,也可以按照约定的其他方式计算。提成支付的比例可以采取固定比例、逐年递增比例或逐年递减比例。约定提成支付的,当事人应当在合同中约定查阅有关会计账目的办法。

9)违约金或损害赔偿的计算方法。即当事人违约后,一方承担违约责任而赔偿受损失一方的计算标准、方法和数额。

10)争议解决的方法。双方可以约定选择采用协商、调解、仲裁、诉讼等办法来解决纠纷。

11)术语和名词的解释。技术合同专业性强,为避免对关键词和术语的理解发生歧义引起争议,可对合同中不特定的词语和概念做特定的界定,以免引起误解或留下漏洞。

除以上条款外,与履行合同有关的技术背景资料、可行性论证和技术评价报告、项目任务书和计划书、技术标准、技术规范、原始设计和工艺文件,以及其他技术文档,按照当事人的约定可以作为合同的组成部分。同时,技术合同涉及专利的,应当注明发明创造的名称、专利申请人和专利权、申请日期、申请专利号以及专利权的有效期限。

8.4.5 技术合同中的职务技术成果与非职务技术成果中经济权利的归属

1. 职务技术成果与非职务技术成果的划分

职务技术成果是指执行法人或其他组织的任务或者主要利用法人或其他组织的物质技术条件所完成的技术成果,主要有三种情况:①在职人员承担法人或其他组织的科学研究;②在职人员履行本岗位职责所完成的技术成果;③退休离休、调动工作的人员在离开原法人或其他组织1年内继续承担原法人或其他组织的科学研究和技术开发课题或履行原岗位的职责所完成的课题。

非职务技术成果是指职务技术成果以外的技术成果,以及完成技术成果的个人自行研究的技术成果主要不是利用所在法人或其他组织的物质技术条件所完成的成果,即同时具有两个条件,才能确定为非职务技术成果。

1)该技术成果不是完成人在所在法人或其他组织承担的科学和技术开发课题,也不是该完成人的岗位职责,而是完成人自行研究开发的。

2)完成该技术成果的资料、材料、设备等物质条件主要不是由所在单位提供的,项目研究开发的全过程没有采用法人或其他组织未公开的技术情报和技术资料。

2. 职务技术成果与非职务技术成果经济权利的归属

(1)职务技术成果经济权利的支配权归其法人或其他组织

职务技术成果凝聚了法人或其他组织的科学决策、群众智慧和集体的经验,包含了法人或其他组织长期的人力、物力、智力投入,因此,《合同法》规定,法人或其他组织对职务技术成果的经济权利有支配权,法人或其他组织可以自主决定其使用和转让,法人或其他组织可以决定与他人订立技术实施许可、技术转让等合同以实现自己的利益。

同时，享有职务技术成果经济权利支配权的法人或其他组织，应从使用和转让该项职务技术成果所取得的收益中提取一定的比例，对完成该项职务技术成果的个人给予奖励或报酬。并且法人或其他组织转让职务技术成果时，职务技术成果的完成人享有以同等权利优先受让的权利。

(2) 非职务技术成果经济权利的支配权属于完成人个人

由于完成人个人对非职务技术成果的创造投入了大量的人力、物力、智力，因此，其对非职务技术成果享有支配权，依法对其拥有使用权、转让权。完成人有权决定与他人就非职务技术成果订立技术合同以获得利益，也可以允许他人无偿使用，或抛弃非职务技术成果。

思 考 题

1. 材料采购合同如何进行交货检验？
2. 材料采购合同履行过程中，如果出现供货方提前交货应如何处理？
3. 材料采购与设备采购合同的区别是什么？
4. 设备采购合同的伴随服务可能包括哪些内容？
5. 承揽合同违约责任有哪些规定？
6. 在技术合同中，如何划分经济权利的归属？

第 9 章 工程索赔基本理论

> **本章概要**
>
> 本章介绍了工程索赔的基本理论知识,包括工程索赔的基本概念、索赔的意义与索赔意识、索赔起因和索赔依据、索赔的主要依据、承包商可引用的合同条款、索赔的程序与业主的索赔等内容。

9.1 工程索赔的基本概念

9.1.1 索赔的定义

索赔(Claim),在朗曼词典中是指作为合法的所有者,根据自己的权利提出的有关某一资格、财产、金钱等方面的要求;在牛津词典中是指要求承认其所有权或某种权利,或根据保险合约所要求的赔款,如损失、损坏等。索赔也就是指在合同的实施过程中,合同一方因对方不履行或未能履行合同所规定的义务而受到损失,或一方在对方要求或同意时,尽了比原合同的约定更多的义务,因而向对方提出赔偿要求。

工程索赔是当事人在合同实施过程中,根据法律、合同规定及惯例,对并非由于自己的过错,而是因应由合同对方承担的责任造成的,而且实际已经发生的损失,向对方提出给予补偿的要求。索赔事件的发生,可以是由一定行为造成,也可以由不可抗力引起,可以是合同当事人一方引起,也可以是任何第三方行为引起。索赔的性质属于经济补偿行为,是合同一方的一种"权利"要求,而不是惩罚。索赔的损失结果与被索赔人的行为并不一定存在法律上的因果关系。它允许承包商获得不是由于承包商的原因而造成的损失补偿,也允许业主获得由于承包商的原因而造成的损失补偿。对于工程承包施工来说,索赔是维护施工合同签约者合法利益的一项根本性管理措施。对于施工合同的双方来说,索赔是维护双方合法利益的权利。它同合同条件中双方的合同责任一样,构成严密的合同制约关系。承包商可以向业主提出索赔，业主也可以向承包商提出索赔。在国际工程施工的实践习惯中，将承包商向业主的索赔称为"索赔"，而把业主向承包商的索赔称为"反索赔"，但在正式合同条件范本中一律用"索赔"二字。

在当前建筑市场激烈竞争的条件下，工程任务少，施工单位多，因此，工程施工中的绝大部分风险由承包商来承担，一旦失误，承包商就可能遭受重大的经济损失。承包商在施工过程中必须加强施工索赔管理，对于实际施工过程中发生的事件，按照工程合同条款的规定，对合同价格进行适当的公正调整，以弥补承包商不应承担的损失，尽可能使工程合同的风险分担程度合理。

9.1.2 索赔的分类

1. 按索赔的起因分类

可以导致索赔的原因很多，归纳起来主要有以下几种：

1）工程量变化索赔。承包商对工程量的增加或减少，提出索赔要求。

2）不可预见的自然条件。例如在施工期间，承包商在现场遇到的地质条件与业主提供的资料不同，出现未预见到的软弱土层，或者有大块孤石等，是属于一个有经验的承包商也无法预见的自然条件或人为障碍。

3）加速施工索赔。当工程项目的施工遇到非承包商的原因引起的拖期时，可以给承包商延长工期，或要求承包商采取加速施工的措施。而采取加速施工虽然会增加工程成本，但可以使工程按计划工期建成。

4）工程拖期索赔。由于非承包商的原因，使工程拖期，承包商为了完成合同规定的工程花费了较原来计划更长的时间和更多的开支。

5）工程变更索赔。由于业主或工程师指令变更设计，增加、减少或删除部分工程个别的实施计划，变更施工次序等，造成工期延长和费用增加。

6）合同文件错误索赔。由于合同文件错误、遗漏、含糊不清导致的索赔。

7）暂停施工或终止合同索赔。由于客观原因或违约而发生暂停施工或终止合同导致的索赔。

8）业主违约索赔。由于业主违约导致承包商的索赔。

9）业主风险索赔。由于施工中发生了应由业主承担的风险而导致承包商的索赔。

10）不可抗力索赔。由于战争、叛乱、罢工、放射性污染、自然灾害等原因导致的索赔。

11）承包商违约索赔。由于承包商违约导致业主的索赔。

12）缺陷责任索赔。由于承包商施工质量没有达到合同规定的标准，业主提出的索赔。

13）其他索赔，如汇率变化、物价上涨、法令变更、业主拖延付款等引起的索赔。

2. 按索赔目的分类

按索赔目的划分，索赔有以下两种：

1）工期索赔。承包商向业主要求延长工期，合理顺延合同工期。由于合理的工期延长，可以使承包商免于承担误期罚款（或误期损害赔偿金）。

2）经济索赔。承包商要求取得合理的经济补偿，即要求业主补偿不应该由承包商自己承担的经济损失或额外费用，或者业主向承包商要求因为承包商违约导致业主的经济损失补偿，也称为"费用索赔"。

3. 按索赔的合同对象分类

索赔是在合同双方之间发生的。按合同对象的不同，索赔分为以下几种：

1）业主与承包商之间的索赔。这是施工过程中最常见的形式，也是本书主要探讨的内容（在我国的施工合同示范文本中也称是发包人向承包人索赔。本书所称业主即为发包人，承包商即为承包人）。

2）总承包商与分包商之间的索赔。总承包商向业主负责，分包商向总承包商负责。按照他们之间的合同，分包商只能向总承包商提出索赔要求，如果是属于业主方面的责任，则再由总承包商向业主提出索赔；如果是总承包商的责任，则由总承包商和分包商协商解决。

3）与供货商之间的索赔。如果供货商违反供货合同的规定，如设备的规格、数量、质量标准、供货时间等违反供货合同的规定，业主或承包商（按照合同关系）有权向供货商提出索赔要求。反之亦然。

4）与保险公司、运输公司之间的索赔。即业主或承包商基于运输合同与保险合同提出的索赔要求。

4. 按索赔的主体分类

合同的双方都可以提出索赔，从提出索赔的主体出发，将索赔分为以下两类：

1）承包商索赔。由承包商提出的向业主的索赔。

2）业主索赔。由业主提出的向承包商的索赔。

5. 按索赔的依据分类

1）条款明示的索赔。即索赔事项所涉及的内容在合同文件中能够找到明确的依据，业主或承包商可以据此提出索赔要求。

2）条款默示的索赔。即索赔事项所涉及的内容已经超过合同规定的范围，在合同文件中没有明确的文字描述，但可以根据合同条件中某些条款的含义，合理推论出有一定索赔权。这些隐含在合同条款中的要求，常称为"默示条款"。

6. 按索赔的处理方式分类

（1）单项索赔

单项索赔也称一事一索赔，是指每一件索赔事项发生后，索赔管理人员就针对该事项，在规定的索赔有效期内向工程师提出索赔要求，要求单项解决支付，不与其他的索赔事项混在一起。单项索赔通常原因单一，责任划分明确，分析处理比较简单。

（2）总索赔

总索赔又称为一揽子索赔，是对整个工程中所发生的索赔事项，综合在一起进行索赔。采用这种方式进行索赔，是在特定的情况下被迫采用的一种索赔方法。有时候在施工过程中受到非常严重的干扰，致使承包商的全部施工活动根本无法按照原来的计划进行，原来合同中规定的工作与变更后的工作相互混淆，承包商无法为索赔保持准确而详细的成本记录资料，无法分辨哪些费用是原定的，哪些费用是新增的。在这种条件下无法采用单项索赔的方式。也就是说采用总索赔是一种无奈之举。如果承包商必须采用总索赔的方式，则必须事前征得工程师的同意，并且能够提交以下证明材料：

1）承包商要证明自己的投标报价是合理的。

2）已经开支的实际总成本是合理的。

3) 承包商对实际成本的增加没有任何责任。

4) 由于索赔事项在施工过程中的特殊性，无法采用其他方法精确计算出实际的损失数额。

对于总索赔，因为在实际操作过程中涉及太多的争议因素，索赔的成功率并不高，在实际施工过程中应该尽力避免使用。

9.1.3 索赔的成立

索赔的成立是有条件的。承包商的索赔要求必须具备以下四个条件：

1) 与合同相比较，已经造成了实际的额外费用支出或工期损失。
2) 造成费用增加或工期损失的原因不是由于承包商的过失。
3) 按合同规定造成的费用增加或工期损失不是应由承包商承担的风险。
4) 承包商在事件发生后的规定时间内提出了索赔的书面意向通知。

索赔和律师打官司相似，一项索赔的成功，不仅在于事件本身的实际情况，而且在于能否找到有利于自己的书面证据，能否找到为自己辩护的法律条款或合同条款。但是，对于干扰事件造成的损失，承包商只有"索"，才可能"赔"，不"索"则一定不"赔"。如果承包商自己不会索赔，如没有索赔意识、不重视索赔、不懂索赔；或不敢索赔，怕得罪业主，失去合作的机会，影响以后合作等，业主是不会主动提出赔偿的。因此，索赔完全在于承包商自己的主动性和积极性。

9.1.4 索赔的发生与发展

建筑产品从产品本身到生产过程，到建筑市场的经营方式都有其自身明显区别于其他工业产品的特点。整个施工过程经常受到干扰，进而影响工程进度和成本。而且工程承包合同的签订是基于对未来的预测，而对于如此复杂的工程和环境，合同中不可能对所有的问题都做出预先的规定，也不能对所有的情况都做出准确说明。合同中的条款难免会考虑不周、欠缺和不足，这就会导致在合同实施中合同双方对自己的责任、权利和义务的理解产生争议，这些争议一般都和工期、成本等有关。另外，由于工程参建单位的相互影响，或者业主要求的变化等方面的原因，在工程合同实施过程中，索赔都是不可避免的。尤其是承包商一方，因为市场竞争的影响，更是承担了更多的风险，为了取得相应的经济效益，必须重视索赔问题的研究。

从 20 世纪 70 年代开始，由于建筑工程承包施工领域内的竞争逐渐激烈，承包企业竞相压低报价以求中标，因而在施工过程中的亏损现象逐年增多，施工索赔便逐渐提到工程承包界的议事日程上来，并成为承包商施工过程中必不可少的管理行为，成为承包企业保护其经济利益的基本管理行为。加入 WTO 以来，我国的建筑市场与国际建筑市场接轨，我们必须尊重国际惯例，遵循国际上对施工索赔的处理方法。我国的《建设工程施工合同（示范文本）》（GF—2013—0201）也把索赔作为一个单独的条款，进行了明确的规定。

9.1.5 工程索赔与工程签证

虽然目前国际上已经形成了相对完善的工程索赔的理论与方法，并积累了大量的工程索赔的经验和教训，但我国的建筑施工企业和项目经理在工程实践中，一直以来通常采用工程签证或者恰商函等方式与业主沟通。虽然大部分的施工合同中有关于索赔的合同条款,施工管理人员却不敢工程索赔,不懂工程索赔,不会工程索赔,不善于工程索赔,许多合法的权益因此被疏忽或放弃了。这些工程管理人员迫切需要有关工程索赔的专业指导。在具体的工程实践上的问题在于:目前我国法律、法规对工程签证和工程索赔都没有相应的规定,处理索赔尚无明确的法律规定。而在实践中有关工程签证和索赔的案例又在大量发生。

工程索赔与工程签证都是行业惯例,也都是法律问题。工程索赔的发生通常源于未能成功办理工程签证。

工程签证是指工程承发包双方在施工过程中按合同约定对支付各种费用、顺延工期、赔偿损失所达成的双方意思表示一致的补充协议,互相书面确认的签证即成为工程结算或最终结算增减工程造价的凭据。签证的效果是承发包双方应该履行的补充协议,承发包双方不得擅自推翻。作为补充协议的工程签证主要有如下几个要件:

1)主体:两方,即发包人代表或代理人与承包人代表。

2)事项:增减价款、支付费用、顺延工期、承担违约责任和赔偿损失以及其他具有变动双方权利义务关系的事项。

3)形式:双方共同签字确认签证事项。如承包方提出申请,发包人不同意或部分同意,即不符合该形式;如发包方部分同意,而承包方无反对意见,则可视为符合该形式。

4)内容:符合工程合同的约定,且工程合同未否定其最终约束力。

工程签证具有如下法律特征:

1)工程签证是双方协商一致的结果,是双方的法律行为。

2)工程签证涉及的利益已经确定,可直接作为工程结算的依据。

3)工程签证是施工过程中的例行工作,一般不依赖于证据。

工程索赔不同于工程签证的法律特征如下:

1)工程索赔与工程签证双方的法律行为不同,工程索赔是单方主张权利的要求,是单方法律行为。

2)工程签证涉及的利益已经确定,而工程索赔涉及的利益尚待确定,是一种期待权益。

3)工程签证一般不依赖于其他证据,工程索赔要求未获确认的权利的单方主张必须依赖于证据。

9.2　索赔的意识与培养

9.2.1　索赔的意义

随着建筑市场的逐步完善,面临着国际国内日益激烈的市场竞争,各承包商为了中标,竞相压低投标报价。由于工程承包受"买方市场"原则制约,承包风险主要落在承包商一方。因此,施工索赔业务主要表现为承包商向业主的索赔,而业主对承包商的索赔则相对较少。在这种情况下,承包商如果不善于通过索赔来减少自己的损失,就可能无法进行下去。施工索赔已成为承包商维护自己合同利益的关键性途径。为了成功进行施工索赔,承包商必须具备先进的合同管理,尤其是索赔管理水平。只有善于索赔,严格施工管理,科学控制工程开支，系统积累各种资料，正确编写索赔报告，按策略进行索赔谈判，才能成功地进行施工索赔，提高企业的经济效益，提高企业的经营管理水平。

9.2.2 索赔成功的主要影响因素

1. 报价及签约管理水平

索赔的处理过程、解决方法、依据、索赔值的计算方法等都要按照合同规定进行。不同的合同形式对风险分担有不同的规定，对索赔的补偿范围、条件和办法都有具体的规定，同时还涉及工程合同适用法律的问题。因此合同签约阶段的工作对索赔成功与否具有重要作用。

一个有经验的承包商，它的合同管理人员，尤其是索赔管理人员，应该从投标准备阶段开始就研究探讨该合同项目的索赔问题。认真研究招标文件及施工图，深入进行拟投标施工项目的自然条件和政治经济条件的原始资料调查，寻找索赔机会。深入研究招标文件中涉及施工索赔的条款和规定；仔细分析可能存在的对业主的开脱性条款或免责条款；认真核对工程量，充分考虑项目可能存在的风险；详细研究竞争对手的情况；针对具体项目的实际情况做出自主报价。

2. 承包商的合同管理水平

承包商的合同管理工作在工程项目的实施过程中占有重要地位，也是索赔成功的必要条件。承包商合同管理水平的高低主要表现在以下几个方面：

1）是否熟悉通晓工程项目的全部合同文件，是否能够从索赔的角度解释合同条款，不失去任何应有的索赔机会。

2）是否能够从投标报价阶段开始就仔细分析和掌握全部合同文件，是否能全面了解合同中存在的各种隐蔽风险，是否能够有预见地避免一切可以防范的风险，把承包商承担的风险及风险损失减少到尽可能少的程度。

3）是否对合同规定的工作了如指掌，是否能随时注意业主和工程师发布的变更指令或口头要求。一旦发现实际工程超出了合同规定的工作范围，是否能及时地提出索赔要求。

4）在编写索赔报告文件和进行索赔谈判时，是否能熟练运用合同知识来解释和论证自己的索赔权，是否能运用正确的计价方法来提出自己应得的工期延长或经济补偿。

5）是否有一整套切实的合同管理程序，并能严格执行；是否有健全有效的档案文件管理系统。

如果承包商重视合同管理，熟悉索赔业务，按合同要求进行施工，发生索赔事项时，严格按合同规定的要求和程序提出索赔，有丰富的索赔处理经验，注重索赔策略和方法的研究，就比较容易取得索赔的成功。

3. 按合同要求建好工程项目

要想索赔成功，承包商要认真按照合同要求实施工程项目，使施工质量合格，施工进度符合合同要求，并按规定的竣工日期完成工程项目建设，使业主和工程师满意。这就为索赔成功奠定了基础。为了建好工程项目，承包商应努力做好以下工作：

1）按照施工技术规程的要求施工，工程质量符合合同规定的要求或标准。

2）坚持约定的施工进度计划，尽可能保证工程项目按照原定的竣工日期竣工建成。如果因为业主或客观原因导致工程拖期，承包商要尽可能减少这些不利的影响可能给业主带来的损失，但可正当提出相应的索赔要求。

3）按照业主和工程师的工程变更指令进行施工，对由此产生的额外开支提出正当的索赔要求。

在这里要注意一点，按合同要求努力建好工程项目，并不等于无原则地一味迁就业主的无理要求。当业主的支付能力出现问题或者无故拖欠施工进度款时，承包商应该善于利用合同中相应的暂停施工甚至终止施工的合同条件来保障自己的经济利益，特别要注意避免大量垫资施工，以防止给自己带来不必要的经济损失。

4. 成本管理水平

施工项目的成本管理工作从投标阶段开始，贯穿整个施工阶段，在工程竣工投产后结束。一个有经验的承包商，深切地懂得要从招标文件中开始探索施工索赔的可能机会，并在报价书中写入将来进行施工索赔所必需的数据。

在施工阶段的成本管理工作中，通过定期的成本核算和成本分析工作进行成本控制，发现成本超支时立即分析原因。如果发现是属于计划外的成本支出，应及时提出索赔补偿要求。因此，成本管理人员应熟悉工程项目合同文件中的经济条款，并能够利用这些经济条款取得承包商应有的资金收入，维护自己合理的经济利益。为了做好施工索赔工作，工程项目成本管理应做好以下工作：

1）及时编报索赔款申报表。在每月申报工程进度款的同时编报索赔款申报表，以免索赔款长期拖欠累计，数额巨大，增加索赔的难度。

2）熟悉索赔款的计价方法，正确计算索赔款，熟悉索赔款的单价分析与价格调整方法，能够比较准确地确定索赔事项的施工新单价，使索赔计算具有说服力，不易被业主或工程师拒绝。

3）成本管理人员要学会积累成本资料，定期进行成本核算和分析，既能满足成本控制的需要，又能满足索赔论证的需要。

5. 善于进行索赔处理

施工索赔工作通常要持续一个相当长的时间，并通过反复的协商和谈判才能得到解决。施工索赔人员的谈判能力如何，与索赔事项的成败关系很大。索赔谈判者必须熟悉合同，懂得工程技术，并有利用合同知识论证自己索赔要求的能力。

6. 合同双方的关系

合同双方关系密切，业主对承包商的工作和工程感到满意，则索赔易于解决；如果双方关系紧张，业主和承包商互不信任，甚至敌对，则索赔难以解决。

7. 业主、监理工程师的公正性和管理水平

如果业主和工程师能够公正地处理承包商的索赔要求，索赔问题就比较容易解决。如果不讲信誉，办事不公正，索赔问题就很难解决。承包商最后就只能采取仲裁或诉讼的方式来解决合同纠纷，对双方来说都费时、费力，又费钱。同样，如果业主和监理工程师管理水平较高，又能公平公正地处理问题，则索赔问题较易于解决。

9.2.3 索赔管理人员应具备的意识

虽然我国各工程承包公司逐步开展了施工索赔工作，但从全国的施工企业来看，我国各建筑企业在这些方面还普遍缺乏经验，一般公司还没有形成自己的索赔管理体系，没有自己的施工索赔方面的专家，有些管理人员对索赔的重要作用还估计不足，对索赔业务了解不多。因此，有必要在广大工程施工管理人员中进行索赔知识的指导和培训，提高他们对索赔工作重要性的认识，树立正确的索赔工作的基本意识观念，提高我国工程合同管理和索赔管理工作的水平。

为了正确认识索赔，必须要明确：索赔是工程合同双方的权利，任何一方都有权主动提出索赔要求，来维护自己正当合理的经济利益。尤其是对于承包商来说，由于激烈的市场竞争，更需要通过索赔尽可能地减少承包风险、防止经济亏损。施工管理人员应该明确，索赔是经济补偿的性质，而不是罚款。因此当一个索赔事项发生时，一定要认真对待，严格按照合同的规定处理。应该索赔的而不知道索赔，会使承包商丧失应得的经济利益，同时也说明其合同管理水平不高。索赔管理人员应该自觉地关心与索赔有关的任何事件，主动提出索赔要求，把施工索赔管理工作作为首要考虑的问题之一，及时发现索赔机会，及时提出索赔，避免形成合同争端。同时在处理索赔过程中，不要无道理地夸大索赔要求，而应该遵守合同，以合同为依据，有理、有利、有节地进行索赔。

为了提高施工管理人员的索赔意识，正确认识索赔，公司领导人员应该把施工索赔看作经营管理的重要组成部分，引导全体管理人员重视索赔工作，建立主管合同和索赔的部门，有针对性地培养索赔管理人才。项目负责人应把施工索赔视为自己的主要任务，组织项目组全体管理人员，熟练掌握工程的合同文件，识别每一个重要的索赔机会，认真细致地做好索赔工作，争取索赔的成功。

作为一个索赔管理人员，要强化索赔意识，应该具备以下几方面的意识。

1. 合同法律意识

工程承包合同经过双方法人代表签字，具有法律效力，对合同双方都有约束力。它要求合同双方都要遵守合同规定的义务和权利，保证合同的实施。索赔就是法律赋予承包商和业主的正当权利。树立法律意识，可以提高合同双方的自我保护意识，同时自觉地避免侵害他人利益。因此，树立法律意识，首先要自觉履行合同，按合同文件规定办事，另外还要懂得利用合同条件保护自己的利益，使合同双方在履约过程中能遵守合同，互相协调，确保合同目标的实现。同时作为索赔管理人员还要熟悉相关的工程建设方面的法律法规，如《建筑法》《招标投标法》等。此外，作为工程索赔管理人员，树立法律意识还要明确工程项目合同文件的适用法律问题。按照国际惯例，一般是适用工程所在国的法律。因此作为工程项目的承包商，还应该对工程项目所在国的有关法律和规定进行深入的了解。

2. 风险防范意识

在激烈竞争的建筑市场条件下，建筑工程的承发包中充满了很高的风险，兼之建筑工程规模大，工期长，产品固定，生产流动，受地质、气候、社会环境影响等特点，给承包商带来许多不可确定的风险，一般有以下几方面的风险：

1）政治风险。即因政治方面的原因或事件导致企业遭受损失的风险，如爆发战争、内乱、业主国经济危机等。

2）社会风险。即企业所处的社会背景、秩序、宗教信仰、风俗习惯以及人际关系等形成的影响企业经营的各种束缚或不便所致的风险。

3）经济风险。即经济领域内的潜在或出现的各种可导致企业的经营遭受厄运的风险，如生产要素市场价格变动，金融市场因素，材料、设备供应，物价上涨，国家政策调整等。

4）自然风险。即因自然环境如气候、地理位置等因素导致的风险，如特别恶劣的气候条件、地质地基条件的变化、施工中遇到其他障碍或者文物等。

5）技术风险。如施工准备不足、设计变更或施工图供应不及时、施工组织设计的缺陷和漏洞等。

6）履行风险。如发包人履约能力差，分包商违约，或者发包人驻工地代表、监理工程师工作效率低，不能及时解决问题或付款，或发出错误指令等。

7）合同风险。如合同条款不全面、不完善，存在比较严重的漏洞，过于苛刻的责权利不平衡条款；合同内没有或不完善的转移风险的担保、索赔、保险等相应条款，合同内缺少因第三方影响造成工期延误或经济损失的补偿条款等。

8）管理风险。即在经营过程中，因管理策略、管理方法、管理手段等错误的使用或对已发生事件处理欠妥而导致的风险。

9）其他风险。

虽然对于业主和承包商来说，风险都是存在的，但由于受"买方市场"经济规律的制约，工程合同中的风险分担并不是在业主和承包商之间平均分配的。事实上，风险主要是落在承包商一方。虽然在 FIDIC《施工合同条件》（1999 年第 1 版，下同）中指明了业主应承担的风险，即"业主风险"（FIDIC《施工合同条件》第 17.3 款），但是在很多条款里都包括了承包商的风险。这就需要承包商投标时进行认真的风险分析，注意风险的分担和规避，同时要善于进行索赔，以补偿施工过程中发生的实际损失。

要防范风险，首先在投标报价之前要认真研究业主所在国家的政治局势、经济状况、业主的工程款落实情况和支付信誉。熟悉和掌握有关工程施工阶段的法律法规，然后认真熟悉招标文件，及时掌握要素市场价格动态，使报价准确合理，减少潜在的风险因素。对招标文件中的对业主的开脱性条款进行深入研究，做好现场勘察，根据招标文件的要求，在投标报价中适当考虑风险因素，减少合同签订后的风险。如果中标了，在与业主商签合同的谈判时，要仔细推敲合同条款，对过于苛刻的合同条款提出修改要求，并双方签署使之生效。

合同签订后，在组织施工过程中要加强施工管理，控制成本支出；做好合同管理和索赔管理工作，及时识别索赔机会，按时提出索赔要求，认真编写索赔文件，并及时催请工程师处理索赔事项。通过分包工程使分包商承担部分风险，管好分包商，减少风险事件的发生等，此外，还可以通过保险来转移风险。总之，通过各种手段来使工程承包的风险降到最低。

3. 经济成本意识

经济成本意识，首先要明确，作为一个承包商，承揽一个施工任务的最终目的就是获得盈利。因此，一个工程管理人员必须具有明确的工程造价意识。索赔要求的提出和解决，都和工程造价紧密相关，索赔也是为了得到相应的费用补偿或免于承担误期罚金（误期损害赔偿金）。

对工程造价的控制，首先要明确工程造价是由中标合同价和变动费用两部分构成的。变动费用部分主要就是索赔款。也就是说，事实上，工程成本是处于变化之中的，直到工程建成之日，才形成一个确定的数值。而承包商既要完成合同规定的工作，又要完成按照合同合理推定出的工作，在施工过程中经常可能出现的工程量变更、设计变更、新增工程、不可预见的自然条件等，使其工作总量常常要大于招标文件中规定的工程数量，从而使最终成本经常会超过中标合同价。FIDIC《施工合同条件》第 4.1 款明确规定了承包商的一般义务，即"承包商应按照合同及工程师的指示，设计（在合同规定的范围内）、实施和完成工程，并修补工程中的任何缺陷"。这里"按照合同"工作，是指按照施工图、施工技术规程、工程量表及相关合同条件等所应该完成的工作；"按照工程师的指示"是指合同中虽然没有指明，但业主和工程师认为仍应由承包商完成，因而发布指令，要求承包商完成的工作。我国《建设工程施工合同（示范文本）》（GF—2013—0201）中也有类似的规定：承包人应按合同约定以及监理人根据"竣工验收与工程试车"的条款做出的指示，实施、完成全部工程，并修补工程中的任何缺陷。

因为承包商要完成上述两部分工作，而承包商的报价可能是完全按照合同规定的内容做出的，所以承包商实际完成的工程量往往会大于招标文件中的工程量。作为管理人员要有经济观念，也就是说合同管理人员在进行成本控制过程中，通过成本分析，将实际成本同预算成本相比较，找出施工中发生成本偏差的原因，及时发现索赔机会。如果是工程量的不同引起的成本差异，则说明业主的工程量表不准确或是完成了计划外的工作，超出了合同的工作范围，承包商应立即提出索赔要求。如果是单价不同引起的成本差异，则可能是承包商报价不准或为中标而压低的报价，承包商应立即采取必要的措施，降低工程成本。还有就是要尽量避免投亏本标。期望低价中标后，再通过索赔挽回成本亏损的做法将带来很大的经济风险。

4. 索赔时间意识

索赔事项的处理有明确的时间规定。施工索赔工作的时间意识具体体现在及时进行索赔。错过时机或超过时限，往往意味着索赔的失效。因此，索赔管理对整个工程的索赔工作要有宏观上的索赔安排。每一个工程项目实施过程中都有许多索赔事项。这些索赔事项的发生有先有后，应随着工程的进展，在宏观上做统一安排，避免混淆和耽误。每个具体的索赔事项都需要发现、申报、论证和讨论解决这样一个过程，需要相当长的时间处理。因此，承包商的索赔要求要及早提出，并抓紧解决，避免一旦工程建成，导致索赔要求落空。同时对每项索赔做出具体的时间安排，严格按照合同文件规定的时限，向业主和监理工程师递交索赔通知书，并按期报送索赔资料，谨防超过时效，失去索赔的权利。

FIDIC《施工合同条件》和我国《建设工程施工合同（示范文本）》（GF—2013—0201）对承包商索赔的时间有明确的规定，如果一个索赔事项发生，引起承包商的竣工时间的延长和（或）费用的增加，承包商应在察觉或者应该察觉该事件或情况后的 28 天内通知工程师。如果未能在规定时间发出索赔通知，则竣工时间不得延长，承包商无权获得追加付款而雇主应免除有关该索赔的全部责任。也就是说，如果承包商没有按时提出索赔要求，就意味着索赔的失败。提出索赔通知以后，还要按照工程师的要求定期向工程师提交阶段性的索赔资料，并在索赔事件或情况产生的影响结束后 28 天内或在承包商可能建议并经工程师认可的此类其他期限内，递交一份最终的索赔报告。因此作为一个工程索赔管理人员，一定要有明确的时间观念。

当工程接近建成时，如果仍有一些悬而未决的索赔事项，一定要坚持在竣工报表（FIDIC《施工合同条件》第 14.10 款）和最终报表（FIDIC《施工合同条件》第 14.11 款）中提出，因为在 FIDIC《施工合同条件》第 14.14 款"雇主责任的中止"中明确规定了"除了承包商在最终报表和 FIDIC《施工合同条件》第 14.10 款所述的竣工报表中，为合同或工程实施引发的或与之有关的任何问题或事项，明确提出款项要求以外，雇主应不再为之对承包商承担责任"。我国《建设工程施工合同（示范文本）》（GF—2013—0201）中也明确规定，承包人按本合同的约定接受了竣工付款证书后，应被认为已无权再提出在工程接收证书颁发前所发生的任何索赔。因此这是承包商提出索赔的最后机会，承包商一定要在竣工报表和最终报表中详细列出自己所要求的索赔款，要求业主结算时支付，这也是有索赔时间意识的表现。

识别索赔机会应从投标时就开始，会延续至工程建成一半，甚至更长时间。在工程建成 1/4～3/4 的阶段是解决索赔问题的有利时期，应该尽量把大量的索赔事项争取在这一时段内解决。整个工程的索赔谈判和解决，应该集中在工程全部建成完工以前。最理想的安排是在竣工日的前夕解决所有索赔争端。

9.2.4 索赔人员的素质要求及培养

1. 索赔管理人员应具备的知识

施工索赔是一门新兴的学科专业，索赔管理工作贯穿于工程实施的全过程和各个方面。索赔管理水平越高，索赔的成功率就越大，也就越能提高企业经营管理水平，提高企业的经济效益。为了能够成功地进行索赔，要求索赔管理人员具有多方面的专业知识。

（1）工程造价知识

作为一个索赔管理人员，应该知道价格学方面的基本知识，了解工程造价的构成，能够进行成本分析，懂得成本控制方法，掌握工程造价和索赔款的确定方法，能够采用适当的方法进行索赔款的计算。而工程造价方面的知识要求具有一定的工程技术经济知识，如建筑材料、建筑结构、施工技术、施工组织等。

（2）合同及法律知识

索赔管理是合同管理的重要部分，索赔问题的解决主要是依据合同条款和相关法律。因此作为一个索赔管理人员，应该熟悉国际国内普遍采用的一些标准合同条件的主要内容和基本特点，在国内的工程应该重点熟悉 FIDIC《施工合同条件》和我国的《建设工程施工合同（示范文本）》（GF—2013—0201）。同时应该熟悉相关的法律规定，如《建筑法》《招标投标法》《合同法》等；应该能够熟练运用合同条款和法律手段处理施工索赔问题。

（3）谈判知识

在索赔处理过程中，工程师、业主或业主代表、承包商等各方面的负责人要经常打交道，要经常开会讨论各种问题，需要具备丰富的谈判经验。每次谈判之前，应该确定谈判原则、策略和具体的做法，明确该问题处理的原则和能够做出的最大让步。谈判时要保持清醒的意识，明白自己想要达到的最终目的，在谈判时既要据理力争，也要在关键时刻适当让步。因此，作为一个索赔管理人员，除具备工程造价知识和合同、法律知识之外，还需要具备一定的公关、谈判等社会科学领域的知识，以保证在索赔谈判中保持主动，确保索赔成功。

（4）工程管理知识

索赔工作涉及工程项目管理的各个方面，要取得索赔的成功，必须提高整个工程项目的管理水平，进一步健全和完善管理机制。这就要求作为索赔管理人员，要具有相应的工程项目管理知识。在工程管理过程中，安排专人负责索赔管理工作，将索赔管理贯穿于工程项目全过程，工程实施的各个环节和各个阶段。事实上，索赔管理人员管理水平的高低，也反映了施工企业经营管理和工程项目管理水平的高低。

（5）风险管理知识

建设项目由于具有其特有的特点，如单件性、体积大、生产周期长、价值高，以及易受社会、经济、自然灾害、地质、水文条件等影响，从而决定了建设项目面临的风险要大于一般项目面临的风险。从建设项目的实施过程来看，许多风险都是在项目的实施过程中由潜在威胁变成现实的。一方面，风险管理是在认真分析风险的基础上，拟定各种具体的风险转移、减轻等规避措施，减少这些潜在威胁发生的可能性。另一方面，风险管理还事先制定各种风险应对措施，一旦潜在威胁转变成现实就采用，降低风险事故带来的损失。建设项目风险管理是一项复杂的综合管理活动，涉及建设项目的成本、进度、质量、安全、施工技术、信息沟通等多个方面，依靠单一的管理技术或措施是不能完成的，必须综合运用多种方法和手段，并需要管理科学、系统科学、工程技术、自然科学和社会科学等多种学科的知识。

2. 索赔管理人员的素质培养

工程索赔管理工作是一门跨学科的工程技术经济方面的管理工作，对管理人员的素质要求很高。为了在索赔工作中取得成功，维护自己合理的经济利益，提高企业的经济效益，对索赔管理人员应该进行以下几方面的素质培养。

（1）培养索赔意识

为了做好施工索赔工作，必须对索赔工作的基本特点有深刻的了解，具备索赔工作所必需的一些基本意识，如索赔意识、法律意识、风险防范意识、成本意识和时间意识等。良好的意识是索赔管理人员素质培养的思想基础，尤其我国国内目前比较普遍对索赔缺乏正确认识，而国际的竞争却越来越紧迫，更应尽快树立索赔工作的基本意识，把索赔管理工作建立在正确的思想基础上，使我国的工程施工企业的合同管理和索赔管理工作尽快提高到国际水平，为索赔的成功打好基础。

（2）加强专业技术知识

施工索赔工作要求深厚的技术经济专业知识基础，既要懂工程技术，又要懂财务会计；无论是工期索赔还是经济索赔，都要涉及大量的价格计算工作。没有技术或财务基础知识是做不好这项工作的。一个资深的施工索赔管理人员首先应该是一名技术或经济方面的专家，如一名土木建筑工程师或工程技术经济师。如果能兼通两个方面的专业知识，就可以完全胜任索赔管理工作。

（3）学习合同知识和公共关系知识

合同和相关法律是索赔问题处理和解决的基本依据，作为工程索赔管理人员除了要熟悉工程项目的施工合同条件和工程所在国的相关法律规定，还应该掌握工程的基本合同条件，掌握工程索赔工作的国际惯例和索赔的案例。

一个索赔事项发生了，仅仅有一个索赔的书面报告是不够的。索赔问题的解决经常需要经过多次的会谈。索赔是以利益为原则的，而不是以立场为原则，不以辨明是非为目的。承包商追求的是通过索赔使自己的损失得到补偿，获得合理的收益。在整个索赔的处理和解决过程中，承包商必须牢牢把握这个方向。由于索赔要求只有最终获得业主、工程师或仲裁人的认可才有效，最终获得赔偿才算成功，所以索赔的技巧和策略极为重要。承包商应考虑采用不同的形式、手段，采取各种措施争取索赔的成功，同时既不损害与对方的友谊，又不损害自己的声誉。因此，作为一个索赔管理人员，要学会利用谈判技巧，熟练地论述你的索赔权利，论证你的索赔要求是合理合法的，这就要求具备一定的谈判知识，掌握一定的谈判技巧，需要有公共关系方面的知识和经验。

(4) 加强管理知识的培养

索赔管理作为工程项目管理的一部分，索赔管理人员必须具备相应的管理知识，这是一个管理人员的基本能力。只有具备相应的管理能力，才能把索赔工作做得更好，所以作为一个索赔管理人员，一定要加强自身管理素质的培养与提高，适应不断变化的、不断发展进步的工程管理方面的要求。

(5) 提高运用英语的能力

中国的建筑市场最终会走向国际化，国际工程招标投标和合同实施工作中均采用英语；国际土木工程通用的 FIDIC 合同条件的法定语言也是英语。因此，从事工程施工索赔管理的人员，应该具备一定的用英语进行沟通和谈判的能力。

考虑国内国际建筑工程承包商市场的巨大规模和竞争风险，施工索赔的发生频率仍然可能逐年增加，施工索赔的难度将会加大。为了在国际工程承包商市场的竞争中取胜，每个建筑工程承包企业都应注意提高自己的经营管理水平，培养优秀的合同管理、索赔管理人才。

9.3 索赔起因和索赔依据

9.3.1 索赔起因

土木工程建设与一般工业产品的生产相比较，具有特殊的技术经济特点，具体表现为工期长、规模大、生产过程复杂、参与建设的单位多、建设的环节多。因此，建设施工过程中，由于水文地质条件变化影响，设计变更和各种人为干扰等多种原因，都会造成工程项目的实际工期和造价与计划的不一致，从而影响到合同各方的利益，这是由其建筑产品及其生产过程、建筑产品市场的经营方式等方面的特点所决定的。因此，在土木工程建设中，索赔经常发生。分析其原因，可归纳如下。

1. 合同缺陷

由于建设工程承包合同是在工程开始建设前签订的，一般来说，是基于对未来情况的预测和历史经验做出的。而工程本身和工程环境有许多不确定性，合同不可能对所有的问题做出预见和规定，合同中总会出现一些考虑不周的条款、缺陷和不足，如合同措辞不当、说明不清楚、二义性、构成合同文件的各部分文件规定不一致等，从而导致合同履行过程中其中一方合同当事人的利益受到损害而向另一方提出索赔。

2. 合同理解差异

由于合同文件复杂，分析困难，合同双方的立场和角度不同，以及工程经验，尤其在国际工程承包工程中，由于合同双方可能来自不同的国家，使用不同的语言，采用不同的工程习惯，以及不同的法律体系，使得合同双方对合同理解产生差异，从而造成工程实施行为的失调，而引起索赔。

3. 业主或承包商违约

合同规定合同当事人双方的权利、义务和责任，由于合同当事人双方中的一方违约，造成合同的另一方损失，则其可以向违约方要求赔偿，即索赔。如业主未按规定时限向承包商支付工程款，工程师未按规定时间提供施工图等，承包商有权就这些业主方的原因而引起的施工费用增加或工期延长向业主提出索赔。反之，如果发生承包商未按合同约定的质量或工期交付工程等情况，业主也可以向承包商索赔。

4. 风险分担不均

土木工程建设市场在相当长的时期内一直是买方市场，虽然施工的风险相对于施工合同的双方均存在，但是业主和承包商承担的合同风险并不均等，承包商承担着更大的风险。因此，承包商必须通过施工索赔，弥补风险引起的损失。

5. 工程变更

在土木工程施工中，经常会发现许多招标文件中没有考虑或估算不准确的工程量，因而不得不改变施工项目或增减工程量，或者由于一些客观原因，当工程师发现设计、质量标准或施工顺序等方面的问题时，通常会进行工程变更，指示增加新工作、暂停施工或加速施工、改变材料或工程质量等，这些变更指令往往导致工程费用增加或工期拖延，使承包商蒙受损失。因此，承包商应提出索赔要求以弥补自己不该承担的损失。

6. 施工条件变化

由于土木工程承包施工工期长，受环境影响大。而在招标投标阶段，业主不可能将极其准确的施工条件如工程地质条件资料提供给承包商，而承包商也不可能通过现场查勘等方式将施工条件准确无误地确定下来。况且还有很多的自然条件和技术经济条件，不是人力所能控制得了的，因此，即使有经验的承包商也不可能将所有施工条件的变化情况都预见到，而由于施工现场条件的变化，往往会导致设计变更、暂停施工或工程成本的大幅度上升，从而使承包商蒙受损失。因此，承包商只有通过索赔来弥补自己不应承担的损失。

7. 工程拖期

在土木工程施工中，由于受到气候、水文地质等自然条件和设计施工图等影响，经常造成工程不能按原计划进行，从而使得工程竣工时间拖延。如果拖延的责任由业主承担，则承包商有权就工期和费用的损失提出索赔。如果拖延的责任在承包商一方，则业主有权向承包商提出索赔，即由承包商承担误期损害赔偿费。

8. 工程所在国法令法规变化

工程所在国家的法令和法规的变化，如外汇管制、税率提高、提出更严格的强制性质量标准等，都可能使施工成本发生变化。如果法令法规的变化是在承包商投标报价前发生的（如 FIDIC 合同条件中规定为投标截止日的 28 天以前），则认为此种变化已经在投标时考虑了。若此种变化在此时间之后发生，则按国际惯例，允许调整合同价格，此时，就会发生索赔。

9. 土木工程特殊的技术经济特点

由于土木工程本身具有工期长、技术结构复杂、露天作业、投资多、材料设备需求量大、涉及的单位和环节多、影响工程本身和其环境的因素多等特殊的技术经济特点，使工程施工中经常会出现工程本身发生变化，如设计变更或者工程环境发生变化，自然条件变化或建筑市场物价变化等，这些变化均造成工程费用的变化，因此，都可能引起索赔。

10. 工程参与单位多，关系复杂

由于土木工程项目建设中，参与的单位多，除了承包商与业主之外，可能还有其他的承

包商、分包商、材料设备供应商，还有设计单位，在工程施工过程中，可能由于某一个单位的工做出现失误，造成一系列的连锁反应，造成其他方面的损失，从而引起索赔。

11. 物价波动

建筑产品由于生产周期比较长，在施工过程中，市场物价的变化会对工程成本产生比较大的影响。当物价上涨时，承包商的成本增加，会提出索赔要求（可调价合同），如果市场物价下降，则应该由业主受益。

9.3.2 索赔的主要依据

为了达到索赔成功的目的，承包商必须进行大量的索赔论证工作，以大量的证据来证明自己拥有索赔的权利和应得的索赔款额和索赔工期。在进行施工索赔时，承包商应善于从合同文件和施工记录等资料中寻找索赔的依据，在提出索赔要求的同时，提出必需的证据资料。可以作为索赔依据的主要资料介绍如下。

1. 招标文件、合同文本及附件

招标文件中所包括的合同文本如 FIDIC《施工合同条件》中的通用条件和专用条件以及我国《建设工程施工合同（示范文本）》（GF—2013—0201）中的通用合同条款和专用合同条款、施工技术规范、工程范围说明、现场水文地质资料和工程量表、标前会议和澄清会议资料等，不仅是承包商投标报价的依据和构成工程合同文件的基础，而且是施工索赔时计算索赔费用的依据。

2. 施工合同协议书及附属文件

施工合同协议书，合同双方在签约前就中标价格、施工计划、合同条件等问题进行的各种讨论纪要文件，以及其他各种签约的备忘录和修正等资料，都可以作为承包商索赔计价的依据。

3. 投标文件和中标通知书

在投标文件中，承包商提出主要分部分项工程的施工方案，按照工程量清单进行施工单价分析计算，对施工效率和施工进度进行分析，对施工所需的材料与设备列出数量和单价，从而成为承包商编标报价的成果文件。中标后，投标文件成为合同文件的组成部分，也就成为施工索赔依据之一。当采用单价合同时，如 FIDIC《施工合同条件》，业主按照实际工程量与承包商在投标文件中所报单价的乘积来支付工程款。投标文件中的单价就成为索赔时索赔费用计算的一个重要依据。

索赔的处理首先以合同为依据。工程合同行政管制多，合同文件多，文件规范多，交易习惯多。工程合同应该整体解释，探究合同整体的真实意思。也就是把全部合同的各项条款以及各个构成部分作为一个完整的整体，根据各个条款以及各个部分的相互关联性，争议的条款与整个合同的关系，在合同中所处的地位等各方面因素进行考虑，以确定所争议的合同条款的含义。

上述三类索赔依据资料，根据我国有关规定，合同文件能互相解释、互为说明，除合同另有约定外，其组成和优先解释顺序如下：

1）合同协议书。
2）中标通知书。
3）投标书及其附件。

4）本合同专用合同条款。
5）本合同通用合同条款。
6）标准、规范及有关技术文件。
7）设计图。
8）已标价工程量清单。
9）其他合同文件。

4. 往来的书面文件

在合同实施过程中，会有大量的业主、承包商、工程师之间的往来书面文件，如业主的各种认可信与通知，工程师或业主发出的各种指令，如工程变更令、加速施工令等，以及对承包商提出问题的书面回答和口头指令的确认信等，这些信函（包括电传、传真资料等）都将成为索赔的证据。因此，往来的信件一定要留存，自己的回复则要留底。同时，要注意对工程师的口头指令及时书面确认。

5. 会议记录

会议记录主要包括标前会议和决标前的澄清会的会议纪要，在合同实施过程中业主、工程师和承包商定期和不定期的工地会议，如施工协调会议、施工进度变更会议、施工技术讨论会议等，在这些会议上研究实际情况做出决议或决定等。这些会议记录均构成索赔的依据，但应注意这些记录若想成为证据，必须经各方签署才有法律效力。因此，对于会议应建立审阅制度，即由做纪要的一方写好纪要稿后，送交参会各方传阅核签，如果有不同意见须在规定期限内提出或直接修改，若不提出意见则视为同意（这个程序需由各方在项目开始前商定）。

6. 批准的施工进度计划和实际进度记录

经过业主或工程师批准的施工进度计划和修改计划、实际进度记录和月进度报表是进行索赔的重要证据。进度计划中不仅指明工作间施工顺序和工作计划持续时间，而且还直接影响到劳动力、材料、施工机械和设备的计划安排，如果由于非承包商原因或风险使承包商的实际进度落后于计划进度或发生工程变更，则这类资料对承包商索赔能否成功起到极其重要的作用。

7. 施工现场工程文件

施工现场工程文件包括现场施工记录、施工备忘录、各种施工台账、工时记录、质量检查记录、施工设备使用记录、建筑材料进场和使用记录、工长或检查员以及技术人员的工作日记、监理工程师填写的施工记录和各种签证，各种工程统计资料如周报、月报，工地的各种交接记录如施工图交接记录、施工场地交接记录、工程中停电停水记录等资料，这些资料构成工程实际状态的证据，是工程索赔时必不可少的依据。

8. 工程照片、录像资料

工程照片和录像作为索赔证据最为直观，并且在照片上最好注明日期。其内容可以包括工程进度照片和录像、隐蔽工程覆盖前的照片和录像、业主责任或风险造成的返工或工程损坏的照片和录像等。

9. 检查验收报告和技术鉴定报告

在工程中的各种检查验收报告如隐蔽工程验收报告、材料试验报告、试桩报告、材料设备开箱验收报告、工程验收报告以及事故鉴定报告等，这些报告构成对承包商工程质量的证明文件，因此成为工程索赔的重要依据。

10. 工程财务记录文件

工人劳动计时卡和工资单、工资报表、工程款账单、各种收付款原始凭证、总分类账、管理费用报表、工程成本报表、材料和零配件采购单等财务记录文件，是对工程成本的开支和工程款的历次收入所做的详细记录，是工程索赔中必不可少的索赔款额计算的依据。

11. 现场气象记录

工程水文气象条件变化，经常引起工程施工的中断或工效降低，甚至造成在建工程的破损，从而引起工期索赔或费用索赔。尤其是遇到恶劣的天气，一定要做好记录，并且请工程师签字。这方面的记录内容通常包括每月降水量、风力、气温、水位、施工基坑地下水状况等，对地震、海啸和台风等特殊自然灾害更要随时做好记录。

12. 市场行情资料

市场行情资料，包括市场价格、官方公布的物价指数、工资指数、中央银行的外汇比率等资料，是索赔费用计算的重要依据。

【案例 9-1】 索赔证据的提供

某承包商通过竞争性投标中标承建一写字楼工程。合同中标价为 980000 美元。采用 FIDIC《施工合同条件》签订合同。在工程施工过程中，由于地基出现问题，而被迫修改设计，造成多项变更，并且修改的施工图总是延误，多次发生已施工完毕的部分又发生变更，被业主指令拆除。因此，承包商提出工期索赔和经济索赔的要求，并提供索赔证据以证明索赔的合理性。

承包商提供的索赔证据有合同文本、地基出现问题时工程师签发的暂停施工指令和复工指令、经工程师批准的施工进度计划和修改计划、承包商的施工记录、工程师签发的变更指令、承包商签收施工图的记录、拆除时的用工量记录、工地会议的记录、实际进度的记录、投标报价单、实际工效记录、施工机械进场记录和租赁费单据等。

索赔证据提供的目的有两个：一个是证明自己有权索赔，另一个就是证明自己的索赔计算合理。因此，在提供证据时，应当从这两个方面来进行考虑。

9.3.3 承包商可引用的合同条款

1. FIDIC 合同条件下承包商可引用的合同条款

在进行施工索赔时，承包商应按照合同条款论述自己的索赔权和进行索赔额计算。在实际中，往往一个索赔事项涉及几个合同条款，此时，索赔人员应认真研究合同文件，引用合同文件中对自己最有利、最具有说服力的条款来进行论证。表 9-1 和表 9-2 列出了 FIDIC《施工合同条件》承包商可引用的索赔条款。表中，C 表示附加成本开支，P 表示可索赔的利润，T 表示相应的工期延长。

表 9-1 FIDIC《施工合同条件》承包商可引用的明示索赔条款

序 号	合同条款号	条款主要内容	可调整事项
1	1.9	延误的施工图或指示	$T+C+P$
2	1.13	遵守法律，取得许可	$T+C$

(续)

序号	合同条款号	条款主要内容	可调整事项
3	2.1	未及时提供现场进入权	$T+C+P$
4	4.7	因雇主提供基准数据差错,放线错误	$T+C$
5	4.12	不可预见的自然条件	$T+C$
6	4.20	雇主免费供应材料问题	$T+C$
7	4.24	发现化石、文物和古迹等	$T+C$
8	7.4	进行试验	$T+C+P$
9	8.4	竣工时间的延长	T
10	8.5	当局造成的延误	T
11	8.9	暂停的后果	$T+C$
12	8.10	暂停时对生产设备和材料的付款	C
13	10.2	部分工程的接收	$C+P$
14	10.3	对竣工试验的干扰	$T+C+P$
15	11.8	承包商调查	$C+P$
16	13.2	价值工程	(合同价值减少额 - 雇主价值减少额)/2
17	13.5	暂列金额	$C+P$
18	13.7	因法律改变的调整	$T+C$
19	13.8	因成本改变的调整	按调价公式 $\pm C$
20	14.7	延误的付款	利息
21	16.1	承包商暂停工作的权利	$T+C+P$
22	16.4	终止时的付款	$C+P$
23	17.4	雇主风险的后果	$T+C+P$
24	17.5	知识产权和工业产权	C
25	18.1	有关保险的一般要求	保险费
26	19.4	不可抗力的后果	$T+C$
27	19.7	根据法律解除履约	$C+P$

表 9-2 FIDIC《施工合同条件》承包商可引用的默示索赔条款

编号	条款号	条款主要内容	可以调整的内容
1	1.3	通信联络	$C+P+T$
2	1.5	文件的优先次序	$C+T$
3	1.8	文件的保管和提供	$C+P+T$
4	1.13	遵守法律	$C+P+T$
5	2.3	业主的人员	$C+T$
6	2.5	业主的索赔	C

(续)

编号	条款号	条款主要内容	可以调整的内容
7	3.2	工程师的授权	$C+P+T$
8	4.2	履约保证	C
9	4.10	现场数据	$C+T$
10	4.20	业主的设备和免费提供的材料	$C+P+T$
11	5.2	对指定的反对	$C+T$
12	7.3	检查	$C+P+T$
13	8.1	工程开工	$C+T$
14	8.12	复工	$C+P+T$
15	12.1	需测量的工程	$C+P$
16	12.3	估价	$C+P$

2. 我国《建设工程施工合同（示范文本)》中承包商可引用的合同条款

我国在《建设工程施工合同（示范文本)》中提供了多项合同内索赔机会，为企业开展索赔工作创造了有利的条件和基础。总结合同示范文本中明确可以索赔的条款如表 9-3 所示。

表 9-3 我国《建设工程施工合同（示范文本)》（GF—2013—0201）中承包商可引用的合同条款

序号	合同条款	条款主要内容	可调整事项
1	1.6.1	施工图延误	$T+C+P$
2	1.9	发现化石、文物和古迹等	$T+C$
3	1.11.3	知识产权	C
4	2.4	未及时提供现场进入权	$T+C+P$
5	2.1	遵守法律，取得许可	$T+C$
6	7.2	非承包人原因修改施工组织设计	$T+C+P$
7	8.1	发包人供应材料问题	$T+C$
8	7.4	因发包人提供基准数据差错、错误	$T+C+P$
9	7.5.1	发包人原因导致工期延长	$T+C+P$
10	7.6	不利的物质条件	$T+C+P$
11	7.8.1	暂停施工	$T+C$
12	7.9	提前竣工	C
13	13.2.5	部分工程的接收	$T+C+P$
14	10.4	变更引起的价格调整	$C+P$
15	10.8	暂列金额	$C+P$
16	11.1	市场价格波动的调整	按调价公式增减 C 或按管理机构规定调整
17	11.2	因法律改变的调整	$T+C$
18	10.5	合理化建议	（发包人支付的合同价款的减少或效益的确定性增加 - 承包人利润的减少的补偿额）/2

(续)

序 号	合同条款	条款主要内容	可调整事项
19	12.2.1	延误预付款	T+利息
20	12.4.4	延误的付款	利息
21	15.3	质量保证金	利息
22	5.3.3	监理人重新检查	$T+C$
23	13.3.2	工程试车中的责任	$T+C$
24	17.3	不可抗力的后果	$T+C$
25	18.1	有关保险的一般要求	保险费
26	16.1.1	承包商暂停工作的权利	$T+C+P$
27	17.4	终止时的付款	$C+P$

9.4 索赔程序和索赔文件的编写

9.4.1 索赔的一般程序

按照我国《建设工程施工合同（示范文本）》（GF—2013—0201）的规定，发包人未能按合同约定履行自己的各项义务或发生错误以及应由发包人承担责任的其他情况，造成工期延误和（或）承包人不能及时得到合同价款及承包人的其他经济损失，承包人可以书面形式向发包人索赔。在合同实施阶段，所出现的每一个施工索赔事项，都应按照合同条件的具体规定，抓紧时间进行处理，并与工程进度款的结算同时支付，按月清理。承包商索赔的一般程序如下：

1）按合同规定期限提出索赔要求。
2）按合同规定期限报送索赔资料和索赔报告。
3）协商解决索赔问题。
4）争端裁决委员会调解。
5）仲裁或诉讼。

对于每一项索赔，都应力争友好协商解决。"好的诉讼不如坏的协商"，仲裁和诉讼常常会两败俱伤。索赔处理程序如图9-1所示。

1. 提出索赔要求

按照国际国内相关合同条件的规定，由于业主或工程师方面的原因或者由其承担的风险事件导致承包商的损失，承包商有权提出索赔要求。

提出索赔要求是索赔处理过程中非常重要的程序，是承包商保证自己的索赔权合理有效的必要手段。按照我国《建设工程施工合同（示范文本）》（GF—2013—0201）的规定，承包人在知道或应当知道索赔事件发生后28天内，向监理人递交索赔意向通知书，并说明发生索赔事件的事由。承包人未在前述28天内发出索赔意向通知书的，丧失要求追加付款和（或）延长工期的权利。按照FIDIC《施工合同条件》的规定，这个书面的索赔通知书应在索赔事项发生后的28天以内，向工程师正式提出，并抄送业主。否则，逾期再报，承包商

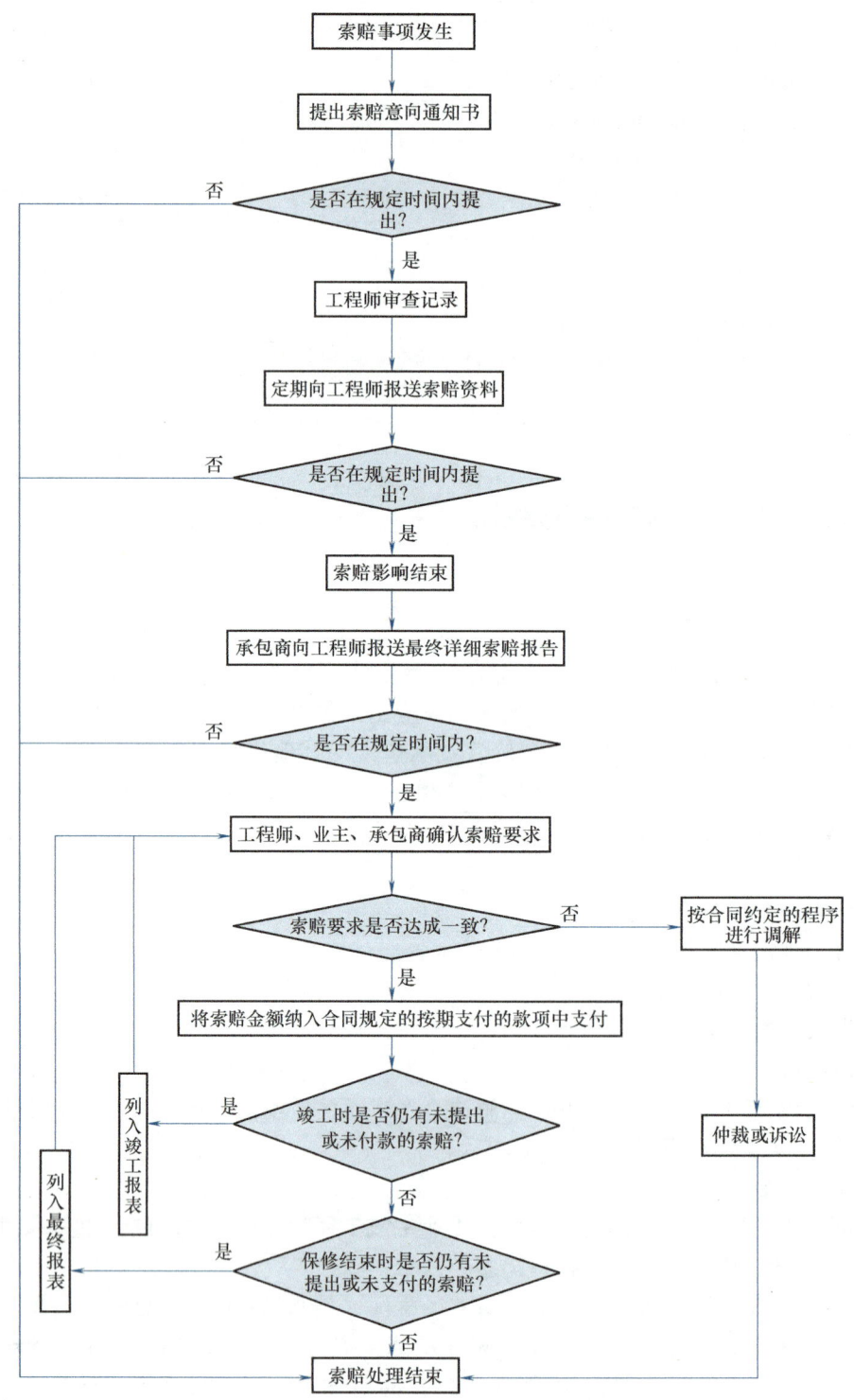

图 9-1　索赔处理程序

的索赔要求将遭到业主和工程师的拒绝。其他的合同条件也有类似的规定。因此,当索赔事项发生时,一定要及时提出索赔要求。

承包商通常是以索赔通知书的形式提出索赔要求。索赔通知书没有统一的要求,一般包括以下内容:

1) 索赔事件发生的时间、地点。
2) 事件发生的原因、性质,责任。
3) 承包商在事件发生后所采取的控制事件进一步发展的措施。
4) 说明索赔事件的发生可能给承包商带来的后果,如工期的延长、费用的增加。
5) 指明合同依据,申明保留索赔的权利。

索赔通知书的内容不一定非常复杂,只要说明索赔事项的名称,引证相应的合同条款,提出自己的索赔要求即可。索赔通知书的一般格式如下:

索赔通知书　　　　　　　　　第　　号

尊敬的　　　　先生(或者女士):

　　根据合同第　条第　款规定,(具体条款规定的内容),我方特此向你通知,我方对于在　年　月　日实施的　　　工程所发生的额外费用及展延工期,保留取得补偿的权利。具体额外费用与展延工期的数量,我们将按照合同第　条的规定,按时向你方报送。

报送人:
报送日期:　年　月　日

2. 报送索赔资料和索赔报告

按照我国《建设工程施工合同(示范文本)》的规定,承包人应在发出索赔意向通知书后28天内,向监理人正式递交索赔报告。索赔报告应详细说明索赔理由以及要求追加的付款金额和(或)延长的工期,并附必要的记录和证明材料。索赔事件具有持续影响的,承包人应按合理时间间隔继续递交延续索赔通知,说明持续影响的实际情况和记录,列出累计的追加付款金额和(或)工期延长天数。在索赔事件影响结束后的28天内,承包人应向监理人递交最终索赔报告,说明最终要求索赔的追加付款金额和延长的工期,并附必要的记录和证明材料。监理人收到承包人提交的索赔报告后,应及时审查索赔报告的内容、查验承包人的记录和证明材料,必要时监理人可要求承包人提交全部原始记录副本。按照FIDIC《施工合同条件》,如果承包商认为根据本条件任何条款或与合同有关的其他文件,他有权得到竣工时间的任何延长期和(或)任何追加付款,承包商应向工程师发出通知,说明引起索赔的事件的情况。该通知应尽快在承包商察觉或应已察觉该事件或情况后28天内发出。也就是说,引起索赔的事件发生之后,要求承包商做同期记录。如承包商能邀请工程师检查上述记录,并请工程师说明他是否要求承包商做其他记录,这对承包商是有利的。同时FIDIC《施工合同条件》还规定,如果承包商未能在上述28天的期限内发出索赔通知,则竣工时间不得延长,承包商无权获得追加付款,而雇主应免除有关该索赔的全部责任。同时应要求承包商提交所有有关此事件或情况的合同要求的任何其他通知,以及支持索赔的详细资料。

承包商应在现场或工程师认可的其他地点，保持用以证明任何索赔可能需要的此类同期记录。工程师收到根据本款发出的任何通知后，未承认雇主责任前，可检查记录保持情况，并可指示承包商保持进一步的同期记录。承包商应允许工程师检查所有这些记录，并应向工程师（若有指示要求）提供复印件。也就是说，作为承包商，对于自己现场所发生的索赔事件，要进行详细的现场记录，提交索赔通知书以后，还要按照工程师的要求继续进一步保持现场记录，以便工程师进行检查。FIDIC《施工合同条件》还规定，在承包商察觉（或应已察觉）引起索赔的事件或情况后42天内，或在承包商可能建议并经工程师认可的其他期限内，承包商应向工程师递交一份充分详细的索赔报告，包括索赔的依据、要求延长的时间和（或）追加付款的全部详细资料。如果引起索赔的事件或情况具有连续性，则上述充分详细的索赔报告应被视为中间报告。承包商应按月递交进一步的中间索赔报告，说明累计索赔的延误时间和（或）金额，以及工程师可能合理要求的此类进一步详细资料；相应地，承包商在索赔的事件或情况产生影响结束后28天内，或在承包商可能建议并经工程师认可的此类其他期限内，递交一份最终索赔报告。

一个完整的索赔报告书，一般包括四个部分：

1）综述，概括地叙述索赔事项的情况。
2）合同论证，叙述索赔的依据。
3）索赔计算，论证索赔款额和（或）工期延长的数据计算过程。
4）证据部分，指明索赔事项相关的证据材料，如合同条款等。

工程师在接到承包商的索赔报告书和证据资料后，应迅速审阅研究，如果不能明确确认责任人，可要求承包商补充必要的资料，论证索赔的原因，仔细研究有关的合同条款；同时工程师与业主协商处理意见，争取尽快做出答复，以免长期拖延而使施工进展受到影响或者影响双方的协作。如果索赔款的具体数额有待核实，无法立即加以确定，工程师应原则地通知承包商，允诺日后处理。如果工程师或业主对承包商的索赔要求，无论合理与否，或一律驳回，或长期置之不理，这样不仅违背合同责任，还会加剧业主与承包商之间的矛盾，甚至影响工程的进展，导致合同争端。

3. 协商解决索赔问题

按照我国《建设工程施工合同（示范文本）》（GF—2013—0201）的规定，"工程师在收到承包人送交的索赔报告和有关资料后28天内未予答复或未对承包人做进一步要求，视为该项索赔已经认可"。但是，一般来说，索赔问题的解决不会这么简单，而需要采取合同双方面对面地讨论，将未解决的索赔问题列为会议协商的专题，提交会议协商解决。这种会议一般由工程师主持，承包商与业主的代表均出席讨论。

第一次协商一般采取非正式的形式，双方交换意见，互相探索立场观点，了解可能的解决方案，争取达到一致的见解，解决索赔问题。如果需要举行正式会谈，双方应做好准备，提出论证依据及有关资料，内定可以接受的方案，友好求实地协商，争取通过一次或数次会谈，达成解决索赔问题的协议。谈判要讲究技巧，不仅要熟悉有关法律条款，了解工程项目的技术经济情况和施工过程，而且要善于同对手斗脑力，在不失原则的前提下善于灵活退让，最终达成双方满意的协议。

在友好协商地解决索赔争端的过程中，工程师起着重要的作用，合同双方发生索赔或任何争端后，都要向工程师提出，工程师应与每一方协商，尽量达成协议。如达不成协议，工程师应对所有有关情况给予应有考虑后，按照合同做出公正的决定。如果工程师做出的决定合同双方有一方或者双方都不能接受，则可以调解。按照我国《建设工程施工合同（示范文本）》（GF—2013—0201）的规定，"发包人与承包人在履行合同时发生争议，可以和解或者要求有关主管部门调解。"也就是说，合同双方如果不能达成一致，可以请上级主管部门，如建设行政主管部门或者造价管理部门进行调解。

4. 第三方调解

当争议双方直接谈判无法取得一致意见时，可以由争议双方协商邀请中间人进行调解，以争取通过友好协商的方式解决索赔争端，这种调解的方式有时也能够比较满意地解决索赔争端问题。第三方调解的这个"第三方"，可以是争议双方都熟悉的专业人士，如工程技术专家、造价工程师、工程方面的律师或其他有威望的人士，也可以是一个专门的组织，如争议评审小组或争端裁决委员会。

第三方通过与争议双方个别及共同交换意见，在全面调查研究的基础上，提出一个比较公正而合理的方案。这个调解意见只作为一个调解建议，对争议双方没有约束力，除非双方事先约定以该调解作为最终解决方案。

为了保证调解的成功，第三方必须站在公正的立场上，公平合理地处理索赔事项，同时应善于疏导，能够提出合理的、易于被双方接受的解决方案。此外还要善于与争议双方分别交换意见并给双方保密，不要把双方的意见透露给对方。

第三方调解是合同双方为了争取通过友好协商的方式解决索赔争议的一个途径。有关专家或部门在全面调查研究的基础上，可以提出一个比较公正而合理的解决索赔问题的意见。在索赔实践中也有不少成功的经验。

按照我国《建设工程施工合同（示范文本）》（GF—2013—0201），增加了争议评审解决制度。文本中第 20.3 款规定，合同当事人在专用合同条款中约定采取争议评审方式解决争议以及评审规则，并按第 20.3.1、20.3.2 和 20.3.3 款约定执行。FIDIC《施工合同条件》中则可以由争端裁决委员会（DAB）来调解。

5. 仲裁或诉讼

按照我国《建设工程施工合同（示范文本）》（GF—2013—0201）的规定，如上述方式均不能使争议得到解决，则双方可以在专用合同条款中约定以下一种方式解决争议。

第一种解决方式：向约定的仲裁委员会申请仲裁。当事双方可以在专用合同条款中选定仲裁委员会，并约定请求仲裁的事项，仲裁程序按该仲裁委员会的仲裁规则进行，仲裁是终局的。

第二种解决方式：向有管辖权的人民法院起诉。双方当事人约定争议可以向仲裁机构申请仲裁，也可以向人民法院起诉。如果当事人提请诉讼，则仲裁协议无效。

在 FIDIC《施工合同条件》中也列有仲裁条款，但没有把诉讼列为合同争端的最终解决办法。

像任何合同争端一样，对于索赔争端，最终的解决途径是通过仲裁或法院诉讼来解决。虽然这不是一个理想的解决办法，但当一切协商和调解都不能奏效时，仍不失为一个有效的最终解决途径。因为仲裁或诉讼的判决都具有法律权威，对争议双方都有约束力，甚至可以强制地执行。在这两种法律解决方式中，在国际工程上，一般国家均尽量减少通过法院诉讼判决的方式，而强调采用国际仲裁的方式。当合同争端不能通过调解达成一致时，可按工程项目合同文件中的规定,将争端提交仲裁机关解决。工程项目合同文件中通常规定了仲裁机构、仲裁地点及仲裁所使用的语言等。至于具体的仲裁规则、程序及费用支付等问题,则按照该仲裁机构的章程办理。

FIDIC《施工合同条件》第20.6款对仲裁做出了明确的规定,"经DAB对之做出的决定未能成为最终的和有约束力的任何争端,除非已经获得友好解决,应通过国际仲裁对其做出最终解决"。如果双方没有另外的协议,则争端应根据国际商会仲裁规则,由DAB的仲裁人员负责,按照合同规定的交流语言进行最终解决。仲裁人应该有全权公开、审查和修改与该争端有关的工程师发出的任何证书、确定、指示、意见,或者估价以及DAB的任何决定。任何事项都不应该否定工程师对与争端有关的任何事项被传为证人并向仲裁人提供证据的资格。任何一方在仲裁或诉讼中,应该不受以前为获得DAB的决定而向其提供的证据或论据,或在其表示不满的通知中提出的不满意理由的限制。DAB的任何决定都可以作为仲裁的证据。仲裁在竣工以前或者竣工以后都可以着手进行。合同双方、工程师和DAB的义务不得因在工程进行过程中正在进行任何仲裁而改变。

此外,如果合同双方在取得争端裁决委员会的决定后规定时间内均未发出表示不满的通知,因而DAB的有关决定已经成为最终的、有约束力的决定后,合同双方中有一方未遵守上述决定,则这时另一方可以在不损害其可能拥有的其他权利的情况下,根据前述第20.6款的规定,将上述未遵守决定的事项提交仲裁。

最近几年国内的工程索赔纠纷案中,采用仲裁的比例也在逐年上升,越来越多的企业了解了仲裁的方法,也逐渐接受通过仲裁的方式来处理索赔争端。有关工程索赔方面的仲裁案件也呈逐年上升的趋势。

在我国,按照《仲裁法》由仲裁委员会对合同争执进行裁决。仲裁实行一裁终局制度。裁决做出后,当事人若就同一争执再次申请仲裁或向人民法院起诉,则不再受理仲裁。

申请和受理仲裁的前提条件是,当事人之间要有仲裁协议。它可以是在合同中订立的仲裁条款,也可以是在争执发生后达成的请求仲裁的书面协议。仲裁的程序通常如下:

1)申请和受理。当事人向约定的仲裁委员会递交仲裁协议、仲裁申请书及副本。

2)仲裁委员会在收到仲裁申请书之日起5日内,如认为符合受理条件,应当受理,并通知当事人;如认为不符合受理条件,也应通知当事人,并说明不受理的理由。

仲裁委员会受理仲裁申请后,应在仲裁规则规定的期限内将仲裁规则和仲裁员名册送达申请人,并将仲裁申请书副本、仲裁规则、仲裁员名册送达被申请人。

被申请人收到仲裁申请书副本后,应在仲裁规则规定的期限内向仲裁委员会提交答辩书。仲裁委员会收到答辩书后,应当在仲裁规则规定期限内将答辩书副本送达申请人。

当事人申请仲裁后,仍可以自行和解,达成和解协议。申请人可以放弃或变更仲裁请求,被申请人可以承认或者反驳仲裁请求。

3)组成仲裁庭。仲裁庭可以由三名或一名仲裁员组成。若设三名仲裁员,则必须设首席仲裁员。三名仲裁员中由合同双方各选一人,或各自委托仲裁委员会主任指定一名仲裁员,由当事人共同选定或共同委托仲裁委员会主任指定第三名仲裁员作为首席仲裁员。若仅由一名仲裁员成立仲裁庭,则这名仲裁员应当由当事人共同选定或委托仲裁委员会主任指定。

4)开庭和裁决。仲裁应按仲裁规则开庭进行,或按当事人协议不开庭,而按仲裁申请书、答辩书及其他材料做出裁决。仲裁前可以先行调解。若双方达成调解协议，则协议书与仲裁书具有同等法律效力。仲裁时，当事人可以提供证据，仲裁庭可以通过调查收集证据，或进行专门鉴定。仲裁决定按多数仲裁员的意见给出。

5）执行。仲裁决定在做出之日起即产生法律效力，当事人应当履行裁决。若一方当事人不履行，则另一方可以依照《民事诉讼法》的规定向人民法院申请执行。

诉讼也是一种司法程序。国内的工程项目，由于不存在司法程序管辖权的问题，因此，可以采用诉讼方式解决合同争端。采用诉讼方式要按照法律规定的时效进行。国际工程涉及数个国家的人员，因而要特别注意司法程序的管辖权和适用法律问题，一定要慎用法院判决来解决合同争端。

9.4.2 索赔文件的编写

1. 索赔工作的内部处理程序

上面主要讲述了索赔工作的一般程序。在承包商或者业主内部，一旦发现有干扰事件发生，就应该进行索赔的处理工作，直到正式向工程师提出索赔报告。这包括许多具体的复杂的索赔分析工作，其处理程序如图 9-2 所示。

2. 索赔文件的构成

按照我国《建设工程施工合同（示范文本）》（GF—2013—0201）和 FIDIC《施工合同条件》的规定，在每一索赔事项的影响结束后，承包商应在 28 天内写出该索赔事项的总结性的索赔报告书，正式报送给工程师和业主，要求审定并支付索赔款。索赔报告书的具体内容，随该项索赔事项的性质和特点而有所不同。但在每个索赔报告书的必要内容和文字结构方面，必须包括以下几个组成部分（至于每个部分的文字长短，则根据每个索赔事项的具体情况和需要来决定）。

（1）索赔综述

在索赔报告书的开始，应该对该索赔事项进行一个综述，对索赔事项发生的时间、地点或者施工过程进行概要地描述；而承包商按照合同规定的义务，为了减轻该索赔事项造成的损失，进行了如何的努力；由于索赔事项的发生及承包商为减轻该损失，对承包商施工增加的额外费用以及自己的索赔要求。一般索赔综述部分包括前言、索赔事项描述、具体的索赔要求等内容。

（2）合同论证

承包商对索赔事件的发生造成的影响具有索赔权，这是索赔成立的基础。在合同论证部分，承包商主要根据工程项目的合同条件以及工程所在国有关此项索赔的法律规定，申明自己理应得到工期延长和（或）经济补偿，充分论证自己的索赔权。对于重要的合同条款，如不可预见的自然条件、合同范围以外的额外工程、业主风险、不可抗力、因为物价变化的调整、因为法律变化的调整等，都应在索赔报告书中做详细的论证叙述。对同一个合同条款，合同双方从自身的利益出发，经常会有不同的解释，这经常成为施工索赔争议的焦点，要引用有说服力的证据资料，证明自己的索赔权。尤其是合同条款的含糊、缺漏、前后矛盾、错误等，更是索赔事项"多发地段"，更要引起特别注意。

对于索赔事项的发生、发展及解决的过程、对承包商施工过程的影响，承包商应客观地描述事实，防止夸大其词或牢骚抱怨，以免引起工程师和业主的怀疑和反感。

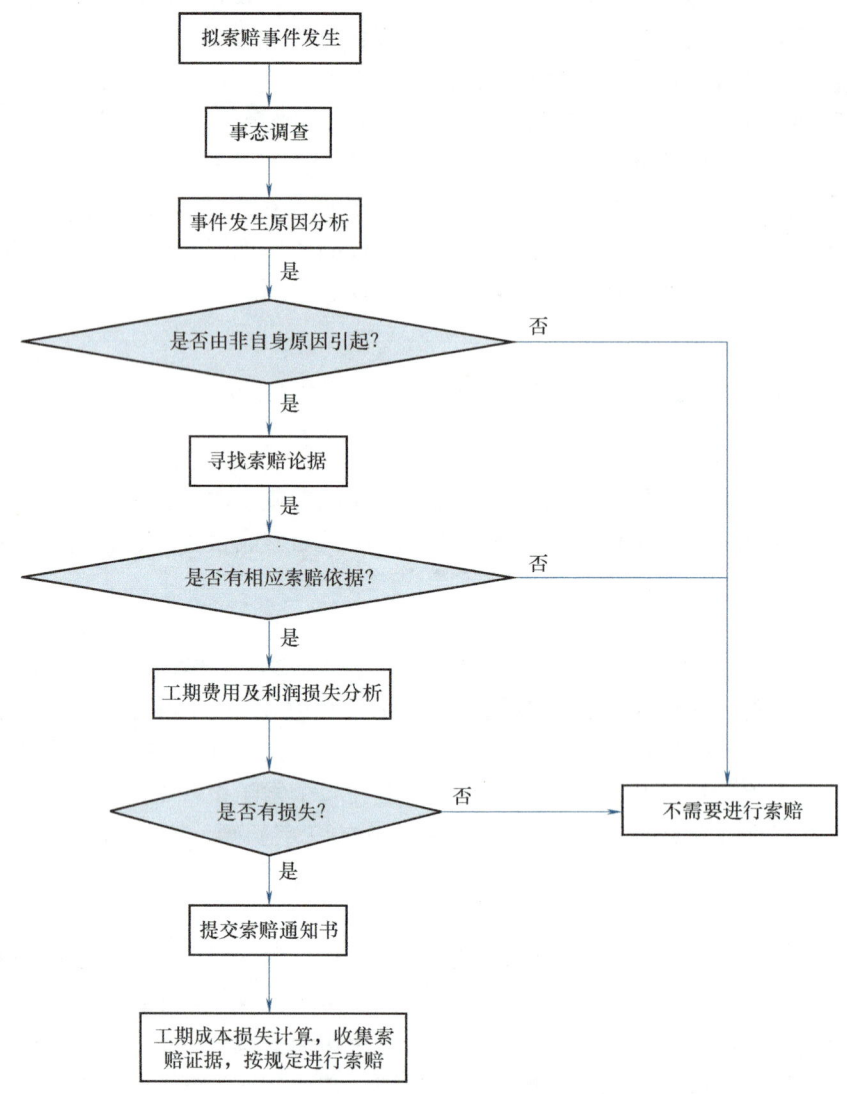

图 9-2　索赔处理程序

在国际工程上，尤其是普通法系的国家，索赔的处理可以援引案例。因此，如果承包商了解到有类似的索赔案例，可以作为例证提出来进一步论述自己的索赔要求。

合同论证部分一般包括：①索赔事项处理过程的简要描述；②发出索赔通知书的时间；③论证索赔要求依据的合同条款；④指明所附的证据资料。

(3) **索赔款计算**

作为经济索赔报告，论证了索赔权后，就应该接着计算索赔款的具体数额，也就是以具体的计价方法和计算过程说明承包商应得到的经济补偿款的数量。

索赔款的计算，在写法结构上按照国际惯例可以首先写出索赔的结果，列出索赔款总额，再分项论述各组成部分的计算过程，指出所依据的证据资料的名称和编号。索赔款计算部分的篇幅可能比较大，要论述各项计算的合理性，详细写出计算方法并引证相应的证据资料，并在此基础上累计出索赔款总额。通过详细的论证和计算，使业主和工程师对索赔款的合理性有充分的了解，以利于索赔要求的迅速解决。具体计算详见第 10 章的有关介绍。

（4）工期延长计算

作为工期索赔报告，论证了索赔权以后，应接着计算索赔工期的具体数量。获得了工期的延长，可以使承包商免于承担误期损害的罚金，还可能在此基础上，探索获得经济补偿的可能性。承包商在索赔报告中，应该对工期延长、实际工期和理论工期等工期的长短进行详细的论述，说明自己要求工期延长天数的根据。

（5）附件部分

在附件中包括了该索赔事项所涉及的一切有关证据资料以及对这些证据的说明。索赔证据资料的范围很广，可能包括工程项目施工过程中所涉及的有关政治、经济、技术、财务等许多方面的资料。这些资料承包商应该在整个施工过程中持续不断地搜集整理，分类储存。

在施工索赔工作中可能用到的证据资料很多，主要有：

1）工程所在国的政治经济资料，如重大自然灾害、重要经济政策等。

2）施工现场记录，如施工日志、业主和工程师的指令和往来信件、现场会议记录、施工事故的详细记录、分部分项工程施工质量检查记录、施工实际进度记录、施工图移交记录等。

3）工程项目财务报表，如施工进度款月报表、索赔款月报表、付款收据、收款单据等。

3. 索赔报告的一般要求

（1）事件真实准确

索赔报告对索赔事件的描述应该真实准确，这关系到承包商的信誉和索赔的成功。对索赔事件描述不实，主观臆测，或缺乏证据，都会影响到业主和工程师对承包商的信任，给索赔工作造成困难。为了证明事实的准确性，在索赔报告的后面要附上相应的证据资料，以便于业主和工程师核查。

（2）逻辑性强，责任划分明确

对于引起索赔事件的原因，要清楚明白。承包商对于干扰事件的不可预见性、索赔通知书的按时提交、该事件对承包商造成的影响，以及相应的合同支持都应明确说明，以使业主和工程师接受承包商的索赔要求。

索赔报告要有逻辑性，将索赔要求同干扰事件、责任、合同条款、影响形成明确的逻辑关系。索赔报告的文字论述要有明确的、必然的因果关系，要说明在客观事实与索赔费用损失之间的必然联系。例如，从原因上划分，如果是业主方面的责任，则承包商可以同时得到工期延长和经济补偿；如果是客观原因造成，则承包商只能得到适当的工期延长；如果是承包商的责任，则承包商不但得不到相应的工期、费用补偿，还要自费弥补相应对业主造成的损失。只有合乎逻辑的因果关系才具有法律上的意义。

（3）条理清楚，层次分明

索赔报告通常在最前面简明扼要地说明索赔的事项、理由和要求的款额或工期延长，让工程师一开始就了解你的全部要求。接着再逐步地、比较详细地论述事实和理由，展示具体的计算方法或计算公式，列出详细的费用清单，并附以必要的证据资料。这样，业主或工程师既可以了解索赔的全貌，又可以逐项深入地审阅索赔报告，审查数据，检查证据资料，较快地对承包商的索赔报告提出自己的评审意见及决策建议。

(4) 文字简洁，用词婉转

作为承包商，在索赔报告中尤其应避免使用强硬的不友好的抗议式的语言。你所写的索赔报告的读者，除了业主代表和工程师以外，还可能是业主的上级领导部门，他们是索赔的决策者。因此，索赔报告一定要清晰简练，用词婉转有礼，避免文字生硬和不友好的语言。

索赔的目的就是取得赔偿，说服对方承认自己索赔要求的合理性，而不能损害对方的面子。所以在索赔报告以及索赔谈判中应强调干扰事件的不可预见，强调不可抗力的原因或应由对方负责的第三者责任，应避免出现对业主代表和工程师当事人个人的指责。

【案例9-2】 索赔报告

某建设单位和某施工单位签订了工程施工合同。合同规定：钢材、木材、水泥由业主供货到现场仓库，其他材料由承包商自行采购。当工程施工到第三层框架梁钢筋绑扎时，因业主提供的钢筋未到，使该项作业从停工14天（该项作业的总时差为0）。10月7日~10月9日因停电、停水使第三层的砌砖停工（该项作业的总时差为4天）。为此，承包商于10月20日向工程师提交了一份索赔报告书，并于10月25日送交了一份工期、费用索赔计算书和索赔依据的详细材料。

索赔报告书

题目：××项目临时停工索赔。

事件：业主供应材料未到及现场停水停电。

影响：造成现场停工，虽然安排部分工人做其他工作，仍然有窝工；机械造成窝工闲置。

要求：展延工期14天，费用索赔7875元。

1. 索赔费用汇总

(1) 人工费

窝工人工费　　　　　　　　　　　　　　　　　　　　　　　　　5800元

(2) 机械费

窝工机械费　　　　　　　　　　　　　　　　　　　　　　　　　1725元

(3) 保函损失费　　　　　　　　　　　　　　　　　　　　　　　 350元

上述三项损失索赔款总计　　　　　　　　　　　　　　　　　　　7875元

2. 分项费用计算

(1) 人工费（人工费考虑窝工工人尽量安排其他工作，按补偿的工效差计算）

绑扎钢筋窝工　　　　　　　　35元/人·天×10人×14天 = 4900元

砌砖窝工　　　　　　　　　　30元/人·天×10人×3天 = 900元

合计　　　　　　　　　　　　　　　　　　　　　　　5800元

(2) 机械费（机械窝工费考虑是自有设备，仅按折旧台班费计算）

起重机一台　　　　　　　　　　14天×50元/天 = 700元

混凝土搅拌机一台　　　　　　　14天×30元/天 = 420元

钢筋弯曲机一台　　　　　　　　　　　　　　　14 天 × 20 元/天 = 280 元
钢筋切断机一台　　　　　　　　　　　　　　　14 天 × 20 元/天 = 280 元
砂浆搅拌机一台　　　　　　　　　　　　　　　　3 天 × 15 元/天 = 45 元
小计　　　　　　　　　　　　　　　(700 + 420 + 280 + 280 + 45) 元 = 1725 元
（3）保函费　　　　　　　　(15000000 × 10% × 6‰/365 × 14) 元 = 345 元
（4）管理费等：本索赔事项双方同意不计取管理费和利润。
各项费用合计　　　　　　　　　　　　　　(5800 + 1725 + 345) 元 = 7870 元

3. 工期索赔计算

业主供应钢材未到，停工 14 天，属于关键工作，故要求延长工期 14 天，现场停电造成停工 3 天，因有 4 天的总时差，故不提出工期索赔要求，总计要求展延工期 14 天。

4. 证据

相应的合同条款、施工现场情况记录、工人工资单等证据资料附在索赔报告之后。

9.5 业主的索赔

9.5.1 概述

施工合同是业主与承包商所签订的一种法律契约关系。业主的索赔，实际上是指业主根据合同规定，就由于承包商原因或按合同规定应由其承担责任的情况对业主所遭受的损失，向承包商提出的补偿要求。它是业主依据合同维护自己权益的体现。在国际工程承包实践中，常常将承包商向业主提出的索赔称作施工索赔，而将业主向承包商提出的索赔称作反索赔。但由于在工程实际中，由承包商提出索赔的情况更多，所以人们习惯于将业主向承包商的索赔以及对承包商索赔要求的反驳均列入反索赔的范畴。但既然业主要对承包商的索赔要求进行反驳，当然承包商也要对业主的索赔要求进行反驳。为避免概念模糊，本书没有沿用反索赔的提法，而直接称为业主的索赔和承包商的索赔。

1. 合同中的索赔规定

在 FIDIC《施工合同条件》第 2.5 款 "雇主的索赔" 中明确规定了业主的索赔权利。条款内容如下：

如果雇主认为，根据本条件任何条款，或合同有关的另外事项，他有权得到任何付款，和（或）对缺陷通知期限的任何延长，雇主或工程师应向承包商发出通知，说明细节。但对承包商根据第 4.19 款 "电、水和燃气" 或第 4.20 款 "雇主设备和免费供应的材料" 规定的到期应付款，或对承包商要求的其他服务的应付款，不需发出通知。

通知应在雇主了解引起索赔的事项或情况后尽快发出。关于缺陷通知期限，任何延长的通知，应在该期限到期前发出。

通知的细节应说明提出索赔根据的条款或其他依据，还应包括雇主认为根据合同他有权得到的索赔金额和（或）延长工期的事实根据。然后，工程师应按照第 3.5 款 "确定" 的要求，商定或确定雇主有权得到承包商支付的金额（如果有），和（或）按照第 11.3 款 "缺陷通知期限的延长" 的规定，得到缺陷通知期限的延长期（如果有）。

这一金额可在合同价格和付款证书中列为扣减额。雇主应仅有权按照本款，从付款证书确认的金额中冲销或扣除，或另外对承包商提出索赔。

在我国《建设工程施工合同（示范文本）》（GF—2013—0201）中也明确指出，索赔是指在合同履行中，对于并非自己的过错，而是应由对方承担责任的情况造成的实际损失，向对方提出经济补偿和（或）工期顺延的要求。由此可看出索赔是合同当事人的权利，既包括承包人向发包人的索赔，又包括发包人向承包人的索赔，即业主的索赔。

2. 业主索赔的特点

虽然合同条件中对业主索赔有索赔程序的规定，但业主向承包商索赔相对于承包商向业主索赔来说容易得多，这主要是由承包市场上占统治地位的"买方市场"规律所决定的。

业主索赔工作的特点主要表现为：

1）索赔程序较承包商索赔程序简单。承包商向业主索赔需要在索赔事件发生的28天内向工程师提交索赔意向通知，如果超出这个时间，承包商则没有权利索赔费用损失和工期。在合同中对业主的要求却没有这样的提法，在FIDIC《施工合同条件》中只是规定雇主要尽快发出通知。在我国《建设工程施工合同（示范文本）》（GF—2013—0201）中虽然规定发包人应在28天内发出索赔通知，但程序也没有承包商索赔的程序复杂和严格。

2）索赔处理是工程师的一项工作。业主索赔通常是由工程师办理的，而承包商索赔是由承包商向工程师递交报告后，由工程师处理的，当然业主索赔更方便。

3）业主对承包商的索赔直接从应支付给承包商的款项中扣回，而不像承包商向业主的索赔金额需要业主来支付。而且如果工程款不足以抵偿业主的索赔款数额，业主还有权从承包商提交的担保和保函等中扣回。

虽然业主索赔比承包商更容易，但并不意味着业主可以任意扣款。业主索赔也必须按照合同和法律规定来进行。

9.5.2 业主索赔的合同依据

业主索赔同承包商索赔时一样，也必须要有依据才行。在FIDIC《施工合同条件》和我国《建设工程施工合同（示范文本）》（GF—2013—0201）中，明示的业主索赔的合同条款如表9-4和表9-5所示。在业主索赔时，主要利用这些条款和与之相关的条款一起作为业主索赔的合同依据。

表9-4 FIDIC《施工合同条件》中业主可引用的索赔条款

序号	条款号	条款主要内容	索赔的权利
1	1.13	遵守法律	保障业主免受损害
2	4.2	履约担保	履约担保金额或其他金额
3	4.14	避免干扰	保障业主免受损害
4	4.16	货物运输	保障业主免受损害和支付索赔费
5	4.19	电、水和燃气	电、水和燃气费
6	4.20	雇主设备和免费供应的材料	使用雇主设备的费用
7	5.4	付款证据	雇主直接支付给指定分包商的金额
8	7.3	检验	剥露和恢复费用

(续)

序 号	条款号	条款主要内容	索赔的权利
9	7.5	拒收	拒收和再次试验增加的费用
10	7.6	修补工作	未履行指示雇主支付的费用
11	8.6	工程进度	雇主附加费用
12	8.7	误期损害赔偿费	未按竣工时间要求竣工的赔偿费
13	9.2	延误的试验	雇主人员自行试验费用
14	9.4	未能通过竣工试验	雇主的价值损失
15	11.3	缺陷通知期限的延长	缺陷通知期限的延长期
16	11.4	未能修补缺陷	修补费用、核减合同价和其他费用
17	11.5	未移出有缺陷的工程	增加履约担保金额或其他担保
18	11.11	现场清理	雇主处理和恢复现场的费用
19	14.2	预付款	尚未还清的预付款额
20	14.15	支付的货币	从其他货币中收回差额
21	15.2	由雇主终止	未结清的承包商应付款
22	17.5	知识产权和工业产权	免受有关索赔的伤害
23	18.1	有关保险的一般要求	保险费
24	18.2	工程和承包商设备的保险	为该类保险预期要支付的款项

表9-5 我国《建设工程施工合同（示范文本）》（GF—2013—0201）中业主可引用的索赔条款

序 号	条款号	条款主要内容	索赔的权利
1	5.1.3	工程质量未达标准	返工达标，增加的费用和延误的工期
2	5.4.2	不合格工程的处理	返工达标，增加的费用和延误的工期
3	6.1.6	挪用安全文明施工费	暂停施工，增加的费用和延误的工期
4	6.1.7	承包人义务内的紧急情况处理	雇用其他人员抢救而增加的费用和延误的工期
5	6.3	环境污染导致暂停施工	增加的费用和延误的工期
6	7.5.2	承包人原因导致工期延误	逾期竣工违约金
7	8.4.1	发包人供应材料设备的保管与使用	承包人原因丢失损坏赔偿费
8	8.5.1	禁止使用不合格的材料和工程设备	承包人提供的不合格材料或设备更换增加的费用和延误的工期
9	13.2.4	拒绝接收全部或部分工程	修复达标，增加的费用和延误的工期
10	15.2.2	缺陷责任期	延长缺陷责任期
11	16.2	承包人违约	增加的费用和延误的工期等
12	19.3	发包人的索赔	索赔的权利

9.5.3 业主索赔的程序

1. FIDIC《施工合同条件》中规定的业主索赔程序

按照 FIDIC《施工合同条件》第 2.5 款的规定,业主索赔的一般程序如图 9-3 所示。

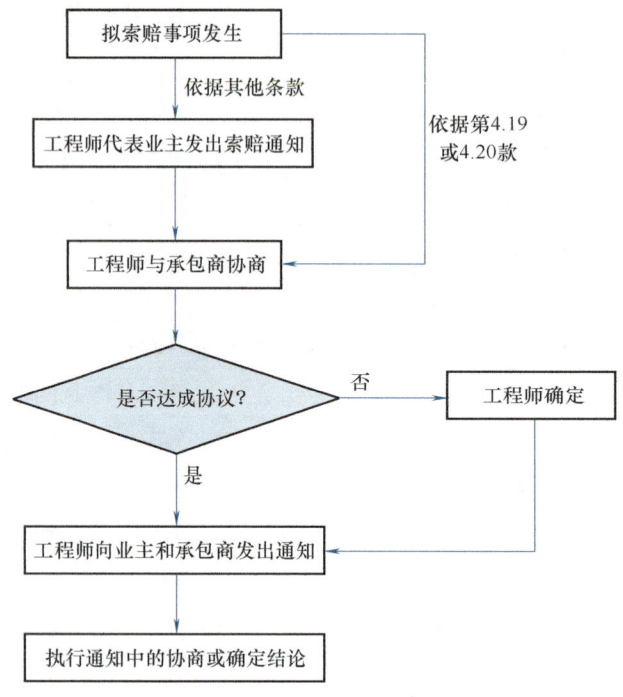

图 9-3 业主索赔的一般程序

（1）索赔通知

在项目实施过程中,当索赔事项发生时,工程师应及时进行业主的索赔,尽快向承包商发出索赔通知。同时应注意,如果是对于关于缺陷通知期限延长的通知,应在原期限到期前发出。

但合同条款中同时规定,在确定因工程需要,承包商使用现场可供的电、水、燃气和其他服务时,这些服务的耗用数量和应付给业主的金额以及承包商使用雇主设备的适当数量和应付给业主的金额,工程师或业主不需要发出索赔通知,即可按专用合同条款中所规定的程序和价格或直接与承包商协商确定价格,从支付的工程款中扣除。

索赔通知的内容通常应当包括：①索赔的合同依据（索赔根据的条款或其他依据,如法规等）；②索赔的要求（雇主认为根据合同他有权得到的索赔金额和延长期）；③索赔证据（索赔事项的事实根据）。

（2）工程师与承包商协商或确定

当发出索赔通知后或发生承包商使用现场可供的电、水、燃气和其他服务或雇主的设备后,工程师应按照合同规定,及时与业主和承包商协商,如果协商达不成一致意见,则工程师根据合同和其他可以作为索赔依据的法规等,考虑有关事实根据,确定一个公正的解决结论。即雇主有权得到承包商支付的金额或有权得到的缺陷通知期限的延长期。

（3）工程师将处理结论向业主和承包商发出通知

当工程师经与业主和承包商双方协商后，根据协商的一致结果或不一致时做出的确定结论，及时将其向业主和承包商发出通知。在通知中，工程师还应写明索赔处理时的详细依据。

（4）执行通知中协商的或工程师确定的处理结论

如果是业主有权得到的索赔款额，则直接从合同价格和付款证书中作为扣减额扣除或冲销。或者按照批准的索赔款额以承包商的应付款等方式直接支付给业主。

应当说明的是，如果业主或承包商对索赔的处理结论不满意，可以按照 FIDIC《施工合同条件》第 20 条有关索赔、争端和仲裁的规定，提交争端裁决委员会或仲裁等。但在裁决结论对上述索赔处理结论进行修改之前，承包商和业主必须执行工程师的处理结论。

2. 我国《建设工程施工合同（示范文本）》（GF—2013—0201）中规定的业主索赔程序

按照我国《建设工程施工合同（示范文本）》（GF—2013—0201）第 19 条的规定，业主的索赔程序为：

1）发包人应在知道或应当知道索赔事件发生后 28 天内通过监理人提出索赔意向通知书，发包人未在前述 28 天内发出索赔意向通知书的，丧失要求赔付金额和（或延长）缺陷责任期的权利。

2）发包人应在发出索赔意向通知书后 28 天内，通过监理人向承包人正式递交索赔报告。

3）承包人应在收到索赔报告或有关索赔的进一步证明材料后 28 天内，将索赔处理结果答复发包人。如果承包人未在上述期限内做出答复的，则视为对发包人索赔要求的认可。

4）承包人接受索赔处理结果的，执行。不接受的，则进入争议解决程序。

9.5.4 业主索赔的内容

1. 实际进度延误的索赔

在工程项目施工过程中，经常会发生实际进度落后于计划进度的情况。这时，通常工程师会要求承包商修订进度计划，以能按合同工期完工。同时，还要区别责任人，如果是因承包商所造成的，则根据合同规定，承包商必须执行修订的计划，而业主有权向承包商索赔由于修订计划而导致的附加费用（FIDIC《施工合同条件》第 8.6 款）。

在判断实际进度是否拖期而影响到工程按时竣工时，工程师是按照批准的进度计划或上一次修订的进度计划来进行判断的。判断时所依据的竣工时间应以合同原定的竣工时间再加上工程师已经批准的竣工时间延长值（承包商获得的工期索赔值）为准。

【案例 9-3】 实际进度延误的业主的索赔

某业主与承包商以 FIDIC《施工合同条件》为标准合同文本签订了一所大学体育馆的施工合同。施工中，由于承包商管理松散，实际施工进度严重拖后，因此，监理工程师指示修订进度计划，采取有效措施，加快施工进度。承包商按照工程师的修订进度计划的指示和其建议的方法，重新修订了进度计划。在修订的计划中，将施工的顺序进行了一定的调整。监理工程师批准了修订的进度计划。但是，修订后的进度计划中，涉及由业主订货的一台专用设备安装项目，安装时间比原计划提前 7 天。因此，设备进场时间需提前 7 天。业主与设备供货商联系，供货商同意提前7天供货，但条件是增加费用2100元。双方就此签订了补充协议。由此，业主就此费用向承包商提出索赔。事件发生后，工程师向承包商就此事发出索赔通知如下：

业主索赔通知

致×××承包商：

鉴于你方进度控制不力，造成进度严重落后于进度计划。依据合同条款第8.6款，你方已经按照×××号工程师指令修订了进度计划，并已得到批准。但根据此条款，此次修订的计划致使业主订货的专用设备××提前7天进场，多支付设备货款2100元。按照合同条款第8.6款的规定，此费用应由你方承担。因此，业主索赔费用2100元，从本月付款证书中扣回。附业主订货补充协议。

工程师：×××
××年××月××日

案例分析：本案例涉及的合同条款是FIDIC《施工合同条件》第8.6、8.3、8.4、2.5款。但最直接的依据是合同第8.6款。

第8.6款规定，如果在任何时候，实际工程进度对于在竣工时间内完工过于迟缓，和（或）进度已（或将）落后于根据第8.3款"进度计划"的规定制订的现行进度计划。除由于第8.4款"竣工时间的延长"中列举的某项原因造成的结果外，工程师可指示承包商根据第8.3款"进度计划"的规定提交一份修订的进度计划，以及说明承包商为加快进度并在竣工时间内竣工，建议采用的修订方法的补充报告。

除非工程师另有通知，承包商应采取这些修订方法，可能需要增加工时和（或）承包商人员和（或）货物的数量，承包商应自行承担风险和费用。如果这些修订方法使雇主招致附加费用，承包商应按照第2.5款"雇主的索赔"的要求，连同下述第8.7款提出的误期损害赔偿费（如果有），向雇主支付这些费用。

从本案例看出，依据条款第8.6款进行判断时，关键在于修订计划的原因是承包商造成的实际进度拖后，而不管承包商是否是按照工程师建议的修订方案进行修订的。

2. 竣工时间延误的索赔
（1）按照FIDIC《施工合同条件》规定的索赔

在工程项目的施工过程中，虽然承包商经常修订计划，采取措施，但仍然出现实际竣工日期超过计划竣工日期的情况，从而影响业主按计划动用工程，给业主造成经济损失。究其原因多种多样，但如果是由于承包商应负责的原因造成竣工时间的延误，则业主可依据合同向承包商进行竣工工期延误的索赔。即要求承包商支付误期损害赔偿费。

除了以下原因造成的竣工时间延误外，其他原因均属于承包商应负责的原因：

1) 变更（不包括根据合同规定调整了竣工时间的变更）。

2) 当合同中某项实际工程量数值显著大于投标时所依据的工程量数值时。例如，超过10%。

3) 根据FIDIC合同条件中某款规定，有权获得延长期的原因。这方面的原因主要包括：①非承包商原因造成的施工图供应或工程师指示的延误；②业主未按合同规定时间提供现场进入权；③由于业主提供的原始基准点（线）和标高错误造成施工放线错误引起的延误；④由于不可预见的自然条件造成的延误；⑤现场发现文物或化石等造成的延误；⑥因为工程师对试验等的指示和业主的原因造成的承包商不应负责的延误；⑦由于法律改变造成的工期延误；⑧由于业主付款拖延，承包商暂停工作或放慢施工速度造成的工期延误；⑨由于雇主风险所造成的工期延误；⑩不可抗力所造成的工期延误。

4）异常不利的气候条件。

5）由于流行病或政府行为造成可用的人员或货物的不可预见的短缺。

6）由雇主、雇主人员或在现场的雇主的其他承包商所造成或引起的任何延误、妨碍或阻碍。例如，现场其他承包商与其交叉作业造成的工效降低，雇主供应的设备或材料延误，其他承包商的工期延误造成的延误。

误期损害赔偿费的数额的确定，通常考虑以下几个方面的因素：

1）由于拟建工程项目拖期竣工而不能使用，租用其他建筑物时的租赁费。

2）继续使用原建筑物或租用其他建筑物的维修费用。

3）由于工程拖期而引起的投资（或贷款）利息。

4）由于工程拖期带来的附加监理费。

5）不能按原计划收款的部分，如过桥费、高速公路收费或发电站电费等。

误期损害赔偿费的计算方法通常按每延误一天赔偿一定的款额计算。按国际工程惯例，一般在合同附录中规定误期损害赔偿费的累计扣款总额限制，如不得超过工程项目合同价的 10%。

【案例 9-4】 关于误期损害赔偿费的索赔

某工程业主与承包商签订了承建一高层宾馆项目的合同，包括主楼 28 层框架剪力墙结构的主楼，4 层框架结构裙楼（包括游泳馆）和地下一层车库，合同总金额 122285000 元人民币，采用 FIDIC 合同条件。

合同文件中关于工期延误赔偿的条款内容包括：

（1）承包商从工程师发布书面开工令之日起，在表 9-6 规定的天数内完成相应各项单位工程的施工。

（2）如果承包商不能在上述时间内完成，则应承担工程延误损害赔偿费，费率如表 9-6 所示。

（3）误期赔偿费的累计金额，以合同价的 10% 为限。

表 9-6 合同工期和延误损害赔偿费标准

序 号	项目名称	施工天数/天	延误损害赔偿费/（元/天）
1	主楼	790	200000
2	裙楼（游泳馆）	240	200000
3	车库	180	200000

实际施工期是主楼延期 7 天完工，业主索赔误期损害赔偿费为 200000 元/天 × 7 天 = 1400000 元。

(2) 我国《建设工程施工合同（示范文本）》（GF—2013—0201）条件下的索赔

根据《建设工程施工合同（示范文本）》（GF—2013—0201）第7.5款工期延误的规定，因承包人原因造成工期延误的，可以在专用合同条款中约定逾期竣工违约金的计算方法和逾期竣工违约金的上限。承包人支付逾期竣工违约金后，不免除承包人继续完成工程及修补缺陷的义务。

1) 发包人未能按合同约定提供施工图或所提供施工图不符合合同约定的。
2) 发包人未能按合同约定提供施工现场、施工条件、基础资料、许可、批准等开工条件的。
3) 发包人提供的测量基准点、基准线和水准点及其书面资料存在错误或疏漏的。
4) 发包人未能在计划开工日期之日起7天内同意下达开工通知的。
5) 发包人未能按合同约定日期支付工程预付款、进度款或竣工结算款的。
6) 监理人未按合同约定发出指示、批准等文件的。
7) 专用合同条款中约定的其他情形。

计算工期延误时间应以工程师确认顺延工期后的竣工时间为准。即：

$$延误时间 = 实际施工天数 - 合同施工天数 - 批准的顺延天数$$

【案例9-5】 误期罚金

某建设单位与施工单位按《建设工程施工合同（示范文本)》签订了施工承包合同，合同总金额为12000000元，合同工期为1年。合同约定竣工时间延误罚款为50000元/天，但误期损害赔偿费总额不得超过合同价的10%。结果工程拖期1.5个月，其中监理工程师按照合同规定批准的工期顺延时间为0.5个月。

工程竣工时，业主向承包商索赔竣工时间延误的费用如下：

按每天罚款额计算	50000元/天 × 30天 = 1500000元
按合同总额计算的罚款限额	12000000元 × 10% = 1200000元
故索赔额为	1200000元

3. 施工缺陷索赔

在施工合同中一般均规定，如果承包商的施工质量不符合施工技术规程的要求，或者使用的材料和设备不符合合同规定，或在缺陷责任期未满以前未完成应该修补的工程缺陷，则业主有权向承包商要求补偿业主所受的经济损失，这就是业主对施工缺陷的索赔。

施工缺陷通常包括：①承包商施工完成的某部分工程不符合合同规定的质量标准，如由于施工质量差，而出现各种开裂、破损等；②承包商使用的建筑材料或设备不符合合同条款中指定的规格或质量标准，从而危及建筑物的牢固性；③承包商负责设计的部分永久工程出现质量问题；④通常业主对工程施工缺陷向承包商提出索赔要求时，其款额较高，往往不仅包括修补工程缺陷所产生的直接损失，也包括由该缺陷所带来的间接经济损失；⑤承包商没有完成合同规定的应进行的各种与质量问题有关的工作等。

(1) FIDIC《施工合同条件》与施工缺陷有关的索赔条款

1) FIDIC合同条件的通用条件第7.4款"试验"中规定，工程师有权改变试验的位置和细节，或者指示承包商进行附加试验。如果试验结果表明，经过试验的生产设备、材料或工艺不符合合同要求，则由承包商承担此变更试验的费用。

2）FIDIC 合同条件的通用条件第 7.5 款"拒收"中明确规定，如果经过检查、检验、测量或试验的结果，工程师发现生产设备、材料或工艺有缺陷或不符合合同要求，则工程师有权通知承包商并拒收，并且承包商要自费修复缺陷。如果工程师要求重新试验，由于拒收和再次试验使业主增加了费用，此费用业主有权从承包商处收回。此外，对于工程或分项工程未能通过竣工试验所进行的重新试验，按照合同条款第 9.3 款"重新试验"规定同第 7.5 款。

3）FIDIC 合同条件的通用条件第 7.6 款"修补工作"中规定，工程师有权指示承包商将不符合合同要求的任何生产设备或材料移出现场，并进行更换；去除不符合合同的其他工作并重新实施；实施因意外、不可预见的事件或其他原因引起的，为工程的安全迫切需要的任何工作。承包商应在指示规定的合理时间内执行工程师的指示。如果承包商未能遵守指示，业主有权雇用并付款给他人完成，并有权向承包商索赔因其未履行指示而使业主支付的所有费用。

4）FIDIC 合同条件的通用条件第 9.4 款规定，当工程或某分项工程未能通过竣工试验或重新竣工试验时，工程师有权下令重新进行竣工试验；或者拒收未通过竣工试验的工程或分项工程，并采取合同第 11.4 款规定的补救措施；或者在业主的要求下，颁发接收证书，并在承包商继续履行合同规定的所有其他义务下，减少合同价格以弥补竣工试验未通过的后果给业主带来的价值损失，业主可以要求该减少额按合同规定或双方协商的金额在接收证书颁发前支付或按业主索赔的规定确定并支付给业主。

5）FIDIC 合同条件的通用条件第 11.1 款"完成扫尾工作和修补缺陷"和第 11.2 款"修补缺陷的费用"中规定，由于承包商负责的设计，或生产设备、材料或工艺不符合合同要求，或承包商未遵守任何其他义务的原因，承包商应在工程师指示的合理时间内，完成接收证书中注明日期时尚未完成的任何工作，和在工程或分项工程的缺陷通知期限期满日期或其以前，按照业主或其代表通知的要求，完成修补缺陷或损害所需要的所有工作。其执行中的风险和费用应由承包商承担。

6）FIDIC 合同条件的通用条件第 11.4 款"未能修补缺陷"中规定，如果承包商在业主要求的日期之前没有修补好缺陷和损害，则业主有权选择：①以合同的方式由他自己或他人进行此项工作，由承包商向业主支付由业主修补缺陷和损害而发生的合理费用；②由工程师与双方商定或确定合同价格的合理减少额；③当缺陷或损害实质上使业主丧失了工程或其任何主要部分的整个利益时，终止整个合同或此主要部分，并有权在不损害根据合同或其他规定所具有的任何其他权利的情况下，收回工程或该部分工程全部支出总额，加上融资费用和拆除工程、清理现场以及将生产设备和材料退还给承包商所支付的费用。

此外，合同第 11.6 款还规定，如果上述承包商原因所造成的缺陷或损害的修补可能对工程的性能产生影响，则工程师可以在修补后 28 天内发出通知，要求重新进行合同提出的任何试验，且由其承担风险和费用。

7）FIDIC 合同条件的通用条件第 11.3 款"缺陷通知期限的延长"中规定，如果因为某项缺陷或损害达到使工程、分项工程或某项主要生产设备（视情况而定，并在接收以后）不能按原定目的使用的程度，则雇主应有权根据第 2.5 款"雇主的索赔"的规定对工程或某一分项工程的缺陷通知期限提出一个延长期。但是，缺陷通知期限的延长不得超过 2 年。

此款是关于缺陷通知期限或称作缺陷责任期或保修期的延长问题。

(2) 我国《建设工程施工合同（示范文本）》（GF—2013—0201）中与施工缺陷有关的索赔条款

1）第5.1.3款规定，因承包人原因造成工程质量未达到合同约定标准的，发包人有权要求承包人返工直至工程质量达到合同约定的标准为止，并由承包人承担由此增加的费用和（或）延误的工期。

2）第5.2.3款规定，监理人的检查和检验不应影响施工正常进行。如影响施工正常进行的，经检查检验不合格的，影响正常施工的费用由承包人承担，工期不予顺延。

3）第5.3款规定，隐蔽工程检查，经监理人检查质量不合格的，承包人应在监理人指示的时间内完成修复，并由监理人重新检查；或者，承包人覆盖工程隐蔽部位后，所进行的重新检查，经检查证明工程质量不符合合同要求的；再或者，承包人私自覆盖，无论工程隐蔽部位质量是否合格，这三种情况，所增加的费用和（或）延误的工期均由承包人承担。

4）第5.4款规定，因发包人原因造成工程不合格的，由此增加的费用和（或）延误的工期由发包人承担，并支付承包人合理的利润。

4. 承包商其他违约行为索赔

按照FIDIC《施工合同条件》，业主可依据第4.16、4.19、4.20、7.3、7.6、11.11、14.2、14.15、17.5款等条款向工程师提出索赔。

思 考 题

1. 按索赔的起因，索赔可分为几类？
2. 承包商的索赔要求必须具备哪些条件？
3. 索赔管理人员应具备哪些意识？
4. 什么原因会导致索赔？
5. 索赔的依据有哪些？

第 10 章
索赔费用及索赔分析

> **本章概要**
>
> 本章以工程造价为基础，从承包商的角度介绍了索赔费用的构成、索赔费用的计算、经济索赔与工期索赔分析以及承包商的索赔策略与技巧等知识。

10.1 索赔费用的构成

10.1.1 施工项目合同价的构成

索赔费用的构成和施工项目中标时的合同价的构成是一致的，索赔的款项必须是施工合同价格中已经包括了的内容，而索赔款是超出原来报价的增加部分。我国关于施工承包合同价的构成规定与国际工程合同价的构成不完全一致，所以在索赔费用的构成上也有所不同。

按照我国现行规定，建筑安装工程合同价一般包括直接费、间接费、利润和税金几部分，具体构成如图 10-1 所示。

国际建筑安装工程合同价的构成一般如图 10-2 所示。

10.1.2 索赔费用的构成

索赔费用的构成，同施工合同价格所包括的内容一致。从原则上说，只要是承包商有索赔权的事项，导致了工程成本的增加，承包商都可以提出费用索赔，因为这些费用是承包商完成超出合同范围的工作而实际增加的开支。一般索赔费用中主要包括以下内容。

1. 人工费

人工费是构成工程成本中直接费的主要项目之一，主要包括生产工人的基本工资、工资性质的津贴、辅助工资、劳保福利费、加班费、资金等。索赔费用中的人工费，主要考虑以下几个方面：

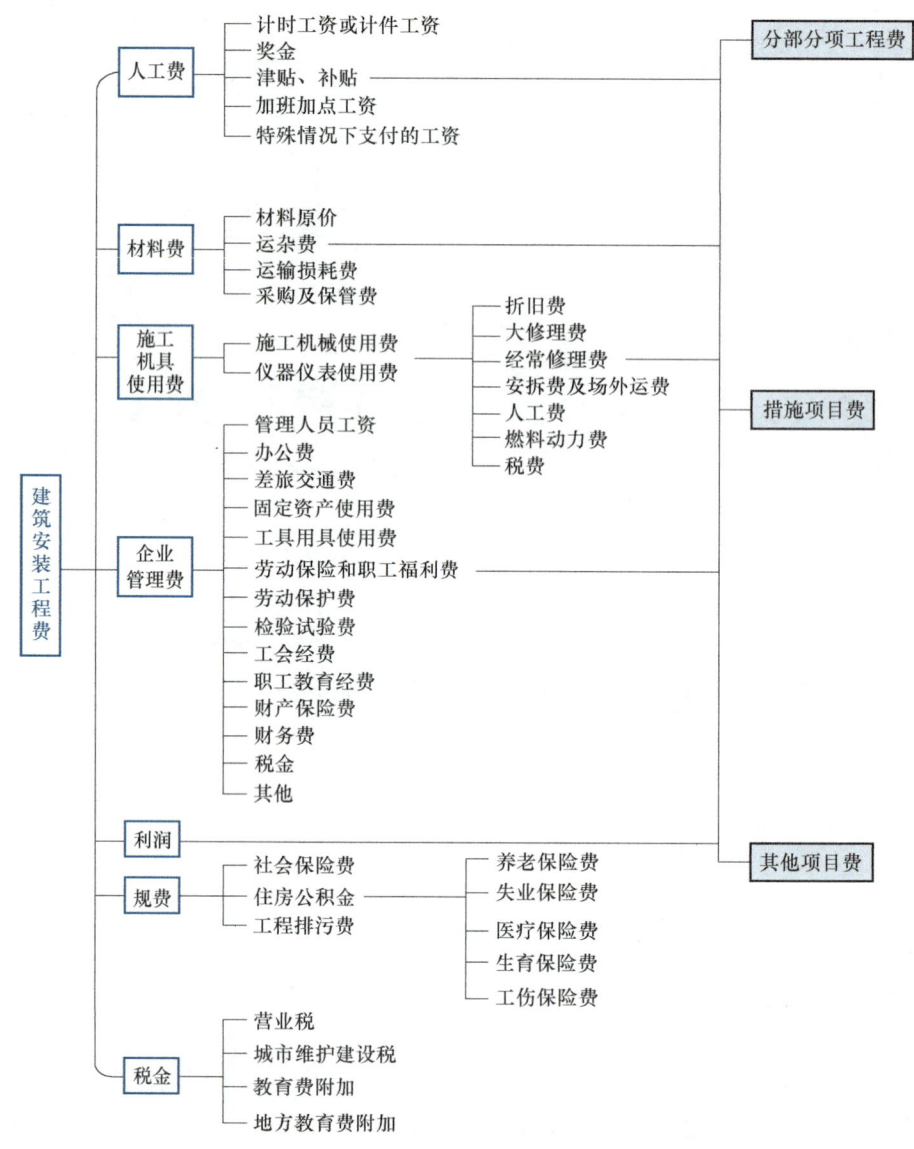

图 10-1　我国现行建筑安装工程费用构成

1) 完成合同计划以外的工作所花费的人工费用。
2) 由于非承包商责任的劳动效率降低所增加的人工费用。
3) 超过法定工作时间的加班劳动费用。
4) 法定人工费的增长。
5) 由于非承包商的原因造成工期延误致使人员窝工增加的人工费等。

2. 材料费

材料费在直接费中占有很大比重。由于索赔事项的影响，有某些情况下，会使材料费的支出超过原计划材料费支出。索赔的材料费主要包括以下内容：

1) 由于索赔事项材料实际用量超过计划用量而增加的材料费。

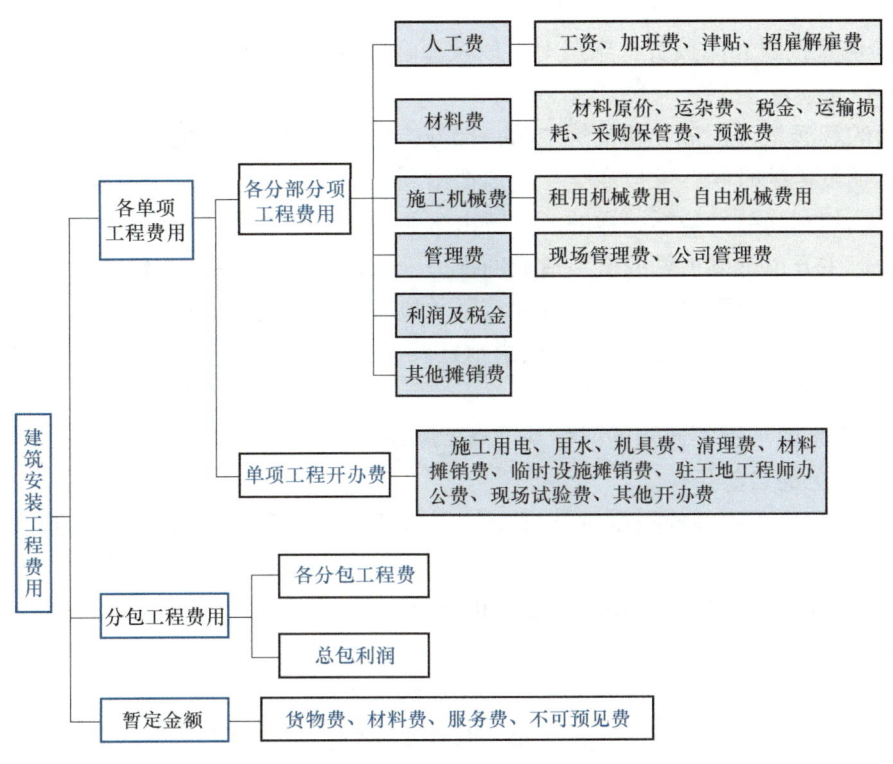

图 10-2 国际建筑安装工程费用构成

2）对于可调价格合同，由于客观原因材料价格大幅度上涨。
3）由于非承包商责任工期延长导致材料价格上涨。
4）由于非承包商原因致使材料运杂费、材料采购与保管费用的上涨等。

索赔的材料费中应包括材料原价、材料运输费、采保费、包装费、材料的运输损耗等，但由于承包商自身管理不善等原因造成材料损坏、失效等费用损失不能计入材料费索赔。

3. 施工机械使用费

由于索赔事项的影响，使施工机械使用费的增加主要体现在以下几个方面：

1）由于完成工程师指示的，超出合同范围的工作所增加的施工机械使用费。
2）由于非承包商的责任导致的施工效率降低增加的施工机械使用费。
3）由于业主或者工程师原因导致的机械停工的窝工费等。

施工机械使用费的计价比较复杂，要区分自有机械和租赁机械，分别计算施工机械使用费。设备费中一般也包括小型工具和低值易耗品的费用，这部分费用的数量一般也难以准确确定，往往要合同双方判断确定。

4. 管理费

（1）工地管理费　工地管理费的索赔是指承包商为完成索赔事项工作，业主指示的额外工作及合理的工期延长期间所发生的工地管理费用，包括工地管理人员的工资、办公费、通信费、交通费等。

（2）总部管理费　索赔款中的总部管理费是指索赔事项引起的工程延误期间所增加的

管理费用，一般包括总部管理人员工资、办公费用、财务管理费用、通信费用等。

（3）其他直接费和间接费　索赔时可以按照合同约定的相应费率计取。

5. 利润

承包商的利润是其正常合同报价中的一部分，也是承包商进行施工的根本目的。所以当一个索赔事项发生的时候，承包商会相应地提出利润的索赔。但是对于不同性质的索赔，承包商可能得到的利润补偿是不一样的。一般由于业主方工作失误造成承包商的损失，可以索赔利润，而业主方也难以预见的事项造成的损失，承包商一般不能索赔利润。在FIDIC合同条件中，对于以下几项索赔事项，明确规定了承包商可以得到相应的利润补偿：

1）工程师或者业主提供的施工图或指示延误。
2）业主未能及时提供施工现场。
3）合同规定或工程师通知的原始基准点、基准线、基准标高错误。
4）不可预见的自然条件。
5）承包商服从工程师的指示进行试验（不包括竣工试验），或由于雇主应负责的原因对竣工试验的干扰。
6）因业主违约，承包商暂停工作及终止合同。
7）一部分应属于雇主承担的风险等。

6. 利息

在实际施工过程中，由于工程变更和工期延误，会引起承包商投资增加；业主拖期支付工程款，也会给承包商造成一定的经济损失，因此承包商会提出利息索赔。利息的索赔一般包括以下几个方面：

1）业主拖付工程进度款或索赔款的利息。
2）由于工程变更和工期延长所增加投资的利息。
3）业主错误扣款的利息。

无论是什么原因致使业主错误扣款，由承包商提出反驳并被证明是合理的情况下，业主一方错误扣除的任何款项都应该归还，并应支付扣款期间的利息。

如果工程部分进行分包，分包商的索赔款同样也包括上述各项费用。当分包商提出索赔时，其索赔要求如数列入总承包商的索赔要求中一起向工程师提交。

一般在施工索赔中以下几项费用是不允许索赔的：

1）承包商对索赔事项的发生原因负有全部责任的有关费用。
2）承包商对索赔事项未采取减轻措施因而扩大的费用。
3）承包商进行索赔工作的准备费用。
4）索赔款在索赔处理期间的利息。
5）工程有关的保险费用。

10.2　索赔费用的计算

当承包商提出一项索赔要求时，要详细计算自己的索赔款额，明确自己的计算方法和计算依据，以供工程师审查与核对。索赔款中具体的各种索赔费用可按如下方法计算。

10.2.1 人工费的计算

要计算索赔的人工费,就要知道人工费的单价和人工的消耗量。

人工费的单价,首先要按照报价单中的人工费标准确定。如果是额外工作,要按照国家或地区统一制定发布的人工费定额计算。随着物价的上涨,人工费也要不断上涨。如果是可调价合同,在进行索赔人工费计算时,也要考虑到人工费的上涨可能带来的影响。如果因为工程拖期,使得大量工作推迟到人工费涨价以后的阶段进行,则人工费会大大超过计划标准。这时在进行单价计算时,一定要明确工程延期的责任,以确定相应的人工费的合理单价。如果施工现场同时有人工费单价的提高和施工效率的降低,则在人工费计算时要分别考虑两种情况对人工费的影响,分别进行计算。

人工的消耗量,要按照现场实际记录、工人的工资单据以及相应定额中的人工的消耗量定额来确定。如果涉及现场施工效率降低,要做好实际效率的现场记录,与报价单中的施工效率相比较,确定出实际增加的人工数量。

10.2.2 材料费的计算

要计算索赔的材料费,同样要知道增加的材料用量和相应材料的单价。

材料单价的计算,首先要明确材料价格的构成。材料的价格一般包括材料供应价、包装费、运输费、运输损耗费、采购保管费几部分。如果不涉及材料价格的上涨,可以直接按照投标报价中的材料价格进行计算。如果涉及材料价格的上涨,则要按照材料价格的构成,按照正式的订货单、采购单,或者官方公布的材料价格调整指数,重新计算材料的市场价格。

材料单价 = (供应价 + 包装费 + 运输费 + 运输损耗费) × (1 + 采购保管费率) − 包装品回收值

增加材料用量的计算,要依据增加的工程量和相应材料消耗定额规定的材料消耗量指标确定实际增加的材料用量。

材料费 = 工程量 × 每单位工程量材料消耗量标准 × 材料单价

10.2.3 施工机械使用费的计算

施工机械使用费的计价,按照具体机械的情况采用不同的处理方法。

1)如果是工程量增加,可以按照报价单中的机械台班费用单价和相应工程增加的台班数量,计算增加的施工机械使用费。如果因工程量的变化双方协议对合同价进行了调整,则按照调整以后的新单价进行施工机械使用费的计算。

2)如果是由于非承包商的原因导致施工机械窝工闲置,则窝工费的计算要区别是承包商自有机械还是租赁机械分别进行计算。

对于承包商自有机械设备,窝工机械费仅按照折旧台班费计算。如果使用租赁的设备,且租赁价格合理,又有正式的租赁收据,就可以按租赁价格计算窝工的机械台班使用费。

3)施工机械降效。如果实际施工中因为受到非承包商的原因导致的施工效率降低,则承包商将不能按照原定计划完成施工任务。工程拖期后,会增加相应的施工机械费用。确定机械降低效率导致的机械费的增加,可以考虑按以下公式计算增加的机械台班数量:

$$实际台班数量 = 计划台班数量 \times \left(1 + \frac{原定效率 - 实际效率}{原定效率}\right)$$

式中的原定效率是合同报价中所报的施工效率,实际效率是受到干扰以后现场的实际施工效率。知道了实际所需的机械台班数量,可以按下式计算出施工机械降效导致增加的机械台班数量:

$$增加的机械台班数量 = 实际台班数量 - 计划台班数量$$

则机械降效增加的机械费为:

$$机械降效增加的机械费 = 机械台班单价 \times 增加的机械台班数量$$

【案例 10-1】 机械降效

某分包商承包了某工程土方工程,合同工期为 28 天,每日用工为 8 人,日工资为 25 元/人,合计用工为 224 工日。分包商报价单中报施工效率为每台挖掘机每天挖土 550m³,台班单价为 850 元/台班。

在施工过程中,由于总承包商施工干扰,使分包商的施工效率大为降低,每天只能开挖 380m³,而每天出勤的设备和工人并未减少。因此土方施工分包商向总承包商提出索赔要求。

分包商施工效率降低,导致实际台班数量增加,因此:

$$实际台班数量 = \left[28 \times \left(1 + \frac{550-380}{550}\right)\right] 台班 = 36.7 台班$$

增加机械台班数量	$(36.7 - 28)$ 台班 = 8.7 台班,取 9 台班
增加机械费	(9×850) 元 = 7650 元
9 天的人工费	$(8 \times 9 \times 25)$ 元 = 1800 元
直接费合计	$(7650 + 1800)$ 元 = 9450 元
管理费(9.5%)	9450 元 × 0.095 = 898 元
利润(5%)	$(9450 + 898)$ 元 × 0.05 = 517 元
施工效率降低索赔款合计	$(9450 + 898 + 517)$ 元 = 10865 元

最后总承包商同意对此项索赔予以支付。

10.2.4 管理费的计算

1. 工地管理费

工地管理费是按照人工费、材料费、施工机械使用费之和的一定百分比计算确定的,所以当承包商完成额外工程或者附加工程时,索赔的工地管理费也是按照同样的比例计取的。但是如果是其他非承包商原因导致现场施工工期延长,由此增加的工地管理费,可以按原报价中的工地管理费平均计取,具体计算如下:

$$索赔的工地管理费总额 = \frac{合同价中工地管理费总额}{合同总工期} \times 工程延期的天数$$

2. 总部管理费

总部管理费的计算,一般可以有以下几种计算方法:

1) 按照投标书中总部管理费的比例计算,即:

$$总部管理费 = 合同中总部管理费率 \times (直接费索赔款 + 工地管理费索赔款)$$

2）按照原合同价中的总部管理费平均计取，即：

$$总部管理费 = \frac{合同价中总部管理费总额}{合同总工期} \times 工程延期的天数$$

【案例10-2】 管理费索赔

某住宅工程，采用固定总价合同，合同工期68周，合同总价2895000元。施工开始之后，设计采暖主管道改变位置，引起工期延长3周，每天增加用工25人。由于业主供应钢筋不能如期进场，业主允许承包商以较高价格在当地市场购买。承包商提出了相应的工期索赔和经济索赔。

1. 采暖管道改变位置索赔

（1）人工费

25名工人每人每周工资350元，3周工资合计　　　　　　　　（25×3×350）元＝26250元

（2）工地管理费

工程合同总价	2895000元
利润（5%）	（2895000×0.05÷1.05）元＝137857元
扣除利润后的合同额	（2895000－137857）元＝2757143元
总部管理费（8.5%）	（2757143×0.085÷1.085）元＝215997元
扣除总部管理费后的合同额	（2757143－215997）元＝2541146元
工地管理费（15%）	（2541146×0.15÷1.15）元＝331454元
该工程合同平均工地管理费	（331454÷68）元＝4874元/周
工期延长三周的工地管理费	4874元/周×3周＝14623元
该工程合同平均总部管理费	215997元÷68周＝3176元/周
工期延长三周的总部管理费	3176元/周×3周＝9528元
总计	（26250＋14623＋9528）元＝50401元

2. 承包商购买钢筋的费用（按各种票据计算）　　　　　　　　　　　　　　4850元

综上所述，承包商应得经济索赔如下：

采暖主管道改变位置索赔额	27711元
另购钢筋的费用	4850元
经济补偿总计	55251元

10.2.5 利润的计算

一般来说，对于工程延误的索赔，由于利润通常是包括在每项实施的工程内容的价格之内，而单纯的延误工期并未影响或者减少某些项目的实施从而导致利润的减少，所以一般工程师很难同意在延误的费用索赔中加进利润损失。

索赔利润款额的计算通常与原中标合同价中的利润率保持一致，即：

利润索赔额 = 合同价中的利润率 ×（直接费索赔额 + 工地管理费索赔额 + 总部管理费索赔额）

10.2.6 利息的计算

无论是业主拖付工程款和索赔款，还是工程变更和工期延误引起的承包商的投资增加，

抑或是业主的错误扣款，都会引起承包商的融资成本增加。

承包商对利息索赔额可以采用以下方法计算：
1）按当时的银行贷款利率计算。
2）按当时的银行透支利率计算。
3）按合同双方协议的利率计算。

无论具体采用哪一种利率，都应在合同文件的专用合同条款中或者投标书附录中加以明确。

【案例10-3】 利息索赔

某游泳馆工程，建筑面积10690m^2，承包合同价5910万元，施工期2年。工程原定2015年5月15日开工，2017年5月15日竣工。但在开挖基坑时，因遇到了地质勘测报告中未包括的软弱土层，业主被迫停工修改设计，由此引起一系列的工程变更及工期拖延。合同约定每月结算一次，每月15日以前付款。在施工过程中，业主在工程进度款拨付方面经常拖期，给承包商带来很大的经济损失。为此承包商列出了拖期付款的日期及拖付款数额（见表10-1），按合同约定的年利率12%提出了拖延付款的利息索赔。

表10-1 拖期付款明细表

计算日期（结算到2017年8月）	当月未付款（并至今未付）	年利率（%）	利息/元
2016年11月15日	25600	12	2398
2016年12月15日	15430	12	1278
2017年2月15日	8500	12	522
2017年4月15日	13850	12	562
2017年5月15日	57800	12	1751
2017年7月15日	28500	12	285
共计			6796

承包商向工程师提出了上述利息索赔要求，因符合施工合同规定，被工程师接受，报业主予以付款。

10.2.7 索赔费用的计算方法

提交索赔通知书后，承包商要定期报送索赔资料，并在索赔影响事件结束后28天之内提交最终的索赔报告。在索赔报告中承包商对自己的费用索赔部分要进行详细计算，以供工程师审查。在索赔款计算过程中，尊重事实，以合同为依据，采取合理的计价方法，是索赔取得成功的重要因素。

索赔款的计算方法主要有以下几种。

1. 分项计算法

分项计算法是以每个索赔事件为对象，按照承包商为某项索赔工作所支付的实际开支为根据，向业主提出经济补偿。而每一项索赔费用应计算由于该事项的影响，导致承包商发生的超过原计划的费用，也就是该项工程施工中所发生的额外的人工费、材料费、机械费，以及相应的管理费，有些索赔事项还可以列入应得的利润。

分项计算法可以分以下三步：

1) 分析每个或每类索赔事件所影响的费用项目。这些费用项目一般与合同价中的费用项目一致，如直接费、管理费、利润等。

2) 用适当方法确定各项费用，计算每个费用项目受索赔事件影响后的实际成本或费用，与合同价中的费用相对比，求出各项费用超过原计划的部分。

3) 将各项费用汇总，即得到总费用索赔值。

也就是说，在直接费（人工费、材料费和施工机械使用费之和）超出合同中原有部分的额外费用部分基础上，再加上应得的管理费（工地管理费和总部管理费）和利润，即是承包商应得的索赔款额。这部分实际发生的额外费用客观地反映了承包商的额外开支或者实际损失，是承包商经济索赔的证据资料。

为了准确计算实际的成本支出，承包商在现场的成本记录或者单据等资料都是必不可少的，一定要在项目施工过程中注意收集和保留。

2. 总费用法

总费用法基本上是在总索赔的情况下才采用的计算索赔款的方法。也就是说，当发生多次索赔事项以后，这些索赔事项的影响相互纠缠，无法区分，则重新计算出该工程项目的实际总费用，再从这个实际的总费用中减去中标合同价中的估算总费用，即得到要求补偿的索赔总款额。即：

$$索赔款额 = 实际总费用 - 合同价中估算的总费用$$

这里要明确，只有当无法采用分项计算法时，才使用总费用法。一般采用总费用法，需要有以下几个条件：

1) 在合同实施过程中所发生的总费用是准确的，工程成本核算符合普遍认可的会计原则；实际总成本与合同价中的总成本的内容项目是一致的。

2) 承包商对工程项目的报价是合理的，能反映实际情况。如果报价计算不合理，则索赔款额是不能用这种方法计算的，因为这里包含了承包商为中标压低报价的成分，而承包商在报价时压低报价是应该由承包商承担的风险。

3) 费用损失的责任或者索赔事件的责任是属于非承包商的责任，也不是应该由承包商承担的风险。

4) 由于该项索赔事件或者是几项索赔事件在施工时的特殊性质，不可能逐项精确计算出承包商损失的款额。

在采用总费用法时要注意，管理费的计算一般要考虑实际损失，所以理论上应该按照实际的管理费率进行计算与核实。但是鉴于具体计算的困难，通常都采用合同价中的管理费率或者双方商定的费率。由于实际工程成本的增加导致承包商支出的增加，必然增加承包商的融资成本，所以承包商可以在索赔中计算利息支出。利息率的计算按照 10.2 节所述。

10.3 经济索赔分析

经济索赔是承包商向业主要求补偿不应该由承包商自己承担的经济损失或额外开支，以取得合理的经济补偿。也就是说，在实际施工过程中所发生的施工费用超过了投标报价书中该项工作所确定的费用,而这项费用的超支责任不是承包商方面的原因,也不属于承包商的风险范围。一般来讲,施工费用超支的原因主要有两种情况:①承包商的施工受到了干扰,致使工作效率降低;②由于业主方指令工程变更或者增加了额外工程,导致工程成本的增加。这两种情况导致新增费用或者额外费用,承包商有权提出索赔要求。

10.3.1 责任分析

施工索赔是允许承包商获得不是由于承包商的原因而造成的损失补偿。所以,一个索赔事项发生以后,承包商首先要明确责任归属。确定不是承包商的责任以后,还要明确是否是承包商的风险,这就要进行具体的合同分析。

10.3.2 合同分析

承包商要论证自己的经济索赔要求,最重要的就是要在合同条件中寻找相应的合同依据,并据此判断承包商有索赔权。

1. 条款明示的索赔

条款明示的索赔是指承包商所提出的索赔要求,在该工程项目的合同文件中有明确的文字依据,承包商可以据此提出索赔要求,取得经济补偿。这些在合同文件中有文字规定的合同条款,称为"明示条款"或"明文条款"。

例如,FIDIC《施工合同条件》中有:①在施工过程中遇到了"不可预见的自然条件"(第4.12款);②工程师发布工程变更指令使承包商发生了额外的施工费用(第13款);③施工中遇到了业主应该承担的风险,已经由承包商承担完成了施工(第17.3款);④业主方面违约引起承包商支付额外的费用(第16款);⑤不可抗力(第19款)等。我国的《建设工程施工合同(示范文本)》(GF—2013—0201)中也有一些相应的明示条款,如在开工和延期、工期的延误、检查和返工、合同价款的调整与支付等方面都有明确的规定。这些有明确规定的合同条款都是承包商进行索赔的最直接的依据。

这些工程项目合同条件中有明示条款的索赔都属于合同规定的索赔,一般发生时不容易产生纠纷,处理起来比较容易。

2. 条款隐含的索赔

条款隐含的索赔是指承包商的索赔要求虽然在工程项目的合同条件中没有专门的文字叙述,但可以根据该合同条件的某些条款的含义推论出承包商有索赔权,有权得到相应的经济补偿。这种有经济补偿含义的合同条款称为"默示条款"或者"隐含条款"。

默示条款是一个广泛的合同概念,它包括合同明示条款中没有写入但符合合同双方签订合同时的设想、愿望和当时的环境条件的一切条款。这些默示条款或者从明示条款所表述的设想愿望中引导出来,或者从合同双方在法律上的合同关系中引导出来,经合同双方协商一致或被法律、法规所指明,都成为合同文件的有效条款,要求合同双方遵照执行。例如,FIDIC的《施工合同条件》第1.5款指出,构成合同的文件要认为是相互做出说明的。为了解释的目的,给出了构成合同文件的优先次序:合同协议书——中标函——投标函——专用条件——通用条件——规范——设计图——资料表和构成合同组成部分的其他文件。当工程是由于工程师指示违背上述优先顺序且已经给承包商造成损失时,承包商可以提出索赔。

3. "可推定的"合同条款

在解释合同条件时，美国率先使用了"可推定的"合同条款这一概念，并在合同争端的法院判决词中使用。当前在其他国家的合同解释中也逐步开始采用这个说法。

所谓"可推定的"，就是指"实际上已经形成的"，而且是合同双方均"已经知道的"。例如在施工进行过程中，业主方面的领导人员或工程师口头指示承包商进行某种施工变更或要求进行追加工作，承包商已经照办，业主方面的主要合同管理人员也已经知道，这一工程变更便已经形成为"可推定的工程变更"，它的合法性已经得到业主的认可，因而应该得到相应的经济补偿。当然承包商要提出相应的证据证明业主方面曾经下过指示，在实施变更过程中工程师曾到施工现场对正在实施的变更进行过检查和指导等。FIDIC 的《施工合同条件》第 3.3 款指出，工程师可以在任何时候按照合同规定向承包商发出指令以及发出实施工程和修补缺陷可能需要的附加或修正图。承包商应接受工程师或工程师委托给以适当权力的助手的指令。如果指令构成一项变更，应按照变更和调整的规定办理。承包商应遵循工程师或受托助手对合同有关的任何事项发出的指令。只要实际可靠，他们应采用书面形式。如果工程师或受托助手给出口头指令，在给出指令后两个工作日内收到承包商（或其代表）对指令的书面确认，以及在收到书面确认后两个工作日内未通过发出书面拒绝和（或）指令进行答复，这时该确认应成为工程师或受托助手的书面指令。

除了工程项目的全部合同文件外，承包商还可以依据下面两方面的规定或者事实来论证自己的索赔权。

4. 工程所在国的法律或规定

由于工程项目的合同文件适用于工程所在国的法律，所以该国的法律、命令、规定中有关承包商索赔的条文都可以引用来证明自己的索赔权。所以承包商必须熟悉工程所在国的有关法律规定，善于利用它来确定自己的索赔权。

5. 类似情况成功的索赔案例

许多国家工程项目合同文件采用 FIDIC 合同条件、ICE 合同条件或者其他属于世界普通法系的合同条件，在普通法系国家，这些合同条件实行"案例裁决"的原则，在裁决时可以参照类似的先例，因此承包商可以通过调查研究或查阅相关案例来论证自己有索赔权。

10.3.3 常见费用索赔分析

前面讲述了索赔费用的构成与计算，这里要注意理解在 FIDIC 合同条件下的费用的概念。FIDIC 的《施工合同条件》第 1.1.4.4 款指出，"成本（费用）"是指承包商在现场内外发生的（或）将发生的所有合理开支，包括管理费用及类似的支出，但不包括利润。

1. 工程范围变更

工程范围变更是指业主和工程师指令承包商完成某项工作，而承包商认为该项工作已超出原合同的工作范围或者超出他投标时估计的施工条件，要求业主补偿其新增的开支。

(1) 变更的范围

FIDIC《施工合同条件》第13.1款规定变更的范围主要包括以下方面：

1) 合同中包括的任何工作内容的数量的改变。

2) 任何工作内容的质量或其他条件的改变。

3) 任何部分工程的标高位置和（或）尺寸的改变。

4) 任何工作的删减，但要交他人实施的工作除外。

5) 永久工作所需的任何附加工作、生产设备、材料或服务，包括任何有关的竣工试验、钻孔或其他试验或勘探工作。

6) 实施工程的顺序或时间安排的改变。

(2) 变更工程单价的确定方式

1) 按照报价书中的单价计算工程款。工程师在综合考虑变更工程的性质、数量，变更工程对施工开办费的影响程度，发布工程变更指令的时间，变更工程的施工方法以及变更工程的位置与原合同工程的差异程度等方面以后，如果工程师认为投标的单价适合于此项变更工程，他可以决定按投标单价计算新的单价。则变更工程款额为：

变更工程款额 = 合同中相应单价 × 实际完成的工程量

2) 参照投标单价确定新单价。如果原单价与变更工程的性质、数量、地点、施工方法等差别较大，不适用原单价时，可以参照原单价数额确定一个合理的新单价，这时可以用直线插入法或按比例分配法确定新单价。

3) 重新确定新单价。如果变更工程与合同范围内的工作性质完全不同，不能参照采用投标单价时，由工程师邀请业主及承包商进行充分协商，共同确定一个合理的新单价。如果工程师与承包商不能协商一致，则由工程师确定一个他认为合理的单价，通知承包商并抄报给业主。

如果工程师指示有上述工作发生，按照FIDIC《施工合同条件》第13.3款，"如果工程师在发出变更指示前要求承包商提出一份建议书，承包商应尽快做出书面回应，或提出他不能照办的理由，或提交对建议要完成工作的说明，以及实施的进度计划，对原定的进度计划和竣工时间提出必要修改的建议书和对变更估价的建议书"，"工程师收到此类建议书后应尽快给予回复"。

按照FIDIC《施工合同条件》第12.3款，如果"对于FIDIC中第13款规定指示的工作，合同中没有规定该项工作的费率或价格"，及"由于工作性质不同，或在与合同中任何工作不同的条件下实施，未规定适宜的费率或价格"，也就是说当工程师认为任何变更工程的性质或数量与原合同工程有重大差异，而使原单价或价格不宜采用时，则相关的费率或价格"应根据实施该工作的合理成本和合理利润，并考虑其他相关事项后得出"。因此为了正确地确定这些新单价或者价格，必须要懂得这些单价的组成部分，能进行新的单价分析，并具备确定价格的可靠知识。

4) 变更超过10%，进行合同价调整。FIDIC《施工合同条件》第12.3款规定，如果"该项工作测出的数量变化超过工程量表或其他资料表中所列数量的10%以上"，且"此数量变化与该项工作规定的费率的乘积超过中标合同金额的0.01%"，同时，"此数量变化直接改变该项工作的单位成本超过1%"，而合同中没有规定该项工作为"固定费率项目"，那么应该通过协商对合同价进行调整。不过，在实际工程中，如果专用合同条款中规定的不同，则以专用合同条款中的规定为准。

【案例 10-4】 工程变更索赔计算

某承包商中标一房屋建筑工程，合同条件为 FIDIC《施工合同条件》。开始施工后，工程师先后发出多个变更令，其中几项如下：

(1) 基础工程混凝土工程量大幅度增加。情况如下：合同中该分项工程量为 400m³ 混凝土，合同单价为 200 元/m³，合同专用条款中规定，单项工程量变化超过 25% 即调整单价。如果工程量增加，单价调整为 190 元/m³。如果工程量减少，单价调整为 210 元/m³。实际施工工程量为 600m³，则该工程结算价应为：

在工程量增加 25% 范围以内用原价

$$200 \text{ 元}/m^3 \times 400 m^3 \times 1.25 = 100000 \text{ 元}$$

超过 25% 的部分采用调整后的单价

$$190 \text{ 元}/m^3 \times (600 - 400 \times 1.25) m^3 = 19000 \text{ 元}$$

合计

$$100000 \text{ 元} + 19000 \text{ 元} = 119000 \text{ 元}$$

(2) 施工图和工程量表中关于梁和楼板的混凝土强度等级的描写有矛盾，工程量表中为 C20，施工图标注为 C25，承包商就此向业主和工程师咨询后，工程师发布指令：梁和楼板均按 C25 混凝土施工。

根据工程量表，钢筋混凝土楼板厚度为 25cm，工程量为 1230m³，单价为 542.7 元/m³；钢筋混凝土梁横断面为 30cm×45cm，工程量为 450m³，单价为 523.3 元/m³，均为 C20 混凝土。

由于工程量表中指定为 C20 混凝土，而工程师发布指令按施工图标注的 C25 混凝土施工，因此，承包商认为该变更构成索赔，提出补偿 C20 和 C25 混凝土的价差。根据单价分析，两种强度等级的混凝土单价差为 18.84 元/m³，故承包商提出索赔款额为：

$$(1230 + 450) m^3 \times 18.84 \text{ 元}/m^3 = 31651.2 \text{ 元}$$

对于工程范围的变化，尤其要注意新增工程。这些新增工程可能包括各种不同的范围和规模，工程量也很大。按照其是否属于工程项目合同范围以内，将新增工程分为"附加工程"和"额外工程"。

附加工程也可以称为"合同内的新增工程"，是指该工程为合同项目所必不可少的工程，如果缺少了这些工程，该合同项目便不能发挥合同预期的作用。这种附加工程是承包商在接到工程师的工程变更指令后必须完成的工作，无论这些工作是否列入该工程项目的合同文件的工程量表中。对于合同内的附加工程承包商无权拒绝，价格的计算也以原中标合同报价作为依据，参考本节前面所述。

额外工程也可以称为"合同外的新增工程"，是指工程项目合同文件中的工作范围中没包括的工作，缺少了这些工作原订合同工程项目仍然可以运行并发挥效益。因此额外工程实际上是一个新增的工程项目，而不是原来合同项目工程量表中的一个施工项目。有时业主通过新增工程增加工程范围，仍想按原中标合同价支付工程款。在这种情况下，因为合同单价是按工程开始前的条件确定的，施工过程中物价等因素可能已经上涨，因此价格有可能会与实际市场价格背离，尤其是不可调价合同。同时由于竞争的压力承包商会采用压低报价以求中标，所以合同单价相对较低。对于合同外的新增工程，承包商有权拒绝执行，或者要求重新签订协议，重新确定价格，使承包商可以在现在的市场价格基础上计算新增工程的价格。

在工程项目的合同管理和索赔工作中，应该严格区分"附加工程"和"额外工程"，不能把它们混为一谈。因为在合同管理工作中，处理这两种工作范围不同的工程时，有不同的合同手续和做法，如表10-2所示。

表10-2 新增工程分类表

工作性质	工作范围	是否属于工程量表中的内容	工程变更指令	单价	结算支付方式
新增工程	附加工程：属于原合同工作范围以内的工程	列入工程量表的工作	不必发变更指令	按投标单价	按合同规定的程序按期结算支付
		未列入工程量表中的工作	要补发变更指令	议定单价	同上
	额外工作：超出原合同工作范围的工程	不属于工程量表中的工作项目	另订合同	新定单价或合同价	提出索赔，或按新合同程序支付

在确定合同工程的工作范围时，如果是包括在招标文件中的工程范围中所列的工作，并在工程量表、技术规程以及施工图中所标明的工程，属于"附加工程"；工程师指示进行的工程变更如属于根本性的变更，就属于"额外工程"；如果发生工程变更的工程量或款额超过了一定的界限，超出了"附加工程"的范围，就应属于"额外工程"。如果属于"附加工程"，在计算工程款时应按照投标文件工程量表中所列的单价进行计算，或参照近似工作的单价计算。如果确定属于"额外工程"则应重新议定单价，按新单价支付工程款。

【案例10-5】 额外工程索赔

某道路建设公司承包一条乡村公路的施工，合同规定公路长度为8015m，工期10个月，合同价4818500美元。

在施工期间，业主要求在此公路上增建一条支路，通往距公路干线700m的一个农场。承包商认为，此系合同工作范围以外的额外工程，应按分项计算法计算工程款，不同意按中标文件的单价进行结算。业主和主管项目的合同官员表示同意。承包商提出了索赔款汇总表，并附以大量的票据证件及计算书，报合同官员及业主审核并予以支付。经合同官员及审计师审核，基本同意了承包商的索赔报告书，并向业主单位写出建议书。

公路支线施工索赔款汇总表

人工费	103950美元
材料费	110735美元
设备费	87580美元
临时设施费	24840美元
直接费合计	327105美元
工地管理费	327105美元×0.105 = 34346美元

总部管理费	(327105 + 34346) 美元 × 0.055 = 19880 美元
保险费	7975 美元
贷款利息	23500 美元
上述合计	(327105 + 34346 + 19880 + 7975 + 23500) 美元 = 412806 美元
利润（5%）	412806 美元 × 5% = 20640 美元
索赔款总计	(412806 + 20640) 美元 = 433446 美元

(3) 我国《建设工程施工合同（示范文本）》（GF—2013—0201）对变更工程的规定

1) 变更工程的范围。具体如下：

a. 增加或减少合同中任何工作，或追加额外的工作。

b. 取消合同中任何工作，但转由他人实施的工作除外。

c. 改变合同中任何工作的质量标准或其他特性。

d. 改变工程的基线、标高、位置和尺寸。

e. 改变工程的时间安排或实施顺序。

2) 变更的程序。具体如下。

业主（建设单位）和监理工程师均可以提出变更。变更指标均通过监理工程师发出，但监理工程师发出变更指示前应征得业主同意。承包商收到经业主签认的变更指示后，方可实施变更。未经许可，承包商不得擅自对工程的任何部分进行变更。

涉及设计变更的，应由设计单位提供变更后的施工图和说明。如变更超过原设计标准或批准的建设规模，则建设单位需及时办理规划、设计变更等审批手续。

承包商可以向监理工程师提交合理化建议说明，说明建议的内容和理由，以及实施该建议对合同价格和工期的影响。监理工程师审查并提请业主批准后，可发出变更指示。

业主提出变更的，应通过监理工程师向承包商发出变更指示，并在变更指示中说明计划变更的工程范围和变更的内容。

监理工程师提出变更建议的，需要向业主以书面形式提出变更计划，说明计划变更工程范围和变更的内容、理由，以及实施该变更对合同价格和工期的影响。业主同意变更的，由监理工程师向承包人发出变更指示。业主不同意变更的，监理工程师无权擅自发出变更指示。

承包商收到监理工程师下达的变更指示后，认为不能执行，应立即提出不能执行该变更指示的理由。承包商认为可以执行变更的，应当书面说明实施该变更指示对合同价格和工期的影响，并按合同约定的程序和方法确定变更估价。

3) 变更估价的原则。具体如下。

a. 已标价工程量清单或预算书中有相同项目的，按照相同项目单价认定。

b. 已标价工程量清单或预算书中无相同项目，但有类似项目的，参照类似项目的单价认定。

c. 变更导致实际完成的变更工程量与已标价工程量清单或预算书中列明的该项目工程量的变化幅度超过15%的，或已标价工程量清单或预算书中无相同项目及类似项目单价的，按照合理的成本与利润构成的原则，由业主与承包商按照合同规定的程序确定变更工作的单价。

d. 变更估价的程序。承包商应在收到变更指示后 14 天内，向监理工程师提交变更估价申请。监理工程师应在收到承包商提交的变更估价申请后 7 天内审查完毕并报送业主，监理工程师对变更估价申请有异议的，通知承包商修改后重新提交。业主应在承包商提交变更估价申请后 14 天内审批完毕。业主逾期未完成审批或未提出异议的，视为认可承包商提交的变更估价申请。

因变更引起的价格调整应计入最近一期的进度款中支付。

2. 施工条件变化

如果在施工过程中，承包商遇到了"不可预见的自然条件"，承包商为完成合同规定的工作要用超出原定的时间和花费计划外的额外开支。这里的"自然条件"是指承包商在现场施工时遇到的自然条件和人为的及其他自然障碍和污染物，包括地下和水文条件，但不包括气候条件（FIDIC《施工合同条件》第 4.12 款）。如果承包商遇到他认为不可预见的不利的自然条件，应尽快通知工程师，在通知中应说明遇到了什么样的自然条件以便工程师进行检验，并应提出承包商认为是不可预见的理由。承包商应该采取适应现有自然条件的合理措施继续施工，并应遵循工程师可能给出的任何指示，如果某项指示构成工程变更，则要按照变更和调整的相应条款规定处理。

如果承包商遇到了不可预见的自然条件，并按规定发出通知，而这些条件达到遭受延误和（或）增加费用的程度，则承包商有权根据索赔的相应条款的规定，要求对任何此类延误给予延长工期（注意：应是使竣工时间已经或将要受到延误），并有权对任何此类费用得到相应补偿。

施工现场条件的变化主要是指施工现场的地下条件的变化，如地质条件、地基情况、地下水及土壤条件的变化等，导致项目实施的严重困难。而这些不利的条件或者障碍要么同招标文件中的描述相差极大要么根本没有提到。例如，在开挖现场挖出的岩石或砾石的位置和高程与招标文件中所述的程度差别甚大；招标文件钻孔资料注明是坚硬岩石的部位或高程上出现的是松软材料等，都是属于招标文件描述现场条件失误，也就是说在招标文件中对施工现场存在的不利条件虽然已经提出，但严重失实或位置差异极大或严重程度相差极大，从而对承包商的施工方案造成误导。还有一些不利的现场条件是在招标文件中根本没有提到，而且按该工程的一般施工实践是一个有经验的承包商难以预见的情况，如在开挖基础时遇到了古代建筑遗迹、古物或者化石，遇到了高度腐蚀性的地下水或有毒气体，给承包商的施工人员和设备造成意外的损失，在隧洞开挖过程中遇到类似地质条件下隧洞施工中罕见的强大的地下水流等情况。对于这些不利的现场条件，都是一般施工实践中承包商难以预料的，会给承包商施工带来严重困难，并引起相应施工费用的增加以及工期的延长，从合同责任上说不属于承包商的责任，应该给予相应的经济补偿和工期延长。

工程师收到此类通知后，要对该自然条件进行检验和研究，然后与承包商进行商定或确定此类自然条件是否不可预见，达到不可预见的程度，然后据此确定应给以承包商的工期延长和费用补偿的额度。同时 FIDIC 合同条件中也提出，工程师在最终确定上述不可预见的自然条件造成的延误和费用增加以前，还要考虑工程类似部分的其他自然条件是否比承包商提交投标书时能合理预见的更为有利，如果达到更为有利条件的程度，则工程师可以按相应规定，商定或确定因这些条件引起的费用扣减，也计入合同价格和付款证书。但是这部分扣减额的净作用，不应造成合同价格净减少的结果。

此外，在 FIDIC 的《施工合同条件》第 4.24 款对于化石等物的发现也有明确的规定，"在现场发现的所有化石、硬币、有价值的物品或文物，以及具有地质或考古意义的结构物和其他遗迹或物品，应置于雇主的照管和权限下。承包商应采取合理预防措施，防止承包商人员或其他人员移动或损坏任何此类发现物"，"一旦发现任何上述物品，承包商应立即通知工程师，工程师应就处理上述物品发出指示。如承包商因执行这些指示遭受延误和（或）增加费用，承包商应向工程师再次发出通知"。根据 FIDIC《施工合同条件》第 20.1 款的规定，如果竣工已经或将受到延误，对任何此类延误，承包商有权要求相应工期延长，任何此类费用应计入合同价格，给予支付。这两种情况，承包商都是可以索赔"任何此类费用"，但是不包括利润。

3. 加速施工

当工程项目的施工计划进度受到干扰，致使工程不能按时建成，而工期延误的责任不是由于承包商的原因，这时业主要面临两种选择，如果加速施工引起的成本的增加大于工程延期投入所产生的效益，业主就会允许承包商拖后竣工的时间，使工程项目较晚些发挥经济效益；另外一种选择就是要求承包商采取加速施工措施，宁可增加工程成本也要按计划工期建成投产。

如果业主决定采取加速施工，则应该向承包商发出书面的加速施工指令，审核承包商提出的加速施工措施，明确加速施工费用的支付问题。而作为承包商，则要就加速施工所增加的成本开支提出书面的索赔报告。

（1）加速施工要考虑的成本增加

采取加速施工时，承包商要相应加大资源投入量，使原计划工程成本相应增加，这些增加的成本主要有：

1）采购或租赁新增加的施工机械和有关设备的费用。
2）加班施工或增加施工人员数量导致人工费的增加。
3）增加建筑材料、生活物资供应导致相应投资费用的增加。
4）工地管理费的增加。
5）为提高劳动生产率增加的相应奖励费用等。

（2）加速施工持续天数的确定

如果工程拖期是由于施工效率降低引起的，业主应该给承包商相应天数的"工期延长"，这个延长以后的"实际工期"与原计划工期的差，就是要求承包商加速施工的天数。即：

$$实际工期 = 计划工期 \times \left(1 + \frac{原定效率 - 实际效率}{原定效率}\right)$$

式中　原定效率——投标文件中所列明的施工效率；

实际效率——由于受到干扰而降低，实际达到的施工效率。

$$加速施工天数 = 实际工期 - 计划工期$$

如果是其他原因引起的工期拖延，则拖期的时间就是要加速施工的天数。

(3) 确定加速施工费用的计算

加速施工费用的计算可以双方协商，也可以以奖金的方式支付。这取决于合同的约定或双方协商的结果。

(4) 加速施工索赔的证据

承包商在进行直接加速施工索赔时，应当提供如下证据：

1) 工程师（业主）发出了口头或者合同要求的书面的加速施工指令。
2) 承包商采取了合理的措施以实现加速施工。
3) 加速施工已经发生。
4) 承包商承担了额外的损失。

4. 可补偿延误

工程施工中的延误可以分为可原谅的拖期和不可原谅的拖期。对于承包商来说，如果工程拖期不是由于承包商的责任，而是由于业主原因或客观影响引起工程拖期建成，承包商是可以得到原谅的。如果工程拖期是由于承包商自身的原因引起的，如施工组织不好、施工效率不高、设备材料供应不足等原因，以及应由承包商承担的风险，如一般性的天气不好等影响工程施工进度，承包商是不能得到原谅的，也无权提出索赔要求。

对于可原谅的拖期，如果是由于业主方面的原因引起的工期延长，就属于可原谅和应予补偿的拖期，承包商既有权得到工期延长，又能够得到附加开支的经济补偿。如果是属于客观原因引起的工期延长，既非承包商的责任，也不是业主所能控制的，则这种延误属于可原谅但不予以补偿的拖期，承包商有权获得工期延长但不能得到经济补偿。但是通常情况下，对于以下情况，一般承包商可以得到相应的经济补偿：

1) 工程师书面指令的工程变更，或推定的工程变更指令，可以获得工期延长及额外的费用补偿。
2) 业主命令停工，但停工的原因不属于承包商的过失，而是业主出于自己方面的原因，如资金匮乏、规划设计的重大变更等，给承包商带来经济损失。
3) 业主命令暂停施工或者指示采用低效率的施工方法和施工顺序，从而造成工期拖延并给承包商带来经济损失。
4) 业主提供的施工图或施工技术规程有错误或含糊矛盾之处，承包商据其施工造成返工浪费或成本增加。
5) 业主不能按照合同规定的时间向承包商提供施工现场，或不能按时提供合同中规定的应由业主提供的建筑材料，从而引起工期拖延和额外经济亏损。
6) 工程师不能按规定时间向承包商发放施工详图，使承包商等待检查或试验的时间无故拖延，影响施工进度并给承包商造成经济损失。
7) 业主不按照合同规定的时间向承包商支付工程款等。

【案例 10-6】 可补偿延误索赔

某写字楼工程，采用固定总价合同。施工协议书签订以后，发生了一系列的事件，给承包商的工期和成本造成了很大影响：业主不能按时提供施工现场；天气特别恶劣，阴雨连绵；工程师不能按期提供施工详图，施工中出现多次工程变更，影响施工效率和工期等。为此承包商提出了延长工期 18 周和经济补偿的要求。经过合同双方的反复协商，达成如下协议：

(1) 业主方面同意给承包商展延工期15周。其中10周是由于超出合同范围的新增工程，5周是由于业主拖交施工详图及遇到特别恶劣的天气条件。这15周是由于业主责任或者是业主风险，同意给承包商合理的经济补偿。除这15周给予延长工期外，另外由承包商提出索赔的3周是一般的天气情况，是承包商的风险，不给承包商工期和费用补偿。

(2) 对于业主不能按时提供施工现场，工程师认为中标通知书的日期不是提供施工现场的日期，也不是开工日期，不造成工期拖延，承包商同意此意见。

(3) 对于迟开工2个月，而承包商在正式开工之前已经派两名人员进驻现场，形成了附加开支这一问题，经协商，工程师同意补偿这两人的人工费，共计2540美元。

综上，承包商共得费用补偿如下：

推迟开工的人工费	2540美元
拖交施工详图及特别恶劣的天气条件	13854美元
额外工程	35400美元
费用补偿合计	51794美元

5. 不可抗力与业主风险

不可抗力是指施工过程中发生的某种异常事件或情况，而这些事件或情况是一方无法控制的，在签订合同之前也不能对之进行合理的准备，发生后又不能合理避免或克服，而且这些事件或情况也不是由对方的原因造成的。一般不可抗力造成的影响是属于雇主承担的风险。对于工程承包的风险分担，FIDIC《施工合同条件》第17.3款的"雇主风险"列出了属于业主方面承担的风险，雇主风险主要有：

1) 战争、敌对行动（不论宣战与否）、入侵、外敌行动。
2) 工程所在国国内的叛乱、恐怖主义、革命、暴动、军事政变或篡夺政权、内战。
3) 承包商人员及承包商和分包商的其他雇员以外的人员在工程所在国国内的暴乱、骚动或混乱。
4) 工程所在国国内的战争军火、爆炸物资、电离辐射或放射性引起的污染，但可能由承包商使用此类军火、炸药、辐射或放射性引起的除外。
5) 由声速或超声速飞行的飞机或飞行装置所产生的压力波。
6) 除合同规定以外雇主使用或占有的永久工程的任何部分。
7) 由雇主人员或雇主对其负责的其他人员所做的工程任何部分的设计。
8) 不可预见的或不能合理预期一个有经验的承包商已采取适宜预防措施的任何自然力的作用。

如果上述列举的任何风险达到对多种货物，或承包商设备造成损失或损害的情况，则承包商应立即通知工程师，并应按照工程师的要求修正此类损失或损害。如果因修正此类损失或损害使承包商遭受延误和（或）招致增加费用，承包商应进一步通知工程师，同时根据承包商索赔的有关规定，若竣工时间已经或将受到延误，承包商有权要求对任何此类延误给予延长工期；由此所发生的任何此类费用应计入合同价格，给予支付，对于前述第6）和7）两项情况，还可以获得相应的利润补偿。在我国《建设工程施工合同（示范文本）》

（GF—2013—0201）中也有类似的规定。

【案例 10-7】 不可抗力索赔

某承包商承揽了在某城市一条江北面修建一座疗养院的工程项目，合同价为450万元，合同工期为18个月，从2016年4月15日到2017年10月15日。由承包商包工包全部材料。

在施工过程中，由于该城市2016年夏天发生了该地区百年一遇的特大洪水，而该工程正好地处江边不远，造成了部分已完工程被损，部分材料被冲走和被损坏，现场道路等临时设施部分被冲毁，并造成工程施工受阻等多种影响。

为此，承包商提出了索赔要求如下：

支付部分被损坏已完工程款	3.45 万元
该被损坏已完工程修整及重建费用	2.48 万元
现场材料损失	1.45 万元
现场道路等临时设施重建费用	0.68 万元
合计	8.06 万元
管理费（9.5%）	8.06 万元×0.095＝0.77 万元
利润（5%）	(8.06＋0.77)万元×0.05＝0.4415 万元

同时，由于受到洪水影响工期拖延及之后的恢复工程，要求展延工期10周。

工程师经过认真研究，认为洪水是一个有经验的承包商无法预见的，但也不是业主的责任，是属于不可抗力造成的影响，对于承包商的材料损失，不予补偿；利润的损失不予补偿，支付被损坏的已完工程款3.45万元中已经包括管理费和利润，不应再重复计算，最后批示如下：

正常支付被损坏已完工程款	3.45 万元
被损坏工程修整及重建费用	2.48 万元
现场道路等临时设施重建费用	0.68 万元
管理费	(2.48＋0.68)万元×0.095＝0.3 万元
索赔款合计	(2.48＋0.68＋0.3)万元＝3.46 万元

批准承包商展延工期10周。

6. 物价变化

在工程施工过程中，由于工程所在国物价变化，对于工期在一年以上的工程项目，就应该在合同条件中考虑物价变化的价格调整问题。FIDIC《施工合同条件》通用条件第70.1款专门规定了物价调整的问题。我国的《建设工程施工合同（示范文本）》（GF—2013—0201）第11条也对物价变化对合同价款的调整有明确的规定。

工程建设项目中合同周期较长的项目，经常受到物价浮动等多种因素的影响，像人工费、材料费、施工机械费等都会发生变化。为了避免承包商或者业主在价格波动中遭受损失，维护合同双方的正当权益，应该对价格的变化进行必要的调整。综合国内外的情况，一般有以下几种调整方法。

(1) 造价指数调整法

如果业主和承包商按照当时的预算定额单价计算工程承包合同价，则在竣工时，可以根据合理的工期及当地工程造价管理部门所公布的当时的工程造价指数对原承包合同价进行调整，重点调整那些由于实际人工费、材料费、施工机械费等费用上涨造成的价差，给承包商合理的调价补偿。

$$工程价差调整额 = 工程合同价 \times \left(\frac{竣工时工程造价指数}{签订合同时工程造价指数} - 1\right)$$

(2) 实际价格调整法

实际价格调整法就是对钢材、木材、水泥等大宗材料的价格采取按照实际价格和合同中的价格进行价差调整的方法。

(3) 调价文件计算法

调价文件计算法是指业主和承包商采取按照当时当地的预算价格承包，在合同工期内按照造价管理部门的调价文件的规定，对同期内完成的工程按照实际用量进行差价的调整。

(4) 调值公式法

调值公式法就是在业主和承包商签订工程承包合同时就明确列出调值公式，作为价差调整的依据。调值公式一般为：

$$P = P_0\left(a_0 + a_1\frac{A}{A_0} + a_2\frac{B}{B_0} + a_3\frac{C}{C_0} + a_4\frac{D}{D_0} + a_5\frac{E}{E_0} + \cdots\right)$$

式中　　P——调值后合同价款或工程实际结算款；

　　　　P_0——合同价款中的工程进度款；

　　　　a_0——固定要素，代表合同支付中不允许调整的部分；

$a_1, a_2, a_3, a_4, a_5, \cdots$——有关各项费用（如人工费用、钢材费用、水泥费用、运输费用等）在合同总价中所占的比重，$a_0 + a_1 + a_2 + a_3 + a_4 + a_5 + \cdots = 1$；

$A_0, B_0, C_0, D_0, E_0, \cdots$——投标截止日期前28天与$a_1, a_2, a_3, a_4, a_5, \cdots$相对应的各项费用的基期价格指数或价格；

$A, B, C, D, E, \cdots$——在工程结算月份与$a_1, a_2, a_3, a_4, a_5, \cdots$相对应的各项费用的报告期价格指数或价格。

在使用该调值公式时应该注意：

1) 固定要素和各项有关费用的百分比要在合同中加以确定。一般固定部分取值 0.1 ~ 0.2，其他部分一般只选择用量大、价格高而且具有代表性的典型人工费和材料费。各部分系数之和应该等于1。

2) 调整有关各项费用要与合同条款的规定相一致，并应注意调整的地点和时点的一致。

【案例10-8】 物价变化索赔

某承包商承包某工程项目施工，合同价为2000万元。与业主签订可调价合同，合同中规定的调价公式如下：

$$P = P_0\left(0.15 + 0.35\frac{A}{A_0} + 0.23\frac{B}{B_0} + 0.12\frac{C}{C_0} + 0.08\frac{D}{D_0} + 0.07\frac{E}{E_0}\right)$$

式中　A、B、C、D、E——报价时价格指数；

A_0、B_0、C_0、D_0、E_0——调价时价格指数。

在施工过程中，工程所在国物价上涨，承包公司要求进行价格调整，收回物价上涨导致的成本增加。报价时和调价时的价格指数如表10-3所示。

表10-3　工资、材料物价指数表

报价时价格指数	A_0	B_0	C_0	D_0	E_0
	100	153.4	154.4	160.3	144.4
调价时价格指数	A	B	C	D	E
	110	156.2	154.4	162.2	160.2

采用上述公式计算调整后的合同价：

$$P = 2000 \text{万元} \times \left(0.15 + 0.35 \times \frac{110}{100} + 0.23 \times \frac{156.2}{153.4} + 0.12 \times \frac{154.4}{154.4} + 0.08 \times \frac{162.2}{160.3} + 0.07 \times \frac{160.2}{144.4}\right)$$

$$= 2096 \text{万元}$$

通过合同价调整，合同额应增加96万元，此为由于物价上涨的索赔款额。

7. 业主拖期付款

《建设工程施工合同（示范文本）》（GF—2013—0201）第10.5款规定："承包人应在每个付款周期后7日内，按监理人批准的格式和份数，向监理人提交进度付款申请，并附相应的支持性证明文件，委托了造价咨询人的，承包人可以按照发包人的指示，将上述文件提交给造价咨询人。"进度付款申请应包括下列内容：

1）截至本次付款周期已完成工作对应的金额。
2）根据第10条"变更"应增加和扣减的变更金额。
3）根据第12.2款"预付款"约定应支付的预付款和扣减的返还预付款。
4）根据第15.3款"质量保证金"约定应扣减的质量保证金。
5）根据第19条"索赔"应增加和扣减的索赔金额。
6）对已签发的进度款支付证书中出现错误的修正，应在本次进度付款中支付或扣除的金额。
7）根据合同约定应增加和扣减的其他金额。

除专用合同条款另有约定外，监理人应在收到承包人进度付款申请单以及相关资料后7天内完成审查并报送发包人，发包人应在收到后7天内完成审批并签发进度款支付证书。发包人逾期未完成审批且未提出异议的，视为已签发进度款支付证书。

发包人和监理人对承包人的进度付款申请单有异议的，有权要求承包人修正和提供补充资料，承包人应提交修正后的进度付款申请单。监理人应在收到承包人修正后的进度付款申请单及相关资料后7天内完成审查并报送发包人，发包人应在收到监理人报送的进度付款申请单及相关资料后7天内，向承包人签发无异议部分的临时进度款支付证书。存在争议的部分，按照第20条"争议解决"的约定处理。

FIDIC《施工合同条件》第14.7款规定，雇主应在中标函颁发后42天或者在收到履约担保和预付款保函后的21天两者中较晚的日期内，向承包商支付首期预付款；要在工程师收到报表和证明文件后56天内，支付各期中的付款证书确认的金额；要在雇主收到最终付款证书后的 56 天内支付最终付款证书确认的金额。如果承包商没有在上述规定时间收到付款，则承包商有权就未付款额按月计算复利，收取延误期的融资费用。延误期从规定的支付日期算起，而不是颁发任何期中付款证书的日期。如果专用条件中没有规定，则融资费用应以高出支付货币所在国中央银行的贴现率三个百分点的年利率进行计算，并应用同种货币支付。

在很多情况下，业主往往拖付工程进度款和索赔款，有时候甚至拖期半年或更久，由此导致承包商融资成本的增加。为此承包商有权要求业主按拖付款时间及一定的利率支付利息。对于拖付款利息索赔，最难解决的是索赔款拖付的利息。一般来说，业主或工程师在对索赔事项进行处理的期间是不计算利息的，除非有明确的证据证明是业主有责任造成索赔问题不能及时处理。这在很多时候是很难有明显的证据的。

8. 由承包商暂停工作和终止合同

(1) 承包商暂停工作

FIDIC《施工合同条件》第 16 条规定，如果工程师未能按照合同规定确认并签发付款证书，雇主未能按合同规定的付款时间进行付款，则承包商可在不少于 21 天前通知业主，暂停工作（或放慢工作速度），除非或直到承包商根据情况和通知中所述收到了付款证书、合理的证明或付款为止。如果因此项原因暂停工作（或放慢工作速度），使承包商遭受延误和（或）招致增加费用，承包商应向工程师发出通知，有权要求相应的工期延长和任何此类费用补偿，并可进行合理利润的索赔。

(2) 承包商终止合同

承包商在以下情况下有权终止合同：

1) 承包商按规定通知业主暂停施工 42 天以内，仍未收到合理的证明。
2) 工程师未能在收到报表和证明文件后 56 天内发出有关的付款证书。
3) 承包商在规定付款时间到期后 42 天内，承包商仍未收到根据期中付款证书中规定的付款额。
4) 业主实质上未能根据合同规定履行其义务。
5) 业主不遵守合同协议书的规定或者未按规定进行权益转让。
6) 业主因非承包商的原因暂停施工已持续 84 天以上，从而影响了整个工程。
7) 业主破产或无力偿债，停业清理，已有对其财产的接管令或管理令，与债权人达成和解，或为其债权人的利益在财产接管人、受托人或管理人的监督下营业，或采取了任何行动，或发生任何事件（根据有关适用法律）具有与前述行动或事件相似的效果。

在上述任何事件或情况下，承包商可通知雇主，14 天后终止合同。但在第 6) 和第 7) 两项情况下，承包商可通知雇主立即终止合同。

承包商按照规定发出的终止通知生效后，雇主应迅速将履约担保退还承包商，由工程师确定已完成工作的价值，并发出包括以下各项的付款证书，向承包商付款，同时还要付给承包商因此项终止而蒙受的任何利润损失、其他损失或损害的款额：

1) 承包商已经完成的、合同中有价格规定的任何工作的应付金额。
2) 为工程订购的、已交付给承包商或承包商有责任接受交付的生产设备、材料和费用。当雇主支付上述费用后，此项生产设备和材料应成为雇主的财产（风险也由其承担），承包商应将其交由雇主处置。

3）在承包商原预期要完成的工程的情况下，合理导致的任何其他费用或债务。

4）将临时工程和承包商的设备撤离现场，并运回承包商本国工作地点的费用（或运往任何其他目的地，但其费用不得超过前者）。

5）将终止日期时的完全为工程雇用的承包商的员工遣返回国的费用。

我国《建设工程施工合同（示范文本）》（GF—2013—0201）第7.8.1项规定，因发包人原因引起暂停施工的，监理人经发包人同意后，应及时下达暂停施工指示。情况紧急且监理人未及时下达暂停施工指示的，按照第7.8.4项"紧急情况下的暂停施工"执行。

因发包人原因引起的暂停施工，发包人应承担由此增加的费用和（或）延误的工期，并支付承包人合理的利润。

《建设工程施工合同（示范文本）》（GF—2013—0201）第7.8.4项"紧急情况下的暂停施工"规定，因紧急情况需暂停施工，且监理人未及时下达暂停施工指示的，承包人可先暂停施工，并及时通知监理人。监理人应在接到通知后24小时内发出指示，逾期未发出指示，视为同意承包人暂停施工。监理人不同意承包人暂停施工的，应说明理由，承包人对监理人的答复有异议，按照第20条"争议解决"的约定处理。

9. 政府法令变更

对于基准日期（递交投标书截止日期前28天的日期）以后工程所在国的法律有改变（包括适用新的法律、废除或修改现有法律）或对此类法律的司法或政府解释有改变，使承包商履行合同规定的义务产生影响的，合同价格应考虑上述改变导致的任何费用增减，进行调整。如果由于这些基准日期后做出的法律或此类解释的改变，使承包商已经（或将要）遭受延误和（或）招致增加费用，承包商应向工程师发出通知，并根据索赔条款的规定要求相应工期的延长及任何此类费用的补偿，但一般不能要求利润的补偿。

10. 业主暂停施工和终止合同

（1）业主暂停施工

按照FIDIC《施工合同条件》第8.8款，在施工过程中，工程师可以随时指示承包商暂停工程某一部分或全部的施工。在暂停期间，承包商应保护、保管并保证该部分或全部工程不致产生任何变质、损失或损害。这里所说的暂停的原因不是由于承包商的原因。如果承包商因执行工程师发出的暂停施工的指示，以及因为复工，而遭受延误和（或）招致增加费用，承包商应向工程师发出通知，根据索赔的规定要求相应工期延长和补偿任何此类费用的损失。如果承包商未能按照规定对暂停工程加以保护、保管或保证安全而带来的后果，承包商无权得到工期的延长或招致的费用的支付。

（2）业主终止合同

如果承包商有下列行为，业主有权终止合同：

1）未能遵守履约担保的规定，或者承包商未能根据合同履行任何义务，工程师通知其在合理时间内纠正而没有纠正。

2）放弃工程或明确表示不继续按照合同履行其义务的意向。

3）无合理解释未能按照开工、延期和暂停的规定进行工程。

4）对被工程师拒收，并要求修复缺陷的任何生产设备、材料或工艺，收到通知后28天内不能遵守通知要求，不按照工程师的要求修复。

5）工程师按合同规定指示承包商进行的修补工作，收到通知后28天未能遵守通知要求，不按照工程师要求修复。

6）未经必要的许可，将整个工程分包出去或将合同转让他人。

7）承包商破产或无力偿债，停业清理，已有对其财产的接管令或管理令，与债权人达成和解，或为其债权人的利益在财产接管人、受托人或管理人的监督下营业，或采取了任何行动，或发生任何事件（根据有关适用法律），具有与前述行动或事件相似的效果。

8）直接或间接向任何人付给或企图付给任何贿赂、礼品、赏金、回扣或其他贵重物品，以引诱或报偿他人采取或不采取有关合同的任何行动，或者对与合同有关的任何人做出或不做出有利或不利的表示。

上述任何事件或情况发生时，雇主可以提前14天向承包商发生通知，终止合同，并要求其离开现场。对于第7）和第8）两项情况，雇主可以发出通知立即终止合同。

业主发出终止通知生效后，工程师应及时按照合同规定商定或确定工程、货物和承包商文件的价值，以及承包商按照合同实施的工作应得的任何其他款项。在确定施工、竣工和修补任何缺陷的费用、因延误竣工的损害赔偿费，以及由业主负担的全部其他费用前暂不向承包商支付进一步付款。根据合同终止以后的估价，应付给承包商的任何款额，应先从中收回业主蒙受的任何损失和损害赔偿费，以及完成工程所需的任何额外费用。在收回任何此类损失、损害赔偿费和额外费用以后，业主应将任何余额付给承包商。

(3)《建设工程施工合同（示范文本）》（GF—2013—0201）中因发包人原因合同终止的规定

我国《建设工程施工合同（示范文本）》（GF—2013—0201）第16.1款"发包人违约解除合同"规定，除专用合同条款另有约定外，承包人按第16.1.1项"发包人违约的情形"约定暂停施工满28天后，发包人仍不纠正其违约行为并致使合同目的不能实现的，或出现第16.1.1项"发包人违约的情形"第（7）目约定的违约情况，承包人有权解除合同，发包人应承担由此增加的费用，并支付承包人合理的利润。同时规定，因发包人违约解除合同后，发包人应在解除合同后28天内支付下列款项，并解除履约担保：

1）合同解除前所完成工作的价款。
2）承包人为工程施工订购并已付款的材料、工程设备和其他物品的价款。
3）承包人撤离施工现场以及遣散承包人人员的款项。
4）按照合同约定在合同解除前应支付的违约金。
5）按照合同约定应当支付给承包人的其他款项。
6）按照合同约定应退还的质量保证金。
7）因解除合同给承包人造成的损失。

合同当事人未能就解除合同后的结清达成一致的，按照第20条"争议解决"的约定处理。

承包人应妥善做好已完工程和与工程有关的已购材料、工程设备的保护和移交工作，并将施工设备和人员撤出施工现场，发包人应为承包人撤出提供必要条件。

11. 施工效率降低

在施工过程中，尤其是土建工程施工过程中，因为受到施工特点的影响，经常会受到各种意外的干扰因素的影响，使施工效率降低，并引起工程成本的增加。一般引起工效降低的原因主要有以下几个方面：

1）气候恶劣，如异常的暴雨、大雪、洪水等。
2）工程变更，如工程量的大幅度增减、施工顺序的变化、业主要求加速施工等。
3）不可预见的自然条件，如发现合同中没指明的地下软弱土层、淤泥层等。
4）业主施工准备工作不够，如未及时建成施工通道、征地工作进展缓慢等。
5）外界社会因素影响，如政局动荡、战争、罢工、传染病流行等。

在施工效率索赔过程中，经常出现合同双方意见不一致，双方对工效降低的程度和原因有不同的解释。业主方面会怀疑工效降低是因为承包商施工组织管理有问题、材料供应不及时、机械效率不高等原因。承包商为了证明工效降低不是自己管理上的原因，必须提出有说服力的证据，尤其要做好以下工作：

1）认真做好施工现场记录，对实际使用的人工、材料、施工机械的数量、工作时间、工作内容以及实际完成的工程量等，进行详细记载，需要时供业主审核。
2）认真说明工效降低的原因，对每一个引起工效降低的事件都做好具体记录，必要时可以采用照相、录像等方法留取证据资料。
3）采用适当的计价方法，根据具体事件，选用有说服力的方法。

在进行工效降低的施工索赔时要注意：首先明确责任。要像其他的索赔一样，明确引起工效降低的原因不是承包商的责任或风险，而是由于业主方面的原因或是应由业主承担的风险。如果是由于承包商的责任造成的工效降低，则承包商既无权得到工期延长，也无权得到经济补偿。如果是属于客观原因，则承包商可以得到工期延长，但不能得到经济补偿。其次，对于工效降低的索赔，人工费和机械费要分别计算。如果同时造成了材料费的增加，也要进行单独计算，这里的工效降低是计算人工费的降效。

工效降低索赔款的计算，可以采用以下计算方法：

1）以受影响的部分工程为基础计价。这种方法就是以整个工程中的受影响的某一部分工程为计算单位，计算由于工效降低而增加的人工费开支，公式如下：

<u>工效降低直接费索赔 = 某部分工程实际开支人工费 − 该部分工程中标价估算人工费</u>

用这种计价方法，将索赔的范围局限在受影响的某部分工程上，在施工过程中，由于受到非承包商的原因干扰，使工效大为降低，这一事实工程师和业主会比较了解，为此承包商还要提出确凿的证据资料，如工资单、施工进度记录等。

2）以受影响时段为基础计价。这种方法是选定受影响引起工效降低的时间段，按照正常情况下的施工效率和受影响时间段的施工效率相比较，计算承包商所受到的损失，要求业主补偿。可以按以下公式计算：

<u>工效降低人工费索赔 = 工效降低期间人工费 − 正常情况下人工费</u>

无论采用哪种方法进行计算，都要在上述所求人工费的基础上，加上合理的管理费和相应的利润，一般可以按中标报价中的管理费率和利润率计取。

12. 业主指定的分包商索赔

业主指定的分包商是指合同中提出的指定的分包商或者工程师根据合同规定指示承包商雇用的分包商。对于业主指定的分包商，如果承包商遇到以下事项，可以反对业主的指定，除非业主同意保障承包商免受这些事项的影响，对于承包商提出的有依据的、合理的异议的指定的分包商，承包商没有任何雇用的义务：

1）有理由相信，该分包商没有足够的能力、资源或者财力。

2）分包合同没有明确规定，指定的分包商应保障承包商不承担指定的分包商及其代理人和雇员疏忽或误用货物的责任。

3）分包合同没有明确规定，对分包的工作（包括设计，如果有的话），指定的分包商应为承包商承担此项义务和责任。能使承包商履行其合同规定的义务和责任，以及保障承包商免除对合同规定或与其有关的并由分包商不能完成这些义务或履行这些责任的影响产生的所有义务和责任。

对指定分包商的付款，承包商应按工程师按照分包合同证明的应付金额支付指定的分包商。工程师在发出包含应付指定分包商的金额的付款证书前，可要求承包商提供合理的证据，指明指定的分包商已收到按照此前付款证书应付的、减去合理的保留金或其他扣除后的所有金额。如果承包商不能向工程师提交合理的证据，证明其已经向指定的分包商付款，或者不能向工程师书面说明，承包商暂扣或拒付给分包商的金额是合理的，而且已经将承包商的此项权利通知了指定的分包商，并得到工程师的同意。那么业主可以自行决定直接向指定的分包商支付以前已经证明应付的，而承包商又没有相应证据证明其已经支付的部分或者全部金额，同时扣去合理的扣减额。而后，承包商应将业主直接付给指定的分包商的金额还给业主。

相应地，如果业主指定的分包商违约，则承包商有权就该项违约向业主提出索赔要求。

10.4 工期索赔分析

10.4.1 工期索赔的目的

在工程施工中，常常会发生一些未能预见的干扰事件，使得施工不能顺利进行。工期延长意味着工程成本的增加，对合同双方都会造成损失：业主会因工程不能及时投入使用、投入生产而不能实现预计的投资目的，减少盈利的机会，同时会增加各种管理费的开支；承包商则会因为工期延长而增加支付工人工资、施工机械使用费、工地管理费以及其他一些费用，如果超出合同工期，最终可能还要支付合同规定的拖期的违约金。

因此，承包商进行工期索赔的目的，一个是弥补工期拖延造成的费用损失，另一个是免去自己对已经形成的工期延长的合同责任，使自己不必支付或尽可能少支付工期延长的违约金（误期损害赔偿金）。

10.4.2 工期索赔原因分析

造成工期索赔的原因，主要有三个方面：①业主方面的原因，这里也包括由于工程师的原因造成的工期延误，如修改设计、工程变更、提前占用部分工程等；②客观方面的原因，这些客观的原因无论是业主还是承包商都是无力改变的，如不可抗力、不可预见的自然条件等；③承包商自身的原因，如施工组织不好、设备材料供应不足等。按照工期拖延的原因不同，通常可以把工期延误分成如下两大类。

1. 可原谅的拖期

对于承包商来说，可原谅的拖期是指不是由于承包商的责任造成的工期延误，如下列情况，一般是属于可原谅的拖期：

1）业主未能按照合同规定的时间向承包商提供施工现场或施工道路。
2）工程师未能按照合同规定的施工进度提供施工图或发出必要的指令。
3）施工中遇到了不可预见的自然条件。
4）业主要求暂停施工或由于业主的原因造成被迫的暂停施工。
5）业主和工程师发出工程变更指令，而该指令所述的工程是超出合同范围的工作。
6）由于业主风险或者不可抗力引起工期延误或工程损害。
7）由于业主过多干涉施工进展，使施工受到了干扰或阻碍等。

对于可原谅的拖期，如果责任者是业主或工程师，则承包商不仅可以得到工期延长，还可以得到相应的经济补偿，这种拖期被称为"可原谅可补偿的拖期"；如果拖期的责任者不是业主或工程师，而是由于客观原因造成的，则承包商可以得到工期延长，但不能得到经济补偿，这种拖期被称为"可原谅不补偿的拖期"。

2. 不可原谅的拖期

如果工期拖延的责任者是承包商，而不是业主方面或客观的原因，则承包商不但不能得到工期的延长和经济补偿，这种延误造成的损失全部要由承包商负担，承包商还要选择或者采取赶工措施，增加施工力量，延长工作时间，把延误的工期抢回来，或者任其拖延，承担误期损害赔偿，甚至有可能被业主终止合同，承担有关损失。

10.4.3 延误的有效期

在实际施工过程中，单一的原因造成的索赔是很少见的，经常是几种原因同时发生，交错影响，形成所谓的"共同延误"。

在共同延误情况下，要确定延误的责任是比较复杂的，要具体分析哪一种情况的延误是有效的，承包商可以得到工期延长，或者还可以同时得到经济补偿。在这种情况下必须确定工期延误的有效期。确定延误的有效期，可以按照以下原则执行。

1. 确定初始延误

确定初始延误就是在共同延误的情况下判断哪种原因是最先发生的，找出初始延误者，在初始延误发生作用的期间，不考虑其他延误造成的影响。这时候主要按照初始延误确定导致延误的责任者。

2. 初始延误者是业主

如果初始延误者是业主或者工程师，在该影响持续期内，若这个延误在关键线路上，则承包商不仅可以得到相应的工期延长，还可以得到相应的经济补偿；若不在关键线路上，而该线路又有足够的时差可以利用，则承包商不能得到工期延长。如果在非关键线路上，但是线路时差不够用，则要经过重新计算，确定合理的工期延长天数。

3. 初始延误者属于客观原因

如果工期拖延的原因既不是业主，也不是承包商，而是客观原因，则承包商可以得到工期的延长，但不能得到经济补偿。

【案例 10-9】 共同延误索赔

某工程项目施工采用了包工包全部材料的固定价格合同。工程招标文件参考资料中提供的供砂地点距工地4km。但是开工后，检查该砂质量不符合要求，承包商只得从另一距工地

20km 的供砂地点采购。而在一个关键工作面上又发生了几种原因造成的临时停工：5 月 20 日~5 月 26 日承包商的施工设备出现了从未出现过的故障；应于 5 月 24 日交给承包商的后续施工图直到 6 月 10 日才交给承包商；6 月 7 日~6 月 12 日施工现场下了该季节罕见的特大暴雨，造成了 6 月 11 日~6 月 14 日的该地区的供电全面中断。

由于供砂地点的变更，承包商经过仔细计算后，向业主的造价工程师提出将原用砂单价每吨提高 5 元的索赔要求。同时由于以上几种情况的暂停工作，承包商在 6 月 15 日向业主的造价工程师提交了延长工期 25 天，成本损失费 2 万元/天，利润损失费 0.2 万元/天的索赔要求，共计索赔款 57.2 万元。

这是一个共同延误的问题。工程师通过对现场实际情况的调查，并仔细研究承包商的索赔报告，认为：

(1) 承包商应对自己就招标文件的解释负责并考虑相关风险，承包商应对自己的报价正确性与完备性负责，同时，材料供应的情况变化是一个有经验的承包商能够合理预见到的，所以对承包商增加用砂单价的索赔要求不予批准。

(2) 由于几种原因的共同延误，5 月 20 日~26 日出现的设备故障是属于承包商应承担的风险，不予考虑承包商的费用索赔要求，在承包商的延误时间内，不考虑其他原因导致的延误，所以 5 月 24 日~26 日拖交施工图不予补偿。5 月 27 日~6 月 9 日是业主拖交施工图引起的，为业主应承担的责任，批准承包商相应的索赔要求，因 5 月有 31 日，故可以补偿工期 14 天，并给予相应经济补偿。在业主拖交施工图影响期间，不考虑 6 月 7 日~9 日特大暴雨的影响，6 月 10 日~12 日的特大暴雨是属于客观原因导致的，不考虑给承包商经济补偿，但给予相应工期延长 3 天。供电中断是属于一个有经验的承包商也无法预见的情况，属于业主风险，应给承包商相应补偿。但是 6 月 11 日~12 日特大暴雨期间，不考虑停电造成的延误，所以 6 月 13 日~14 日给承包商 2 天工期延长和相应费用补偿。

(3) 工程师经研究认可了承包商的成本补偿标准，即每天 2 万元，但不考虑承包商利润损失，所以共批准补偿承包商展延工期 19 天，费用补偿 16 天×2 万元/天＝32 万元。

10.4.4　工期延误的原因分析

索赔事项对工期的影响有多大，工期延长的索赔值有多少天，一般可以通过对网络计划的分析确定。

工程的进展是按照原定的网络计划进行的。当发生干扰事件后，网络中的某些施工过程会受到干扰，如持续时间的延长，施工过程之间的逻辑关系会发生变化，有新增加的工作等。把这些影响放入原来的网络计划中，重新进行网络分析，可以得到一个新的网络工期。新工期与原工期之间的差量即为干扰事件对总工期的影响，也就是承包商要求索赔的工期值。

如果新的网络计划，得到了业主的批准，相应的工期延长得到工程师的同意，则此网络计划成为新的实施计划，再遇到新的干扰事件对工期造成影响，则在新的计划的基础上重新进行分析，提出新的工期索赔要求。

以下是几种主要的干扰事件对工期的影响分析。

1. 工程拖延的影响

在工程施工过程中，业主有时会不能按时提供设计图、建筑场地、现场道路等，这些拖交都会直接造成工程项目推迟或者暂时中断，影响整个工期。这一类推迟，可以直接作为要求工期延长的索赔天数，可以现场的实际记录作为证据资料。

2. 工程量增加的影响

在实际施工中，如果工程量超过合同中工程量表中的工程量，承包商为完成工程就要花费更多的时间，一般合同里如果有规定，承包商应该承担工程量增加导致的工期风险。超过这个范围，承包商可以按照工程量增加的同等比例要求工期的延长。

3. 新增工程的影响

新增工程，无论是附加工程还是额外工程，都可能要在网络中加进一个原来没有计划的工作，这必然导致网络计划时间的变化，合同双方要商讨新的工作的持续时间和新工作与其他工作之间的逻辑关系，确定新的网络计划工期。

4. 业主指令变更施工顺序的影响

业主指令变更施工顺序会改变网络图中原有的逻辑关系，从而对网络计划工期产生影响，因此必须对网络计划进行调整，通过对新旧网络计划的比较确定对实际工期的影响。

5. 由于业主原因的暂停施工、窝工、返工等的影响

业主原因的暂停施工，可以按照工程师的指示和实际工程记录确定工期的延长，这里还要考虑到重新复工可能发生的施工准备时间。窝工和返工，也要按照实际记录，通过网络分析确定对工期的实际影响量作为工期索赔值。

6. 业主风险和不可抗力的影响

由于受到业主风险和不可抗力的影响，如果导致施工现场的全面停工，则可以按照工程师填写或签认的实际现场的记录，要求延长工期。如果使部分工程受到影响，则要通过网络分析确定影响的程度。

以上列举了几种主要的影响因素，实际施工中会遇到各种各样的问题，导致施工现场的工期延长，可以按照干扰事件的主要原因，参照上面几种情况进行处理。

10.4.5 工期延长论证

承包商在索赔过程中，要对工期的延长进行论证，一个是获得展延工期，使承包商免于承担误期的罚金，另一个是可以探讨承包商获得经济补偿的可能性。

在进行工期延长论证时，承包商要明确以下几个基本工期。

（1）合同计划工期

这是承包商在投标报价文件中所确定的施工期，是为了完成招标文件中所规定的工作内容，承诺完成的工期。一般来说是业主在招标文件中所提出的施工期，是从工程开工之日起到建成工程并竣工验收所需要的施工天数。

（2）实际施工工期

实际施工工期是在工程项目的施工过程中，在具体的施工条件下，建成"全部工作内容"实际所花费的施工天数。实际的施工天数因为受到各种施工干扰因素的影响，会超出合同计划工期。如果实际工期的增加是由于非承包商的原因造成的，则承包商有权得到相应的工期补偿。

（3）理论工期

理论工期是指在施工过程中，假定按照原定施工效率完成"全部工作内容"，理论上所

需要的工作时间。在实际施工工期和理论工期中所讲的"全部工作内容"是指实际上完成的全部工作,既包括合同范围以内的工作,也包括工程量的增加和超出合同范围以外的工作。所以:

$$工期的延长 = 实际工期 - 合同计划工期$$

如果在实际工作中,承包商完全按照合同原定的施工效率施工,则实际工期应该等于理论工期;如果承包商采取了一些加速施工的措施,则实际工期要小于理论工期,这时:

$$加速施工挽回的工期 = 理论工期 - 实际工期$$

10.4.6 工期延误的计算

1. 网络分析法

网络分析法是进行工期分析的首选方法,适用于各种干扰事件的工期索赔,并可以利用计算机软件进行网络分析和计算。网络分析法就是通过分析干扰事件发生前后的网络计划,对比两种情况下工期计算的结果来确定工期索赔值,是一种科学合理的分析方法。

下面举例说明网络分析法的计算过程,在本案例中不考虑经济索赔问题。

【案例 10-10】 工期延误索赔

某业主(甲方)与某承包商(乙方)订立了某工程项目施工合同,同时与某降水公司(丙方)订立了工程降水合同。双方合同规定采用单价合同,每一分项工程的实际工程量增加或减少超过招标文件中的工程量的10%以上时调整单价;工作B、E、G作业使用的施工机械一台为乙方自备,台班费为400元/台班,台班折旧费为50元/台班。施工开始以前承包商提交了网络计划(见图10-3)并得到工程师批准。合同双方约定8月15日开工。施工过程中发生如下事件:

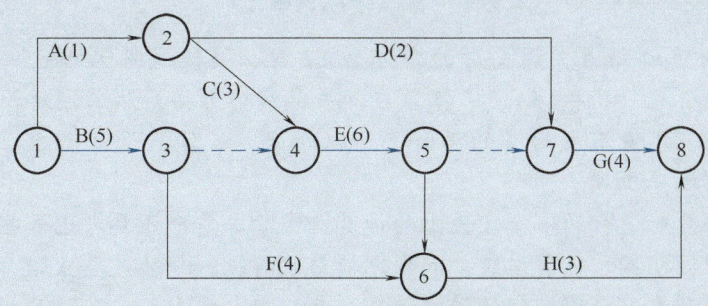

图 10-3 初始网络图

(1)降水方案错误致使工作D推迟2天。
(2)因设计变更,工作E工程量由招标文件中的300m³增到350m³。
(3)在工作D、E完成后,甲方指令增加一项临时工作K,经核准完成该工作需要1天时间。

对上述事件进行分析,可以知道,事件(1)是由于丙方的错误导致乙方工作D推迟,在甲方和乙方的合同中是属于甲方的责任。事件(2)和事件(3)是甲方的变更,所以三个事件乙方都有索赔权。那么乙方到底能得到多少天的工期索赔呢?可通过网络图来分析。

首先,对原方案的工期计算如图 10-4 所示。

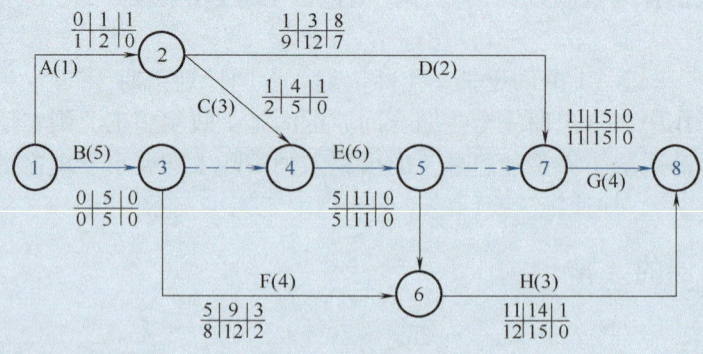

图 10-4 初始网络计算

由图 10-4 可知原计划工期 15 天,关键线路为 1—3—4—5—7—8。调整以后的网络计划如图 10-5 所示。

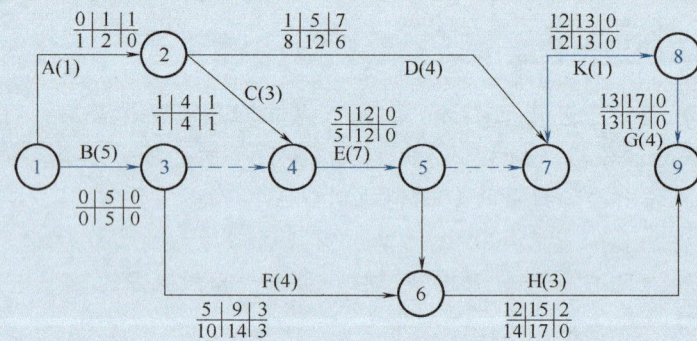

图 10-5 调整后网络计算

经过网络分析可以知道,调整后的工期为 17 天,关键线路为 1—3—4—5—7—8—9。工期延长索赔值为 2 天 (17—15)。工作 D 在非关键线路上,虽然工期延长 2 天,但是对总工期无影响,因为它本身有足够多的总时差可以利用。工作 E 和工作 K 都在关键线路上,工期的增加直接影响总工期。

上例是对网络分析进行的一个理论上的计算,实际工作中还要考虑一些具体影响。单项索赔处理起来,原因明确,计算清楚,问题比较易于解决。如果是总索赔,则由于受到很多干扰,实际的网络状态与合同原定的网络计划会有相当大的出入,实际分析会很困难。

2. 比例分析法

对于新增工作计算索赔的工期,可以按新增工作占原合同价的比例,等比例计算索赔的工期,公式如下:

$$总工期索赔 = \frac{新增工程合同价}{原合同价} \times 原合同总工期$$

采用比例分析法计算索赔,方法简便,无须复杂的分析,也易于被人接受。但是有时不能考虑到关键线路的影响,所以不太科学。另外因为工程变更的影响,有时承包商要进行施工现场的停工、返工、重新修改计划,会引起一定的混乱和施工降效,这些也不能在比例分析法中体现出来。所以,很多索赔问题,还要依据施工现场的实际记录确定。

【案例 10-11】 工期索赔

某工程中标合同价为 480 万元,合同工期为 18 个月,施工开始以后,业主指令增加附加工程 80 万元,则承包商提出工期索赔计算如下:

$$工期索赔 = (80 \div 480 \times 18) 个月 = 3 个月$$

上面两种方法,只是在一定情况下可以采用,在实际工作中,还可以采用其他的方法来进行工期索赔,如由合同双方协商确定,或按照现场实际工期延长的记录确定天数,或者在变更时直接协议确定天数等。

10.5 承包商的索赔策略与技巧

10.5.1 索赔失败的原因

1. 投标前对合同文件研究不够

一个有经验的承包商,尤其是其索赔人员,应该从准备投标开始就研究探讨该合同项目的索赔问题。首先,要把合同文件中涉及施工索赔的条款和规定,深入透彻地进行研究。因为每个工程项目的合同文件,都是由工程的设计咨询单位在业主的直接指导下专门编制的。即使采用了某一标准合同文本,如 FIDIC、ICE、AIA 合同条件或我国的《建设工程施工合同(示范文本)》(GF—2013—0201),但在其工程项目的专用条款中,必然要引进一些专门的、有特殊性的规定,这些专门规定对工程结算和索赔具有决定性作用。因此,在投标报价前必须研究合同文件,尤其注意合同中是否有以下问题出现。

(1) 在合同文件中没有列入有关索赔的条款

在大多数的国际工程招标文件中,都包括索赔条款。但有些招标文件中根本没有索赔条款,这就会使承包商没有索赔的依据。甚至有些合同中明确规定业主将不考虑承包商的任何索赔要求。

类似于无索赔的条款,在合同中可能表现为:①业主对施工受到的干扰引起的损失,不负任何责任;②本工程应按合同规定日期建成,不考虑工期延长;③由于原设计图的差错引起的修补工作,业主不承担修补费用;④由于施工规程和施工计划含糊或错误造成的额外开支,业主不给予支付;⑤业主人员和第三方人员的一切财产或生命损失,由承包商负责,而不管受赔偿者有无自己的责任或错误;⑥工程进度款的支付期超过 3 个月以上,而且没有超期利息的规定;⑦在合同实施期内不考虑物价上涨引起的计划外成本开支;⑧合同条款没有预付款的规定等。

类似上述条款,都是把施工的有关风险转嫁给承包商方面,这种开脱业主合同责任的合同条款,在国际承包合同中称为开脱性条款。

(2) 在施工现场条件方面列入开脱性条款

施工现场条件对工程造价起着决定性作用。在合同条款中列入不利的自然条件或不利的现场条件等条款,对承包商和业主都是有利的。这类条款向承包商申明:如果承包商遇到哪一类不利的现场条件有权要求补偿由此增加的开支或延长了的工期。这样,可使承包商减轻对承包风险的估计，使报价降低下来，也使业主的工程成本相应减少。

但有些业主在承认不利的自然条件的同时，在工程项目的合同条款中却列入了对自己的开脱性条件，如业主对招标文件中所附地质资料和试验数据的准确性不负责任。业主对不利的自然条件引起的工期拖延或经济损失不负责任等。

(3) 在合同条款中列入无延误补偿条款

即要求承包商放弃因业主方原因导致工期延误时要求经济补偿的权利。承包商可以根据工期延长条款获得工期延长但无权获得经济补偿。在解决此类合同纠纷时，一般认为：如果某些施工延误是可以预见的，或在双方签约时已经注意到的，则这种无延误补偿是有效的，即具有约束力；如果所发生的延误是业主的责任造成的，或者是承包商在一般施工中不能预见的，则此类无延误补偿条款将是无效的，即承包商应该得到经济补偿。

作为承包商，应在投标报价之前仔细研究招标文件，识别这些问题，编标报价时，适当考虑风险损失，相应地提高报价。如果有中标的可能性，或在中标以后的合同谈判过程中，承包商可对合同条款中存在的重大风险要求业主给予适当地修改，并将这些修改写入会谈纪要，作为合同文件的组成部分。

2. 报价计算考虑不周或计算错误

1) 在报价书中未列入工作效率数据。例如，在报价单中只列入生产率数值，如每天完成多少立方米混凝土浇筑，但没有列出投入的资源数量（机械台班和人工的数量），使得工效降低索赔时没有依据。

2) 在报价时没有核算主要工程量的数值。通常招标文件中的工程量表中的工程量并不是准确数值，只供承包商报价时用。在实际工程结算时，是按照实际工程量与所报单价之积计算的。如核查中不仔细，可能会造成某项工程量数值很小，承包商投标时报价过低，而实际工程量大造成的实际损失。

3) 投标报价时数据计算错误，引起所报单价过低。

3. 承包商索赔管理不力

在施工过程中，由于承包商索赔管理不力，往往造成索赔失败。具体的失误介绍如下。

(1) 未在规定时间内发出索赔通知书

按照 FIDIC《施工合同条件》第 20.1 款的规定，承包商应在察觉或应已察觉该事件或情况后 28 天内发出索赔通知。如果承包商未遵守此时限规定，则竣工时间不得延长，承包商无权获得追加付款，而业主应免除有关该索赔的全部责任。我国《建设工程施工合同（示范文本）》（GF—2013—0201）第 19.1 款也规定承包人应在索赔事件发生后 28 天内，向工程师发出索赔意向通知。在工程实践中，有时就是因为承包商没有在规定的 28 天内向业主提出索赔通知，痛失索赔权。

尤其是在工程实践中，由于各方面原因会导致实际进度落后于计划进度。如果是非承包商原因造成的，其有权要求工期延长。但有时承包商往往不及时提出工期索赔要求。这样做不仅失去工期延长的机会，还有可能因为工期延误支付误期损害赔偿费，以及失去调整价格或其他费用补偿的机会。

(2) 索赔证据准备不充分

根据合同规定，承包商索赔成功还要取决于索赔证据。如果证据不足，则索赔要求不会被批准。但是，承包商有时不注意日常索赔证据的积累，施工日志写得不规范，现场记录没有负责人的签字，工程师的口头指令没有及时确认等，因此，在索赔时不能提供足够的证据证明自己的要求合理。

为此，承包商要加强日常记录保存工作的管理。同时，应注意施工记录应保存在不同的职员手中。例如，项目经理保存的施工日志和施工记录与工长保存的内容有所不同。公司应规定有关记录的相关程序和指南，保证所收集的资料的一致性。

（3）没有及时提出变更价款的要求

按照我国《建设工程施工合同（示范文本）》（GF—2013—0201）第10.4款的规定，承包人应在收到变更指示后14天内，向监理人提交变更估价申请。监理人应在收到承包人提交的变更估价申请后7天内审查完毕并报送发包人，监理人对变更估价申请有异议的，通知承包人修改后重新提交。发包人应在承包人提交变更估价申请后14天内审批完毕。发包人逾期未完成审批或未提出异议的，视为认可承包人提交的变更估价申请。因此，如果按照此合同文本签订合同，承包商不注意这个14天的时限规定，就会失去对工程变更价款的索赔权利。

（4）没有及时明确可推定的变更指令或加速施工指令

在国际工程承包施工实践中，虽然经常采用可推定的变更或可推定的加速施工指令等，但承包商还是应当及时向业主和工程师正式书面报告发生的情况，叙述采取的处理措施，要求业主和承包商书面批准；或者向业主和工程师发出要求确认函，使其口头指令合法化。这样承包商的索赔要求才容易批准。否则，承包商的索赔较难成功。

（5）没有利用合同赋予的权利

在施工合同中，承包商和业主均有相应的责权利。有时，就是因为承包商不会利用合同赋予的权利，从而造成索赔失败。例如，在国际工程施工中，按照FIDIC《施工合同条件》，当业主严重违约时，承包商有权放慢施工速度或暂停施工，甚至终止合同。在我国的《建设施工合同（示范文本）》中也有类似的条款。但有时承包商却不会利用合同赋予的权利，在业主违约严重的情况下，仍然继续施工并按规定日期建成工程。但当工程建成以后，有些业主和工程师可能对承包商的索赔要求不予理会或大幅减少承包商的索赔批准额，从而造成索赔失败。

4. 进行索赔时做法不当

1）计价方法不当，索赔款额过高。
2）采用算总账的索赔方法。
3）未坚持采用清理账目法。
4）同业主和工程师的关系很僵。

10.5.2 承包商的索赔策略分析

索赔策略是承包商经营策略的一部分，在整个施工过程中，必须进行索赔策略研究，作为制定索赔方案、索赔谈判和解决计划的依据，以指导索赔小组工作。

索赔策略必须体现承包商的整个经营战略，体现承包商长远利益和目前利益、全局利益和局部利益的统一。

1. 确定索赔目标

承包商的索赔目标是承包商对索赔的最终期望值，它由承包商根据合同实施状况、承包商所受的损失和其总经营战略所确定。在确定索赔目标时，承包商还应分析和创造实现目标的基本条件，如果在施工过程中承包商认真履行合同义务，使业主对工程满意，索赔目标就可能容易实现。但如果承包商违约或工程管理不善，工程进行令业主和工程师不满意，则索赔谈判就会处在非常不利的地位。业主也许会提出高额的反索赔来对抗承包商的索赔。

此外，对于严重拖欠工程款，拒不承认承包商合理要求等不讲信誉的业主，承包商要注意按合同给予的权利放慢工程进度。因为一般合同中均规定在索赔处理期间承包商应继续施工。

同时承包商要分析目标实现的风险，包括承包商在履行合同时的失误，如未在合同规定的索赔有效期内提出索赔、没完成合同规定的工程量、没有执行工程师的指令、工程施工中未达到合同的质量标准等，还包括工地上和其他方面的风险，如业主的反索赔、对承包商的不利证据等。

2. 对业主和工程师方的分析

在工程承包中，尤其应当注意分析业主和工程师。通常对业主或工程师的价值观念、社会心理、传统文化、生活习惯和本人的兴趣、爱好的了解和尊重，对索赔的处理和解决有极大的影响。例如，中东阿拉伯国家，合同以该国法律为基础，这些国家法律不健全，如果过多地进行法律分析，往往引来对方的反感。这时应将重点放在由于对干扰或失误造成承包商的实际费用增加上，强调公平合理的平衡补偿。

要分析对方兴趣和利益所在，分析合同的法律基础、特点和对方商业习惯、文化特点、民族特性和工作态度等，从而在索赔中采取适当的索赔方法和谈判策略取得索赔成功。

3. 承包商自身经营战略分析

承包商的经营战略直接制约着索赔策略和计划。在分析业主的目标、业主的情况和工程所在地（国）的情况后，承包商应考虑是否还有可能与业主继续进行新的合作，是否打算在当地继续扩展业务或其前景如何，与业主之间的关系对在当地扩展业务是否有影响、影响程度如何等问题，从而将承包商的索赔策略与企业经营战略结合起来，制定出符合企业经营战略的索赔策略。

4. 承包商的主要对外关系分析

在合同实施过程中，承包商与多方具有合作关系。承包商应对这些方面详细分析，利用这些关系，争取各方面的合作与支持，尤其是与工程师的关系。此外，在国际承包工程中，承包商的代理人的作用也非常重要。

5. 对索赔前景分析

在工程实施过程中，索赔与反索赔往往相伴而行。一个事件的发生往往业主和承包商双方均有责任，所以当承包商提出索赔时，业主也会提出反索赔，用以平衡承包商的索赔。因此，承包商在进行索赔时，首先应对业主已经提出的和可能还将提出的索赔要求进行分析，分析其合理性和自己反驳的可能性。同时承包商应对自己可能获得的索赔值的最大值和最小值进行分析，分析自己要求的合理性和业主反驳的可能性，预测索赔批准的可能性。然后将上述分析进行对比，分析自己的索赔要求与业主可能提出的反索赔要求之间的数额差，至少要平衡才能决定提出索赔。

6. 制定谈判策略，进行谈判过程分析

根据前面对索赔情况的分析，结合自身的处境和对方的情况，对自身可以采取的谈判策

略进行分析，同时对对方可能采取的谈判策略进行预测。然后，对可能的谈判过程进行分析，确定自身可做出的让步情况，分析对方可能做出的让步程度，预测最终谈判结果，从而制定出最佳的谈判策略。

10.5.3　承包商的索赔技巧

索赔是合同的一方利用合同和法律所赋予的权利向合同另一方要求对自己的损失进行补偿。但这种补偿不是自动进行的，并不是只要遭受损失就一定能得到补偿。尤其是全球的承包市场一直处在"买方市场"的状态，业主的索赔在许多合同条件中没有明确的时限规定，如 FIDIC《施工合同条件》。只要通知承包商甚至有些情况不需通知即可在工程款中扣除。因此，承包商的索赔较之业主的索赔困难得多。承包商要使索赔成功，就需要在认真按照合同要求实施工程的前提下，采取一定的索赔技巧来进行。应该说，索赔应根据项目的不同、业主的不同、监理工程师的不同和客观条件的不同而采取灵活的索赔策略和技巧来进行。承包商的索赔技巧和应注意事项主要有：

1. 寻找索赔机会，将索赔管理贯穿于项目管理全过程

索赔管理实际上在承包商进行投标时就开始了，一直延续到中标后的整个合同施工期，直到项目保修期结束。在这个全过程中，承包商要随时注意发现索赔机会，及时索赔。在报标阶段，一个有经验的承包商就应考虑中标以后，施工中可能会出现的索赔问题。承包商应仔细研究招标文件中的合同条款、规范和设计图，对其中在实施中有可能出现变更或容易产生索赔的部分仔细研究，确定一个合适的报价策略。并且要仔细查勘施工现场，探索可能索赔的机会，在报价时一定要考虑将来索赔的需要。例如，在进行单价分析时，应列入生产效率，把工程成本与投入资源的效率结合起来。这样，在施工过程中论证索赔原因时，可以作为作业效率降低的依据。否则，在实际的索赔中，如果在标书中找不到证明生产效率的资料，就无法证明作业效率降低，因此计算由于作业效率降低而增加的附加开支就缺乏根据，业主也就很难认可这种索赔。再如，招标文件中的一些不准确数据、工程量表与设计图的不一致等，均会构成承包商的索赔机会。承包商必须在投标报价时就做好索赔的准备工作，在施工过程中注意这些有可能造成索赔的问题，一旦索赔机会出现，就可以及时发现，并在合同规定的索赔期限内提出合理的索赔要求。

(1) 由于业主的行为而寻找的潜在索赔机会

业主行为所带来的索赔机会，在实践中经常有下列情况：

1）因业主提供的招标文件中的错误、漏项或与实际不符，造成中标施工后超出原报价造成的经济损失。

2）业主未按合同约定交付施工场地。

3）业主未在合同规定的期限内办理土地征用、青苗树木补偿、房屋拆迁、清除地面、架空和地下障碍等工作，导致施工现场不具备或不完全具备施工条件。

4）业主未按合同规定将施工所需水、电、电信线路从施工场地外部接至约定的地点，或虽然接至约定地点但没有保证施工期间的需要。

5）业主未按合同规定开通施工现场与外部通道，或没有满足施工运输的需要、没有保证施工期间的畅通。

6）业主未按合同的约定及时向承包商提供施工现场的工程地质和地下管网线路资料，

或者提供的数据不符合真实准确的要求。

7) 业主未及时办理施工所需各种证件、批文和临时用地、占道及铁路专用线申报批准手续而影响施工。

8) 业主未及时组织有关单位和承包商进行图纸会审，未及时向承包商进行设计交底。

9) 业主未及时将水准点及坐标控制点以书面形式交给承包商。

10) 业主没有妥善协调处理好施工现场周围地下管线和邻接建筑物、构筑物的保护而影响施工顺利进行。

11) 业主没有按照合同的规定提供应由业主提供的建筑材料、机械设备。

12) 业主拖延合同规定的责任，如拖延施工图的批准造成施工延误。

13) 业主未按合同规定的时间和数量支付工程款。

14) 业主要求赶工。

15) 业主提前占用部分永久工程。

16) 因业主中途变更建设计划，如工程停建、组建，导致物资积压倒运、人员机械窝工等造成的经济损失。

17) 因业主方供料无质量证明，委托承包商代为检验，或按业主要求对已有合格证明的材料构件、已检查合格的隐蔽工程进行复验所发生的费用。

18) 因业主所供材料不符合定型产品的几何尺寸，导致施工超耗而增加的量差损失。

19) 因业主供应的材料、设备未按合约规定地点堆放的倒运费用或业主供货到现场、由承包商代为卸车堆放所发生的人工和机械台班费。

(2) 由于监理工程师的行为而寻找的潜在索赔机会

监理工程师的行为所带来的索赔机会，在实践中经常有下列情况：

1) 监理工程师的委派没有按合同规定提前通知承包商，对施工造成影响。

2) 监理工程师发出的指令、通知有误。

3) 监理工程师未按合同规定及时向承包商提供指令、批准、施工图或未履行其他义务。

4) 监理工程师对承包商的施工组织进行不合理干预。

5) 监理工程师对工程苛刻检查、对同一部位的反复检查、使用与合同规定不符的检查标准进行检查、故意不及时检查等。

(3) 由于设计变更而寻找的潜在索赔机会

设计变更所带来的索赔机会，在实践中经常有下列情况：

1) 因设计漏项或变更而造成人力、物资和资金的损失和停工待图、工期延误、返修加固、构件物资积压等以及连带发生的其他损失。

2) 因设计提供的工程地质勘探报告与实际不符而影响施工所造成的损失。

3) 按图施工后发现设计错误或缺陷，经业主同意采取补救措施进行技术处理所增加的额外费用。

4) 设计驻工地代表在现场临时决定，但无正式书面手续的某些材料代用、局部修改或其他有关工程的随机处理事宜所增加的额外费用。

(4) 由于合同文件的缺陷而寻找的潜在索赔机会

合同文件的缺陷所带来的索赔机会，在实践中经常有下列情况：

1）合同条款存在漏洞，对实际可能发生的情况未做预料和规定，缺少某些必不可少的条款。

2）合同条款之间存在矛盾。

3）双方的某些条款隐含着较大的风险，对单方面要求过于苛刻，约束不平衡。

(5) 由于施工条件与施工方法的变化而寻找的潜在索赔机会

施工条件与施工方法的变化所带来的索赔机会，在实践中经常有下列情况：

1）加速施工引起劳动力资源、周转材料、机械设备的增加以及各工种交叉干扰增大工作量等额外增加的费用。

2）因场地狭窄以致场内运输运距增加所发生的超运距费用。

3）因在特殊环境中或恶劣条件下施工发生的降效损失和增加的安全防护、劳动保健等费用。

(6) 由于国家政策法规变化而寻找的潜在索赔机会

国家政策法规变化所带来的索赔机会，在实践中经常有下列情况：

1）由工程造价管理部门发布的每季度建筑工程材料预算价格的变化。

2）国家调整关于建设银行贷款利率的规定。

3）国家有关部门关于在工程中停止使用某种设备、材料的通知。

4）国家有关部门关于在工程中推广某些设备、施工技术的规定。

5）国家对某些设备、建筑材料限制进口、提高关税的规定。

(7) 由于不可抗力而寻找的潜在索赔机会

不可抗力所带来的索赔机会，在实践中经常有下列情况：

1）因自然灾害引起的损失。

2）因物价大幅度上涨，造成材料价格、人工工资大幅上涨而增加的费用。

3）因社会动乱、暴乱引起的损失。

(8) 由于不可预见因素的发生而寻找的潜在索赔机会

不可预见因素所带来的索赔机会，在实践中经常有下列情况：

1）因施工中发现文物、古董、古建筑基础和结构、化石、钱币等有考古、地质研究价值的物品所发生的保护等费用。

2）异常恶劣气候条件造成已完工程损坏或质量达不到合格标准时的处置费、重新施工费。

2. 商签好合同协议

虽然说在商签合同时经常采用一些标准的合同文本，如 FIDIC《施工合同条件》和我国的《建设工程施工合同（示范文本）》（GF—2013—0201），但一定要注意专用条件（款）的修改与补充。本书主要是依据通用条件（款）来讨论的，但实际上专用条件（款）的修改和补充对索赔的影响是非常大的。例如，在采用我国《建设工程施工合同（示范文本）》（GF—2013—0201）时，在专用合同条款中可以约定工程款的具体支付方式，可约定违约金的具体数额和损失赔偿额的具体计算方法，以及不可抗力的具体标准等。这些约定不同，就会带来索赔权、索赔计算方法和计算数值的不同。由于合同是索赔的最主要依据，因此合同签订的好坏，直接影响到承包商的利益，影响到索赔的成功与否。

3. 充分论证索赔权

索赔权是进行索赔的前提，如果不具备索赔权，承包商不论遭受多大的损失，均无权得到经济补偿。因此，为了索赔成功，承包商必须善于从合同专用条件（款）和通用条件（款）、施工技术规范、工程量表、项目所在国法律或类似情况成功的索赔案例等中找出索赔的法律依据，从而充分论证自己具有索赔权，这样索赔才能被业主（工程师）所接受。

在索赔意向通知书和索赔报告中，承包商应明确地指出所依据的合同条款号，最好全文引用具体依据的合同条款；如果是依据工程所在国的法律和规定，则必须明确依据的是哪部法律和规定，并引用具体的法律条文；而在属于普通法系的国家还可以通过调查研究和查阅案例选集，寻找过去已经胜诉的类似案例来论证自己的索赔权。通过这样有理有据的论证，使业主和工程师对承包商的索赔合理性予以确认。

承包商必须明确下列情况是不具备索赔权的：

1) 因承包商责任而发生的费用损失和工期延误。如施工质量不合格造成的返工损失和工期延误。这时承包商不仅没有索赔权，而且可能还要自费采取一些赶工措施以达到按时竣工的目的，否则就要向业主支付误期损害赔偿费或误期罚款。

2) 投标报价计算错误或采用不合理的压低报价策略从而以低价中标时，在施工中可能造成极大亏损。而这种亏损无论多大，也不可能为此获得索赔权。因为在合同中一般都明确规定承包商应对自己的报价负责。例如 FIDIC《施工合同条件》第 4.11 款中明确规定，承包商应被认为已确信中标合同金额的正确性和充分性，已将中标合同金额建立在关于第 4.10 款提到的所有有关事项的数据、解释、必要的资料、视察、检查和满意的基础上。除非合同另有规定，中标合同金额应包括根据合同承包商所承担的全部义务（包括根据暂列金额应承担的义务，如果有），以及为正确地实施和完成工程并修补任何缺陷所需的全部有关事项。

4. 对工程师的口头指示及时确认

虽然合同中一般均规定监理工程师尽量用书面形式发布指示，但同时指出其有发布口头指示的权力。但是这种口头指示，如果监理工程师不在事后以书面形式予以确认，或承包商未及时以书面形式要求其确认，一旦承包商实施了监理工程师的口头指示（尤其是变更指令），则在承包商提出索赔要求时，一旦监理工程师否认，拒绝承包商的索赔要求，而承包商又拿不出证据证明是工程师的指示，业主就有权拒绝承包商的索赔要求。所以，为了承包商索赔的成功，必须按照合同规定的时间和程序及时确认工程师的口头指示。例如 FIDIC《施工合同条件》第 3.3 款第 2 段规定，如果承包商在工程师或其助手的口头指示后的 2 个工作日内向其发出书面确认，而他们又没有在收到书面确认的 2 个工作日内发出书面拒绝和（或）指示进行答复，则视为工程师或助手已经书面确认了该口头指示。

按照我国《建设工程施工合同（示范文本）》（GF—2013—0201）第 4.1 款的规定，紧急情况下，监理人员可以口头形式发出指示，但必须在发出口头指示后 24 小时内补发书面监理指示。承包商对监理工程师发出的指示有疑问的，应向监理工程师提出书面异议，监理工程师应在 48 小时内对该指示予以确认、更改或撤销。监理工程师逾期未回复的，承包人有权拒绝执行。

由于合同中规定有时间界限，所以承包商要注意这个时限规定。

5. 遵守索赔程序，及时发出索赔通知

对于承包商的索赔，一般合同中均规定索赔程序和索赔时限。一般均要求：在索赔事件发生后的一定时间内，承包商必须发出索赔通知，否则失去索赔权。如在FIDIC《施工合同条件》第20.1款和我国《建设工程施工合同（示范文本）》（GF—2013—0201）第19.1款中均规定，承包商在索赔事件发生后28天内必须以书面形式向工程师发出索赔意向通知。同时合同中还对索赔报告、索赔证据的提供等提出具体的时间要求，如果承包商不遵守这些程序要求，其索赔要求也要受到影响。因此，承包商为了不失去全部或部分索赔权，必须严格遵守合同中的索赔程序，及时发出索赔通知。

6. 认真准备索赔报告

索赔报告是承包商的主要索赔文件，索赔报告编写的成功与否，对索赔的成功与否具有很重要的影响。在编制索赔报告时，一定要以客观事实为依据，合理引用合同条款和相关文件和法规，使得论述有理有据。并且一定要建立索赔事实与损失的因果关系，从而使工程师认可承包商的索赔要求合理合法。索赔款的计算应建立在正确的计价方法上，每项费用的损失计算均指明依据的合同条款，计算上是按照索赔事项发生承包商所增加的成本为原则计算的。并且计算项目要具体，每项计算都有相应的证据来支持。这样，索赔事项就会很快解决。此外，索赔计价不能过高，漫天要价只能让工程师和业主反感，使索赔事项迟迟得不到解决。而且还有可能让业主准备周密的反索赔计价，以高额的反索赔对付高额的索赔，使索赔工作更加复杂化。

7. 力争单项索赔，避免一揽子索赔

单项索赔通常容易解决，承包商可及时得到索赔款。而一揽子索赔会使得问题复杂，金额大，不易解决，往往到工程结束后还得不到付款。而且FIDIC《施工合同条件》和我国《建设工程施工合同（示范文本）》（GF—2013—0201）中的索赔程序均是按单项索赔规定的。在实际中，签订合同时，索赔的规定是由双方约定的，因此，一般情况下承包商不要同意以一揽子索赔的方式来处理索赔。因为这种方式常常由于金额大，索赔内容多而乱，或由于索赔事项发生的时间长，索赔证据不能及时清理，使得承包商所能得到的索赔补偿相对于单项索赔来说大打折扣。

8. 坚持采用"清理账目法"

通常承包商只注意接受业主按月结算索赔款，而忽略了索赔款的不足部分。并且没有以文字的形式保留自己今后应获得不足部分款额的权利，等于认可了业主对该项索赔的付款，从而放弃了以后再追索的权利。因此，承包商在索赔管理中，应按照"清理账目"的方法，在每月的结算申报表中均列出累计的索赔款余额，要求业主在本月进度款支付时一并予以支付。即使业主仍未支付，承包商也保留了自己的索赔权。

9. 争取友好解决索赔争端

在工程实际中，索赔争端是难免的。如果遇到争端不能理智地友好地面对，将使一些本可解决的问题变得难以解决。承包商必须明确，为了进行索赔的开支是不能得到补偿的，而且采用仲裁或诉讼的方法解决索赔争端耗时长不说，索赔工作成本也大大增加。即使承包商能够胜诉，等拿到索赔款时可能项目都已经完工很久了。何况承包商的索赔要求可能得不到支持或者部分得不到支持，最后扣除索赔工作成本，得到的索赔款额相对于做些让步而友好解决来说可能还要少。因此，承包商一定要头脑冷静，防止对立情绪，力争友好解决索赔争

端。只有当索赔款额大，通过友好解决努力后仍不能解决争端时，才采取合同约定的仲裁或向法院提出诉讼，以维护自己的索赔权益。

友好解决争端对业主和承包商都是有益的。因此在许多合同条件中，如FIDIC《施工合同条件》和我国《建设工程施工合同（示范文本）》（GF—2013—0201）中均有友好解决争端的条款。因此，承包商应按照合同条件中关于友好解决争端的条款争取索赔争端的解决。

10. 注意同监理工程师搞好关系

索赔处理是监理工程师的一项重要工作。承包商和业主的索赔首先是由监理工程师来处理的。通常业主的索赔直接由工程师来进行，而承包商的索赔是报给工程师来进行的。工程师是处理索赔问题的关键人物。在合同条件中均授予工程师主持索赔的权利。因此，承包商如果要想提高索赔的成功率，应注意同工程师搞好关系，从项目开始实施，特别是项目的初始阶段，项目经理就要主动会见监理工程师，经常沟通，建立起双方友好合作的良好气氛，争取工程师的公正解决，从而避免仲裁或诉讼。

【案例10-12】 国内工程索赔技巧应用实例

某大学科技大厦项目采用我国《建设工程施工合同（示范文本）》签订施工合同。合同内项目单价均按当地预算定额计算。施工单位在项目实施过程中与项目的建设单位和监理工程师的关系融洽，合作得很愉快。在项目施工中，业主要求设计变更，在一层IT市场内增设墙体隔断。由项目监理工程师于2016年12月20日发布了书面的工程变更指令，并向施工单位提供设计单位提交的施工图，施工单位按照变更指令实施了工程，并经监理工程师检查质量完成符合要求。

施工单位很快完成了这些工作，并且在接到变更指令后的第10天，向工程师提交了索赔通知，填报了现场签证报审表（见表10-4），并且附上了详细计算书（见表10-5）。

表10-4 现场签证报审表

工程名称： 承包单位：

签证项目	所在图号或部位
签证的原因或性质	根据2016年12月20日监理工程师的变更指令，在一层IT市场增设一道隔墙，属于设计变更
签证内容或简图	隔断墙体的直接费1924.491元。 依据的设计图编号为××× 承包单位 ××× 项目负责人 ××× 日期2016.12.30
监理审查意见	 监理工程师_____日期____总监理工程师____日期____

表 10-5　施工现场经济签证书

工程名称	×××大学科技大厦		签证编号		×××	
签证内容	按照监理工程师的变更指令，在一层 IT 市场增设一道隔墙的直接费					
工程量计算	按照图所示尺寸： 龙骨：$S = (6.1 + 0.6)\text{m} \times 3.4\text{m} = 22.78\text{m}^2$ 面层：$S = 22.78\text{m}^2 \times 2 = 45.56\text{m}^2$					

定额编号	分项工程名称	工程量		价值/元		其中人工费/元	
		单位	数量	基价	金额	单价	金额
2-50	墙体龙骨安装	100m²	0.230	445.470	102.458	221.020	50.835
	龙骨	m²	23.000	14.500	333.500		
2-67	面层安装	100m²	0.460	681.370	313.430	645.670	297.008
	玻镁板	m²	46.000	21.000	966.000		
11-363	玻镁板大白 3 遍	100m²	0.460	263.420	121.173	197.690	90.937
11-333	玻镁板涂料	100m²	0.460	191.150	87.929	87.170	40.098
	合计				1924.491		478.878

建设单位负责人：	施工单位负责人：

由于施工单位严格按照程序进行，计算准确，很快得到监理工程师和建设单位对此费用补偿的认可。

这是我国实际工程中承包商要求费用补偿的一个例子。虽然被称作经济签证，但实际上就是本书中所述的索赔。从这个索赔案例我们看到，承包商与业主和监理工程师的关系相处很好，并且承包商的施工质量满足要求，这就为施工索赔打下了很好的基础。而且承包商在合同规定的索赔时限内提出了经济补偿要求，并按照合同中规定的方法详细列出索赔款额计算过程，计算方法正确，并且明确变更的依据是监理工程师的书面指示。索赔要求有理有据，索赔计算恰当，因此索赔事项很快得到批准。可见承包商很好地运用了索赔的技巧。同时，从这个案例，我们也看出，虽然索赔这个词对我国的承包商来说不是很熟悉，但现场签证却是熟之又熟，其实这就是索赔，并不是只有国际工程项目才存在索赔，在我们国内的项目中索赔事件也是经常发生的。因此，如何利用索赔来维护自己的权益，提高索赔的技巧是每个承包商都要面临的重要问题。

思 考 题

1. 索赔费用主要包括哪些内容？
2. 承包商可以得到相应利润补偿的情形有哪些？
3. 索赔款的计算方法主要有哪几种？
4. 默示条款与"可推定的"合同条款有什么区别？
5. 工期索赔的目的是什么？
6. 对于承包商来说，属于可原谅的拖期有哪些？

第 11 章
索赔的规避

> **本章概要**
>
> 对于业主与承包商,索赔管理都是其项目管理中非常重要的工作,本章主要从业主的角度,分析了索赔的预防、索赔的反驳与索赔谈判等方面的问题。

11.1 概述

不论业主还是承包商,索赔管理都是其项目管理中的一个非常重要的工作。索赔管理的任务不能简单地理解为对己方已发生的损失的追索,还应该包括预防索赔发生和对对方提出索赔的反驳。

所谓预防索赔,是指防止对方提出索赔,而反驳索赔是指通过索赔管理,反击对方提出的索赔要求,从而减少由于对方索赔对己方的不利影响。在工程项目的实施过程中,施工合同的双方,即业主和承包商之间不可避免地会发生索赔事件,承包商向业主提出索赔或业主向承包商提出索赔。因此,除了抓住索赔机会向对方索赔以维护自己的权益外,如何减少对方索赔的机会或降低对方的索赔要求也是业主或承包商必须重视的问题。实际上,规避索赔与进行索赔同样重要。

索赔管理的主要内容如图 11-1 所示。

预防和反驳索赔在索赔管理中具有十分重要的作用。业主或承包商通过加强合同管理,采取一系列预防对方索赔的措施,如严格依据合同履行义务,防止自己违约,从而就可以避免由于自己违约引起对方索赔。再如通过加强协调与沟通,及时发现问题,采取措施避免由于自己的失误或协调不力而引起对方索赔,从而防止和减少损失的发生。

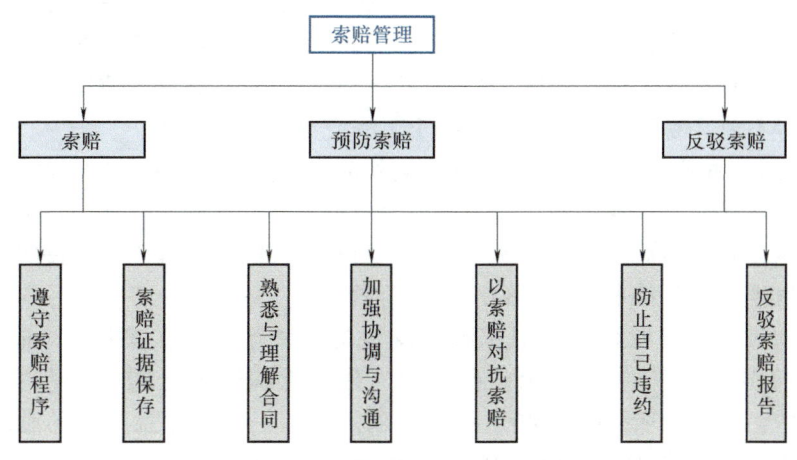

图 11-1　索赔管理的主要内容

11.2　索赔的预防

在合同的履行过程中，不论是承包商还是业主，索赔的预防都是索赔管理的重要内容。所谓索赔的预防也就是采取各种可行的措施来预防索赔事件的发生，尤其是尽量避免由于己方失误所造成的对方索赔。

11.2.1　业主方预防承包商索赔的措施

在施工过程中，承包商索赔成立的先决条件是，非承包商原因或其承担的风险所造成的损失。因此，业主预防承包商索赔的措施就要放在业主方的原因或其承担的风险方面。由于在项目实施过程中，通常业主委托（监理）工程师代表业主进行项目施工过程中的项目管理活动。因此，业主方预防承包商索赔的措施许多是由业主与工程师共同来进行的。具体来讲，业主方可以从以下几个方面采取有效措施。

1）签订全面、细致、准确的施工合同。与承包商签订全面、细致、准确的合同是预防索赔的基础。所谓全面，是指合同条款覆盖整个工程内容，对可能引起变化的条件，如政策变化、地质变化、设计变更、市场变化等因素尽可能考虑周全，尽量避免合同规定之外的事件发生。所谓细致，是指合同条款要细致入微。所谓准确，是指合同条款必须文字含义准确，对一词多义，要有准确注释，不能含糊其辞，模棱两可，以避免合同争议。

2）取得合同中规定的各种法律上的许可，及时按合同要求向承包商提供现场进入和占用权。因为如果业主不能按合同要求取得许可并及时向承包商提供现场进入和占用权，可能会导致工程不能按照预定的时间开工或者工程拖期，从而引起承包商就工期和其费用损失的索赔。所以，业主为了更好地维护自己的利益，使工程顺利进行，就必须事先取得规划、区域划定等法律要求的各种应由业主办理的各种许可和现场的占用权，从而按合同要求及时提供给承包商使用，让工程能够按照计划顺利进行。

3）严格控制工程变更。通常工程变更都会伴随着计划的改变，因而会造成费用的变动和时间的变化。如果变更是非承包商的原因引起的，则会造成承包商的索赔。因此，业主或工程师严格控制工程变更指令的签发。这就要求业主和工程师对可以事先控制的工程变更原因，进行分析，预先采取有效措施加以控制。例如，施工图错误引起的变更，可以通过预先认真审图来加以控制。在工程开工后，对项目的功能，工程各部分的位置和尺寸，设计采用的材料、构件等不要轻易变更，从而减少由于工程变更引起的索赔。

4）按时支付工程款。业主一定要依据合同按时支付工程款。拖欠工程款，除了会引起承包商对工程款及其利息的索赔外，如果长期大量拖欠支付工程款，还会造成承包商流动资金困难，增加承包商的融资成本，或者导致承包商依据合同暂停施工或放慢施工速度甚至终止合同的情况发生，由此带来一系列的承包商的索赔。

因此，业主一定要注意合同中对工程款支付的条款规定。在 FIDIC《施工合同条件》中，付款事项的图示如图 11-2 所示。在我国《建设工程施工合同（示范文本）》（GF—2013—0201）中，付款事项的图示如图 11-3 所示。业主一定要注意其中的时间限制，以避免未遵守合同中关于付款时限规定引起的承包商索赔，以及由此带来的一系列问题而引起的有关索赔事项的发生。

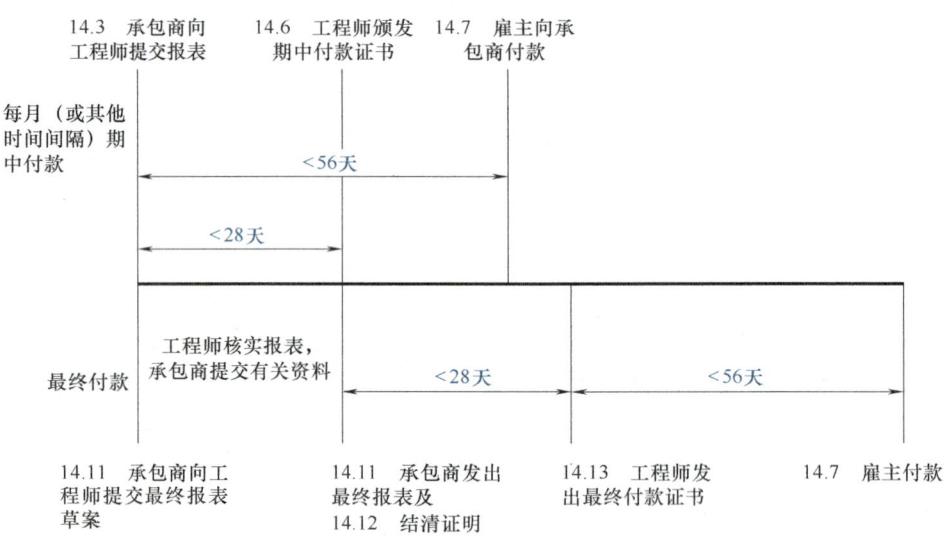

图 11-2 FIDIC《施工合同条件》第 14 条设想的付款事项的典型顺序

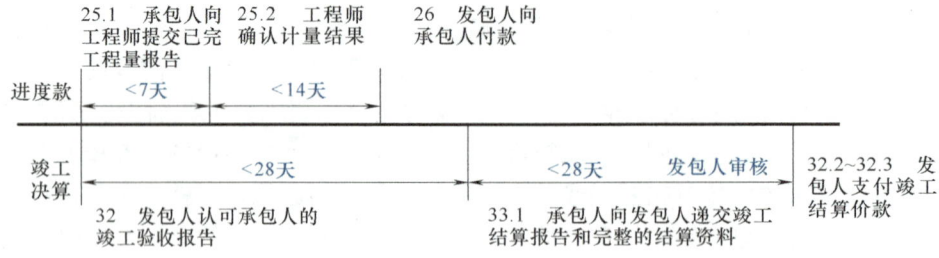

图 11-3 我国《建设工程施工合同（示范文本）》中付款的典型顺序

5）不要干扰承包商的施工进度。业主不可随意指示承包商改变作业顺序或由于业主负责的原因造成承包商的进度延误，如合同规定由业主负责的设计图或业主负责供应的材料等的延误，从而引起承包商的工程拖期索赔或实施业主加速施工指令的索赔等。因此，为了减少承包商索赔，业主要尽量提供施工条件，尤其是要按照合同规定认真履行业主的义务，使承包商能够按照批准的进度计划施工。

6) 加强协调与沟通，尽量避免索赔事件的发生。在施工中，实际上许多索赔事件都是由于协调与沟通不畅所造成的。例如，现场上不同承包商之间相互干扰的问题可能是进度计划协调不好，如业主应该提供的施工条件不及时，若提前沟通可能就会避免，从而不会影响到承包商的施工进度计划。再如，对合同条款或技术规范或施工图中的要求理解差异，如果经常沟通，则可能在施工之前就发现，从而通过协调来解决。因此，在实际施工过程中，工程师应与承包商及时沟通，在承包商的损失发生之前采取措施，就可以避免索赔事件的发生。

11.2.2 承包商预防业主索赔的措施

虽然索赔是承包商获取经济利益的一个重要的手段，但承包商还必须记住的一点是，如果承包商自身的原因或责任所造成的己方损失是不能得到补偿的。而且如果对业主造成额外的损失，还会遭到业主的索赔。因此，承包商除了自己注意采用索赔来维护自己的正当权益外，还必须采取措施防止业主索赔。

承包商在预防业主索赔方面，可以采取以下措施。

1. 加强计划管理

制订切实可行的进度计划，并建立完善的进度控制体系，可避免由于进度计划不合理或进度管理不善造成工期延误，从而引起竣工时间的延误或由于修订计划引起业主的附加费用开支，如增加的监理费。这些都会引起业主对工期延误和业主附加费用开支的索赔。因此，如果承包商加强计划管理，切实按照预先确定的合理进度计划进行施工，就可以避免工期方面的业主索赔。而对于其他原因造成的工程拖期，承包商可以依据合同向业主提出索赔要求。

2. 加强质量管理

质量缺陷是业主索赔的一个很重要的原因。例如 FIDIC《施工合同条件》第 7.5、9.4、11.3、11.4、11.5 款均是业主索赔时与质量缺陷有关的依据条款。因此，为了避免由于质量缺陷造成的业主索赔，承包商要加强质量管理。首先应当制定合理的施工方案和各项保证质量的技术组织措施，严格按照施工技术规程和设计图施工。然后，还要建立切实的质量保证体系和内部奖惩制度，将质量责任落实到每个人、每个班组。通过这一系列的质量控制工作，承包商就可以有效控制由于自身原因造成的质量缺陷，因此也就有效地避免了业主的索赔。同时，承包商施工质量好，实际上也是承包商进行索赔成功的重要前提。

3. 严格履行合同，避免违约

业主的索赔有些是由于承包商的违约所造成的，预防这方面的索赔，承包商就要认真履约，不发生违约。如在 FIDIC《施工合同条件》中规定，承包商应保障并保持使雇主免受因货物运输引起的所有损害赔偿费、损失和开支（包括法律费用和开支）的伤害，并应协商和支付由于货物运输引起的所有索赔。这样承包商在投标时就应将这种风险进行评估，在货物运输时采取必要的措施，从而避免因受到道路部门等的索赔和其他伤害。再如，合同中规定由承包商负责的保险，承包商要加强管理避免其过期或失效，从而避免因重新申办这些保险所发生费用的业主索赔。

4. 处理好与工程师的关系

在工程承包施工中，合同双方应密切配合。工程师受业主的委托，进行工程项目的管理，处理索赔问题。因此如果与工程师处于对抗的地位，对索赔问题的处理是非常不利的；与工程师有良好的合作关系，则有利于索赔问题的解决。

11.3 索赔的反驳

11.3.1 业主对承包商索赔的反驳

1. 承包商索赔权的反驳

工程师在接到承包商的索赔通知和索赔报告后，首先应当审查承包商是否具有索赔权。索赔权可以分为两种。第一种是合同内索赔权，即在合同内可以找到某合同条款明确指出承包商有权获得相应的经济补偿和（或）相应的工期延长。这是最主要的一种索赔权。第二种是非合同索赔权，即按照合同某些条款可推定出承包商有权索赔，也称依据默示条款的索赔权。或者参照国际工程施工索赔的实践惯例或业主所在国的有关法规进行索赔的索赔权。

判断承包商是否具有索赔权，主要根据以下事实。

(1) 承包商的此项索赔是否具有合同依据

如果合同是按照 FIDIC《施工合同条件》的通用条件签订的，若承包商提出的索赔依据是属于表 9-1 所示情况，则承包商具有索赔权。如果合同是按照我国《建设工程施工合同（示范文本）》（GF—2013—0201）签订的，若承包商提出的索赔依据属于表 9-3 所述情况，则承包商具有索赔权。否则，除非承包商有充分的理由论证该项索赔属于合同内可推定的索赔权或非合同索赔权的索赔范围。

在审查索赔是否具有合同依据时，应当注意合同的专用条件（款）是针对具体项目对通用条件（款）的修正和补充，因此在合同的优先次序上也是专用条件（款）在前，通用条件（款）在后。

(2) 索赔事项的发生是否属于承包商的责任

只有是非承包商原因造成的损失，承包商才有权索赔。因此，只要是属于承包商责任的索赔事项，业主均应予以拒绝。如果此事项同时造成了业主的损失，业主还可以向承包商进行索赔。当然，工程师或业主必须论证此事项确系承包商的责任。否则，可能会导致争端的发生。

在实际工程实施过程中出现的很多问题，业主和承包商可能双方均有一定的责任。在这种情况下，就需要划分主要责任者或按照各方责任的后果，由双方协商确定承包商应当承担责任的比例，而这一部分，承包商就不具备索赔权。

(3) 承包商是否遵循了合同中规定的承包商的索赔程序

按照 FIDIC《施工合同条件》第 20.1 款第 2 段的规定，如果承包商察觉或应已察觉某事件或情况他有权索赔后的 28 天内未发出索赔通知，则竣工时间不得延长，承包商无权得到追加付款，而雇主应免除有关该索赔的全部责任，即承包商完全失去其索赔权。但如果承包商未能遵循第 20.1 款其他段的规定，则其索赔的权利也会受到一定的影响。

（4）索赔事项初发时承包商是否采取了控制措施

根据国际工程施工承包惯例，如果遇到偶然事故影响到工程施工，则承包商有责任及时通知工程师，并采取有效措施以控制事态发展，以免造成更大的损失。若承包商未采取控制措施，任由损失扩大，则扩大的损失承包商不具备索赔权。

（5）索赔事项的发生是否属于承包商的风险范畴

在施工合同中，业主和承包商都承担着相应的风险，在合同中以明确的条款予以确定或可从合同的默示条款中推定。如在 FIDIC《施工合同条件》第 17.3 款"雇主的风险"第（h）条中规定有：不可预见的或不能合理预期一个有经验的承包商已采取适宜预防措施的任何自然力的作用。从此条就可以推定出，如果一个有经验的承包商可以预见到的自然力的作用所造成的损失就属于承包商的风险。例如，某地在某季节经常发生的大雨、大风等。

（6）索赔证据是否充分

如果承包商索赔时，不能提供有效的证据证明索赔事件的真实性，或提供的索赔证据与工程师的记录不相符，业主和工程师就可以要求承包商进一步补充证据。只要是没有充分证据的索赔要求，业主（工程师）就有权拒绝。

工程师或业主对承包商索赔证据的审查主要是看证据是否真实经得起推敲，是否能够说明事件的全过程，是否各项证据之间可以互相说明而不是互相矛盾，是否具有法律证明力，是否与工程师的记录一致。

（7）变更价款的要求是否按合同规定提出

按照我国《建设工程施工合同（示范文本）》（GF—2013—0201）第 10.4.2 款的规定，承包人在双方确定变更后 14 天内不向工程师提出变更工程价款报告时，视为该项变更不涉及合同价款的变更。因此，按照此文本签订的承包合同，如果承包商没有遵守这一规定，则失去向业主提出由于工程变更带来费用损失补偿的权利，即索赔权。

2. 索赔事件的影响分析

分析索赔事件对费用和工期是否产生影响和其影响的程度如何，直接影响着索赔值的计算。因为索赔值的计算原则是以弥补承包商的实际损失为原则。所以如果事件未造成承包商的实际费用损失或工期延误，则不需要对承包商进行补偿。

对于工期延长期的计算，可根据网络计划分析来判断。如果延误的工作是位于非关键线路上的非关键工作，则要根据工作所具有的时差来分析，如果延误的工作时间在时差范围内，则不存在对总工期的影响，也就不存在工期延长期补偿。但如果延误的工作时间超出了时差值，则需要计算对总工期的影响程度，这时总工期的延长时间才是应补偿的工期延长时间。例如，由于业主供应施工图延误造成承包商某项工作推迟进行 4 天，这是由于业主原因造成的，因此，按合同规定承包商有权索赔工期。但如果此项工作是位于非关键线路上的非关键工作，总时差为 5 天，则这时施工图延误不会造成总工期的延误，承包商就不能进行工期的索赔。但如果此项工作的总时差只有 2 天，由于施工图供应的延误按照进度计划计算会造成总工期拖后 2 天，那么承包商就有权得到 2 天的工期延长期。但如果此项工作为关键工作，则由于施工图供应延误会造成总工期拖期 4 天，因此承包商就有权得到 4 天的工期延长期。由此可见，虽然同为业主供应施工图造成某工作的延误，但承包商所能得到的工期索赔值是不同的。因此，工程师对于承包商提出的工期索赔要求，一定要具体情况具体分析，可借助网络计划技术对索赔事件的影响进行分析。对承包商的工期索赔要求进行反驳，从而确定一个合理的索赔值。

对于承包商经济索赔的要求，也必须进行影响分析才能做出确定是否应该索赔和索赔额的多少。例如，在索赔费用计算中，如果造成损失承包商也应当承担部分责任时，业主就要对这部分责任所造成的影响进行分析，从而从承包商的损失索赔额中扣除承包商应当承担的费用。又如，由于业主原因造成承包商的自有机械的停工，这时承包商的损失就不包括设备使用费，而应当是按台班折旧费确定损失额。如果承包商按全部机械的台班费来计算索赔额，则工程师应当对承包商的索赔额进行反驳。

3. 仔细核定索赔款计算，削减索赔额

在已经肯定了承包商的索赔权的前提下，业主和工程师还必须对索赔报告中的索赔款计算进行逐项分析与核对。包括是否有承包商责任的损失也列入了索赔款额，是否有索赔款计算方法不对，或计算依据不完善，或者计算数值错误，以及重复计算等。通过仔细审核，就可以大大减少承包商的索赔款总额。

从业主反驳承包商索赔的角度来说，工程师或业主对承包商提出的索赔款计算的审核，就是从业主的立场出发，对承包商索赔款计算中的各费用项目的真实性、准确性进行分析，提出修改、反驳或核定。索赔款计算审查时，要注意索赔值计算基础是合同报价，或在合同报价的基础上，按合同规定进行调整。而承包商经常按照自己实际的生产效率、价格水平等进行计算，而过高地计算索赔值。业主或工程师对国际工程项目索赔费用的审查主要包括以下内容。

(1) 新增的现场劳动时间的审核

新增现场劳动时间主要发生在工程范围扩大或劳动效率降低的时候。首先应当将索赔要求中承包商应当负责的部分扣除，如承包商设备故障、劳动力调配不畅，或者属于承包商保证质量的技术措施等增加的劳动时间。然后，对其他部分再审核计算的依据，对于没有足够的证据支持的计算，就不能认可或要求其补充证据。业主或工程师有权审核承包商的工时记录，并对其记录的真实性和准确性进行质疑。

(2) 工效降低而增加的劳动时间的审核

首先应当将工效降低的原因进行分析，确定责任者。如果是承包商的责任，如管理不善，或承包商在报价时应当预见到的原因造成的，则不能计入索赔款。但如果是业主应当承担责任的原因造成的，则需要进一步审核工效降低率。由于工效降低的数据很难确定，如果承包商投标报价中有工效的数据，工程师可以通过核查承包商的施工记录中有关施工设备、工时记录等各种台账，以及施工组织的具体情况，将实际工效数据与承包商投标报价计算书中的工效数据进行比较，审核降低的比率是否合理，计算的方法是否正确等。如果承包商的投标报价中没有工效的数据，或者没有有效的证据证明工效降低，则工程师或业主可以拒绝此索赔额。

(3) 增加的人工费的审核

对人工费增加额的审核，首先要扣除由于承包商原因造成的人工费增加额，如承包商原因造成的赶工所增加的人工费。人工费的增加往往是由于工程变更或完成工程师指示进行的

额外工程或附加工程，或者是按照工程师的加速施工指令而加班，或者是法定人工费的增长，或者是由非承包商责任造成的工程延误导致的窝工费，或者是由于工效降低等原因造成的。对不同的原因造成的人工费的增加额计算就要区别情况进行处理。例如，对法定人工费增长的审核，就要审查工资提高的指数文件是否可靠，提高的比率是否合适。再如，对非承包商责任造成的工程延误导致的窝工费，如果窝工工人调做其他工作，则只能补偿工效差值，而不能按原人工费单价计算。

(4) 增加的材料费的审核

首先审查材料费增加是否应由承包商承担责任，如果是承包商原因，则应扣除。材料费的增加原因主要有两个：一个是由于索赔事项材料实际用量超过计划用量而增加的材料费，另一个是材料的单价提高。这时，工程师应该审查承包商计算的材料增加数量是否准确，原备料数量是否未达到应备料数量，是否存在材料的浪费或丢失，是否有意在施工期从别的工地调来高价材料，新增材料的价格是否可靠，购货单据是否可靠，购进材料日期的材料价格指数是否与官方公布的指数相符，是否将公司总部的库存材料调来，调价方法是否与合同规定的方法相一致。

(5) 分包费用增加额的审核

当分包范围的工作量增加时或生产效率降低时，会产生分包费用的增加。如果是业主原因所造成的，则承包商有权索赔。此时，工程师应审核分包合同，新增的工程量是否准确，证据是否充分，生产效率的降低率确定是否合理，通过检查施工记录和台账，核实增加的用工数量，从而扣减承包商计算中的不合理部分。

(6) 施工机械增加费的审核

首先扣除承包商原因造成的施工机械增加费，并且应区别是租赁机械还是承包商的自有机械。对于租赁机械，应审核所增的设备租赁费是否合理；租赁单据是否准确，证据是否充分；施工记录上的租赁数量与时间是否一致；是否由于应备的机械不足而租用新机械；对于承包商的自有机械，应审查承包商在投标文件中所列的施工机械设备是否已如数进入施工现场；已有设备是否已充分利用；施工机械的使用效率是否太低，施工机械费的证明单据是否充分可靠。对于由于业主原因造成的机械停工的窝工费是否是按全部台班费计算的。

(7) 工地管理费的审核

工地管理费应分为固定部分和可变部分。对于固定部分，对于施工范围变更和加速施工索赔来说，承包商并不发生损失，因此，不应列入索赔款计算中。在审核时，应认真分析承包商是否发生工地管理费的额外支出，防止扩大款额；工地管理费计算时是否与报价书中的费率一致等。

(8) 总部管理费的审核

总部管理费也应分为固定部分和可变部分。在审核时，应认真分析承包商是否发生总部管理费的额外支出。通常索赔款中只可列入可变部分。同时应审查总部管理费的费率计算是否超过投标报价时列入的总部管理费的比率。

(9) 利息和融资成本的审核

只有在业主拖欠工程付款和索赔款、业主错误扣款以及工程变更和工期延误增加贷款利息时才可以索赔利息。重点审查利率是否按照合同约定计算，所增贷款是否属实。

（10）利润的审核

只有在合同文件中明确指出可以补偿利润损失时，工程师才会审核利润值的计算。而且利润率不能超过投标报价文件中的利润率。如果业主方有失误，并且此失误造成了承包商的损失，承包商才可以索赔利润。

4. 以反索赔对抗承包商的索赔

通过反索赔不仅可以否定对方的索赔要求，同时还可以重新发现索赔的机会，找到向承包商索赔的理由。从而用业主的索赔来对抗承包商的索赔，这在国际工程承包实践中是工程师常用的一种方法。

11.3.2 承包商对业主索赔的反驳

虽然业主对承包商的索赔主要是由工程师发出通知或不需通知即可扣款，但是业主索赔也必须符合合同条款的规定。所以，如果承包商认为业主的索赔不合理，就要向工程师提出理由和证据。具体包括以下内容：

1. 反驳业主的索赔理由

按照合同规定，当承包商违约或应承担风险所造成业主的损失时，业主才可以向承包商索赔。所以承包商对业主的索赔理由的反驳主要是提出证据证明己方不该对业主的损失负责，因为索赔事件不是或不完全是承包商的责任或风险范畴。

2. 反驳业主的索赔计算

对业主的索赔计算方法和计算数值的反驳，也是反驳业主索赔的重要方面。主要是对业主索赔计算时所依据的费率、单价等的合理性进行核算，提出自己的不同意见。

3. 对业主不遵守索赔程序的反驳

在我国《建设工程施工合同（示范文本）》（GF—2013—0201）中有明确的索赔程序和时限的要求，在FIDIC《施工合同条件》中也有由工程师向承包商发出通知的要求。如果业主不遵循合同中的这些规定，承包商可以提出反驳。

11.3.3 反驳索赔的报告编写

不论业主还是承包商在上述反驳索赔的分析基础上，往往通过编写正式的反驳索赔的报告，向对方提出书面的反驳意见。此报告是对上述反驳的意见总结，是向对方（索赔者）表明自己对索赔要求的不同看法和分析结论，以及反驳的依据与证据。根据索赔事件的性质、索赔事件的复杂程度、索赔值计算的方法与数值大小，以及对索赔要求反驳与认可的程度，反驳索赔的报告内容差别也很大，并没有规定的格式与标准。但是，报告中必须明确反驳的依据与证据，要具有说服力，同时列出自己的详细计算书。

11.4 索赔谈判

索赔首先是通过正式的书面函件往来，然后再通过谈判解决的。索赔谈判通常是业主和承包商或受业主委托的监理工程师和承包商的工地代理人——项目经理之间谈判的主要事项。索赔谈判是合同双方面对面的较量，是索赔能否取得成功的首要一环。一切索赔的计划和策略都要在谈判桌上体现和接受检验，索赔谈判不仅需要有丰富的法律和合同方面的知识，还需要有公共关系方面的知识和经验。索赔谈判能否取得好的效果完全有赖于政策性、技术性和艺术性的有机结合和统一。因此，在谈判之前双方均应充分准备，分析谈判的可能过程。例如，预先设计怎样保持谈判的友好和谐气氛，估计对方在谈判过程中可能提出的问题与采取的行动和策略，我方应采取的措施，以及如何抓住有利时机和占有主动权。

11.4.1 索赔谈判的类型

索赔谈判可分为建设型谈判和进攻型谈判两种类型。

1. 建设型谈判

建设型谈判主要有以下特征：

1）基本态度和行为是建设性的，希望通过谈判建立起相互尊重、相互信任的建设型关系，希望双方为共同利益进行建设性的工作。

2）谈判的气氛是亲切、友好、合作的，谈判者诚心诚意和讲求实效。

3）在谈判过程中注意运用创造性思维去开发更多的可行设想和选择性方案，以期创造共同探讨的局面，适当妥协，以达成双方都能接受的协议。

4）绝不强加于人，谈判中避免相互指责或谩骂攻击，防止冲突和破裂。

当然，采用建设型谈判并不意味着无原则地迁就对方或委曲求全，而是坚持以理服人，通过有理有据的分析，使对方改变立场，以达到谈判的目的。

2. 进攻型谈判

进攻型谈判主要有以下特征：

1）基本态度和行为都是进攻性的。谈判时持有怀疑和不信任的态度，千方百计压服或说服对方退让或放弃自己的利益。

2）谈判的气氛是紧张的。固执、进攻和咄咄逼人是采用这种方式的谈判者的典型特征。

3）在谈判过程中，谈判者从不开诚布公，而是深藏不露。按照设定的谈判界限不妥协、不出界，施加压力，迫使对方让步。

在工程索赔谈判中，通常承包商宜采用建设型谈判，并有限度地采用进攻型谈判，以维护本身利益。而业主和工程师却常常采用进攻型谈判。

11.4.2 索赔谈判的策略

1. 休会策略

休会策略是指在谈判过程中，当出现低潮、遇到障碍或陷入僵局时，由谈判双方或一方提出休会，以便缓和气氛，各自审慎回顾和总结，避免矛盾和冲突的进一步激化。休会的时机是很重要的，选择合适的时机休会，可以使谈判者利用休会时机，冷静与客观地分析形势，及时调整谈判策略和谈判方案，求同存异，提出明智的选择性方案，创造新的谈判氛围，从而可以取得谈判的成功。这个策略对于业主方和承包商来说都是一个索赔谈判可以采用的好策略。

2. 苛求策略

这是利用心理攻势来换取对方妥协和让步的一种策略。采用此策略的谈判者在制定谈判方案时，预先考虑到可以让步的方面，有意识地先向对方提出较苛刻的条件，然后在谈判中逐渐让步，使对方得到满足，产生心理效应。在此基础上以换取对方的妥协与让步。但是此策略要慎用。因为，过高的苛求可能激怒对方，使对方认为谈判无诚意，以至中止谈判，从而导致谈判破裂。

3. 场外谈判的策略

当谈判出现严重分歧或陷入僵局时，请有决策权的高层领导出面调停，有时也是缓和矛盾、调解分歧和突破僵局的可行策略。如在索赔谈判陷入僵局时，可请承包商公司经理与监理公司经理进行调停。这种方式常常通过特殊安排在谈判双方高层领导之间进行私下接触或秘密商谈，从而达成妥协、谅解或默许，从而推动正常谈判取得突破性进展。

4. 最后通牒策略

最后通牒就是规定一个最后期限。采用这种最后期限的心理压力迫使对手快速做出决定的一种策略。例如，在 FIDIC《施工合同条件》和我国《建设施工合同（示范文本）》中均确定了许多法定程序及其时限规定的条款，如结算与付款等方面的有关条款。这些条款是索赔谈判人员运用最后通牒策略的有效武器。例如，承包商在与工程师或业主进行工程款长期拖欠的索赔谈判中就可以利用最后通牒策略，利用合同中终止合同的权利规定一个最后期限，从而迫使其付款。

5. 以权压人策略

以权压人策略是进攻型谈判时常采用的策略。通过权力压制给对方造成自卑心理，以使己方在心理上占上风，在谈判过程中增加控制和垄断力度的一种策略。这是业主和监理工程师在索赔谈判中常用的一种策略。

6. 引证法律策略

引证法律或借口法律限制是谈判中常用的一种策略。在索赔谈判中利用有关法律、国际惯例和合同条款，巧妙地利用法律来达到目的和谋求利益，或以法律限制为借口，形成无法再商议的局面，迫使对方就范，从而达成有利于自己的协议。因此，在大型国际工程索赔谈判中常聘请高水平的法律顾问或请律师当代理人。

7. 谋求折中策略

谋求折中，即合理妥协。它是一个有经验的谈判者常用的策略。通常，谋求折中的时间是在争论激烈的关键时刻或谈判的尾声。成功的谈判者不会轻易让谈判破裂，而是寻求双方潜在的共同利益，说服对方共同做出适当的让步，从而达成双方均能接受的协议。这种策略是承包商和业主方在索赔谈判中最常用的策略之一。

8. 聘用专家的策略

在谈判时，聘用一些索赔专家、高级顾问参加谈判，利用人们对专家的信服，从而在谈判中处于有利地位的策略。在重大的索赔谈判中，承包商常常采用此种策略。

9. 声东击西的策略

这是在谈判过程中有意识地将会谈议题引到不重要的问题上，从而分散对方对主要问题的注意力，从而实现自己意图的一种策略。这种策略的目的不外乎是想在不重要的问题上先做些让步，造成对方心理上的满足，从而为会谈创造气氛；或者想将某一议题的讨论暂时搁置，以便有时间做更深入的了解，查询更多的信息和资料，研究对策；或者作为缓兵之计，延缓对方采取的行动，以便找出更妥善的解决对策。

10. 据理力争的策略

据理力争策略是指当面对对手的无理要求和无理指责时，或者在一些原则问题上蛮横无理时，不能无原则地一味妥协与退让，使对手得寸进尺。在策略上必须针锋相对，据理力争，但方式方法上要机智，从而维护自己的利益。

11. 澄清说明的策略

索赔谈判中，由于工程师或业主与承包商对合同条件或技术规范的理解可能产生差异，特别是国际工程项目施工中，由于谈判是在不同国家的谈判人员之间进行，其文化背景、习俗和语言障碍等都会导致双方的分歧与误解。这时，如果谈判者能及时地运用澄清说明的策略，就能很快消除分歧与误解，从而推动谈判的顺利进行。

12. 先易后难的策略

先易后难的策略是创造谈判氛围、增强谈判信心和加快谈判进程的一种有效策略。它是指谈判先从双方容易达成一致意见的议题入手，从而双方可以在较短的时间内，在轻松愉快和相互信任的气氛中很快取得谈判成果，为接下来的谈判建立好的基础。

13. 谋求共同利益的策略

谋求共同利益策略是指在谈判时着眼于利益而非立场。谈判双方在谈判过程中虽然有对抗性立场和冲突性利益，但也蕴含着潜在的共同利益。因此，谈判双方以共同利益而不是对抗立场出发去谈判，从而双方做出合理的让步，达成双方都可以接受的协议。

14. 假设策略

假设策略是用以缓和气氛，探测对方反应和意图的一种策略。在谈判过程中，谈判双方难免出现分歧和争论。此时，往往谈判的一方主动提出一些妥协条件，提出解决问题的选择性方案，供双方进一步商谈。这是索赔谈判中最常采用的策略之一。这种策略既可避免谈判陷入僵局，又可探出对方意图，是一个很好的谈判策略。

11.4.3 索赔谈判中应注意的问题

1. 谈判目的必须明确

谈判双方应严格按照合同条件的规定进行谈判，对谈判要达到的目标心中有数。会谈双方均应信守一个原则，就是力争通过协商和谈判友好地解决索赔争端，避免把谈判引入尖锐对抗的死胡同，最后靠国际仲裁或法庭诉讼来解决。实践证明，仲裁或诉讼往往造成两败俱伤。

2. 谈判态度要端正

谈判双方应客观冷静，以理服人，为通过谈判解决问题创造一个和谐的气氛；切忌将谈判变为指责、争吵与谩骂。谈判要有耐心，不宜轻易宣布谈判破裂。

3. 谈判准备要充分

谈判双方在谈判前要做好充分的准备，拟好谈判提纲，准备好充分的证据。

4. 谈判策略要适当

谈判要讲究策略。根据实际情况，可以选择前述的14种策略的几种在索赔谈判中使用。必须学会在谈判桌上熟练地论述你的索赔权利，论证你提出的索赔要求合理合法，以机智取胜。

思 考 题

1. 业主方可以采取哪些有效措施预防索赔？
2. 承包商预防业主索赔的措施有哪些？
3. 从业主角度，国际工程项目索赔费用的审查内容应包括哪些？
4. 建设型谈判和进攻型谈判的区别是什么？

参考文献

[1] 国际咨询工程师联合会，中国工程咨询协会. 施工合同条件 Conditions of Contract for Construction（1999年第1版）[M]. 朱锦林，译. 北京：机械工业出版社，2002.
[2] 徐崇禄，任燕增，刘新锋. 建设工程施工合同示范文本应用指南 [M]. 北京：中国物价出版社，2000.
[3] 梁鑑. 国际工程施工索赔 [M]. 北京：中国建筑工业出版社，2002.
[4] 汪金敏，朱月英. 工程索赔100招 [M]. 北京：中国建筑工业出版社，2009.
[5] 杨晓林，许程洁，冉立平. 造价工程师实用手册 [M]. 哈尔滨：黑龙江科学技术出版社，2000.
[6] 崔学文. 小浪底国际工程建设 [M]. 北京：中国水利电力出版社，1998.
[7] 托马斯 R. 施工合同索赔 [M]. 崔军，译. 北京：机械工业出版社，2010.
[8] 赵浩. 建设工程索赔理论与实务 [M]. 北京：中国电力出版社，2006.
[9] 王兆俊. 国际建筑工程项目索赔案例详解 [M]. 北京：海洋出版社，2007.
[10] 何毅. 国际工程合同案例选 [M]. 北京：中国建筑工业出版社，1993.
[11] 黄文杰. 建设工程合同管理 [M]. 北京：知识产权出版社，2009.
[12] 成虎，虞华. 工程合同管理 [M]. 3版. 北京：中国建筑工业出版社，2014.
[13] 刘伊生. 建设工程招投标与合同管理 [M]. 2版. 北京：北京交通大学出版社，2014.
[14] 宋春岩. 建设工程招投标与合同管理 [M]. 3版. 北京：北京大学出版社，2014.
[15] 李丽红，李朔. 工程招投标与合同管理 [M]. 北京：化学工业出版社，2016.
[16] 张李英. 工程招投标与合同管理 [M]. 厦门：厦门大学出版社，2016.
[17] 刘冬学. 工程招投标与合同管理 [M]. 武汉：华中科技大学出版社，2016.
[18] 王平. 工程招投标与合同管理 [M]. 北京：清华大学出版社，2015.